罗晓晖 / 著

大夏书系 · 语文之道

语文之道

做一个有思考的语文教师

华东师范大学出版社
·上海·

目 录

自 序 001

读书与阅读教学札记

谈读书方法 003
读书零札选 010
学习文言文该读些什么书 050
谈苏轼 053
读《韩非子》：对人性的判断与驾驭策略 056
论"势" 062
读《人物志》：对各色人等的观察 069
读钱钟书的《读〈伊索寓言〉》 076
读刘锡庆的《中国现当代散文欣赏》 080
"诗以言志"和"文以载道" 083
谈文气 087
几组古典艺术辩证范畴 090

诗与词的结构差异	098
胸中必具情趣,方可以言欣赏	102
文学鉴赏的过程	105
古典诗歌鉴赏的七条建议	109
三首蜀人词解析	115
论意象	120
古典诗歌中的时空因素	136
古典诗歌的声律	144
古典诗歌的根本特征和历史发展	
——中国古典诗史的另一种叙述	159
什么是语文的"文"	166
关于文本解读:《庖丁解牛》新译	171
文本细读:语义分析和结构分析	174
语文学科的思维品质	185
功底:看名师们怎么教语文	192
钻研教材要深入研究课文文本	196
练好内功,做一个思考者	204
古诗教学与语文素养	211
语文的课堂教学	219
人文性阅读课堂:以《郑伯克段于鄢》为例	230
鲁迅:人和社会的解剖大师	
——我教鲁迅	236
追求遵循学理的语文教学	241

写作教学札记

写作认知：一些词语的解释	249
审题立意的综合性范例	260
分析作文题目的几个关键步骤	266
推测性思考是必要的	283
"控"：作文题分析	290
"墙，推倒了就是桥"：审题立意提示	295
准确的理解和类比	297
发散思维：克服褊狭的利器	304
顺题式和骂题式	309
考场作文中的评价与价值判断	314
寻找自由的感悟和感动	318
Windflowers：一首英文歌的自由翻译	322
在诗一般的年龄，写诗是一种义务	325
从话题关键词出发搜寻和分析材料	327
材料：从历史到现实	330
构造完整的议论性段落	336
议论文训练设计：人际关系	339
创意写作讲义	347

后　记　　373

自 序

我性狷介，难与世合，故常闭门读书；执教以来，每有所思，辄发放旷之论。或读或教，自以有得，乃笔以成文，久而盈箧。朱君永通见之而喜，谓宜辑以成书，或有益于同侪后进。今我摘得一编，曰"语文札记"。有心献芹，不敢自是，读者诸君自有辨识耳。

罗晓晖

2021 年春

读书与阅读教学札记

谈读书方法

我今天来扮演一次专家，讲一讲读书方法。

其实我根本就不是什么专家。我读书走了很多弯路。由于达不到专家的水平，我近年来慢慢趋向于网络上流行的意见，喜欢把"专家"视为"砖家"了。把"专家"视为"砖家"，这是网络民主意识的进步，说明人们不再把专家看得神秘崇高；在这个意义上，我自称为专家也没有什么不妥。在老罗看来，专家就是那些平常人，他们走过很多弯路，所以相对地了解哪条道路较为直捷。

我生性喜欢读书。喜欢读书，不外乎喜欢而已。有人喜欢电影，有人喜欢音乐，有人喜欢打牌，有人喜欢读书，有人——比如嵇康——喜欢打铁，在我看来这些喜欢没什么不同，不见得喜欢读书就比喜欢打牌或喜欢打铁更高尚。我们喜欢一样东西，就因为那样东西能带给我们生的愉悦。生命就该顺其性情，勉强不得。假如你生性喜欢打牌，就是不喜欢读书，那强迫你来读书，你就很痛苦；持续强迫下去，你非但不愿意反而还可能反感读书，那对你来说是很不人道的，我宁愿看到你每天眉开眼笑地打牌。各位听我讲读书方法，或许说明大家对读书多多少少有些兴趣，读书多多少少符合各位的性情。读书也是讲缘分的，也是讲性情的。

当然，有人可能要说：我读书本来没什么兴趣，只是出于实际的需要罢了。现在不读书，将来哪有什么出路啊！这个想法我完全理解。这个社会是一个知识社会，缺少了知识，将来饭碗成问题。但我要说，若无兴趣，单为实用去读书，这说明你不是读书种子；你最终可能捧到维持生计的饭碗，但难以取得知识上的成就。知之者不如好之者，好之者不如乐之者。性情所近，才有兴趣；有了兴趣，方能深研；深研之后，才有独造，真正实现读书的目的。

刚才我说过，我不是专家。就读书方面而言，这是事实，不是谦虚。专家似乎是通晓读书的，然而每个人的性情、兴趣、才能和需要不同，读书的方法就有不同。更何况不同学科的书籍，也有不同的读法，读哲学和读文学，读文史书籍和读自然科学书籍，都有很不相同的地方。梁启超先生写过一本书，叫作《要籍解题及其读法》，选出若干重要的经书和子书提示其大旨，并指出读每一种书的方法的特殊性，可见读书的方法，不但因人而异，而且随书不同。

不过，对读书方法作一个概括的和宽泛的讨论，仍然是可能的。关于读书方法，很多前辈都谈论过，很多书里面都有，各位可以留心一下。我只是结合自己的经历和经验，简单地谈一谈。

读书果真有什么诀窍吗？读书是没有诀窍的。读书没有葵花宝典，用不着寻找"欲练此功，挥刀自宫"的捷径。读书是一件自然而然的事情，没有什么奥妙的窍门。如果一定要说读书有方法，那么我能说的就是：读起来再说，这就是方法。书读多了，你体验多了，眼界广了，也就悟出所谓的"方法"了；了解这些"方法"之后，你将懂得，这些方法，根本就是"不是方法的方法"。

下面就来谈谈我体会到的所谓方法。

我读的书不算太多，粗算一下，到目前为止，只有六七千本吧。我这个人很驳杂，食而不化的很多。我这里并不打算自我批评，我认为这恰好是最基本的读书方法。驳杂，听起来很糟糕，然而我本人对此颇为自得。就像吃东西要多吃杂粮营养才会全面一样，多读杂书，什么都晓得一点，思考才能全面，思路才不滞涩。这就是驳杂的好处。既然驳杂，当然不免食而不化。陶渊明说他自己"好读书，不求甚解"，基本上就是读杂书的方法，而不是为了学问专精而深入研究文本的方法。在这里我把自己和陶渊明相提并论，一点儿也没觉得不好意思。我想强调的是：在广泛涉猎之时，没必要去充分消化；博览的阶段，充分消化在事实上也没有可能。驳杂是为了扩大眼界，拓宽知识面。眼界宽了，我们在思考和研究的时候，思路就会开阔许多。古人说"一事不知，儒者之耻"，是说知识面要宽，不是说样样精通。样样精通，哪有可能？人生短暂，我们没有那么多时间，没有那么多精力，也没有那种必要。

读书驳杂，全靠兴趣。有了兴趣，无不可读。我小时候家里很穷，无书可读。农村条件很差，包裹干面常常用废书纸、废报纸，那让我读了很多半截文章。中学阶段，渐渐有书可读，什么书都想读，见啥读啥。那时求知欲很强，对什么都感兴趣。到了大学，涉猎的书籍就更多了。教书以后，还是积习不改，佛经、道藏、中医、卜筮、星相、气功、武侠、史书、儒家经典、古人笔记……都读。我这个人不很专一，兴趣经常转移。我从自己身上已经得出人类总是喜新厌旧的结论。苏东坡有学问，这些学问中生发出不为当世欣赏的见解，所以他满肚皮都是不合时宜。我学问不高，不合时宜的见解不多，不合时宜的见闻倒是不少。这对学术发展虽然不见得有什么贡献，但是，至少在读那些书的过程中，我自己觉得是大大的享受。

读书驳杂，到了一定的时候，自己会渐渐觉得不满足。而且，随着年龄的增长和经验的累积，兴趣慢慢会集中到一个或有限的几个方面。于是，"由博返约"，就顺理成章了。"由博返约"，其实也算不上具体的读书方法。而"由博返约"的过程，必然伴随着思考的精进。孟子说"大而化之之谓圣"。不"博"就不会变"大"，不"约"就谈不上"化"。"由博返约"，意味着你的精力聚焦在某个点位了，你读书有了中心思想了；你不再是漫天撒网，而是专注于某一处，自然容易有所突破。根据物理定律，受力面积越小，压强越大。读书也是这样，集中到某一领域来精读，就容易钻透。

庄子说："吾生也有涯，而知也无涯，以有涯随无涯，殆已。"人生短暂，知识无穷，书是读不完的。孔子说"学而不思则罔"，也就是告诫我们，如果只是一味地读而没有思考，读得再多也没用。到一定时候，读什么书，需要选择。到了三十来岁的某个时刻，我突然感到，自己过去读了那么多的书，竟然还是没有什么学问，读书所得，十分浮泛。细察原因，就是只有驳杂，没有专精。一个人不读透几本有价值的书，就不可能有学问根柢。没有根柢，就会飘忽。于是我坐下来，根据自己的专业兴趣，认真研读了几本自认为值得反复阅读的书，慢慢读，读了又读，同时还做一些读书笔记。几年下来，居然就貌似有点学问了。渐渐地，我懂得了杜甫诗句"读书破万卷"，重点在那个"破"字。

"破"的过程当然很艰难，也很有乐趣。我终于悟出：读书的至乐，其实不在于休闲懒散的驳杂的阅读。兴之所至的博览，带来的是读书的快感；专精的深入的阅读，获得的才是读书的妙趣。这种趣味非常幽微，实在难以言喻。

"读书过万卷"，还是容易的；"读书破万卷"，才真正艰难。我才智不足，要"破万卷"，是办不到的。就算"破"一两卷，也不容易，尽管由于翻书频繁而有时用力过猛，确实有好几本书被我读破了。"破"的真正含义，是通透。或以武火的方式，发起愤来狠狠地读，像朱熹说的"一棒一条痕，一掴一掌血"地读；或以文火的方式，潜下心来优游玩索，虚心涵泳，把书的意思理会得一清二楚。火候到了，自会豁然贯通直抵精微，或联系旧知悟得新义，就叫作"破"。"破"的功夫，就是思考和探究的功夫。"破"的方法，其实就是思考和研究的方法。

读书本身不是目的，读书的宗旨是追求真实学问。真实学问，就是对事物如实的了解、透彻的把握。简单地说，用智慧去把握或理解事物，所获得的认知就是知识和学问。这样说来，训练思想，发挥智慧，就是读书的应有之义。记诵博雅，见闻丰富，不过是读书的下乘末脚。

现在是所谓信息社会。信息社会就是无用信息在泛滥的社会。信息一泛滥，智慧反而可能被淹没了。在我看来，信息不如知识，知识不如见识。有见识才最为紧要。有的人读了一辈子书，满肚皮都是"知识"，却未必具有见识。这种人对社会不可能有重要的贡献。

所以，读书人应该明白：真正的读书人不止是读书，他必须是思考者。化用孔夫子的一句话来说，就是"读而不思则罔，思而不读则殆"。

要有见识并不容易。读书必须具备两种态度：第一要尊重书本，第二要学会批判。这两者并不矛盾。尊重书本，就是要抱着谦虚的态度，敞开胸怀，接纳知识。我们为什么要读书？读书就是为了求知。为什么要求知？因为自己无知。既然无知，理所当然应该采取谦虚的态度，钻进书里，认真学习。中学生读书，最需要的就是这种态度。要知道，读书是一种很大的缘分。孔子、孟子，逝去两千多年了，现在通过《论语》《孟子》这些书与古圣先贤们相遇，这不是很大的缘分吗？康德、黑格尔们焦思竭虑的思考成果能够被我们分享，这不是很大的缘分吗？陶渊明平生寂寞，当时欣赏到他诗作的人不多，可以说我们比陶渊明同时代的读者还要幸运，这不是很大的缘分吗？敬重书本，珍惜读书的机会，就是惜缘。我祖母很聪明但不识字，我小时候常常看到，凡是上面有文字的纸屑掉在地上，她都要小心地捡起来放到高处，避免别人践踏，祖母说这是"敬惜字纸"。我祖母这种对知识的敬畏，足以让不少人惭愧。人们常说"读书明理"，读书的目的就是"明理"。我祖母的知识水平差各位很远，但她明白敬重知识的道理，在这一点上她比有些读书人强得多。有的人心地清明，悟性很高，不读书也能明理，中国禅宗的六祖惠能就是。那种人很稀有，他们可以顿悟。普通人只能渐悟。只能渐悟，对知识的敬仰，就不可或缺。有了对知识的敬仰，就不会轻忽地对待书本。试想一想，如果轻忽地看待一本书，三心二意地去读，不能消化书本提供的知识，不能了解书本的精髓，这一步功夫都没有，难道还能够有真正的领悟和卓越的见识吗？

　　作为语文老师，我希望你们多读文学作品。读文学作品，尤其需要抱着尊重文学的态度，带着钱穆先生所说的"同情的理解"去读，尊重作者的艺术感受，尊重作品的艺术规律，尊重文本自身的逻辑。"白发三千丈"，"一日不见，如三秋兮"，都是明显地不符事实；"蜀道之难，难于上青天"，谁也没有"上青天"的实际经验；"东风不与周郎便，铜雀春深锁二乔"，不见得能用历史的眼光来检验；阿Q先生，现实世界中根本没有这个人物。文学的宗旨并不是客观地反映现实，而是要观照现实，甚至是表现超越生活的愿望（理想）。我们已经在非常客观地生活了，用不着文学再来"客观"地反映一次。文学不必反映"已是"的生活，它应该表现"应是"的生活。现实是用来体验的而不是用来反映的，文学必须表现人类的理想。就算是现实主义文学，它也是以揭示生活的真相来表现理想。无论它的写实看起来多么逼真，其终极意图，还是要表现人类的理想。文学有它的特殊性，文学是真诚的但非真实的。文学有其自身的逻辑，不顾文学的特性，执著于一般经验层面去求事实，往往会犯错误。据说英国诗人捷尼逊有句诗，"每分钟都有一个人死亡，每分钟又有一个人诞生"，有一个数学家读后，给诗人写信说："如果这是真的，世界上的人口就显然不会有变化。"他建议把诗句修改为"每分钟都有一个人死亡，每分钟又有一又十六分之一个人诞生"。这位数学家如果不是极其幽默，就是非常无知。沈括曾经非议杜甫的诗句"霜皮溜雨四十围，黛色参天二千尺"，认为不切实际，"无乃太细长耶"；李渔《窥词管见》批评宋词名句"红杏枝头春意闹"，他说争斗有声叫作"闹"，桃李争春是有的，红杏闹春没见过，并且"闹"字极粗俗，也不好听。这些都是不把文学当作文学，胸中横亘了先入为主之见，轻率地作出评判的例子。

尊敬书本的态度，用《论语》的话来说，就是要"毋意，毋必，毋固，毋我"。《论语》中说，孔子这个圣人，是没有这四种毛病的。"毋意"，就是不要主观揣测；"毋必"，就是不要绝对肯定；"毋固"，就是不要拘泥固执；"毋我"，就是不要自以为是。读书要从文本自身去体察，不要自己凭空猜测；不要以为自己的想法绝对正确，这样才有坦然接纳的心胸；不要固执于自己的一得之见，这样才能求得更大的理解空间；不要什么都是以我为主，这样才能汲取别人的智慧。说来说去，根本要点就在于破除自我，用佛教的说法，就是"无我执"。一味执著于自我，你就学不到知识，更长不了见识。这不是尊敬书本的态度，也违背了读书的本意。

尊敬书本，是为了钻进书本。有了这样的心态，随顺书本的思路去读，读进去就容易得多。但只有钻进去，钻不出来，"入乎其中"而不能"出乎其外"，那也不能增长见识。知识是书上已有的，见识是自己建构的。读书要有见识，就必须学会质疑和批判，就不能盲从书本，"破"书而出，不做书本的奴隶。孟子说"尽信书不如无书"，这话说得很重。慎思明辨书中所述，这样才能真正学到东西；用批判的态度甚至与书为敌，才容易有所发现，有所创新。这与尊敬书本的态度并不矛盾。读书是有阶段性的。尊敬书本是第一个阶段，这个阶段你的重点是"学"，是吸收，是接纳新知，扩大自己的认知边界，改善自己的知识结构，从而改造"旧我"；第二个阶段是"思"，是学会批判，这个阶段你的重点是产出，是自创新见，提出自己的独立见解，从而塑造"新我"。读书绝不能让独立思考缺席，绝不能以为书本垄断了一切真理。你看武侠小说，再怎么高的武功都有破绽。书本也是一样的，它也有破绽或局限，不太可能是终极真理。书中确实可能有真理性认识，但不可能是终极真理。从哲学的观点看，真理是相对的，是不断发展的。据说马克思有句座右铭，叫作"怀疑一切"。怀疑一切，对于我们来说也许无此必要；但敢于怀疑，适度怀疑，有根据地怀疑，是完全必要的。怀疑是一种想象力，有可能带来创新。有了怀疑，就有了自主确立想法的空间，进而就有了对书本的批判和超越。胡适说"大胆假设，小心求证"。"大胆假设"，当然包括大胆假设书本上某些东西是错的。读书到了这个阶段，有自主的思考，基本上就开始有见识了。只有独立思考才会有见识。跟屁虫永远是愚昧的。

　　至此，可以大致概括一下我讲的所谓"方法"了：由博返约，虚己纳物，善思为本。说到底，这其实只是抽象的原则，根本不是什么具体的读书方法。而且我所说的"方法"一点儿也不新鲜，很多先贤早就讲过。各位有受骗的感觉吗？如果没有，我将愉快地得出一个很傲慢的结论：方法与原则常常是相通的；所有真正有用的方法都是历久弥新的，所有历久弥新的方法都是真正有用的。

读书零札选

一、传统文人的类型

中国传统文人，我以为大致可以概括为几种类型：

第一，屈原贾谊型。此类文人进取心强，百折不回，宁可碰壁，也不后退。"面壁十年图破壁，难酬蹈海亦英雄"（周恩来），可谓写照之一种。这种人儒家特色较为鲜明。

第二，陶渊明王维型。此类文人，性格较为和软，艺术气质浓重。不能前行，则思后退。我曾开玩笑说：屈原只顾前行，所以跳进了河里；陶渊明晓得后退，所以跳进了田里。这种人多半有道家倾向。

第三，苏轼型。此类文人，较为灵活或豁达，前行之路通达，便前行；此路不通，便后退（退一步海阔天空）。如此则左右逢源，无往不可；而文人学此，操守易失。这种人儒释道三家思想都可以选择性合拍，一不小心就容易表现出机会主义色彩。

第四，东方朔李贽型。此类文人，或诙谐讽世（东方朔），或愤激骂世（李贽），其笑骂背后，常有辛酸泪水。这类文人聪明而偏激，智力超越常人，内心躁动狂野，性格与世乖违，不合文化主流，因而人数稀少。

二、重情重义、深沉谨慎的山涛

山涛与嵇康的关系很特别。他俩一见如故，契若金兰。后来山涛推荐嵇康做官，嵇康写下著名的《与山巨源绝交书》与之绝交。但嵇康就刑前却将子女托付给山涛，说"巨源在，汝不孤矣"。下面是《晋书》中的一段记载，可看出山涛重情重义，而又深沉谨慎：

嵇绍字延祖，魏中散大夫康之子也。十岁而孤，事母孝谨。以父得罪，靖居私门。山涛领选，启武帝曰："《康诰》有言'父子罪不相及'。嵇绍贤侔郤缺，宜加旌命，请为秘书郎。"帝谓涛曰："如卿所言，乃堪为丞，何但郎也。"乃发诏征之，起家为秘书丞。

第一，山涛重情，对嵇康的后代十分看顾。尽管嵇康曾与之绝交，在嵇康死后20年，山涛仍举荐嵇康的儿子，可见其重义，未负嵇康所托。第二，山涛深沉谨慎。从他对晋武帝说的一番话可以看出这一点。山涛性格深沉，对晋武帝能否任用嵇绍存有疑虑，因此他的话很有试探性。由晋武帝司马炎的回答可以看出，山涛所陈述的嵇绍的才能，所当任用的官职应高于山涛推荐的"秘书郎"；但山涛只是推荐嵇绍担任较低的职位，可见他因内心的疑虑而特别谨慎。王戎称涛"如璞玉浑金，人皆钦其宝，莫知名其器"，可谓知人之言。

三、论《论语》《世说新语》之可读

读中国古书，养中国趣味，大可读《论语》《世说新语》。读书不贵乎多，而贵乎有得。书读得多，未必一定有真实受用，必须读透一两本书而后可。

《世说新语》中王孝伯说："名士不必须奇才，但使常得无事，痛饮酒，熟读《离骚》一篇，便可称名士。"熟读《离骚》一篇，胜于粗读《楚辞》一本。读熟读深读透，方能切己有用。

私意以为,学习古典文学,也必先读熟一两本古籍,以此为基础,即可逐渐养成一定的鉴赏趣味。对初级古典文学爱好者来说,有两本书可细读:《论语》和《世说新语》。读《论语》可打下一点传统思想的底子,读《世说新语》有助于理解传统文人的风度。这有助于养成鉴赏古代诗文所必需的文化趣味。

在儒家经典中,《论语》是最容易读也是最具趣味的一种。孔子并不声称他的话"放之四海而皆准",他甚至毫无创立理论的雄心,他的立场是"述而不作"。然而,《论语》中随处都闪烁着这位哲人洞察人生世相的智慧之光,仍能给几千年后的我们以深刻的启发。"吾未见好德如好色者也",今日读之,仍让人莞尔之余亦有深思;"邦有道,危言危行;邦无道,危行言孙",既是处世方法,亦可为衡量一个国家是否有道的指标。求财是应该的,"富而可求也,虽执鞭之士,吾亦为之";但"不义而富且贵,于我如浮云","义"在价值上始终是高于"利"的。孔子对《诗经》的论述,构成中国早期文论的重要内容;在《侍坐章》中孔子特别推许曾皙之志,则表明孔子也追求生活的美学,礼乐的最高境界其实就是"诗意的栖居"。

《世说新语》,是窥知中国古人风度的最佳窗口,鲁迅先生称之为名士的教科书,而冯友兰先生称之为中国人的"风流宝鉴"。魏晋时代风流雅士的摆脱缠缚、保有我素的人生审美情趣,书中表现得淋漓尽致。此书片言只语之间,大见风雅精神,实可启发人生品位和心灵境界。当然,魏晋风度以自我无累为贵的态度,以"无"为本的思想取向,容易导致人生空虚,归宿无所。洒脱失度,就可能失去追求;鄙薄营求,亦可能淡视理想。钱穆批评说:"晋人之清谈,譬诸如湖光池影,清而不深,不能具江海之观,鱼龙之奇;其内心之生活,终亦浅弱微露,未足以进窥夫深厚之藏、博大之蕴也。"(《国学概论》"第六章 魏晋清谈")钱穆之说,自属不刊;然而世人大抵浅俗,江海之观谈何容易,能够有几分湖光池影的清趣,已经很难得了。进一步说,如果连湖光池影都不能有,又何来江海之观,鱼龙之奇?

这两本书,篇幅短小,意味深足。二书旨趣不同,正可互补,读之实有莫大之益。看似与文学鉴赏无甚关系,实则可以收"疏瀹五脏,澡雪精神"之功,是真正懂得品味人生、鉴赏文学的必要基础。陆游说,"汝果欲学诗,工夫在诗外"。"诗外工夫"是必不可少的。

四、《陈涉世家》中的陈涉

《陈涉世家》中的一些细节,很有意思。

陈涉少时,尝与人佣耕,辍耕,之垄上,怅恨久之,曰:"苟富贵,无相忘。"佣者笑而应曰:"若为佣耕,何富贵也?"陈涉太息曰:"嗟乎!燕雀安知鸿鹄之志哉!"

很显然,陈涉(陈胜)是一个鄙视劳动、向往富贵的人。他很鄙俗,所谓"鸿鹄之志"无非富贵罢了。陈涉从称王到覆亡一共才六个月,对享乐却是毫不含糊的:"已为王,王陈。其故人尝与佣耕者闻之,之陈,……入宫,见殿屋帷帐,客曰:'夥颐!涉之为王沉沉者!'"

陈涉的部属葛婴,在陈涉称王之前被派出攻击蕲以东地区,不知陈涉已经称王。"葛婴至东城,立襄强为楚王。婴后闻陈王已立,因杀襄强,还报。至陈,陈王诛杀葛婴。"葛婴毫不含糊地对陈涉表忠心,但依然被杀掉,可见陈涉对权力的执著敏感,达到了十分疯狂的地步。

第一个向秦帝国发难,这是陈涉起义的历史意义所在。然而应该看到,陈涉起义的动机并不是救民于水火,而是企图逃避灾祸。他和吴广等九百人被秦帝国派去戍守渔阳,路遇大雨,无法按期抵达,"失期,法皆斩",他的起义是被逼的,属无奈之举。他利用民心首先起事,利用诈术裹挟士卒,确实也是有一些手段的。陈涉是一个贪恋权力、渴求富贵的人。但看他行为的暴戾和价值观的鄙俗,我们基本上能够判断,他所建立起来的政权,不太可能长久。他的格局毕竟还是太小了,所谓"鸿鹄之志",并非推翻暴政、解民倒悬,不过是厌恶劳动、欲求富贵而已。

五、李白不是做官的料

读《唐才子传》中的李白,观察其行为方式和社会交往,就知此人不是做官的料。"喜纵横，击剑为任侠，轻财好施"，迹近于绿林；与孔巢父等人"居徂徕山中，日沉饮，号'竹溪六逸'"，逍遥乎世外。贺知章说李白是"谪仙人"，暗含李白不合于世之意，这是一个准确的观察。有意思的是，贺知章号称"四明狂客"，狂性与好酒，都和李白近似，杜甫《饮中八仙歌》说"知章骑马似乘船，眼花落井水底眠"，这烂醉如泥的程度有甚于李白。区别在于贺知章的官运比李白好得多。

李白到朝廷受玄宗召见，"因奏颂一篇"。估计这篇颂词对皇上赞扬有加，玄宗很开心，"赐食，亲为调羹，诏供奉翰林"。但以李白的性格，注定在朝廷中混不下去。后来李白被朝廷辞退，路过华阴县，向县宰宣称"曾令龙巾拭吐，御手调羹，贵妃捧砚，力士脱靴"，足见其自大狂放。自以为"我辈岂是蓬蒿人"的李白是向往官场的，但他并不懂得官场的游戏规则——贵妃是皇帝宠爱的女人，高力士是皇帝的服务人员，那是你李白绝对不可染指的；"贵妃捧砚，力士脱靴"，显然是过头了。至于皇帝调羹，无非客气地表示一下欣赏的姿态而已。一个明智的君王，对他所重用的大臣严肃而对周围的弄臣亲近，乃是常见的现象。唐玄宗还是有知人之智的。

六、李白《梦游天姥吟留别》

魏晋以来的游仙诗，是李白这首诗在艺术题材上的先祖。

魏晋时代的诗歌，主要类型有玄言诗、游仙诗、山水诗、田园诗、咏怀诗等。自东汉末年以来，生命的忧思成为文学的重要主题：玄言诗是思考人类生存的境况；游仙诗是企求生命的永恒；山水诗和田园诗则暗含着生命永恒的梦幻破灭之后，人们转而从空间的当下存在感中寻求超越时间的局限性的隐秘愿望。

《梦游天姥吟留别》是一首游仙诗。但不难看出，这首游仙诗具有大量的山水诗因素，只不过这些山水属于"梦幻山水"而已。这首诗中提到的谢灵运，就是著名的山水诗人。

任何神志清醒的人都容易很快从神仙梦中醒过来，李白再怎么癫狂，最后也会如此。更何况在唐朝，炼丹术的热潮早已过去——唐诗中游仙的呓语已经少得可怜——时代提供的机会早已把诗人们的脸孔引向了现实。就是那些在终南山中的隐士，也时时把目光投向了长安。请注意，李白自己也说"长安不见使人愁"（《登金陵凤凰台》）；他给韩荆州写信，为了获得进身的机会，肉麻的吹捧几乎使我们不敢相信，那封信是以"谪仙"自居的李白写的。

因此我们可以断定，本诗最后"安能摧眉折腰事权贵，使我不得开心颜"的呐喊，必是本诗"图穷匕见"之句。混迹官场，不得通达，于是转而做梦，幻想游仙——这就是说，本诗主旨在于把梦境作为精神的寄托，达成对现实境况的逃避。只不过，现实生活中巨大的心理压力，使得李白的梦境也充满了一种动荡感，这个梦做得并不平和、逍遥、闲适，我们阅读的时候反而能感觉到某种迷幻恐怖的气氛。也正因为如此，我们读出了李白心中难消的块垒、情绪的纠缠和无处安身立命的无奈。现实不得志，梦境亦幻灭，狂放的李白，真的是无处可去了。这不由得使我们想起了彷徨无依、进退失据的屈原。

七、李白和杜甫的含蓄

杜甫《八阵图》："功盖三分国，名成八阵图。江流石不转，遗恨失吞吴。"对此诗后两句，历来众说纷纭。苏东坡认为是"以先主之征吴为恨"，仇兆鳌认为是"恨不能制主上东行"，刘𪟝认为是恨不能用阵法征吴而致失败。愚意以为苏、刘二说，皆未达旨。此诗意旨，在揭示君臣关系：凡为人臣者，纵有盖世之功（首句），惊世之才（第二句），亦难逆主上之意，难挽主上之失（三四句）。此老杜寄慨遥深之处也。

此诗关窍，全在第三句。"江流"滚滚东去，暗喻刘备东征东吴的强大意志；"石不转"则暗喻诸葛亮对此无能为力（《诗经》有"我心匪石，不可转也"之喻），有如江边八阵图之石阻挡不了江流东去。明乎此，则诗意豁然开朗——最后一句是说：既然君主意志如此，臣子则无可奈何，只有"遗恨"了。仇兆鳌的意见，相对较为中肯。

李白给人的主要印象是奔放，但他也有含蓄的时候。例如他的《访戴天山道士不遇》：

> 犬吠水声中，桃花带露浓。
> 树深时见鹿，溪午不闻钟。
> 野竹分青霭，飞泉挂碧峰。
> 无人知所去，愁倚两三松。

前四句写往访戴天山道士。

"洞里桃花，仙家芝草""碧桃天上栽和露，不是凡花数"，桃花是仙境的必要配置；桃花源的隐逸乐土也是由夹岸桃花引入的，藏于桃花深处。桃花令人有尘外之想。鹿，是吉祥的动物，是上天入地的（道家）神仙们的乘骑工具之一。钟，道观中用作法器或报时。本诗的意象选择，是紧扣"道士"的身份的。

"溪午不闻钟"，意思是此时已是午间，已经接近戴天山道士所在的道观了。如果道士在此，应能听到道观午时的钟声。而说"不闻钟"，已在暗示"不遇"了。

后四句写"不遇"。

有时候，一首诗写得好，不仅在于它写了什么，更在于它没写什么。往访道士，到了道观，按理说，应该描写道士所在的道观了；道士走了，但道观总在。然而李白没有一个字落在道观上。"野竹分青霭，飞泉挂碧峰"，写的是访道士不遇，然后在道观四处张望的情景。这两句既是写在道观四望所见之景，也以此衬出道士的淡泊与神秘，世外高人，不见影踪。表意是很含蓄的。

"无人知所去，愁倚两三松"，意味深长。不见道士，很失落，所以说"愁"。"倚两三松"，是说抒情主体（诗人）一再徘徊于松林之中。徘徊既久，则觉疲惫；既觉疲惫，则倚松休息；倚松而再三，则表明一再徘徊，不忍离去。如此则暗示出诗人访道士不遇而仍存道士或许出现的幻想，侧面折射出诗人对道士的渴慕。留恋之意，怅惘之感，向往之情，表达得非常含蓄。

含蓄是艺术性的表现之一。李白是一个容易激动起来的诗人，而艺术更多地需要沉静。李白激动起来时写的好诗不少，但这种好诗背后通常不乏含蓄。例如《将进酒》，它的字面下仍然隐藏着很深沉的东西——宇宙和人生，功业和生命。这并不是显而易见的。李白沉静下来的时候写的诗往往比他率然写出的诗好得多，如《黄鹤楼送孟浩然之广陵》远胜于《赠汪伦》。前者含蓄有味，后者看似情深而实则根本不走心。

八、再难的文本也有理解路径

卡夫卡的文本，很难懂。但再难的文本也有理解路径。下面先列出卡夫卡的这个文本：

一道圣旨

有这么一个传说：皇帝向你这位单纯的、可怜的臣仆，在皇天的阳光下逃避到最远的阴影下的卑微之辈，他在弥留之际恰恰向你下了一道圣旨。他让使者跪在床前，悄声向他交代了旨意；皇帝如此重视他的圣旨，以至还让使者靠近他耳根复述一遍。他点了点头，以示所述无误。他当着向他送终的满朝文武大臣们——所有碍事的墙壁已拆除，帝国的巨头们伫立在那摇摇晃晃的、又高又宽的玉墀上，围成一圈——皇帝当着所有这些人派出了使者。使者立即出发；他是一个孔武有力、不知疲倦的人，一会儿伸出这只胳膊，一会儿又伸出那只胳膊，左右开弓地在人群中开路；如果遇到抗拒，他便指一指胸前那标志着皇天的太阳：他就如入无人之境，快步向前。但是人口是这样众多，他们的家屋无止无休。如果是空旷的原野，他便会迅步如飞，那么不久你就会听到他响亮的敲门声。但事实却不是这样，他的力气白费一场；他仍一直奋力地穿越内宫的殿堂，他永远也通不过去；即便他通过去了，那也无济于事：下台阶他还得经过奋斗，如果成功，仍无济于事；还有许多庭院必须走遍。过了这些庭院还有第二圈宫阙；接着又是石阶和庭院；然后又是一层宫殿。如此重重复重重，几千年也走不完，就是最后冲出了最外边的大门——但这是决计不会发生的事情——面临的首先是帝都，这世界的中心，其中的垃圾已堆积如山。没有人在这里拼命挤了；即使有，则他所携带的也是一个死人的谕旨。——但当夜幕降临时，你正坐在窗边遐想呢。

皇帝将圣旨传达给了使者，使者却无法将圣旨传递给臣民。

作品中"弥留之际"的皇帝、"死人的谕旨"等意味着皇帝的死亡，尽管他有传达旨意的愿望，但是重重的宫殿（可能象征着皇权下的层级复杂的官僚制度）将阻止旨意的传达途径，留给子民的则是永远的不着边际的"遐想"。"当夜幕降临时，你正坐在窗边遐想呢"，作为谕旨接收者的"你"，只能在窗边无望地遐想，黑暗将笼罩一切。

皇帝的谕旨显然是至关重要的。这位垂死的皇帝十分重视他的谕旨，他希望传达出去；但皇帝的使者面临困境：几千年也走不完的庭院和宫殿，拥挤不堪的人群，……即便信使经过千辛万苦终于冲出了宫殿最外边的大门——"但这是决计不会发生的事情"——他依然还未走出帝都，他面对的是堆积如山的垃圾，他携带的已是一个死人的谕旨了。皇帝死了，谕旨已没有什么意义；即便如此，谕旨也永远无法送达接收谕旨的人手里。接收谕旨的人只能坐在窗边遐想。

主题可以理解为对专制制度的讽刺和反思，这种强力的制度其实是悲剧性的、没有意义的。也可理解为一个传播学个案：巨大的皇权，实际上已经把至高无上的皇帝牢牢困死，由于受困于为皇权服务的复杂的官僚体制，他的旨意实质上是很难传播的。

理解的关键，其实就在于局部语义分析基础上的文本信息整合。

九、读白居易《题岳阳楼》

白居易《题岳阳楼》："岳阳城下水漫漫，独上危楼凭曲阑。春岸绿时连梦泽，夕波红处近长安。猿攀树立啼何苦，雁点湖飞渡亦难。此地唯堪画图障，华堂张与贵人看。"

必要性：写岳阳楼，有必要写什么？岳阳楼所能见到的景象，都是可写的，合法的。而岳阳楼上不能见到的，如果被写出来，那就值得探究了：这样写的动机是什么？

观察此诗，至少有几个事物，是眼前所不能见的。一是"长安"，二是"华堂",三是"贵人"。

"春岸绿时连梦泽,夕波红处近长安",表面上是写洞庭湖的广阔浩瀚,而看见夕阳不由得想起长安,则不免意有所指。长安是唐朝的都城,因而此句就有可能寄寓着对京城的眷恋,以及"处江湖之远"的忧思。五六句"猿攀树立啼何苦,雁点湖飞渡亦难",情感基调悲苦,用"猿啼""雁渡"印证了这种天涯沦落之感。

"此地唯堪画图障",画出来的是怎样的"图障"呢?根据前文,那就是"独上危楼"所见的渺茫与凄凉景象。

如此说来,"华堂张与贵人看"的画幅,是漂泊天涯、眷念京城的痛苦的画幅。白居易说,这样的画幅,应该张挂在豪奢的华堂里,让那些贵人赏玩。这是何意?漂泊的痛苦,竟然成了贵人们的欣赏对象,对贵人们的怨愤,就含蓄地暗示出来了。

这首诗字面上看不出怨愤的字眼。白居易大抵是一个怨而不怒的人,难怪乎他一生命途顺畅、寿命久长了。

十、白居易《琵琶行》

这首诗的要点是:

第一,叙事诗在中国古诗中不发达,故白居易此诗在这个方面具有特殊价值。本诗的叙事属于平行结构。歌伎琵琶女,士人白居易,在诗中构成一种平行的而又互相关联的关系。歌伎的身世之苦,士人的贬谪之痛,阶层不同,是相互平行的;而两相叠加,则意味着无论社会底层(歌伎),还是社会上层(士人),都陷入无以救拔的哀伤之中,一起表现了时代的沉沦。这,就是本诗主题之所在。

第二,本诗中音乐的细致描写,历来被认为是一个鉴赏要点。但此节的阅读和欣赏,必具备文学史眼光而后可。严格地说,白居易这种写法是对传统的"赋"的手法的发展,只不过它的特点不是多方铺陈,而是抱住一个对象写去,毫不散漫,穷形尽相,抉幽发微。这种写法在篇幅较长的诗篇中容易成立,由于中国古诗篇幅简短，所以近体诗中很难看到，古体诗中亦不多见。以类似手法来写音乐，还见于李贺《李凭箜篌引》等作品中。

与此手法比类的是"博喻"。"博喻"亦可达成穷形尽相、抉幽发微之效。苏轼作品有例，如《百步洪》等。

第三，白居易作为流行诗人，他在当世就造成普遍影响，这与陶渊明恰好形成鲜明对照。陶渊明的诗与当时的审美时尚不合拍，故其传播和认可经历了漫长的时间。而白居易准确地抓住了时代风气（为时、为事而作），容易引起共鸣；其诗作的接受对象定位较低（"老妪能解"），这与彼时文化重心下移有关，客观上造成了其诗的普遍可理解（"胡儿能唱琵琶篇"）。白居易的诗通俗易懂，反观此前之李白、杜甫，李白清新俊逸而多有飘忽不实，杜甫沉郁顿挫而多有曲折费解，亦可看出白居易的特点或长处。

十一、读《五人墓碑记》杂想

人生天地间，多为平凡人。那么生存的价值何在？五人皆为市井中人，本文强调他们"激昂大义，蹈死不顾"，"忠义暴于朝廷"，"匹夫之有重于社稷"，重视以道德尺度来评价。那么，如何认识道德和生命价值？

第一，关于道德。

（1）道德是生命的自我担负，则应"尽心尽性"。儒家讲志士仁人有杀身成仁，讲舍生取义，西方讲发挥个性，自我实现即成就最高道德，都有尽心尽性的意思。"尽心尽性"是道德的，也是生命价值之所在。

（2）道德若狭隘地缩小到人伦范畴，以此观念评论世事和指导人生，则具有明显的副作用。在天为"道"，在人为"德"，"德"是人与"道"相呼应的状态。因而道德的出发点是对真理的追求，道德的极境是与真理同体。道德包括人伦，但超越人伦。

（3）在一般人伦范围内，泛道德地评价历史人物，乃是历代中国历史撰写者的通病，"二十四史"，大多以道德评价为主。此弊端黄仁宇多有论及。此文试图对五人盖棺定论，亦为泛道德评论，故文中论述，多失之偏颇，如以为魏忠贤之垮台"不可谓非五人之力"等，此为夸大之说。

（4）五人为平民，在维护朝廷利益方面并不承担道德义务（除非他们的个人利益与朝廷利益一致），在东林党人和宦官势力的斗争中也没有选边站的道义责任。因此他们并无牺牲之义务。但五人"激于义"的反抗精神，有值得肯定之处。

第二，关于生命。

（1）生命本身的存在，是不可剥夺的天赋人权。人命天授，任何人不得轻言牺牲。

（2）人有义务维护自身的理想和尊严。这种理想和尊严应由每个人自主决定。假如五人以"忠义"为信仰，则其牺牲就是生命之完成，死而无憾。假如五人仅仅是顺应群众运动的风潮而就死，则其牺牲是盲目的。

（3）应知宦官阶层亦为受损害之一群。王权造成宦官生理被损害，亦必有心理的创伤，对此亦应抱有同情：如此则可更好地理解宦官与士大夫阶层在中国历史上为何一再对立。在中国文化背景下，宦官具有假借王权而专权的可能性，但绝无建立持久权力之基础，故魏忠贤"非常之谋"云云，应无此事（除非魏忠贤极其愚蠢）。

十二、读余秋雨《道士塔》

余秋雨是个饱受争议的散文作家。他的散文的长处，也恰好是其短处。

余秋雨散文的长处在于，他试图在散文中注入更多的"历史"和"文化"，这对矫正中国散文或格局过于狭小，或过于附着于社会现实，具有正面价值。但正如有的评论者指出的那样，余先生在历史和文化方面缺少深入的研究，作品中出现了许多"硬伤"。我当然不必重复别人的指责；我想说的是，余秋雨为了把自己对历史和文化的理解更有力地灌注进他的叙述，不惜夸大其词，失去了应有的节制，导致读者有时难以从学理上进行理解。其次，他没有充分照顾到情感和理性的平衡，情感往往显得过于泛滥，尽管并不是像很多三流作家那样单纯用放肆的文字来煽情，而是用了一层看似理性的反省来包装，但明眼人一眼就能看出，他的作品中理性的思考和有节制的判断是不够的。就比如在《道士塔》中，余先生声称"无数才华横溢的学者，将为这个洞穴耗尽终生"，"无数"云云，言过其实；至于"中国的荣耀和耻辱，将由这个洞穴吞吐"，则更为荒谬——须知天下学问很多，敦煌学无非其中一种，而"中国的荣耀和耻辱"，关涉面甚广，归于一个洞穴，实属不经。我相信余先生也了解这一点，因此他这样写只能有一种解释：试图煽动读者的情绪。

网上有《道士塔》评注版，对此文进行了细致的批评，兹不多述。余先生此文的第二、第三两节，固然有一些历史事实作为依据，但虚构过多，难以取信于人。虽然"一切历史都是当代史"，历史的客观性总是有限的，但我们还是很难认同把一切历史都当成虚构——尤其是出于个人喜恶的虚构——的做法。余先生对王道士的偏见是显而易见的，尽管这是一种"政治正确"的偏见。

十三、指鹿为马：文本信息的发现

解读文本，是一个提取语义信息的过程。文本中隐含的信息常常被忽略或遗漏，这是导致解读不充分、不到位的重要原因。

有时候，文本的修辞方式干扰了我们对语义信息的提取；有时候，则是由于对文本显在信息缺乏分析，使得潜伏于显在信息之下的隐含信息无法浮现出来。这里以"指鹿为马"为例，说明仅仅停留于文本表面的信息是不够的。"指鹿为马"是非常著名的故事。《史记·秦始皇本纪》的记载是：

八月己亥，赵高欲为乱，恐群臣不听，乃先设验，持鹿献于二世，曰："马也。"二世笑曰："丞相误邪？谓鹿为马。"问左右，左右或默，或言马以阿顺赵高。或言鹿，高因阴中诸言鹿者以法。后群臣皆畏高。

通常，我们会直接意识到赵高阴险和蛮横的信息。但文本所传递的信息，仅仅是这么一点吗？如果善于分析，我们可能发现更多意味深长的隐含信息。

"赵高欲为乱，恐群臣不听，乃先设验"，这句话清楚地指出，赵高指鹿为马，间接的目的是篡权作乱，直接目的是试探群臣，检验他们的政治立场。换言之，"指鹿为马"看似荒谬，但赵高的蛮横背后充满了冷酷的政治算计。赵高并非恣意为之，他其实是非常理性的。

鹿和马是人们熟悉的动物，要正确分辨二者没有难度。赵高为了观察试验效果，他首先断言："这是一匹马。"秦二世是君主，他不必阿附赵高，所以他的判断是："那明明是鹿，不是马。"于是，对群臣而言，赵高的检测题成了一道选择题：

（1）认同秦二世的答案：这是一头鹿。这是符合事实的判断。

（2）认同赵高的答案：这是一匹马。这是不符合事实的判断。

群臣被要求在这两种答案中选择一种。如果罔顾事实而认同这是一匹马，就等于在政治立场上支持赵高，至少不敢忤逆赵高，阻止他作乱；如果承认那是一头鹿，就等于在政治立场上支持秦二世，或不持政治立场，只尊重鹿就是鹿的事实。

支持赵高，就必须颠倒事实。这样的测验，说明赵高内在的动机，是检测群臣是否会无条件地顺从自己的意志。

检测的结果是：部分大臣保持沉默，部分大臣选择了赵高的答案，部分大臣选择了秦二世的答案。这说明了什么呢？我们可进行如下推断：

（1）部分大臣选择了沉默。这意味着，如果赵高作乱，他们奋起反抗的可能性较小。

（2）部分大臣选择了赵高的答案。这意味着，他们拥护或畏惧赵高，如果赵高作乱，他们很可能屈从赵高的淫威，支持或者默认赵高的作为。

（3）部分大臣选择了秦二世的答案。如果赵高作乱，他们有可能成为反制赵高的力量。所以接下来赵高"阴中诸言鹿者以法"，铲除这批力量。

（4）最终结果是形成了震慑效应，"后群臣皆畏高"。

结论：总体上来看，朝廷上绝对坚定地支持秦二世的力量已经不足（虽然这不等于不再拥护秦朝政权）。

赵高仅仅是以此验证他的威势达到何种程度吗？事实上这个政治忠诚度检测之后，还有后续安排。关于"指鹿为马"这道政治立场检测题，在《史记·李斯列传》上的相关记载更为翔实：

李斯已死，二世拜赵高为中丞相。事无大小，辄决于高。高自知权重，乃献鹿，谓之马。二世问左右："此乃鹿也？"左右皆曰："马也。"二世惊，自以为惑，乃召太卜，令卦之。太卜曰："陛下春秋郊祀，奉宗庙鬼神，斋戒不明，故至于此。可依盛德而明斋戒。"于是乃入上林斋戒。日游弋猎，有行人入上林中，二世自射杀之。赵高教其女婿咸阳令阎乐劾不知何人贼杀人移上林，高乃谏二世曰："天子无故贼杀不辜人，此上帝之禁也，鬼神不享，天且降殃，当远避宫以禳之。"二世乃出居望夷之宫。

　　留三日，赵高诈诏卫士，令士皆素服持兵内乡，入告二世曰："山东群盗兵大至！"二世上观而见之，恐惧，高即因劫令自杀，引玺而佩之，左右百官莫从，上殿，殿欲坏者三。高自知天弗与，群臣弗许，乃召始皇弟，授之玺。

　　这段记载能让我们看得更加清楚。"左右皆曰：'马也。'"由此可以推断出当时秦二世在权力上已被赵高架空，严重到已经失去了左右近侍的支持。据此记载还可看出："指鹿为马"只是赵高预谋夺取秦朝政权的政治设计中的一个环节。它的目的不止于试探左右近侍的政治立场，同时也是为了调秦二世离开宫殿，进而杀之夺权。

　　《李斯列传》中说，"事无大小，辄决于高。高自知权重，乃献鹿，谓之马"。赵高"自知权重"而设计"指鹿为马"的戏码，说明他对群臣阿附自己，是有某种信心的。而既然群臣都说鹿是马，则可能达到使浅薄的秦二世惊慌而"自以为惑"的效果，进而落入赵高事先设好的陷阱。太卜对二世说的话，当然也是赵高的安排。这样，二世就上了当，离开皇宫，进入上林苑斋戒。二世本是废物，禁不住诱惑，并未好好地斋戒，每日游玩射猎，于是发生了一起"误射事件"。死者被移尸于上林，这又是赵高的安排。秦二世于是被骗到离咸阳更远的望夷宫去"躲灾"了。望夷宫远离了皇帝可控的安全范围，全是赵高布置的人马。赵高"因劫令自杀"，秦二世完蛋了。

　　赵高"引玺而佩之，左右百官莫从"。由此回头观察"指鹿为马"这一事件，可以推断出两点。第一，"指鹿为马"，表明朝廷群臣虽不免屈从于赵高的淫威，但赵高并未赢得群臣的衷心拥护。第二，群臣不支持秦二世，并不等于不支持秦朝政权，他们不接受赵高自立为帝。所以接下来，赵高只好"召始皇弟，授之玺"。

十四、孙权、曹操的虚虚实实

下面是《资治通鉴》中的一段（为行文简明而有删改）：

权上书称臣于操，称说天命。操以权书示外曰："是儿欲踞吾著炉火上邪！"侍中陈群等皆曰："汉祚已终，非适今日。殿下功德巍巍，故孙权在远称臣。此天人之应，异气齐声，殿下宜正大位，复何疑哉！"操曰："若天命在吾，吾为周文王矣。"

孙权的动机是什么？

孙权向曹操称臣，劝曹操取代汉天子，有没有曹操所说的"欲踞吾著炉火上"的动机？曹操这话恐怕是他自己的真实想法；至少，曹操对孙权的动机有过这样的猜测。因为以孙权的志气和实力向曹操称臣，这显然不是真心实意；曹操判断孙权有阴谋，这是合理的。孙权劝说曹操取代汉天子，就是要把曹操推向谋篡者的位置，置曹操于不利的境地。

还存在这样的可能性：孙权的书信是对曹操的试探。孙权猜测曹操挟天子以令诸侯，有篡位的想法，于是他通过此次上书，来窥探曹操的意图。

"操以权书示外"，曹操此举的动机是什么？

曹操得到孙权信件，如果要掩盖自己的心事，他应使此事成为一个秘密，而不应也不会把这封信拿给下属看。曹操之所以要展示出来，目的只可能是：第一，以此检测属下对他本人的忠诚度；第二，通过观察下属的反应，判断若要篡位能否得到下属的支持。

侍中陈群等都明确表示曹操应该取代汉天子，这表明他们对曹操是绝对拥护的（也可能存在这些人隐秘的自利动机，曹操上位对他们是有利的）。曹操得知此一检测结果，于是趁机说"若天命在吾，吾为周文王矣"，意思是当前夺权的时机尚未完全成熟，并暗示这些下属应继续辅佐他的继承人，最终取代汉天子（周文王的继承人周武王最终灭商）。

十五、管宁、华歆锄园

《世说新语·德行》：

管宁、华歆共园中锄菜，见地有片金，管挥锄与瓦石不异，华捉而掷去之。又尝同席读书，有乘轩冕过门者，宁读如故，歆废书出看。宁割席分坐，曰："子非吾友也。"

对于这个故事，人们所持的态度，大多是称赞管宁而鄙弃华歆。这其实是有问题的。

华歆"捉而掷去之"，当然是可疑的。"共园中锄菜"发现的这块金子，是属于谁的，并不清楚。无主的财产，完全不必捡起来扔掉。很显然，华歆是刻意作出鄙视金子的姿态，以显示其道德高度。然而捡起金子扔掉，这个动作过于夸张，不符合人之常情。我们可以进一步推测：他之所以这么做，应是受到当时的道德观念的影响。这种观念认为：士人应该不慕金钱。

管宁见地有金，而"挥锄与瓦石不异"，当然也是假装的。金与瓦石，毕竟不同；既然见到了金，而无任何反应，那只能是装出来的。

至于二人"同席读书"，有人坐着豪华车轿从外面路过，管宁置若罔闻，照旧专心读书，而华歆却面露慕色，跑出去看。此节可见出管宁比华歆更能沉住气。联系到"锄园"这个故事，我们能够看出，当时的管宁，确实比华歆要沉稳得多。

华歆的做法完全符合一般的道德原则：他并没有将财物据为己有。至于读书时看到达官贵人心生羡慕，也符合当时读书求仕的普遍追求。但应该说，华歆并不是对钱财无动于衷的人。当然，管宁也不是。他们的表现都是做作的，但管宁表现得比华歆沉稳。

华歆扔掉片金，很可能说明华歆敬畏当时的道德教条，或者他内心真诚地向往士人不慕金钱的道德境界。单看这个故事，无法证明华歆爱慕金钱，也无法证明他鄙视金钱。华歆是怎样的人？依据这则材料并不能完全判断。

十六、《鸿门宴》中樊哙的语言分析

下面是《鸿门宴》中的两段文字，分别记录了刘邦和樊哙的一些话语。为了说明的方便，我做了几处序号标记。

沛公奉卮酒为寿，约为婚姻，曰："①吾入关，秋毫不敢有所近，籍吏民，封府库，而待将军。②所以遣将守关者，备他盗之出入与非常也。③日夜望将军至，岂敢反乎！④愿伯具言臣之不敢倍德也。"项伯许诺，谓沛公曰："旦日不可不蚤自来谢项王。"沛公曰："诺。"

樊哙曰："⑤臣死且不避，卮酒安足辞！⑥夫秦王有虎狼之心，杀人如不能举，刑人如恐不胜，天下皆叛之。⑦怀王与诸将约曰：'先破秦入咸阳者王之。'⑧今沛公先破秦入咸阳，毫毛不敢有所近，封闭宫室，还军霸上，以待大王来。⑨故遣将守关者，备他盗出入与非常也。⑩劳苦而功高如此，未有封侯之赏，而听细说，欲诛有功之人，此亡秦之续耳，窃为大王不取也。"项王未有以应，曰："坐。"

刘邦谈话的要点只有一个：他不会背叛项羽。四个句子中，①②是两个最主要的论据；③强调不会背叛，是结论；④是托请项伯说情。

樊哙谈话的核心仍然是一个要点：刘邦不会背叛项羽，他是项羽的"有功之人"。⑧⑨是不会背叛的主要论据。⑤⑥⑦多加了一个背景介绍。⑩强调刘邦不会背叛，对项羽有功，该得到奖赏而不应被诛杀。

两段谈话要点是一致的，观点吻合，论据吻合。论据表达的话语方式，也几近于吻合。第⑩句多了一层批评项羽的意思，这与当时宴会上情况紧急、樊哙作为刘邦部属的身份有关，但这句话表达的核心意思仍然是刘邦不会背叛。

刘邦的谈话，是在鸿门宴前的晚上；樊哙的谈话，是在鸿门宴上。谈话的时间、空间不同，但内容基本一致。何以如此？如果司马迁的叙述是可靠的，那么，刘邦与樊哙话语的相似度如此惊人，这就意味着，在来参加鸿门宴之前，刘邦阵营连夜作出了精心的安排与筹划。

十七、《泪珠与珍珠》中一个比喻的评说

又有一次，读谢冰心的散文，非常欣赏"雨后的青山，好像泪洗过的良心"。觉得她的比喻实在清新鲜活。记得国文老师还特别地讲解说："雨后的青山是有颜色，有形象性的，而良心是摸不着、看不见的，聪明的作者，却拿抽象的良心，来比拟具象的青山，真是妙极了。"经老师一点醒，我们就尽量在诗词中找具象与抽象对比的例子，觉得非常有趣，也觉得在作文的描写方面，多了一层领悟。

这是琦君《泪珠与珍珠》中的一段话。其实，国文教师的解说言不及义。把有形的事物跟无形的事物联结起来构成比喻，此等手法并不新鲜，古典作品中比比皆是。若仅此而已，冰心这句诗也没什么神奇。应该从意义层面进行领会。我来说说这句诗的妙处。

雨后空气中少有浮尘，所以雨后的青山，分外真切鲜明。眼泪洗过良心，有如雨水洗过浮尘，青山逼目，良心凸现，二者的共同点在于真切。

"青山"作为意象，具有特定的文化含义。"仁者乐山"，在文化语境中，山具有仁慈宽厚的"仁者"的语义指涉，由此而与"良心"发生关联。而眼泪代表悲伤和痛苦，一个人的悲伤和痛苦经历得越多，则越能增长对人世苦难的悲悯，这与"良心"也是紧密相关的。由此可见这一比喻，真是丝丝入扣地贴切。

这句诗中包含着一种深刻的中国哲学观念：良心本具，犹如青山本自如此；而由于种种染污，难以明澈显现。孟子所谓"求其放心而已"，佛家所谓"时时勤拂拭"——良心本具，佛性本具，而我们未必识得。借得眼泪的因缘，良心清晰显露，犹如借得雨水的因缘，青山终于历历分明。

十八、王夫之与贾谊

贾谊论之暴亡，曰"仁义不施而攻守之势异也"（《过秦论》），归天下兴亡于"仁义"，是儒生之见。秦之统一中国，是靠富国强兵、武力征伐。统一之后若施行仁义，就真能成就"子孙帝王万世之业"了吗？未必。周谷城《中国政治史》认为，秦汉专制是直接或间接统一许多部族的结果，它的成立由于陆续统一外部诸势力（部族），不同于宋明专制的成立由于对内部诸势力（阶级）的加紧支配。显然，部族的统一进程涉及族群融合、文化整合等复杂因素，这需要相当长的时间，单用仁义也无法解决问题。秦以后的汉王朝虽用儒生而倡儒术，但实际更重黄老，王霸杂用才促成了较长时间的稳定统一。若以为治国之道即施行仁义，这是幼稚的简化。

《读通鉴论》卷一篇首，王夫之有段话说："秦以私天下之心而罢侯置守，而天假其私心以行其大公，存乎神者之不测，有如是夫！"假私济公，存乎神者不测，这无异于说，上天的机巧、历史的辩证性，非一般常理之可测度。王夫之这种观念，与黑格尔"理性的机巧"（the cunning of reason）的思想不谋而同。黑格尔认为理性是有力量的、有机巧的，其机巧表现为一种曲折的或矛盾发展的历程。理性一方面让事物遵循自身的性格或倾向，使其互相影响、平衡，而自己并不干涉其行程，但也正借此达到理性自身的目的。

上天让世人放任其情欲，图谋其利益，而结果却往往是达成了上天的意图。这就是"天假其私心以行其大公"。正是秦的自我扩张野心，造成了先秦统治模式的最终崩溃，使得大一统集权局面首度形成，为汉王朝的兴起作好铺垫。秦"罢侯置守"，创郡县制，本意为加强控制，满足私心，客观上却创立出一套崭新的统治制度，深远地影响到中国历史，为历史进程作出了贡献。秦的本意是逞其私欲，效果上却推动了历史前行。王夫之的分析，显然比贾谊高明得多。

十九、余光中评艾青

在《早期作家笔下的西化中文》一文中，余光中对诗人艾青提出了十分尖锐的批评。他说：

> 他的诗相当多产，在篇幅和主题上也颇有野心，一挥笔便是百十来行，颇能给人"气势壮阔"的幻觉。可是他不解浓缩之道，也不明白有时候盘马弯弓蓄势待发，比一泻千里的流水账更有力量，所以他的诗往往只见其长，不见其大。他的主题往往选得不错，结构也颇平稳，却给他散漫、累赘而又生硬的语言困住，发挥不出力量来。艾青的语言西而不化，像是生手的译文。既乏古典的老练，又欠西文的鲜活。……对于艾青这样的诗人，所谓句法，只是一种刻板的公式，那就是名词垫底，上面一串串顶上形容词，至于累累的形容词之间应该如何组合，却无须理会。

余光中以著名诗人的身份评诗，自然是内行不说外行话。总的说来，这批评刺耳却也中肯，尤其是对艾青的诗歌语言的批评，更是戳中了艾青的痛处。艾青语言天分不高，风格趋于浅易平直，句法较为呆滞平庸，缺乏弹性和变化。也许正因为如此，艾青对中国70年代末80年代初兴起的朦胧诗持否定态度。朦胧诗的语言在当时被认为"晦涩难懂，捉摸不定"，受到不少人的批评。作为诗人的艾青，不为朦胧诗辩护，反而否定它，这是十分耐人寻味的。

在《论朱自清的散文》一文中，余光中也批评到艾青的诗歌语言："在新诗人中，论中文的蹩脚，句法的累赘，很少人比得上艾青。"他并举出《大堰河——我的保姆》的一节为例：

> 我呆呆地看檐头的写着我不认得的"天伦叙乐"的匾，
> 我摸着新换上的衣服的丝的和贝壳的纽扣，
> 我看着母亲怀里的不熟识的妹妹，
> 我坐着油漆过的安了火钵的炕凳，
> 我吃着碾了三番的白米的饭，
> ……

事实上，艾青的句法累赘，不仅仅表现在单一的前饰句上。就《大堰河——我的保姆》一诗而言，排比句型的滥用，读来也令人头痛。排比句可增大内容容量，具有"赋"的铺排性质，但用之太过，即显单调、呆滞和矫饰。如果细节不丰富而使用排比来铺展，反而容易给人注水的感觉，使形象更显不饱满。《大堰河——我的保姆》一诗虽有较多的细节，但尚未多到每个诗节都不间断地使用排比的程度。艾青诗句之所以多排比，我认为应归因于造句手法的机械生硬，缺乏把各种句型运用自如地加以组合的能力。

二十、想·想象

李白《清平调词三首》之一：

> 云想衣裳花想容，春风拂槛露华浓。
> 若非群玉山头见，会向瑶台月下逢。

《李杜二家诗钞评林》："'想'字妙，得恍惚之致。"《唐诗绝句类选》："蒋仲舒曰：'想'，'想'，妙，难以形容也。"李白本诗中"想"字的艺术效果，被诗评家们吹得玄乎其玄。其实，单从词义角度而言，这个"想"字并不那么神奇，就是"像""好似"的意思。"云想衣裳花想容"，就是"云像衣裳花像容"，用云和花来比喻女性衣裳和面容的美丽，并无什么特别之处。

《说文》："想，冀思也，从心相声。""像，象也，从人从象，象亦声。""想"读"息两"切，"像"读"徐两"切，音近义通。段注："觊思者，觊望之思也。"据此，"想"就是想象或希望。段注引韩非说："人希见生象也，而案其图以想其生，故诸人之所以意想者皆谓之象。"可见"像（象）"亦含"想"之义。

许慎把"想"字看作形声字也许并不恰当。我以为它是个形声兼会意字。所谓"相由心生"，佛家所谓五蕴中的"想"，指的就是认识直接反映的影像及形成的表象、感觉、概念等。与形相、影像伴随的思维活动，均可称为"想"。"想"的内容，即是"像"（或"相"）。因此，最好的说法或许是这样："想，冀思也，从心从相，相亦声。"不知许君意下如何。

古诗文中，偶有用"想象"一词，表示相像、相似的意思。杜甫《咏怀古迹》："翠华想象空山里，玉殿虚无野寺中。""想象"对"虚无"，都是同义复合词。王洙注:"想象犹仿佛。"李白《淮海对雪》:"飘飖四荒外,想象千花发。""想象"仍是"仿佛"之意。《列子·汤问》:"伯牙乃舍琴而叹曰:'善哉!善哉子之听!夫志,想象犹吾心也。吾于何逃声哉!'""想象"亦是相像、仿佛之意。(张湛注"言心暗合与己无异",可旁证我说之正确。)

廿一、"参省乎己""求其放心"

《荀子·劝学》提出"参省乎己",与孔子所谓"吾日三省吾身",其意略同。而《劝学》中又说"终日而思矣,不如须臾之所学",说明荀子认为学习在一定意义上比思考更关键,"君子博学而日参省乎己",看似并列关系,但"博学"是重要于"参省乎己"的。孟子与荀子相比,更重视内省,从他好谈"本心""本性",强调学问之道在"求其放心而已",即可见一斑。后世孟子比荀子得到更多的重视,甚至被提高到仅次于孔子的"亚圣"位置,他的学说广布,内省之道更见发扬。

内省是"修身"工夫,其目的是发现"善"的"本心"。根据孟子的说法,这个先天的本心包括恻隐之心、羞恶之心、辞让之心、是非之心,从中分别衍生出仁、义、礼、智四德。然而不仁不义不礼不智,在人生现实中比仁义礼智更为常见,仅仅用"失其本心"来解释合理吗?"失其本心"的原因如果是被物欲所蔽,那么物欲何以能遮蔽本心呢?不仁不义不礼不智,难道没有本性为依据吗?如果没有本性为依据,它们又如何能发生呢?

内省能达成"修身"的理论假设,必须是人性本善。然而,善恶作为价值判断,其标准只可能是后天的,难以用它去对先天本性作出测度。严格地说,具有先天意义的本性或本心在后天语境中无法推测,是善是恶,无从定论。所以,内省并不必然导向善。本心性质既然无从确定,于是内省引导人们到达的地方多半是混沌和糊涂。

"性善"与"性恶"一样,只是一种假设。处于后天的认知状态的人,不可能确知先天本性。所以内省大抵只是观念(意识)的自我暗示和自我强化,很可能与本性无关,而与内省者既有的观念有关,与社会意识形态有关。

究其实，传统社会文化强调的"参省乎己"的修身，目的并非了知先天本性——如上所述先天本性是难以了知的，"反求诸己"所带来的，往往并非本心的发现而是自我控制和压抑，成为"静坐常思己过"的自我剪裁，自我驯化，以符合社会认可的"善"的规范。这个"善"并非人性的内在发现而是社会的外在要求，内省方法导向的结果往往是安分守己思不出其位。这也正是为何"身修"能够导向"家齐国治天下平"的原因。中国文化中，从孔孟老庄到唐宋佛禅，再到宋明理学心学，存在一个名为修身而实为抑制独立人格的传统。这就特别容易造就良民和奴才，前人对此颇有论及。

人性是否靠得住，我不知道；但人性是否可知，我认为答案为否。而无论人性如何，荀子所强调的"学习"，都是靠谱的。向外开放的学习与向内检视的反省都是重要的，但若无充分的学习而兀自反省，是反省不出什么有价值的东西的。很简单，一个封闭的"自省"系统，只是死水一潭。

廿二、《信陵君窃符救赵》

《过秦论》："当此之时，齐有孟尝，赵有平原，楚有春申，魏有信陵。此四君者，皆明智而忠信，宽厚而爱人，尊贤而重士……"此四公子并称，而勋业并不相同。司马迁《史记》中对他们的赞语，似乎对信陵君有特别的仰慕和推崇。观"信陵君窃符救赵"一节，其义勇精神和行事果决的作风，非另外三公子之所能及。信陵君侍侯嬴，"执辔愈恭"，"颜色愈和"，"色终不变"，难免做作矫饰之嫌，但身为公子而侍奉一位看门老头子，无论如何也是值得肯定的。这种委屈自己网罗人才的做法，让刘邦这个善于用人的君王也不由得钦佩（《信陵君列传赞》："高祖每过之，而令民奉祀，不绝也"），更让司马迁这个怀大才而遭大辱的人不胜向往（《信陵君列传赞》："吾过大梁之墟，求问其所谓'夷门'"）。事实上，信陵君网罗到的确实有人才，比如侯嬴，就在窃符救赵一事的谋划中起到了关键作用。与信陵君相比，司马迁对孟尝君的看法就很不相同。《孟尝君列传赞》："吾尝过薛，其俗闾里率多暴桀子弟，与邹鲁殊。问其故，曰：'孟尝君招致天下任侠奸人入薛中，盖六万余家矣！'世之传孟尝君好客，自喜,名不虚矣。"这赞语中明显有讽刺批评之意。王安石否认孟尝君能得士,斥骂他的士只不过"鸡鸣狗盗"之徒,显然也是受到司马迁启发的。

信陵君迎请侯嬴一节,写得十分细致,表明司马迁对此事津津乐道。信陵君侍奉侯生的恭逊神色,显然非司马迁所能见,有明显的虚构因素。联系到司马迁本人的遭遇,这段描写可以用"心理补偿说"来解释。信陵君谦恭侍奉侯嬴,正是司马迁不可遇不可求的,所以他对此事的渲染,有幻想投射的性质。

廿三、尚简

孔子写《春秋》,有所谓春秋笔法,于简洁叙述中暗寓褒贬,在"微言"中显出"大义"。"微言大义",其意必丰,而其言必简。言简意丰,在传统文章中特别受到推崇。

孔子《春秋》之简,固然受当时书写条件的限制,也是汉民族思维取向的结果。中国人的言语和思维方式,不喜欢程序式的缜密烦琐,而看重灵感式的"一言以蔽之"的高度概括。鸠摩罗什以为"秦人尚简",这是一个精通中国语言的西域人对中国深入观察后得出的结论。唯识学在中国流行不开,而禅宗却广为传布,亦为一例。唯识学派名相繁富,理论复杂;而禅宗声称不立文字,投合了中国人尚简的思维方式。历史上对《史记》《汉书》孰优孰劣的争论,亦有不少人因《史记》时间跨度大、篇幅更短小而认为它更高明。由此亦可见尚简的心理。

尚简,还表现在文学史上诗歌和散文高度发达,而戏剧和小说相对萎缩。诗与散文语言凝练,篇幅也相对较短。诗歌中,短小的抒情诗发达,而较长的叙事诗萎缩。传统小说中,短篇较发达,长篇较萎缩。古代野史、笔记中有大量小说质素,而篇幅都不长。

廿四、《廉颇蔺相如列传》

《廉颇蔺相如列传》从大智、大勇、大度("将相和")诸方面塑造蔺相如,使蔺相如的故事带有浓厚的英雄传奇性质。蔺相如也仿佛是一个完人，读者很难窥知其完整的内心世界。在此传中，蔺相如不停地变换着活动的舞台，不断地遇到新的冲突和矛盾，其英雄形象也就在这一连串不断变化的情节中展示出来。《史记》塑造人物，十分注意人物的行动、语言和细节的描写，这种方法和表现效果，与古代小说何其相似。《史记》在中国小说史中，是否可以占据一个恰当的位置？

蔺相如在秦廷怒发冲冠、假装欲摔和氏璧一节，明显地表现出故事的传奇性、情节的曲折性、语言的个性化等古代小说的典型特征。蔺相如这一系列举动，在很大程度上出于司马迁的虚构。司马迁并非事件的目击者，在他之前也并无如此翔实的史料记载，因而他笔下的这一幕只能是出于想象。"怒发上冲冠"当然更是夸张，与张飞喝退曹军那一幕近似，是典型的小说笔法。

钱钟书《管锥编》论《左传》，说："史家追叙真人真事，每须遥体人情，悬想事势，设身局中，潜心腔内，忖之度之，以揣以摩，庶几入情合理。盖与小说、院本之臆造人物，虚构境地，不尽同而可相通。"

当然，这不是说《史记》就是通常意义上的小说。小说的虚构性更明显，即使是讲史小说也不例外，这与历史著作是有区别的。中国传统小说受《史记》的影响，更多在于叙事艺术、表现人物方法及以表现人物形象为中心的纪传体裁。中国没有长篇叙事诗的传统，所以史传文学（特别是司马迁开创的纪传体样式）成了后代小说创作者极其重要的继承和借鉴对象。唐人小说都喜欢交代具体年代和取材现实生活，体裁也是短篇，其原因大半在此。唐代小说《柳氏传》《柳毅传》《李章武传》《霍小玉传》《莺莺传》《李娃传》《谢小娥传》《南柯太守传》《任氏传》《东城老父传》，以及《长恨歌传》《庐江冯媪传》等，从其篇名即可看出，史传的影响何其巨大。

事实上，唐朝以前的所谓小说，在当时人们的观念中，正属于历史记载之类，他们至少在主观上很注重史料的真实性。《隋书·经籍志》收小说类25种，现存《世说》与《燕丹子》两种。书中基本上是人间故事，而且当时以记事翔实为标榜。《语林》一书，因记谢安的话不确而被谢安批评，这本书的身价于是大跌（《世说·轻诋》）；干宝向刘真长叙其《搜神记》，刘以"鬼之董狐"赞干宝（《世说·排调》）。这都可见是否真实如历史，影响到对小说的评价。当然，小说与历史一样都可能有虚构，小说家应该比历史学家有更大的虚构情节的权利，这显然也毋庸置疑。

廿五、局限

《幽梦影》："凡花色之娇媚者，多不甚香；瓣之千层者，多不结实。甚矣全才之难也，兼之者其惟莲乎！"

西方观念中，以为上帝公平，造万物皆有局限，予此则夺彼，难以兼善。

李杜有诗才，而无治才。王安石、李鸿章，有治世之能而无时运。"秦皇汉武，略输文采，唐宗宋祖，稍逊风骚"。天生万物，赐其长处以发挥自己，以此找到立身之地；同时也给他局限来约束他，让他受到牵制。只有如此，世界才能具有多样性，同时也才能保持平衡。

其实，莲也不能叫"全才"。莲花易谢，莲实多涩，莲香甚淡，皆不足以耸动世人。

世界是一个有缺陷的世界。世界没有缺陷也不行。只有存在缺陷的世界才会迫使或诱导人们去追求完美，虽然这完美永远追求不到。

文章亦有局限或缺陷，难有尽善尽美、人见人爱的文章。《笑傲江湖》中风清扬指点令狐冲，说一切剑招均有破绽。此言甚是。文章也一样，有其破绽或局限。我们对此应多留意。"取其精华，识其局限"，这是阅读见识的表现。

廿六、水仙

古希腊神话有这样一段故事：Echo 原是最擅长讲述故事的仙女，因天后赫拉嫉妒而遭到诅咒，自此无法主动说话，只有别人先她开口，她才能重复别人的词句。被诅咒的 Echo 在林中漫游，看到了美男子 Narcissus，情不自禁爱上了他，但她无从表白，须待对方开口；而 Narcissus 对她不屑一顾，Echo 最终心碎而死，化为山中回声。后来，复仇女神为此惩罚 Narcissus，使他爱上自己在水中的倒影。这份自我爱恋如此深沉，他甚至无法挪动脚步，只能站在水边，痴痴地望着水中的自己，直到憔悴而死。

死后的 Narcissus 变成了水仙花，永远凝望着自己孤独的倒影。

世上最深刻的沉默之痛，无过于 Echo，她失去了自我表达的可能；而世上最极端的顾影自怜，莫过于 Narcissus，他的眼光幽闭在自己的影子里。Narcissus 让我不由自主地想到了屈原。

喜欢自喻为香草的屈原，就是东方的 Narcissus。他眼中所能见到的美好，几乎都属于他自己。"非我莫能为也"，别人都不在他正面的视界中。"举世皆浊我独清，众人皆醉我独醒"，一个"独"字，多么决绝。屈原把白眼投向了世界，把青眼留给了自己。

当屈原行吟于江滨，他实际上已经完全成为一朵茕茕孑立、形影相吊的水仙了。屈原对着江中他自己的影子纵身一跃，完成了这朵水仙最后一段最艳丽也最悲壮、最无奈也最疯狂的生长。

清水中的水仙是很容易枯萎的，因为没有足够的养分。哲人周敦颐就很高妙，他要做濯清涟的莲花，但这片清涟之下却隐藏着一大片肥沃的淤泥。Narcissus 和屈原，都太简单了。Narcissus 无视了世界对他的爱，他的自我爱恋遮蔽了外物；而屈原，他不懂得即便是污浊的世界，可能也恰好是一个机会或一种营养。

屈原和 Narcissus，都只爱自己。他们真的是爱自己吗？其实，自恋者们爱上的，不过是自己的影子。Narcissus 看到了真实的自我吗？不，他只看见了水中的倒影。屈原看到了真实的自我吗？也不，屈原甚至连自己的影子都只是模糊地看见，他所看到的"修名"，不过是自我的影子的影子罢了。

因此，水仙只是一朵幻象。水仙花一开出来就是枯萎的，因为它从来不曾成为一个真实的实体。无论看起来多么娇艳，其实都不过是自恋者们自身飘渺虚无的影子。

廿七、眼光

在荒野中，李尔王问格罗斯特伯爵："你是如何看世界的？"盲人格罗斯特伯爵答道："我满怀情感地去看。"

断足的孙膑在人生之途上比我们多数人走得更远，而左丘明的瞎眼具有洞穿历史的力量。无论是谁，都有一份眼光；这份眼光，就是他看待世界与人生的个人方式。这种方式，本质上就是这个人特定的生命存在形式。我们如何看待世界，在很大程度上塑造了我们的心情，也塑造了我们的命运。

人世的荒野，已足够冷清。假如我们仍然坚持用荒凉的眼光去看，世界将只能是一片无涯无际的荒原，人生也会永远是一块不足留恋的荒地。

我很庆幸，我的眼里还有慈悲。我愿意爱我周围的人，我愿意给他人以温暖，也逐渐能够体谅人们对我的冷漠和偶然的冒犯。

我很庆幸，我的眼里还有单纯。我愿意把人类看得纯洁，我愿意相信人心本来简单，尽管也明白很多人内心其实都有自己的盘算。

我为我自己能够这样观看而自豪。

这世界上没有任何东西能让我愿意交换我的眼光，正如没有任何东西能让我愿意交换自己的命运。

廿八、读《训俭示康》

在《训俭示康》中，司马光自言："自为乳儿，长者加以金银华美之服，辄羞赧弃去之。"联系到砸缸救人这个著名的故事，我们不难发现，司马光早熟得有些异乎寻常。"二十忝科名，闻喜宴独不戴花"，少年得志，而毫无"春风得意马蹄疾，一日看尽长安花"的舒畅感，实在老成稳重太过。早熟亦易早衰，这个能创造性地想出击瓮救人的办法的儿童，后来却成为保守派领袖，这是值得深思的。

司马光将其俭素归因于生性"不喜华靡"，未必可信。"乳儿"时就羞赧弃去金银华美之服，可信度不大。既然是"乳儿"，童真一片，视物平等，怎么会对金银华美之服独感"羞赧"呢？即使真有其事，司马光对自己"乳儿"时发生的事情，怎么能记得如此清楚？

乳儿就"羞赧"奢华，就厌倦富贵，司马光的确太异乎寻常了，令人难以置信。

我以为司马光的俭素并非本性如此，而是后天的道德熏染所致。司马光文中引御孙的话说，"俭，德之共也；侈，恶之大也"，就证明他提倡俭素确有道德方面的考虑。司马光本人正是一个道德意识极其浓重的人，翻翻《资治通鉴》，他的道德论述随处可见。在司马光时代，士人竞相以标榜道德为尚，"君子""小人"之别极严。司马光有名言云："德胜才者谓之君子，才胜德者谓之小人。"立论偏颇如此，道德至上主义可谓"跃然纸外"了。

既然道德第一，而"俭"又是"德之共也"，司马光自然会不遗余力地提倡节俭了。而"俭"何以是"德之共也"，司马光论述得并不明白。他只是说，"俭则寡欲"，可以使"君子""直道而行"。什么又是他所谓的"直道"呢？司马光就没说了。

谜底说破了其实很简单：司马光所说的"直道"，在这篇给后辈的文章中，更多的并非"无欲则刚"的训诫，而是平安自保的"臣道"。

萧何为汉高祖建长乐宫、未央宫，刘邦认为太豪华，萧何说："天子以四海为家，非壮丽无以重威。"萧何真的厉害，一语道破天机。豪华奢侈，这是"君道"的重要内容，因为"普天之下，莫非王土"，享乐和排场正是威势和权力的外显表达。与此相对，臣子只能"以俭素为美"——至少其奢华有所节制——才不会僭越，才符合"臣道"，才有可能"以约失之者鲜"而"以俭立名"，"远罪丰家"。节俭作为美德长期被统治集团内部的人提倡，固然有社会财富整体匮乏的历史原因，也更由于节俭的内核乃是自我克制。节俭不仅仅是"节用"，更可以"谨身"，使人安守本分，思不敢出其位。如此，不仅天下容易太平，臣子自身也容易自保。

司马光，一个才智超群的儿童，最终成长为一名道德的导师和模范。这是好事还是坏事，很不好说。好在这已超过我想议论的范围，也就不必再谈下去了。

廿九、卓文君和司马相如

关于卓文君和司马相如的故事，《史记·司马相如列传第五十七》中有较为详细的记载（有删节）：

相如归，而家贫，无以自业。素与临邛令王吉相善，吉曰："长卿久宦游不遂，而来过我。"于是相如往。临邛令缪为恭敬，日往朝相如。相如初尚见之，后称病，使从者谢吉，吉愈益谨肃。临邛中多富人，而卓王孙家僮八百人，程郑亦数百人，二人乃相谓曰："令有贵客，为具召之。"并召令。令既至，卓氏客以百数。至日中，谒司马长卿，长卿谢病不能往，临邛令不敢尝食，自往迎相如。相如不得已，强往，一坐尽倾。酒酣，临邛令前奏琴曰："窃闻长卿好之，愿以自娱。"相如辞谢，为鼓一再行。是时卓王孙有女文君新寡，好音，故相如缪与令相重，而以琴心挑之。相如之临邛，从车骑，雍容闲雅甚都；及饮卓氏，弄琴，文君窃从户窥之，心悦而好之，恐不得当也。既罢，相如乃使人重赐文君侍者通殷勤。文君夜亡奔相如，相如乃与驰归成都。家居徒四壁立。卓王孙大怒曰："女至不材，我不忍杀，不分一钱也。"人或谓王孙，王孙终不听。文君久之不乐，曰："长卿第俱如临邛，从昆弟假贷犹足为生，何至自苦如此！"相如与俱之临邛，尽卖其车骑，买一酒舍酤酒，而令文君当垆。相如身自著犊鼻裈，与保庸杂作，涤器于市中。卓王孙闻而耻之，为杜门不出。昆弟诸公更谓王孙曰："有一男两女，所不足者非财也。今文君已失身于司马长卿，长卿故倦游，虽贫，其人材足依也。且又令客，独奈何相辱如此！"卓王孙不得已，分予文君僮百人，钱百万，及其嫁时衣被财物。文君乃与相如归成都，买田宅，为富人。

从这段记载可以看出，司马相如最初到临邛县令那里，其实是为了解决生计问题。但是司马相如毕竟是司马相如，他在汉景帝、梁孝王那里混过，所以他还在摆架子。显然，这种架子对县令和司马相如本人，都是必要且有利的。

县令之所以恭请司马相如到临邛，就是由于司马相如在朝廷里干过，这种经历对地方上会形成某种震慑，他需要利用司马相如。如果司马相如一点架子都没有了，一副穷愁潦倒相，其利用价值就马上消失了。这就是为什么司马相如摆着架子，而这个虚情假意的县令还要"愈益谨肃"。另一方面，司马相如本人也需要摆架子。司马相如那么聪明的人，通过与县令的几次接触，显然明白自己对于县令的价值何在。他知道，只要他继续端着个大架子，县令的恭敬虽然只是假装的（"缪为恭敬"），但是仍然会继续假装下去。更何况，文人心气的高傲，也不允许他显得卑躬屈膝。

临邛富人为了讨好县令而设置酒筵，为司马相如创造了机会。卓王孙是当地富人，他新寡的女儿喜欢音乐，对于这些情况，到临邛已有一段时间的司马相如应是有所了解的。相如在临邛，招摇过市，"从车骑，雍容闲雅甚都"；赴酒筵，风采照人，"一坐尽倾"——这些都表明司马相如的外在仪表和精神气度具有很大的吸引力。在临邛这个小地方，卓文君对司马相如的情况，也是不难有所了解的。因此，在"琴挑"之前，卓文君或已对司马相如心生爱慕，这种可能性也不能完全排除。

卓文君喜欢司马相如的风仪，司马相如喜欢卓文君的什么呢？很多人认为司马相如看中了卓王孙的钱财。我以为这是小人见解。给不给钱财，卓王孙才有决定权。就是两人结婚了，卓王孙也不是非给他们家产不可。如果是为钱财，"文君夜亡奔相如，相如乃与驰归成都"，这就是不合理的，应继续赖在临邛等着拿钱才对；而且，回到成都后难以维生，还是卓文君提议回临邛，司马相如只是被动地跟了去，丝毫看不出他觊觎卓王孙的家财。

另外，重要的是，如果司马相如只是人们想象中的那个财迷，他在文学上的成就就将是难以理解的。

我觉得，司马相如能喜欢卓文君，决定性因素是此时他正处于人生中最为艰困的时刻，他的内心需要安慰。此时的司马相如生计艰难，宦游在外，狼狈而回，心境必然不好。他到临邛，表面上风光，实则是寄人篱下。在这样的背景下，卓文君的出现，令司马相如惊喜；她的大胆行动，则令司马相如感动，认为这是一个值得他爱的人。这个女人在这个最需要她出现的时刻及时出现，是这个爱情故事的关键。

至于司马相如跟卓文君的爱情是不是那么完美,那倒不见得。根据上面的分析,我认为结论是显而易见的。

三十、"执鞭之士"和其他

平日读书,喜欢读争鸣性的文字。这种文字或多或少总能给人收益,并让人或多或少保持几分清醒,因为争鸣不同于布道,没有谁预先就垄断了真理。说得高雅点,争鸣中可以看到思想和学识的交锋,读了自然能够受些启发;说得低俗点,听别人争鸣有点像旁观吵架,虽然旁观者未必清,也别有一种好奇心被满足的滋味。记得曾读金克木的《妄谈孔子》,金先生以为孔子想做的"执鞭之士"就是"拿着鞭子赶马车"的车夫,"在今天,那就是当司机开汽车办运输掌握经济脉络了"。对此,《读书》杂志上发表过一位曾姓先生所写的《何为"执鞭之士"?》一文,引杨伯峻的《论语译注》加以驳正。两文读罢,颇觉有趣,自己也有一点感想,但当时没有凑上热闹。现在那点感想犹存,狗尾虽在,貂已跑远,想续也续不上了,就权当自演自唱吧。

曾先生以为阅读就是误读,"妄谈"实则"真谈",从古今文化差异的角度看,自有其道理。一般来说,任何阅读都是"误读",对一任意文本,由于文化背景的不同,以及每个人的心理结构、知识结构和阅读切入角度的差异,读者从文本中理解到的东西也就不可能与作者希望传达出的东西完全一致,每个读者各自的阅读体验也不会完全合拍。所谓"一千个读者有一千个哈姆雷特",就是这番道理。但问题是,金先生误解"执鞭之士",只是纯粹的训诂学问题而不是诠释学问题,无关乎文化解读,仅是词义训释而已。诗无达诂,但字有确义。在训诂方面,讲究的是准确和精确,是即为是,非即为非,不必曲为之辩。任何人都有失误的可能,金先生误解"执鞭之士"并不稀奇,单这一点,无损于他学问的伟大。

据我所知,比金克木更早"误读"了"执鞭之士"的,是号称"两脚踏东西文化,一心评宇宙文章"的林语堂。语堂先生在《论孔子的幽默》一文中,把"富而可求也，虽执鞭之士，吾亦为之"解释成"如果成富是求得来的，叫我做马夫赶马车我也愿意"。他似乎也没有读过《周礼》，甚至连《论语正义》都未必细读过。"两脚踏东西世界"，踏得不算太稳，所以"评宇宙文章"之时，难免露出破绽。

林语堂、金克木这样的学问大家尚且"误读"《论语》，足见《论语》这部看似浅易的书还真不易读。古往今来，它作为儒家经典，地位崇高，解读之作代代频出，汗牛充栋。据杨伯峻说，日本学者林泰辅《论语年谱》中著录的就达三千种之多，散见于其他书籍的零星材料就更多了。这些著作见仁见智，歧说纷出，但连最起码的词义训释问题都未彻底解决，留下不少疑点和悬案。兹举被误解的"执鞭之士"所在的《论语·述而》中二例如下。第一个例子是关于"文莫"二字的训释：

子曰："文莫吾犹人也；躬行君子，则吾未之有得。"

杨伯峻注"文莫"说：

以前人都把"文莫"两字连读，看成一个双音词，但又不能得出恰当的解释。吴检斋（承仕）先生在《亡莫无虑同词说》中以为"文"是一词，指孔子所谓的"文章"；"莫"是一词，"大约"的意思。关于"莫"的说法在先秦的古籍中虽然缺乏坚强的论证，但解释本文却比所有各家来得较为满意。

杨先生的解说固然有其依据，然而解释不了前人都把"文莫"二字连读的问题。句读乃代代口耳相传，连读必然自有道理。私意以为"文莫"的意思就是"文章麽（么）"，"莫"略同于后代的"麽（么）"（二字音近），是个语助词。《论语正义》引孔注云："'文莫'者，犹俗言'文不'也。"这与我的看法就基本相近。此句宜如此标点："文莫（么），吾犹人也。躬行君子，则吾未之有得。"（文章学问么，我和别人差不多。而亲身实践达到君子的标准，我还没有做到。）我这种说法目前也是"在先秦的古籍中缺乏坚强的论证"的，然而这比吴检斋先生的说法，似乎更切合原文的语意和语气。

第二个例子是关于对"默而识之"的理解：

子曰："默而识之，学而不厌，诲人不倦，何有于我哉！"

朱熹《集注》说：

"识"，记也。"默识"，谓不言而存诸心也。一说："识"，知也，不言而心解也。前说近是。

朱熹列举了对"识"字的两种解释，并表示倾向于认可前面一种，由此而来，后代的注家们便纷纷以朱子之意为己意了。朱熹当然非常高明，他的意见值得注家们认真吸取和研究；但也绝不能迷信，道理很简单，首先朱子也是人而不是神，他也有比如患感冒头发昏的时候，况且他与孔子时代悬隔，朱子之意未必总是孔子之意。我以为，"默而识之"意思就是"静默地在内心辨识道理择别是非"，"识"正是朱子含蓄地否决了的"不言而心解"之意。更深一步说，"默而识之"是"思"，"学而不厌"是"学"，"诲人不倦"是"教"，此句之中，孔子一共列举的是思考、学习和教育三个方面。"识"不应仅止于"记（忆）"，如果那样的话，"默而识之"就成为"学而不厌"的一个方面或一个环节了（记忆是学习必有的环节）。这当然也不过一己之愚，到底是否正确，还有待于进一步研究；不过我在《世说新语》上发现，魏晋时代的人就是这样理解的。《世说新语·文学》：

支道林造《即色论》，论成，示王中郎，中郎都无言。支曰："默而识之乎？"王曰："既无文殊，谁能见赏？"

支道林引孔子的话，当然不是询问王中郎（王坦之）是否记得他的《即色论》说了些什么，而是问王中郎是否以"无言"来表明他理解了《即色论》中的玄理（"不言而心解"）。王以"谁能见赏"回答，意思是说，自己缺乏文殊菩萨那样的智慧，不能领会他的《即色论》所讲的玄理。我认为这则材料很重要，不仅因为这则材料比朱熹《集注》更古老，更因为它明确而又准确地切合了孔子这句话的原意。

这些年翻译古籍、贩卖古人之风盛行，书肆坊间古籍今译本之多，大有淹没原著的势头。但译文大多粗糙，错谬迭出，译者急功近利，缺乏对原著的缜密研究，甚至连起码的词义训释都没闹明白。为不致出现"好译古书而古书亡"的局面，注家们实在应该再多下一点功夫。古籍你不去翻译它也没关系，就让它躺在那里睡睡懒觉，反正它们已睡了成百年乃至上千年，再多睡几年也无所谓，把它们不恰当地吵醒反而不好，含糊的沉默毕竟胜于错误的喧嚣。应静下心来，好好坐在冷板凳上，扎扎实实把古书研究一番，弄通吃透。这样既可造福于我辈普通读书人，也利于那些声名显赫的学问家，免出或者少出诸如"执鞭之士"的"误读"之类的纰漏。

卅一、马屁名文

李白《与韩荆州书》、苏辙《上枢密韩太尉书》，两篇大文赫赫有名。而其厚谀乱捧之处，让人脸红肉麻。

韩荆州名朝宗，唐玄宗时官至荆州长史，此人喜欢识拔后进，当时热衷功名的人们有个口头禅："生不用封万户侯，但愿一识韩荆州。"据李白本人说，韩荆州为士人推重，以至"一登龙门，则声誉十倍"，因此连他这个宣称"安能摧眉折腰事权贵"的人，都想奔韩门去"脱颖而出"了。李白写《与韩荆州书》的用意，乃在于此。

干谒求进，自然须说几句动听的话。李白这个"心雄万夫"的豪迈诗人，也无法免俗。请看他用以打动韩荆州的吹捧之词：

君侯制作侔神明，德行动天地，笔参造化，学究天人。

这口吻，简直是以韩荆州为圣人。然后是乞求接纳自己：

幸愿开张心颜，不以长揖见拒。

接下去继续大唱赞歌：

今天下以君侯为文章之司命，人物之权衡，一经品题，便作佳士。

到此火候差不多了，于是切入正题：

而君侯何惜阶前盈尺之地，不使白扬眉吐气，激昂青云耶？

继而输诚，表明忠心：

不归他人，而愿委身国士。傥急难有用，敢效微躯。

李白诗云："我本楚狂人，凤歌笑孔丘。"其实李白虽幼稚而并不完全老实，他是什么"楚狂人"，明明做的是孔子热衷世用的那门子事。然而孔子似乎没说过这等肉麻的话。李太白为了争取功名，千里马还没做成，就开始大放马屁了。苏轼的《送张嘉州》说"少年不愿万户侯，亦不愿识韩荆州"，似乎都有点看不下去了。

而苏轼的弟弟苏辙，他的《上枢密韩太尉书》，比李白写的还过分。他不遗余力地大捧身居要津的太尉，说（用译文转述）：

太尉您的才华谋略，是天下第一，因为有了您，天下就没有忧患了。边疆的敌人因为害怕您，所以不敢作乱。您在朝中，就是周公、召公这样的贤臣；在朝外，就是方叔、召虎这样卓越的将领。您是我苏辙从未见过的伟大人物啊。

然后，苏辙又拉来名山大川和令人尊敬的欧阳修先生，给他想要讨好的韩太尉垫脚：

辙之来也，于山见终南、嵩、华之高，于水见黄河之大且深，于人见欧阳公，而犹以为未见太尉也。故愿得观贤人之光耀，闻一言以自壮，然后可以尽天下之大观而无憾者矣。

李白与苏辙，古代文人之佼佼者也。然而不免如此媚人之态，实在令人叹息。当然，他们的文学成就不容抹煞，其品德行止也是值得肯定处居多。不过，《春秋》责备贤者，知识分子作为道德的中坚、世人的表率，不责备于他们，又责备于谁呢？进一步想想，文人学士有才而不得不奴颜婢膝以求进身之阶，这样的社会应该是出什么问题了吧？

卅二、"知人论世"简说

知人论世，是孟子提出的方法。它对我们理解文学作品何以产生，具有重要的意义。但我们对此往往缺乏合宜的理解。

知人，就是要了解作者的生平事迹，了解他的经历对他的思想感情可能产生的影响，了解他的性格特征及其内心世界。知人，包括外在的和内在的两个方面——外在的指他的一生行止，内在的指他的内心世界。内心世界又包括先天的性格倾向和心理特征，以及后天环境中习得的哲学观念、伦理道德观念和审美观念等。"知人"重在理解作者的内在精神世界。因为这是内在的，决定着作者以怎样的观点、方法和视角去观察、感受、思考和表达现实世界，直接与作品的思想感情和艺术特色相关。用生平行止来生硬解释作品，这是我所反对的。

知人者智，自知者明。知人与自知，都是极为困难的事。要了解一个人的生平，相对容易；要了解一个人的内心世界，却无比艰难。

传记批评是文学批评的常用方法，但真正好的传记批评著作并不多见。我们知道，"知人"是一种分析作家作品的传统方法，是典型的传记批评。但是，传统的"知人"方法，在实际运用时，往往停留在对作者的生平事迹的了解方面，而忽略了（或很难做到）对作者的心理分析。这显然是肤浅的和粗糙的。作者的生平必然要对其心理产生复杂的和持续的影响；了解这种影响，对认识其作品才是有价值的。究其根本，心理分析才是真正深刻的，因为不同的人由于心理的差异对同一事件作出的反应并不完全相同。李白与杜甫，即使身世经历完全相同，也不会写出完全相同的诗篇。不同的人有不同的性格和思维倾向，有不同的心理精神世界，对外部世界有不同的理解和反应——这是内在的，最根本的，绝不可忽视。作家的生平经历，显示出的只不过是其生活的表象。鲁迅后期杂文创作猛增而小说创作衰竭，也必然与他善议论和好议论的思维特点有关，不可能仅仅像有些论者所言"出于斗争的需要"。

论世,就是要了解作者生存于其中的社会文化环境。一个时代对于一个作家,就像一座城市之于街边的一棵树,影响这棵树生存的不仅仅有阳光、气候和土壤;城市的灰尘、酸雨、尾气,人们的赏玩、攀折、砍伐,都随时威胁着这棵树的生存,然而无助而无奈的树,既无法吁天,也不能挪移,只能承受和适应这个世界加给它的一切苦难。没有人——不仅仅是作家——能够逃离这个社会,而社会总会在他身上烙下种种印迹。所以,若欲知其人,必先论其世。"知人"与"论世",是紧紧联系在一起的。

如何论世?简单地说,要考虑到作者所处时代的思想背景和社会氛围,要考虑到作者的遭遇,广泛考察他的各种社会联系,研究社会文化、时代精神、人际关系对他产生的复杂影响。

"论世"不是为了学习历史,而是为了理解作者与作品。我们对作者所处的境况有了体察,才有可能更真切、痛痒相关地理解作者的心境,对他的作品也会有更多"同情的理解"。

人是具有社会性的动物。了解作者,当然需要了解他的社会性。了解他的社会性,就必须首先了解他生活的那个时代的历史。然而,这并不容易。彻底还原历史从理论上来讲并不可能,一切历史都是当代史,都缠夹着历史书写者的观念;但是,对历史事实的粗略把握却是可能的。与"知人"一样,"论世"的基本立足点,还是在于了解时代对创作者及其作品所可能发生的影响(具体的影响具有或然性)。至于具体作品中是否存在、存在哪些社会时代内容,最终必须在作品之中寻求证据。我坚决反对脱离文本、把作者生平与社会事件凌驾于作品之上的做法。

卅三、语言不是存在之家,而是知识之家

世界在语言中醒来。事物被意义唤醒。

存在一直是沉默的、混沌的。是语言照亮了存在。

只不过,一个被照亮了的世界,就可能不再完全是它本然的样子。这是我们探讨认识论时绕不开的一个终极性问题。

经由语言，世界被转换为"人的世界"。此时，人类的"知识"开始发生。

语言并非存在之家。语言只是知识之家。

"不知不识，顺帝之则。"意思就是说，存在的真正家园是没有知识的，它是非语言的。语言只是人类的家园，是人类的思想和知识的家园。

我们会认为，我们对世界的认识是"客观的"。

而"客观性"是被我们赋予的。

所有"客观性"的幻觉，都由主观性的执著引发。语言，则是我们用以执持对象的工具。

一个人语言越来越繁富，代表他的知识越来越多。

而对存在的理解较为深邃之时，则常常表现为语言活动的减少。

当他抵达存在、与"道"同一的时刻，他将沉默。此时及以后，唯有慈悲，才能使他的语言再度活跃。

把"形而上"的领悟，转变为"形而下"的描述，极其困难。

即便以佛陀的智慧，他也不得不一再反复描述。手指始终无法抵达月亮，这就是语言的困境。

学习文言文该读些什么书

真正能够消除文言文阅读障碍的办法只有一条，就是多读。读得多，积累就深厚，文言文阅读的语言障碍才能从根本上被消除。我个人的经验是，只要认真读完《史记》和《聊斋志异》，文言文阅读的基本问题就全部解决了。

为什么我这样说呢？

被鲁迅称为"史家之绝唱，无韵之离骚"的《史记》，对中国历史、中国文学影响之大、之深、之远，超过了你们的想象。由于其影响巨大，后人写历史，写文章，常常有意无意地去模仿《史记》，这个模仿当然也包括语言的形式。所以读《史记》很重要。读《史记》，普通读者可以只读其中的本纪、世家和列传，至于书、表，就算了。读熟《史记》，再去读一般文言文尤其是史传文，基本上都不在话下了。此外顺便说，读好《史记》，你会变得更加聪明，更加了解人性。你会懂得，成功的人物之所以成功，倒霉的人物之所以倒霉，都不是偶然的，都是有道理的。

为什么要读《聊斋志异》呢？这是因为《聊斋志异》的作者学历较低。学历低的人写的东西，应该看不起才对，那我怎么还叫大家去读？《论语》中说，"虽小道，必有可观者焉"。我们现在说的是读懂文言文，解决语言障碍，立足工具层面，连"小道"都未必算得上，《聊斋志异》在这一点上可以满足我们本来不高的需求。

大家都知道，蒲松龄是一个考场上长期失意的人。他参加了许多次考试，但他很背时，总是考不上。然而参加考试的次数一多，就特别熟悉普通的表达程式。蒲松龄不是高级知识分子,他是个小知识分子。苏东坡文章很自在,是因为他是个大知识分子。苏轼才高,当时文名也高,所以胆子大,于是写文章就非常自在,想怎样写就敢怎样写。小知识分子,心理常常是自卑的,尤其是写文章,他不敢放胆去写,容易循规蹈矩遵守表达规范,因此《聊斋志异》的语言,是相当规范的文言表达。而小知识分子沉沦社会底层,他内心又常常渴慕高雅,仰慕风雅,于是喜欢卖弄,所以你在《聊斋志异》中,常常能观察到许多通假、词类活用等诸多文言语言现象。通假现象容易带来文字古雅的错觉,在层面不高的某些知识分子心目中是很高雅的手段。比如"悦"字,这个字清代早就有了,但蒲松龄们写文章的时候,偏要把"悦"写成"说"。他们恐怕是这样想的:《论语》上不是说"学而时习之,不亦说乎"吗,我把"悦"写作"说",那不就直追古人、隐然与圣贤相似了吗?

《聊斋志异》追仰《史记》,很多篇章末尾模拟"太史公曰"作"异史氏曰",也是一个证据。当然,追慕古人,并非《聊斋志异》有价值的地方。《聊斋志异》是作为小说文本才那么有价值。蒲松龄的杰出是后人发现的,他自己也没有意识到他竟然是杰出的。不过,《聊斋志异》谨守规范、追慕古雅的语言,恰好使它成为我们解决文言文语言问题的一个绝佳范本。

司马迁无疑是他那个时代最博学的人,同时也是最具有文学才华和历史成就的人,他是一个大知识分子,大得规范了后代的历史书写,影响了后代的文学书写。所以读一部《史记》,就相当于读了若干部后代史书,容易使文言水平大大提升。蒲松龄显然是他那个时代颇受冷落的人,他的学问也不能称雄于那个时代,但他作为小知识分子的拘谨、自卑和保守,为我们创作了非常规范的文言文文本。

多读文言文很有必要,这比枯坐在那里阅读10本文言字典、文言语法著作,更为重要。可惜的是很多人不了解这个方法。其实《史记》读起来十分有趣,你看里面所描写的现实人生,精彩程度甚至超过了善于虚构的许多小说家的想象。我主要是坐在厕所中,断断续续读完《史记》的。真的,很轻松,很有趣,很精彩。

这里要特别说明一下:我的意思并不是说了解文言语法不重要。那当然是重要的，不过带来的好处有限，而且，那是一件很枯燥的事，有败坏我们文言文阅读兴趣的风险。至于读文言字典，那也很重要。事实上，你在阅读文言文的时候，常常需要借助字典词典等工具书。我只是说，具体文本的阅读更为重要，读多了，词汇积累就自动完成，文言语法就无师自通。蒲松龄学过文言语法吗？没有。他那时根本就没有所谓古代汉语语法这门课程。但是，他的《聊斋志异》，比现在的古汉语专家刻意写出的古文，通泰得多，自然得多。至于现今高考考场上那些仿古的诗文，根本不通，幼稚得可笑还在那里卖弄，但居然还可以骗得高分。我可以告诉你们，在这个古典素养普遍浅薄的时代，只要你静下心来认真地研读了上述两部书，哪天看到一群人在那里高谈文言文素养，你不必多听就可判断他们是在附庸风雅，因为在他们之中，很可能不会有谁比你更有资格称得上风雅之士。

谈苏轼

在《读通鉴论》卷二中，王夫之把贾谊、陆贽与苏轼作了一番比较，对苏轼有一段尖锐的批评：

若夫轼者，恶足以颉颃二子乎！酒肉也，佚游也，情夺其性者久矣。宠禄也，祸福也，利胜其命者深矣。志役于雕虫之技，以耸天下而矜其慧。学不出于揣摩之术，以荧天下而雠其能。习于其父仪、秦、鞅、斯之邪说，遂欲以揽天下而生事于平康之世。文饰以经术，而自曰吾谊矣；诡测夫利害，而自曰吾贽矣；迷失其心而听其徒之推戴，且曰吾孟子矣。俄而取道于异端，抑曰吾老聃矣，吾瞿昙矣……

苏轼的学问很驳杂，这是人所共知的事实。他小时候师从其父苏洵，"初好陆贽、贾谊书，论古今治乱"，"既而读庄子，喟然叹息曰：吾昔有见于中，口未能言，今见庄子，得吾心矣"——这样的人，连儒士的立场都不好确定，当然不为王夫之这种喜欢"醇儒"的人所喜欢。苏轼同时代的王安石批评苏轼的制策"全类战国文章，若安石为考官，必黜之"（《邵氏闻见后录》）；南宋的朱熹也批评苏轼驳杂，没有成熟不易的治国见解："东坡议论，大率前后不同"，"东坡平时为文论利害，如主意在那一边利处，只管说那利"。这些意见，可以说都是王夫之极力抨击苏轼的先声。凡读过几篇苏轼作品的人都不难发现，他的思想很"博"，但不"大"。《前赤壁赋》一文，即摇摆于儒道佛三家思想之间，可见其思想是如何飘摇无根。苏东坡可谓一代杰出文人，但算不上有建树的思想家。

　　曾经攻击苏轼的李定，称东坡"初无学术，滥得时名"，"所为文辞，虽不中理，亦足以鼓动流俗"。李定之说并非全然无理。当代学者余秋雨说，"李定的攻击在种种表层动机下显然埋藏着一个最深秘的元素：妒忌"。我以为余先生是在故作深刻；余秋雨的论点其实不过是猜测，貌似玄妙，实为皮相之论。一个人去批评另外一个有更大名气的人，谁都容易往忌妒那方面去想。但是，事实往往并非我们所想象的那样主观。李定的为人未必怎么样，但上面他对苏轼那几句评论却并非无根之谈。撇开王安石、朱熹和王夫之等人的看法不论，就连苏轼自己也有与李定类似的看法。请看苏轼自己怎么说："轼少年时，读书作文，专为应举而已；既及进士第，贪得不已，又举制策，其实何所有？""每纷然诵说古今，考论是非，以应其名耳……妄论利害，谗说得失，此正制科人习气，譬之候虫时鸟，自鸣自已，何足为损益？"这不全是故作姿态的谦虚之词或心怀激愤的反话，我看这些都是苏轼自己有所省悟的实话。余秋雨把李定的批评认定为"妒忌"，那对苏轼的这一席自我招供又怎么看呢？参照王夫之的看法，如果把李定言辞中的"学术"和"理"明确定义在儒家正统学理的范围，那么我们会发现，李定的上述批评，基本上是中肯的。

　　苏轼在政坛上的失意，我以为有两大主因：一是他并无真正治国安邦的大才，二是其性格狂放自大，有狎侮讽刺的毛病。说到底，苏轼只是一个文人，他的杰出才华只在诗词歌赋、琴棋书画方面，正如他自己所说"平生无快意事，惟作文章，意之所到，则笔力曲折，无不尽意"。有文才而无治才，终究难以在政治上有大作为。诗文固然让苏轼获得盛极一时之名，但文名一向就不见得能给文人在仕途上带去好运。严重的是，苏轼性格狂放刚褊，这位"老夫"不时会发作一番"少年之狂"；他也喜欢戏谑嘲讽，在狂放的讥笑声中伤害别人。《铁围山丛谈》说他"以高才狎侮诸公卿"；《贵耳集》说他因司马光丧礼乱开玩笑而与程颐失欢；《渑水燕谈录》说他拿好友刘颁的病脸寻开心，弄得刘颁"怅恨不已"。这种种不避嫌怨、不讲分寸的做法，势必引发周围人群的反感。东坡实在是太恃才张扬了。"蚌病成珠"，文人性格的某种偏嗜癖好往往可以让他们创造出别具一格的作品；但在交接世人、应付俗务方面，乖戾的性格经常会损害人际关系。李定、章惇这些人，早先与苏轼并无仇怨，而最终都站到了苏轼的对立面，显然有苏东坡不知检点、狂妄伤人的原因。"自曰吾谊矣"，"自曰吾贽矣"，"且曰吾孟子矣"，"抑曰吾老聃矣，吾瞿昙矣"，王夫之刻画苏轼的自鸣自负，那是何等的贴切而生动。

　　"才高见忌"是一种含糊的说法，这种说法不完全准确。才高若不过于张扬，不恃才傲物，大约是不会怎么"见忌"的；只有"才高"者刺痛了别人，威胁到别人，使他的"高才"变成了伤人的利器，才会"见忌"。李定谅必知道，他"妒忌"苏轼既不能减苏轼之才也不能增己之才；鉴于那时还不流行现代的商业炒作方式，他对名人的攻击也不会为他带去更好的名声。李定只是感到，苏轼的锋芒太尖太锐，时常会无端地刺伤别人（尤其包括李定自己）。他并不"妒忌"苏轼，而是痛恨他。于是就有了"乌台诗案"，于是就有了苏轼的一再贬谪。当然，李定们并未料到，苏轼的贬谪不仅丰富了他的阅历而且增加了人们对他的同情，像苏轼这样典型的文人，在野比在朝更能赢取名声。从一定意义上说，正是他们对苏轼的怨恨，把苏轼的人生体验和思想情感逼向了更复杂更丰富的高处，使他更充分地挖掘出和表现了自己的天赋，从而上升为那个时代最伟大的文化人物之一。

读《韩非子》：对人性的判断与驾驭策略

一、了解人性是必要的

人性是个复杂的课题。然而，社会生活中的任何人，都无法回避。

世俗意义上的成功，大多包含着对人性的基本判断。从孔圣人到当代，中国历史反复凸显了这一基本事实。中国的世俗意义的成功，大多离不开韩非思想的运用。在中国社会环境中，把握和利用人性的弱点，常常是成功的先决条件。

二、人性善 vs. 人性恶

1. 人性是恶的：儒家荀况，法家韩非

人总是奉行趋利避害原则，人性是自利自为的，"恶"是人性的自然表现。

2. 人性是善的：儒家孟子

本性不可见，通过心的"四端"（仁：恻隐之心；义：羞恶之心；礼：恭敬辞让之心；智：是非之心）而显现。四端皆善，先天本有。

3. 我的判断

从学理上看，善恶，是一种伦理判断，属于后天概念。"人性"的词义，本指人的先天本性，既然是先天的，则无所谓善恶。

从后天表现来看，性恶（自私），属于生存需求的天然倾向。性善，心的"四端"说，其实包含着后天的道德价值意识。

从现实表现看，生命都本能地遵循趋利避害的原则，即使是最愚蠢的行为也不例外。

生命的自我维持，是本能反应。生命是一个自我力量的展现与扩张过程，本质上具有排他性和侵略性。

三、性恶论是有利的还是有害的

荀子与韩非的区别：出发点相同，引申出来的措施不同。

荀子认定性恶，主张化性起伪，导人向善，重视学习和自我改进，因而是建设性的。

韩非认为人性一团乌黑肮脏，须以严峻手段来对付。这势必导致人际关系残酷化，不符合多数人的利益，故有严重后果。因此法家人士，若阴用权术，尚可自保；外逞其说，则多众叛亲离。吴起、商鞅、韩非、李斯，都不得好死。

四、主张性善就是迂腐吗

王安石相信孟子，有诗云："何妨举世嫌迂阔，故有斯人慰寂寥。"

爱是一种使事物相互趋近的粘合性力量，恨是一种使事物相互远离的冲突性力量。"仁者二人"，"仁"是被放在"二人"之间亦即人际关系中来定义的，其本义是指实现人的联结与统合的爱。由此，"善"可被理解为爱（"仁"）的表现。

由于人是社会性动物，人要成事，须借助他力。如何才能借助他力？由于"善"是使人趋近的力量，因而可被用于凝聚力量。因此即便内心刻忌，也必须外示宽仁，方能成大事。

很显然，"善"有助于利益分布的均衡，"行善"促进人际的和谐，也有助于保护行善者的既得利益与长远利益。

五、怎样才是恰当的

1. 刚柔兼备：硬性的力量与软性的心肠

刻薄与凌厉，能成事功，但不能得安全。

2. 内刚外柔：原则的坚定与处事的圆融

人的天性，希望自己强大而不喜欢他人强大。他人的强大会削弱自身的安全感。所以强大的人必须适度隐藏自己，向外显示柔和与圆融。

3. 内法外儒：辩证的统一

即使你真心认为人性是恶的，也不宜说出来。"善"的价值目标，才能有效诱导团队获取长期利益。法家有取天下之术而无安天下之道，法家人士多心术也多招忌恨，容易做炮灰，是个大教训。

六、对人类心理的掌控

案例1：

"七擒孟获"：诸葛亮于蜀建兴三年率军平定南中。他采纳马谡"攻心为上，攻城为下；心战为上，兵战为下"的策略，对南夷首领孟获"七擒七纵"，从而使孟获心服口服。最后诸葛亮又放孟获回去时，孟获不肯走，说："公，天威也。南人不复反矣。"

结论1：根据人性趋利避害的原理可以推论出，让渡利益可以成为获取利益的手段。

结论2：有效掌控他人心理，获取的是长久的、可持续的利益。

案例2：

宋有狙公者爱狙，养之成群。能解狙之意，狙亦得公之心。损其家口，充狙之欲。俄而匮焉，将限其食，恐众狙之不驯于己也，先诳之曰："与若芧，朝三而暮四，足乎？"众狙皆起而怒。俄而曰："与若芧，朝四而暮三，足乎？"众狙皆伏而喜。

结论1：实质性利益不变，但做事的方式方法不同，效果也不同。

结论2：效率追求与危机意识，会迫使人们考虑获取利益的机会成本。

七、《韩非子》重要语句选读

（1）"法莫如显，而术不欲见。"

规章制度，一定要让人明白；而自己的手段，一定不能被人看穿。

虽流于阴险，但这是有效的。韩非的驾驭学说，强调"严法""尚势""任术"。"术"作为工具，本身没有道德与否的问题；若以损人为术，则于道德不可取。古人说"心术不可得罪于天地"，这是良训。

（2）"君无见其所欲。""去好去恶，臣乃见素；去旧去智，臣乃自备。""人主好贤，则群臣饰行以邀君欲。"

君主不应该表露自己的喜好。隐藏自己的好恶，才有机会发现下属的真实面目；抛去旧有的成见，不显露自己的智慧，才会让下属各守其职。君主喜欢任用贤能之士，那么下属就会自我粉饰来迎合君主。

善于隐藏，使信息不对称。对属下，一定要有真实的了解。你必须充分了解你的团队，但你的下属对你的了解却必须是有限的。这样，你就能控制他们，而不会被他们控制。

（3）"烹小鲜而数挠之，则贼其泽；治大国而数变法，则民苦之。"

烹调小鱼却屡次翻动，就会令其破碎不全；治理大国却不断更改法令，就会使百姓不堪其苦。

规章制度一旦形成，绝不能轻易改动。只有这样，它才具有难以撼动的权威，也才能够使下属有所遵循。

（4）"'为政犹沐也，虽有弃发，必为之。'爱弃发之费，而忘长发之利，不知权者也。"

从事政治事务，就好像洗头，即使会洗掉一些头发，也一定要洗。舍不得头发的损耗，忘了新发会生长的好处，这就是不懂得权衡利弊。

不能因噎废食，做大事必须懂得有舍有得的道理。万全之策是罕见的甚至是不存在的，一件事只要利大于弊，就要坚决去做。

（5）"下君尽己之能，中君尽人之力，上君尽人之智。"

下等的领袖，能竭尽自己的才能；中等的领袖，能竭尽他人的力量；上等的领袖，能竭尽他人的智慧。

如此看来，事必躬亲、鞠躬尽瘁的诸葛亮，只能算是下等的领导者（当然，这种状况也有可能说明诸葛亮或许有别的苦衷或别的考量）。领导人不能过多陷于具体事务，要设法竭尽团队成员的力量。不但要让他们为你尽力工作，更要让他们为你创造性地工作。

（6）"凡说之难：在知所说之心，可以吾说当之。""说之以厚利，则阴用其言显弃其身矣。""贵人有过端，而说者明言礼义以挑其恶，如此者身危。贵人或得计而欲自以为功，说者与之焉，如此者身危。"

说服别人的关键是：了解对方的心理，并能够用自己的观点去投合对方的想法。用厚利去说服对方的，那么主张会被对方暗地里采用，但进言者必定会被抛弃。地位高的人犯了错误，而进言者指出其不合道德而引起对方的厌恶，这会危及自身。上级有时行事得当而想自居其功，而进言者也参与其中（认为自己也有功劳），这也会危及自身。

这几句是讲如何与地位比你高的人说话。口有呼吸，吐纳祸福，不可不慎。

八、所谓"三守""七术"

1. 三守：韩非的三条原则

（1）听闻之道：不透露所听所闻。

（2）爱憎之道：独自决断奖惩，不被旁人左右。

（3）治理政事之道：亲自处理最核心的事务。

领导者自己必须垄断关键信息；必须独自决定利益分配，以实现对权力的绝对掌控；必须自己亲自处理最高事务，以防止大权旁落。

2. 七术：如何明察细微

（1）众端参观：从多方面参照观察，务必保持信息来源的多元。

（2）必罚明威：人性是软弱的，因此对手下一定要有惩罚，才能显明威势。

（3）信赏尽能：准确地奖赏，这样就能使手下都尽其所能。

（4）一听责下：一一听取禀告，并利用禀告的情况来督责下级。

（5）疑诏诡使：用意图含糊的命令使下属难测自己的意图，以迫使下属谨慎从事。

（6）挟知而问：自己明知情况但假装不知，借此询问下属，考察其是否忠实可靠。

（7）倒言反事：故意说些与本意相反的话，做些与实情相反的事，以此观察下属的反应，从而获取隐秘信息。

这些手段属于权术运用，有些手段有失忠厚，但常被运用。

九、几条总结

1. 用法之依据，是法家的核心

用法，信赏必罚，综核名实，是治国理政的通义，非法家独有，儒家亦有。法家的核心，不是用法，而是其用法之依据：人性恶与任术。

2. 儒家近于仁，法家近于智

韩非绝顶聪明，令秦王赞叹："嗟乎，寡人得见此人与之游，死不恨矣！"

司马迁感叹说："余独悲韩子为说难而不能自脱耳。"韩非有术而不能用也。

3. 恰当的立场：立身必须"仁""智"相兼

天道甚广，人智甚窄。常有人的智力无法把控之意外，故智者必有仁厚，广其德，致其大。简言之，"仁"与"智"，必须兼有。

心术不可得罪于天地。古人训诫，可不慎欤！

论"势"

一、"势"的语义

"勢",先秦经籍与东汉许慎《说文解字》中均无此字。郑珍《说文新附考》:"'勢',经典皆作'埶'。古无'势'字,今例改从俗书,《史》《汉》尚多作'埶'。"

《说文新附》:"势,盛力,权也。"

"势"首先是指强力(权力及其威势),延伸一步,指强大的力量所形成的形势或趋势。

"势"较为抽象,肉眼看不见,含义复杂,很难把握,却极为重要。

二、"势"与事物的位置

《慎子·威德》:"腾蛇游雾,飞龙乘云。云罢雾霁,与蚯蚓同,则失其所乘也。"

得势的时候,蚯蚓也能貌似龙蛇。失势的时候,龙蛇也会沦为蚯蚓。龙游浅水遭虾戏,虎落平阳被犬欺。失势的凤凰不如鸡。

《慎子·威德》:"尧为匹夫,不能使其邻家。至南面而王,则令行禁止。由此观之,贤不足以服不肖,而势位足以屈贤矣。"

地位、权势能创造出个人力量很难抵御的形势或趋势。地位越高,势能越大。韩非说:"仲尼,天下圣人也……以天下之大,而为服役者七十人,而仁义者一人。鲁哀公,下主也,南面君国,境内之民莫敢不臣。"(《五蠹》)

李斯对官仓鼠的感叹:同为老鼠,所在位置不同,生活境况不同。

三、"势"与系统运筹

陈亮:"天下大势所趋,非人力所能移也。"

高手谋大势,不以一子一地为重,进行系统性谋划,着眼于能影响系统的某些要素的改变,最终改变整个格局。例如,秦国长期重耕战,形成国力远超其他诸侯国的天下大势。

全局若定,局部则随之变化。因而与其自恃才智,不如追随趋势。斤斤于小事,则茫茫于大势。

要着眼于宏观与长远,把握关键可变量,让环境朝着自己期待的方向发展。例如,诸葛亮躬耕于南阳而不认真种地,每自比于管仲乐毅,观察天下形势而谋三分之策,最后选择刘备,以寻求自身利益与机会的最大化。

四、顺势的重要性

(1)《孟子·公孙丑上》:"虽有智慧,不如乘势。"

人的智能很重要,但如果无"势"可乘,则智能难伸,人将困死。人的能力,只有在应合大形势的情况下,才能成为成功的决定性元素。

刘项的成功,都是乘势而起。

(2)柳宗元《封建论》:"封建非圣人意也,势也。"

"事有必至,理有固然",大势所趋,必须顺应。任何明智的人,都不逆潮流而动。

刘项皆乘势而起,而项羽失败的原因,确实"非战之罪也",而是逆势而动。蜀汉的成功,基于诸葛亮精于审势的隆中对。

(3)武侯祠对联:"能攻心则反侧自消,从古知兵非好战;不审势则宽严皆误,后来治蜀要深思。"

对人宽容总是对的吗?对人严格总是对的吗?

不能一概而论。取决于"审势"。正确的行动,只有在正确的时机才是正确的;如果时机不对,看似正确的行动也是错的。

刘备入蜀,法正吁吁效法"高祖入关,约法三章","缓刑驰禁"。但诸葛亮认为,此时与高祖入咸阳所面临的形势不同。秦朝政苛,高祖法宽,故能顺应民心;刘璋暗弱,威刑不肃,必须"威之以法""限之以爵"。蜀人对诸葛亮,最终"邦域之内,咸畏而爱之,刑政虽峻而无怨者",这说明诸葛亮的方略是对的。

五、谋事必先谋势

(1)行动之前,要先铺垫,形成有利于自己的格局或趋势。"谋事者,不患于事不成,而患于势不成。"关键点在于大的格局与趋势的成立,而不在具体事务的把控。

(2)行动之时,要预估事情可能的走向,让各要素形成合力,增强结果的必然性。或然性意味着风险。控制风险,就是使得预期结果成为一种必然趋势。"志在必得",不如"势在必得"。

六、用"势"的基本条件

1. 惯于深图远算

古语云:"不谋万世者,不足谋一时;不谋全局者,不足谋一域",多看几步,方可得势。

2. 具备基本实力

如果没有实力,人为造势则几乎不可能。例如,外戚与宦官,常能得势于一时,但通观历史绝无可长久者,因其政治根基和实力都是薄弱的。

3. 掌握恰当时机

"势"是幽微隐蔽的，时机最难把握，过早则败，稍纵即逝。例如，刘邦对待韩信的基本方式：不得不予，予；不得不夺，夺；不得不避，避；不得不杀，杀。一切根据时机行事。

凡事预则立，知"势"而先发。蒯彻劝说韩信反而韩信犹豫，非不贪利，是不能明"势"。张良、刘基取天下而后隐，既知建功立业之机，亦知鸟尽弓藏之"势"。

七、远见就是对"势"的判断

1. 智者见于未萌

司马迁《史记》：刘邦垓下灭项羽，"还至定陶，驰入齐王信壁，夺其军"。

王夫之《读通鉴论》："汉王甫破项羽，还至定陶，即驰夺韩信军，天下自此宁矣。大敌已平，信且拥强兵也何为？故无所挟以为名而抗不听命；既夺之后，弗能怨也。如姑缓之，使四方卒有不虞之事，有名可据，信兵不可夺矣。"

智者见于未萌，愚者暗于成事——明智的人在事情没有发生时就已有预见，愚昧的人对于已经成功的事情也搞不懂是怎么成功的。读垓下之围，项羽反复哀叹"此天亡我"，深觉项羽不智。杜牧以为"卷土重来未可知"，所见未明，浅陋之见。

2. 为可能的后果预作准备

《萧相国世家》：

汉十二年秋，黥布反，上自将击之，数使使问相国何为。相国为上在军，乃拊循勉力百姓，悉以所有佐军，如陈豨（反）时。客有说相国曰："君灭族不久矣。夫君位为相国，功第一，可复加哉？然君初入关中，得百姓心，十余年矣……上所为数问君者，畏君倾动关中。今君胡不多买田地，贱贳贷以自污？上心乃安。"于是相国从其计，上乃大说。

上罢布军归，民道遮行上书，言相国贱强买民田宅数千万。上至，相国谒。上笑曰："夫相国乃利民！"民所上书皆以与相国，曰："君自谢民。"

《白起王翦列传》：

王翦将兵六十万人，始皇自送至灞上。王翦行，请美田宅园池甚众。始皇曰："将军行矣，何忧贫乎？"王翦曰："为大王将，有功终不得封侯，故及大王之向臣，臣亦及时以请园池为子孙业耳。"始皇大笑。王翦既至关，使使还请善田者五辈。或曰："将军之乞贷，亦已甚矣。"王翦曰："不然。夫秦王怛而不信人。今空秦国甲士而专委于我，我不多请田宅为子孙业以自坚，顾令秦王坐而疑我邪？"

以上二例，都是以自污来化解君王的疑虑，从而消除可能的风险。贪图田宅美眷，以示无觊觎天下之志，这在天下未定之时，可获君王信任。而天下已定，再行贪污，则是损毁君王家业，属于危险举动。

八、聚合人力以成"势"

所谓"人多势众"。无人则无势。

领导者要创造群众，而自己不能成为群众。要让部属成为"群众"，而不能只是"个体"。所谓团队建设，其本质是：强化依附性（凝聚力），削减独立性（不是指个体行动力，而是指自立门户的能力）。

当个体被群体淹没而成为群众中的一员，其心理趋向的一致性会增强，判断力会降低，安全感会放大，情绪会相互感染，故利于操控，而被引导到领导者所设计的方向上去，进而为领导者的利益服务。

"水能载舟亦能覆舟"，核心含义是：群众是危险的。故创业之时，常利用群众之合力以成势；守成之时，则多令其相互牵制，使其成为一盘散沙，不足以成势。造势术与平衡术，是一组辩证关系。

九、如何审势

1. 洞悉全局

《鬼谷子》:"古之善用天下者,必量天下之权,而揣诸侯之情。量权不审,不知强弱轻重之称;揣情不审,不知隐匿变化之动静。何谓量权?曰:度于大小,谋于众寡;称货财有无之数,料人民多少、饶乏,有余不足几何?辨地形之险易,孰利孰害?谋虑孰长孰短?揆君臣之亲疏,孰贤孰不肖?与宾客之智慧,孰多孰少?观天时之祸福,孰吉孰凶?诸侯之交,孰用孰不用?百姓之心,孰安孰危?孰好孰憎?反侧孰辨?能知此者,是谓量权。"

全面掌握情况,统筹各种要素,综合进行分析,是分清利害、驾驭形势、把握先机的基础。

2. 洞察人心

《鬼谷子》:"揣情者,必以其甚喜之时,往而极其欲也;其有欲也,不能隐其情。必以其甚惧之时,往而极其恶也;其有恶者,不能隐其情。情欲必出其变。感动而不知其变者,乃且错其人勿与语,而更问其所亲,知其所安。夫情变于内者,形见于外,故常必以其见者而知其隐者。此所以谓测深揣情。"

人心是最微妙的,不易把握其状态和走向。对于重要或关键人物,要洞察其心理。这些人物往往是决定事情成败之关键。

3. 对细节的精微理解与对宏大背景的精确把握

御史欲弹劾县令,县令于是盗走御史之印。海瑞时任县学教谕,故意在馆舍纵火。趁官民救火,御史假意交出细软箱笼给各官员救出,官印匣则交给县令保管。细节的处理,造出县令不得不交出官印之势。

五代楚王马殷,"不征商旅,由是四方商旅辐凑。湖南地多铅铁,殷……铸铅铁为钱,商旅出境,无所用之,皆易他货而去,故能以境内所余之物易天下百货,国以富饶。湖南民不事桑蚕,命民输税者,皆以帛代钱,未几,民间机杼大盛"(《资治通鉴》)。这是典型的棋算三步外的宏观调控,包含审势、因势、造势等因素。

战争胜负不一定要上战场才见分晓，产品畅销与否不一定投放市场之后才得知。善于审势，不做事后诸葛亮。

十、谋势、蓄势、造势、借势

1. 谋势需要精心

发现并把握一切可能的机会；预估事情的走向并调动一切可以利用的因素；有行动预案并见机行事。典型例子如《鸿门宴》前夜之谋划。

2. 蓄势需要耐心

当事情的苗头还不明朗，绝不鲁莽行动。典型例子如勾践灭吴。

3. 造势需要雄心

时势造英雄，英雄也要努力创造自己期望的可能性。典型例子如毛遂自荐，又如蔺相如用一套说辞说服赵王，创造机会出使秦国。

4. 借势需要机心

个人的力量是渺小的，英雄豪杰也必须借势。典型例子如《烛之武退秦师》中借机转向的秦伯。

《易·系辞下》："几者，动之微，吉之先见者也。君子见几而作，不俟终日。"

王勃《滕王阁序》："君子见机，达人知命。"

要有洞察幽微的敏感，要有谋划长远的见识，同时要懂得命运与局限。天心与天机，更为深远难测。人生与事业之中，道、术、势三者均须看重。

读《人物志》：对各色人等的观察

一、"识人"的重要性

以文化传统论，西方的学问，主格物；中国的学问，主识人。

"得人心者得天下"，这句话也对也不对。更准确的说法是：得人者得天下，得人心者安天下。得天下靠的是人，若利用时势或以强力手段挟制民众，则不得人心亦可能得天下。

人是最大的资本。人作为自然的产物和自然的构成部分，本质上是不可能战胜自然的，自然只能顺应；人的竞争对象，是另外的人。

所谓利益，就是资源的分配。强者夺取弱者的利益、强者裹挟更多的人以夺取其他强者的利益，这就是历史。

人的重大利益是通过（另外的）人去实现的。刘邦本人对"吾所以有天下"的原因的分析："夫运筹帷幄之中，决胜千里之外，吾不如子房；镇国家，抚百姓，给饷馈，不绝粮道，吾不如萧何；连百万之众，战必胜，攻必取，吾不如韩信。"成大事业，用人是必要条件而非充要条件，故此言尚有所阙；但这个道理是对的：成大事，必须正确地用人。

正确用人，必先准确识人。《人物志》主要是讲如何识人。刘邦用三杰，刘备三顾诸葛，都是得人才而成大事的范例。人在社会生活中的首要事务，也是识别各色人等的异同。

二、最厉害的人是什么样子

中庸,是最厉害的人的核心特质。

《九徵第一》:"中和最贵……中和之质,必平淡无味;故能调成五材,变化应节。是故观人察质,必先察其平淡,而后求其聪明。"

《中庸》:"喜怒哀乐之未发,谓之中;发而皆中节,谓之和。"平和淡泊,无倾向性,则容易保持各种变化与转圜的可能性,不易被外人看得透彻。高级人才的首要特征是平淡,其次才是聪慧明达。圣人兼具二者。

《论语·子罕》:"颜渊喟然叹曰:'仰之弥高,钻之弥坚;瞻之在前,忽焉在后。夫子循循然善诱人,博我以文,约我以礼,欲罢不能,既竭吾才;如有所立卓尔。虽欲从之,末由也已。'"

颜渊感叹道:"仰望他,越望越觉得他高大;钻研他,越钻研越觉得钻研不透。看着好像在前面,忽然又在后面了。老师循循善诱,用'文'来丰富我,用'礼'来规范我,使我欲罢不能,直到我用尽全力。他像是一个十分高大的存在,虽然我想要追随他,却没有路径抵达。"

这就是深邃,深不可测。孔子的表现还有另外的描述,《论语·述而》:"子温而厉,威而不猛,恭而安。"在矛盾的两端平衡游走,这是中庸的表现。

《体别第二》:"夫中庸之德,其质无名。故咸而不碱,淡而不𬞟;质而不缦,文而不绩;能威能怀,能辨能讷;变化无方,以达为节。"意思是:中庸的特性,其人格质地难以用概念框定。咸,却不苦涩;淡,却并非无味;质朴而非无纹饰,有才华而不刺目;能威严也能怀柔,善于言谈又能沉默;处事极为灵活,以恰如其分为准则。

平淡其实是一种微妙,像茶之淡,不像酒之烈。如太极图,立于中者,既不偏阴,也不偏阳,故能游走于阴阳之间,变化莫测。

三、"偏材之性不可移转"

学习能让人变得有用,但不可能真正改变人的性情。用人也只能根据其性情,尽量扬长避短,为我所用。

《体别第二》:"偏材之性,不可移转矣。虽教之以学,材成而随之以失……信者逆信,诈者逆诈。"

偏材的本性,不可能转变。即使不断教他学习各种知识,随着学有所成,他的缺陷也随之形成。诚实的人,会推想别人也是诚实的;狡诈的人,会推想他人也是狡诈的。

中庸,才能够周遍理解事物,因而才有可能持有恕道,不偏颇。"信者逆信,诈者逆诈",这是普遍现象,能帮助我们察人。

四、普通人才的分类与短长

"抗者过之,而拘者不逮。夫拘抗违中,故善有所章,而理有所失。"

性格张扬的人,容易做过分的事;性格拘谨的人,则能力往往不足。二者都背离了中庸之道,因此其优势有时候会有所显露,但从宇宙人生的深刻规律看,却是有缺陷的。

(1)"厉直刚毅,材在矫正,失在激讦。柔顺安恕,美在宽容,失在少决。"

严厉、直率、刚毅之人,才能在于能矫正颓俗,纠错力强,缺点在于言行过激,揭人所短。柔顺、安静、宽容之人,美德在于宽容忍让,缺点在于优柔寡断。

(2)"雄悍杰健,任在胆烈,失在多忌。精良畏慎,善在恭谨,失在多疑。"

雄武、强悍、杰出的强人,做事胆大有魄力,缺点在于无所顾忌(恐为"无忌"之谬)。精明、胆小、谨慎之人,优势在于谦恭谨慎,缺点在于疑虑太多。

(3)"强楷坚劲,用在桢干,失在专固。论辨理绎,能在释结,失在流宕。"

强硬正直、坚定有力之人,可用之处是能成为栋梁独当一面,缺点在于专断固执。能言善辩、思路清晰之人,擅长解决疑难,缺点在于立场不稳、原则性不足。

(4)"普博周给,弘在覆裕,失在溷浊。清介廉洁,节在俭固,失在拘扃。"

普遍帮助众人之人，胸襟恢弘覆盖宽广，缺点在于容易藏污纳垢。清正廉洁之人，优点是节俭朴素，缺点在于过于拘谨，没有大格局。

（5）"休动磊落，业在攀跻，失在疏越。沉静机密，精在玄微，失在迟缓。"

善动而磊落的人，能致力进取，缺点是不够严谨、容易越位。深沉宁静、懂得玄机奥秘的人，善于把握细节和微妙处，缺点在于反应迟缓。

（6）"朴露径尽，质在中诚，失在不微。多智韬情，权在谲略，失在依违。"

质朴外露、能直接被看穿的人，长处是忠厚诚恳，缺点是不能隐藏，做事不精细。足智多谋、善于隐藏情感的人，擅长诈术谋略，缺点是立场不坚定，趋炎附势。

五、领导者必须超然

《流业第三》："主德者，聪明平淡。总达众材，而不以事自任者也。是故，主道立，则十二材各得其任也。……若道不平淡，与一材同好，则一材处权，而众材失任矣。"

领导者的特性，应是聪明平淡。他统领各种人才，让他们各尽其才，而不会自己亲自处理各种具体事务。这个原则确立了，十二种人才，才会都有发挥才干的空间。……如果领导者不甘平淡无为，就会倾向于与自己近似的某一类型人才，这种类型的人就容易掌握权势，会导致其他人才失去发挥空间的混乱局面。

《人物志》认为，人的才能可以归结为德、法、术三个方面，上述六项十二种偏材，都是能成就事业的人，领导者令其发挥长处即可。故明君会杂用，且能维持平衡；昏君多偏好，既失权柄，亦招怨恨。

六、聪明的标准

《材理第四》："聪能听序，思能造端，明能见机，辞能辩意，捷能摄失，守能待攻，攻能夺守，夺能易予。兼此八者，然后乃能通于天下之理；通于天下之理，则能通人矣。"

聆听，能听出条理；思考，能直达根本；心智清明，能看出隐微的苗头与趋势；言辞，能辨别意味；反应敏捷，能发现他人错误并控制自己的失误；善于坚守，能防范别人的攻击；善于攻击，能突破别人的防守；能攻击对方，又能转换立场反过来变为合作。兼此八种，就能通晓天下的道理；通晓天下的道理，就能鉴别各种各样的人。

领袖既要"平淡"又要"聪明"。聪明须兼具八种，否则就是偏材。这段文字主要是在讲思辨之才，这也是衡量是否聪明的一般性标准。

七、领导者与下属的能力与角色

1.《人物志》的论述

《材理第四》："臣以自任为能，君以用人为能。臣以能言为能，君以能听为能。臣以能行为能，君以能赏罚为能。所能不同，故能君众材也。"

部属能够亲自办事，就是好的；领导者善于用人，就是好的。部属善于出点子，就是好的；领导者善于听取意见作出决断，就是好的。部属行动力强，就是好的；领导者能合理赏罚，就是好的。由于领导者和下属的才能有区别，所以他才能有效驾驭和统治他们。

这并不是说下属与领袖的能力泾渭分明，而是说在管理中必须有所限制，按照角色来展现才能。例如，无论下属多么聪明，也不得干预决策（能听）与利益分配（赏罚）。

2.《反经》的发挥

《长短经》又称《反经》，唐代赵蕤著。

《反经》："知人者，王道也；知事者，臣道也。无形者，物之君也；无端者，事之本也。鼓不预五音，而为五音主；有道者，不为五官之事，而为理事之主。君守其道，官知其事，有自来矣。先王知其如此也，故用非其有如己有之。"

懂得用人，是君王之道；懂得办事，是臣子之道。无形的东西，才是有形事物的主宰；看不见源头的东西，才是世事人情的根本。鼓不干预五音，却能统领五音；掌握了君道真谛的人，不去从事百官各自负责的具体事务，才可以成为最高统治者。帝王严守这一准则，官员负责他们应做的事情，这是有来由的啊。先王通晓这一道理，所以他才能把不是自己的东西当作自己的一样支配使用。

领袖冲锋陷阵，等于与将士争功，如项羽。汤武灭桀纣而封赏，非用己财，而天下效命。周厉王好利而专利，芮良夫曰："天地百物皆将取焉，何可专也？所怨甚多而不备大难，其能久乎？"周厉王三年之后被放逐。人皆可谋可见之小利，领袖须谋无形之大利。

八、基本的观察：看神态

（1）《九徵第一》："心质亮直，其仪劲固；心质休决，其仪进猛；心质平理，其仪安闲……诚仁，必有温柔之色；诚勇，必有矜奋之色；诚智，必有明达之色。"

心性坦白正直，仪态就会表现出刚正挺拔；心性善于决断，仪态就会表现出奋进勇猛；心性平和有条理，仪态就会表现出安宁闲逸……确实具备仁爱品质，定然有温暖柔和的表情；确实具备勇敢品质，定然有振作奋发的表情；确实富于智慧，定然有明朗通达的表情。

人的内心，必定会形之于外；无论怎样善于隐藏，也必然会有表现，只是其外露比较短暂，或不够明显而已。

（2）《九徵第一》："色见于貌，所谓徵神。徵神见貌，则情发于目。……胜质不精，则其事不遂。是故，直而不柔则木，劲而不精则力，固而不端则愚，气而不清则越，畅而不平则荡。"

神色体现在外貌上，就是心神的表征。心神的表征表现于相貌，而内情通过眼睛表露出来。……某一方面表现过头而失去精纯，则做事较难成功。因此，刚直而不柔和，就会呆滞；有力而不精明，就会蛮干；坚定而不端正，就会愚蠢；气盛而不清朗，就会偏激；通畅而不平正，就会放肆。

眼睛是心灵的窗户，眼神是人的内在神气最直接的表现。我以为这仍属短期观察；长期而言，关键的则是观察人行动的逻辑（这是揭穿伪装的最可靠的方法）。

九、几点不完整的小结

（1）以此观察自己是怎样的类型。

人多为偏材，要认清自我。认清之后，了知局限，进行反向调节。如此则能渐至中庸。

（2）以此观察下属与旁人是怎样的类型。

对周围的人进行类型区分，获得准确识别，逐渐进步到"知人善任"的境界。对自己人，要用其所长；对敌手，要攻其所短。

（3）聪明多属天赋，平淡在于修养。

努力不会带来更多聪明，但平淡能通过后天努力做到。平淡的核心是中道（淡化倾向性）、大局观（淡化细节）和内敛性（淡化特征或个性）。

读钱钟书的《读〈伊索寓言〉》

据我浅见,钱氏的学问,大抵以考据之功最为突出,以其涉猎宏博,故能相互发明。而于义理,虽多有精见,而未免散杂。钱氏著作,我大略翻阅。《管锥编》固有胜于前人读书札记者,《谈艺录》固有异于古代诗话者,而为浅薄如我者所不喜。我喜欢的,是他的《宋诗选注》《七缀集》和《写在人生边上》。至于《围城》和《人兽鬼》,稍作浏览,唯觉其人聪明有余,目光犀利,幽默而时有泛滥,讽刺而多显刻薄。

《读〈伊索寓言〉》一文,出自《写在人生边上》。此文曾选入高中语文课本,我觉得是很好的文章。似乎是2002年,我要上一堂公开课,就选了这篇文章。讲授之前,认真阅读此文后,写下了这篇读书笔记。这篇笔记呈现的是我当时的认识。

《读〈伊索寓言〉》是钱钟书的散文集《写在人生边上》中的一篇。该散文集薄薄一册,收入的文章不多;而于人生,见解深锐,"感而能谐,婉而多讽",积淀着丰富的人生经验,堪称一本厚重的大书。

钱钟书眼观今古,学贯中西,凡有所论,精见迭出。而其考据之精密,辞章之风趣,无不大有可观。清儒有钱氏之精博考据,而少有钱氏之谐婉辞章,如戴东原、段玉裁诸人是;近人有钱氏之谐婉辞章,而罕见钱氏之精博考据,如林语堂、梁实秋诸人是。钱氏散文,此为本色。

《写在人生边上》的大多篇章,与当今所谓"文化散文",当属同类。文化散文，以观察人性、解剖文化、评论人生为旨归，故此类散文之成功，要在有发人深省之见。《写在人生边上》的各篇文章，无一不有精辟机智的见解。此文对恶劣的人性和不良的社会，借读《伊索寓言》之题，淋漓尽致地大肆发挥。钱氏的发挥所涉甚广，精妙的议论随处皆是。文章的主体部分，列举了九个《伊索寓言》的故事作为分析例子，每个例子都有不少精彩的议论；首尾部分，更是圆转迂回，妙趣横生，前后一贯地阐发了作者对寓言、对历史、对生活多方面的独到见解。

这些议论都毫无例外地精彩，全部原因就在于一点，那就是：这些议论是充满智慧的。我们知道，议论有多种，板着面孔的迂腐说教、言不及义的陈词滥调、义正词严的装腔作势、一团和气的亲切甜俗、满嘴油滑的无聊调侃，是习见的几种。钱氏的这篇文章，与上述几种大不相同，外表是平和而冷峻的，而在这平和冷峻的外表下面，埋伏着洞察世相的尖锐眼光和解剖人生的犀利智慧。文中体现的智慧，主要有两种：一是积淀在观察经验中的人生智慧，一是体现在表达过程中的语言智慧。

生活本身并不给人智慧。生活中的智慧源于人对生活的观察、体验和反省。以此为基础，才能够迅速地深化人生经验。人生经验的多少与深浅，跟年龄的长短并不完全成正比。散文集《写在人生边上》发表于1941年，钱钟书才31岁，而对世人心态和社会病态，已能洞幽察微。在《读〈伊索寓言〉》一文里，卖老学少的常人心理（第一段），不同场合的炫耀卖弄（蝙蝠的故事），生不救济而死后攀附诗人以利己（蚂蚁和促织），绝无自知之明的批评攻击（狗和影子），借口堂皇的文饰与汲汲名利的上爬（天文家的故事），以己之丑丑人的丑态（乌鸦的故事），美化自己弱点的为辞矫饰（牛跟蛙的故事），毫无理由的贪心和戒心（狐狸和葡萄），富而后吝的怪咎（老婆子和母鸡的故事），伪装济世的害世（驴子跟狼的故事），顺手拈来，加以讥刺，说明作者对人性之善恶和社会之丑陋，已有全面的观察和深刻的体会。"使彼世相，如在目前"，这些对世相的征引和议论，表现了烛照人生的眼光。

本篇的思维方式以求异为特色。求异思维鲜明地体现了思维主体的批判精神。全文以《伊索寓言》为对象，非但不作无聊的因袭，反而聪明地宕开笔墨，大肆求异。寓言作为一种文体，本身就以提供教训和批评人性为特色；而由于钱先生意在批判现代社会人群更甚于古代的劣根性，对每个寓言，都独出心裁地根据现代社会的特点作进一步"挑漏子"式的借题发挥，更尖锐地直指种种人性中丑恶的现实——可谓"批评中的批评"，"对批评的批评"。钱氏笔锋所指，无不成为其嘲弄讽刺的对象，质疑精神是显而易见、无所不在的。

求异的具体方式是多种多样的。钱氏的特色是以立异求新为宗旨，而具体手法则是借原题作巧妙的引申发挥。"蚂蚁和促织的故事"借柏拉图《对话篇·菲德洛斯》的促织变诗人的说法加以发挥，说"这故事应该还有下文"，引申出诗人生时无人救济而死后被人利用的炎凉世相；"狗和它自己影子的故事"叙述原寓言后，又抛出一句"我们现在可以应用到旁的方面"，转向批评世人缺乏自知之明。"天文学家的故事"由"下井"而类比引申到"下野"与"下台"；"狐狸和葡萄的故事"则虚拟葡萄被吃而深入一层揭露人类私心的贪婪和对别人的戒惕。钱氏善于借题发挥，善于发散开去——顺便说一句，发散思维是钱氏几乎所有著作都明显表现出的一个特色——笔法腾挪翻转，思路灵活广阔，于是既能立异标新，又能新意迭出如珍珠散地，让人目不暇接。

《读〈伊索寓言〉》一文的语言智慧，体现在多个方面。首先，其语言基调是冷峻尖刻的。作者对社会的眼光不是热的而是冷的，不是温和的而是犀利的，他更多地看到的是人间丑恶的一面。这一点与鲁迅很相似。文章语言的警辟尖锐，径直说出了许多残酷的事实和残酷的真理，表明了作者洞察的深微细密和语言的深刻敏锐。这些语言"直指人心"，还真有点与禅语的机锋相似的意味。如：

- 我们每一种缺陷都有补偿，吝啬说是经济，愚蠢说是诚实，卑鄙说是灵活，无才便说是德。
- 世界上没有自认为一无可爱的女人，没有自认为百不如人的男子。
- 医生也是屠夫的一种。
- 以为人事里的是非的分别、善恶的果报，也像在禽兽中间一样公平清楚，长大了就处处碰壁上当。

世态竟如此之炎凉，作者自然忍不住随心所欲、左右开弓地嘲讽。此文不可以说是平和的幽默，只能说是峻刻的讽刺。由是之故，作者的语言智慧，于是又表现为尖冷的挖苦奚落：

- 这部书差不多都是讲禽兽的……
- 我认为寓言要不得，因为把纯朴的小孩教得愈简单了，愈幼稚了……

这两句一前一后相互照应，不明明是说人类奸猾而禽兽纯朴吗？全文的意旨十分明显：现代社会里，人类和人性表现出来的病态，真是禽兽不如。

读过钱氏的小说和散文的人都知道，在语言方面，他喜欢并擅长"妙解"和"曲解"。本文之中，或机智俏皮地妙解，如对于现代比古代更悠久古老的议论；或别有会心地曲解，如天文学家一段由下井而及下野和下台。这使得文章语言多了一层谐讽味道。这种风趣的语言，用来阐释对人生和社会的严肃见解，暗含着作者对人世的悲悯，就造成所谓"感而能谐，婉而多讽"的风格特征。这正是钱氏文章的一大特点。"蝙蝠的故事"里面有辛辣的嘲讽，"蚂蚁和促织的故事"背后却有酸涩的眼泪。钱氏的文章可以让人会心微笑，但绝不会开怀大笑。它沉重的主题和叹息世相的深意，使我们在文中遇到再俏皮的话也大笑不起来。

总的说来，《读〈伊索寓言〉》其文，一如钱钟书其人，以一语论之，曰"智慧"而已。钱氏学问广博，然并非立地书橱，非徒有知识而无见识者可比。议论警辟，有识见故。识见深邃，有智慧故。

读刘锡庆的《中国现当代散文欣赏》

郁达夫说:"五四运动的最大的成功,第一要算'个人'的发现。"

此语精辟。中国历史经历了两次重要发现:一是汉末到魏晋的"人"的发现,二是五四运动时"个人"的发现。汉末到魏晋,"人"是作为整体被发现的,人们关注的是人类生命和永恒时间的对立。死亡的无可逃避,成为关注和感慨的主题。五四运动时"个人"的发现,人是作为个体被发现的,人们关注的是个人和社会的对立。第一次发现,着眼于人与自然的矛盾;第二次发现,着眼于个人与社会的矛盾。

这两次发现,都对文学史产生了深远影响。

刘锡庆的《中国现当代散文欣赏》,为现当代散文提供了基本的赏析思路。刘氏提出了四条现当代散文特征:以"我"为主、因"实"出"虚"、即小见大、"情致"与"文"。四条之中,后二条甚无意味,毕竟不少古典散文也符合如是标准。比较有内涵的是前面两条,下面说说我的看法。

一、以"我"为主

明清时代的性灵散文可谓以"我"为主的先声。现当代散文不过是走得更远一些而已。不可忽视的是现当代的西方思想文化背景。西方文化中对个人权利的强调,近代以来随着这种文化在全球的蔓延而成为强势话语。这就是明清的性灵散文比较难以扩展局面,而新文化运动以来凸显"我"的散文迅速蓬勃的重要原因。

严格地说，任何作品中都必须有"我"。没有"我"就意味着要么在胡言乱语，要么在做应声虫。没有"我"的文学是不可能的。但客观地说，传统的"文以载道""文以明道"等观念，会造成对"道"的尊崇和对"我"的相对抑制。现当代散文对"我"的突出，实际上突破了"文以载道"的樊篱，这自然是一个富于革命性的变化。

如是，就应该首先以"是否有我"来作为评判文学价值的前提。实用类知识性文本中不必有"我"，但包括散文在内的文学类文本中则必须有"我"。知识倾向于客观的陈述，可以没有"我"；文学是自我的表达，不能没有"我"。抑制个人而去歌功颂德、应时应景的文学作品，往往意味着心口不应，意味着不真诚。这种作品中看起来也会有"我"，但这个"我"通常是不真诚的或扭曲的。

但这并不是说，凡是有"我"的作品都具有文学艺术价值。文学是一门艺术；艺术有艺术的标准。"有我"只是艺术的前提，而非衡量艺术价值的尺度。一个平庸的作者，完全可能"真诚地"写出一堆低俗的文字。以"我"为主，根据这一条并不能判断文学作品的艺术价值。

二、因"实"出"虚"

"虚"是心灵和生命的体验。文学本质上是内省的、精神的，即：文学是"虚"的或"不实"的。

中国现当代文学已经超越了庸俗的现实主义阶段，欣赏现当代文学，应该具备一些新的文学观念。尽管当代不少人的写作观，还停留在16世纪甚至司马迁时代，以为文学就是描写真实的经历，讲述真实的故事。我要强调的是：文学作为艺术，从来就不存在所谓"真实性"，最多只有"似真性"——看起来是真的而已。

事实很明显：任何经历都有且仅有一次，不可重复。人不能两次踏进同一条河流。当一个人试图记录他的经历的时候，他实际上只是记下了对当时经历的记忆或印象。因此，主观因素的涉入在所难免，完全忠实于事实，那是几乎办不到的（当然也是不必要的）。

文学之"虚"，越来越切入人的内心，这是现当代世界艺术发展的重要趋势。像绘画中出现了毕加索、康定斯基一样，文学中出现了意识流、荒诞派、超现实主义之类的艺术潮流，这使得文学创作和文学观念都发生了前无古人的转变。文学在古典主义时代通常被作为精神的产品，在拥有现代性之后则上升为探索精神的重要工具和重要方式。谁无视这个变化，谁就不可能真正理解当今的文学。

"虚"与"实"是一组辩证关系，这组关系在中国古典艺术中也常被讨论。因"实"出"虚"，大概是说散文依托于客观现实的材料载体，而有更高维度的抽象领悟。其实这也是一条比较普遍的艺术规律，并不能揭示出现当代散文的特殊性。

"诗以言志"和"文以载道"

古典诗歌和古代散文,依据传统,可以归结为两大范围:言志和载道。

诗	文
诗以言志	文以载道
主情志(感性与情感)	主理智(理性与思想)

《说文解字》:"志,意也。从心,之声。""意,志也,从心察言而知意也。从心从音。"据此,"志"就是"意",是人的心灵之音。"道"是指规律和法则。"志"是人具有的,"道"则遍及万物。"道"虽遍及万物,但毕竟是通过人的心意活动才被揭示的。"志"与"道"的区别,前者偏重于人的心理情感活动,后者偏重于形而上的规律及人类理性。

人心是可以"合道"的,"道"也由人心体认和揭发,离开人的心灵活动谈论"道"是没有意义的,因而"志"与"道"并无绝对的界限,"道"也构成人心灵活动的对象和内容。古典文论在解释"诗言志"这个命题的时候,对理性意志和情感活动往往没有严格的辨析,大概就出于这个原因。在古典文论中,"志"有时兼括这两方面的内容,多数情况下主要指情感和意志活动。"志"涵盖了包括意志、抱负、情感等一系列的心理活动。《诗大序》:"诗者,志之所之也","情动于中而形于言",明证"志""情"二者形同一体。按照徐复观的说法,"诗言志"的"志",乃是以感情为基底的志,而非普通所说意志的志;发而为诗的志,乃是喜怒哀乐爱恶欲的七情,情才是诗的真正来源,才是诗的真正血脉。陆机提出"诗缘情而绮靡"的主张,是对汉代儒生把"志"过度局限于政治伦理怀抱这层含义的反动,是对"诗言志"的诗歌观念的发展。陆机的"缘情"说,并非对"言志"说的否定,它的意义在于把笼统的"诗言志"明晰化为"诗缘情",从而推动诗歌更明确地向抒情方向发展。孔颖达《诗大序正义》:"言作诗者,所以舒心志愤懑,而卒成于歌咏。故《虞书》谓之'诗言志'也。"汤显祖《董解元西厢题词》:"书曰'诗言志,歌永言,声依永,律和声',志也者,情也。"都偏重强调诗的表达情感的一面。

  我以为对"诗言志"与"文以载道"的理解,首要的还不在于对"志"与"道"作概念的过度辨析,而在于明确"言"与"载"所蕴涵的文体功能意义。"言"就是吐露,就是表达,强调的是诗作为文体的"表现性";而"载"是承载,强调的是文作为文体的"工具性"。这是诗与文在文体功能上的重大区别。也就是说,诗歌主要是抒发思想感情("志")的,更多地追求自我的表现;而散文主要是承载思想观念("道")的,更多地追求如理的再现。当然,这个"道"究竟是什么,各家自有各家的说法。

  言志与载道的观念,基本上贯穿了中国古典诗文演进和发展的整个过程,是整体理解中国古典文学主流的关键。

  "道"之难悟,"志"之易有,这是显而易见的。人是情感丰富的,抒发情志也往往是不由自主、自然而然的事情。诗歌的门槛是不高的;早期诗歌中大量是民歌。诗歌不断有民间力量参与,汉末以前自不必言,词体的兴起、元曲的兴盛,都与民间的文化需求有关。而散文需要"载道",那就只有知识阶层能够胜任,故几乎一直是文人垄断的局面;中国历史上的散文,远远没有诗歌那样开放和具有活力。

  中国古代诗歌很繁荣,中国被称为"诗的国度"。但也颇有一些狭隘的观念,阻碍了古典诗歌取得更高的成就。"诗言志"这个口号,强调了诗歌抒写情志的一面,但人的思想情感大抵因事而来,不"言事"而径直"言志",则易堕入空洞无根。以今观之,诗固然需要"言志",但不宜仅止于"言志"。中国诗人总是急于抒发情志,在一定程度上造成了篇幅的短小和抒情的泛滥;就情感表现方式而言,古典诗歌喜欢透过空间景象的短暂触发直指情志,造成历时性的叙述在诗歌领域的萎缩。传统诗歌中抒情诗在数量上占绝对优势。在数量有限的叙事诗中，也缺乏气势恢弘的长篇，较少展现宇宙人生宏伟画卷的巨作。这是古典诗歌的最大遗憾。

与西方诗歌相比，中国古典诗歌束缚太多，精巧有余，气魄不足，缺少长诗和叙事规模宏大的史诗（叙述史实追述先民的短小"史诗"是有的，《诗经》里就有几篇），没有《伊利亚特》《奥德赛》那样的叙事作品，更没有印度的《摩诃婆罗多》那样既有复杂叙事又有深刻哲理的巨幅诗篇。被认为古代最长的叙事诗《孔雀东南飞》，相形之下，篇幅也相当局狭。古代律诗的格式也相当整饬，声律极严，语句形式是五言或七言，使得诗歌的篇幅很难大幅度展开。

按理说，人类的一切心灵内容，都可合法地构成诗或文的表达内容。但由于传统观念是诗歌要主情，而宋诗重理，有人便认为宋诗不及主情的唐诗。此说未免狭隘。宋诗不及唐诗这个论点是否成立，当然可以讨论；但要否定宋诗，绝不能仅仅因为它比唐诗更重视言理。情与理并无高下之别，诗可主情亦不妨言理。"不识庐山真面目，只缘身在此山中"，也不算坏诗。任何文学样式，都应该是开放的，具有广阔的格局，才能形成大局面。宋诗如果在内容和风格上还继续沿袭唐诗的老路——就像明朝有些诗人那样——作无聊的重复，写出来的无非是翻版的唐诗赝品，那就只会大大地贬值。宋诗的理趣与唐诗的情韵，各有其独特的价值。一味推崇唐诗情韵，甚而因此贬低宋诗的理趣，是不公平的，是审美情趣褊狭的表现。正如散文不应排斥叙事抒情一样，诗歌也不宜排斥叙事言理。宋诗重理趣，正是其别开生面的地方。（其实，宋诗也是极其重视抒发情志的。所谓重理趣，只不过是与唐诗相较而言。）

古文方面，传统观念更是褊狭。

关于文与道的关系，在荀子、扬雄的著作中，就已经萌发了文以明道的思想。六朝刘勰的《文心雕龙》"道沿圣以垂文，圣因文而明道"，继承了这一思想。初唐四杰和古文运动的参与者们，实际上都是主张"文以载道"的，虽然到宋朝的周敦颐才明确提出"文以载道"（《通书·文辞》）这个口号。

要载道，先须见道；而要见道，则须先有思想的自由。若无思想的自由，则无见道的机缘。"道"是对宇宙人生的领悟，而不是人为的指认或规定。每个人对"道"的领悟，未必完全相同。载道之文，发轫于先秦诸子。先秦时代政治混乱而文化氛围宽松，思想界出现了罕见的百家争鸣景象。诸子之文，所持之"道"不同，但都有"道"可载。但自秦朝焚书和汉代独尊儒术，钳制日趋严密，思想的一统带来了思想界的沉寂。这是汉赋尤其是骈文内容空洞，远逊于先秦诸子的深层原因。到了唐朝，韩愈大声疾呼回到先秦两汉古文的道路，强调"学所以为道，文所以为理"，并得到了柳宗元和宋代的欧阳修、"三苏"、王安石等人的响应，"古文运动"蔚然成风。然而，长期的思想沉寂，已严重削弱思想的活力和思考的动力，明道和载道被局限于儒家之道，其他的大抵被视为异端。韩愈本人就相当保守，提出道统说，坚守儒家立场，对佛教思想极力排斥。"古文运动"带有强烈的复古特点，并未赋予散文真正的思想活力，从而带来一场真正意义上的文学革命。苏轼称韩愈"文起八代之衰，而道济天下之溺"，实乃过誉。古文家们的"道"，实有致命的缺陷。而其"载道"观念之负面影响却极为深远，代圣人立言的明清八股，就是"载道"极端化的恶果。载圣人之道，从而取消个人思想，这是大病根。综观我国古代散文，倒是那些不以载道为意、抒写个人情趣的文章，反而更有意味。

如果广义地视"道"为宇宙人生的真理，视"志"为人类心灵的活动，那么，"志"与"道"虽各有侧重，也可视为一体之两面，"言志"与"载道"也就不再对立。也只有如此理解，才能懂得诗中有"道"、文中言"志"原本是正常的现象，并不值得大惊小怪。

在中国古代正统的文学观念中，诗歌与散文为正宗，是严肃的；戏剧与小说为末流，是娱乐的。其实，戏剧不妨看作诗歌的流变，古典戏曲的抒情意味很浓郁；小说则不妨视为散文的流变，古典小说多以揭示人生世事之道为依归。从文体上看，元杂剧和明清戏曲都与诗歌有密切联系，唱词一般采用诗歌形式；古代小说特别是文言小说，受《史记》等古代历史散文的影响巨大而明显。大致说来，戏曲是由于古典诗歌趋于老化停滞才勃然而兴的，小说则是古典历史散文的某种意义的替代品。从一定意义上说，戏曲是对诗歌的解放，小说是对散文的解放。戏曲和小说以其浓重的世俗气质取代了诗歌和散文的贵族气质，从而使得中国古典文学面貌发生根本转变。宋元时期话本和戏曲的兴起，实为古典文学发展之一大关节。

谈文气

"气"是中国哲学的一个基本观念。在日常话语中，形容生机盎然之物，则曰"生气勃勃"；形容生机无多之物，则曰"死气沉沉"。在传统观念中，万事万物莫不有其"气"。一首诗，一篇文，也不例外。诗文的"气"，叫作"文气"。文气蕴涵着作者的思想情感，在字里行间起伏波动，具体表现为思路的衔接转换，情感的高低抑扬，以及整个作品的风神气貌。

思路的衔接转换，或自然流转，或曲折多变，调整着诗文的宏观姿态。

王安石《读孟尝君传》："世皆称孟尝君能得士，士以故归之，而卒赖其力以脱于虎豹之秦。嗟乎！孟尝君特鸡鸣狗盗之雄耳，岂足以言得士！不然，擅齐之强，得一士焉，宜可以南面而制秦，尚何取鸡鸣狗盗之力哉！鸡鸣狗盗之出其门，此士之所以不至也。"此文以"世皆称"三字领头，举出一般论调和证据，然后用"嗟乎"的慨叹陡然翻转，否定世人之说；接下来"不然"一句从反面角度论证己意、驳斥世议，末尾进一步推究孟尝君不能得士的原因。此文篇幅短小，而波澜迭起，愈转愈深。思路在句子间的衔接转换显出气的跌宕流转，值得反复体会。

贾谊《过秦论》把秦朝灭亡的原因，归结为"仁义不施而攻守之势异也"，直到文尾才一语点明。文章大量篇幅铺叙秦兴起的历程，极力渲染秦攻伐群雄的武力和秦始皇控制国家的各种严厉措施，此后微不足道的陈涉一发难，就一举推翻了强大的秦王朝。文章的铺叙一气贯通，其间几乎没有任何议论语句；而末尾一句结论，文气陡然高拔，随即戛然而止，并无分析过程，却让人觉得论证已十分充分。原来作者的铺叙渲染，处处强调秦的武力攻伐，实际上就是处处对准"仁义不施"这个症结。由畅快的叙述到斩钉截铁的结论，水到渠成，可谓一气舒卷贯通到底。

为求文气贯通，在语言处理方面，作者通常多有斟酌。古文里的句首虚词、过渡句等，就有贯通文气的功能。诗歌的跳跃性较大，文气的顺畅就显得尤其重要，出句和对句、上联和下联，要求不粘不脱。词这种体裁中有时还使用"领字"，以通文气。

词里的领字，对文气的贯通有十分重要的作用。例如毛泽东的《沁园春·雪》，上阕的"望"，下阕的"惜"，分别统领上阕的写景和下阕的议论抒情，两相呼应，篇法严密，层次明晰；同时，这两个领字分别领辖若干文句，强化了局部内容的组织，使得文不断气。

王籍诗"蝉噪林逾静，鸟鸣山更幽"，两句意思相近，第二句实际上仍然停留在第一句的层面，过于粘着，故文气不舒张。

文气最核心最内在最精微的部分，是作者的风神气貌。"文如其人"，文之气即作者之气，表现着作者的个性，表现为作品的风格。杜甫的沉郁顿挫，李白的清新俊逸，王维的幽闲秀雅，孟浩然的清远奇逸，岑参的奇峭苍秀，韩愈的奇险豪纵，白居易的清浅流丽，读其诗，可想见其人性情。

一个时代的作品，带有时代风气造就的整体风味。比如唐诗和宋诗，就呈现出不同的气韵风貌。关于这一点，前人多有论及。有一段著名的辨析是这样的：

唐宋诗之异点，粗略言之：唐诗以韵胜，故浑雅而贵蕴藉空灵；宋诗以意胜，故精能而贵深析透辟。唐诗之美在情辞，故丰腴；宋诗之美在气骨，故瘦劲。唐诗如芍药海棠，秾华繁采；宋诗如寒梅秋菊，幽韵冷香。读唐诗如啖荔枝，一颗入口，则甘芳盈颊；读宋诗如食橄榄，初觉生涩，而回味隽永。譬诸游山水，唐诗则如高峰远望，意气浩然；宋诗则如曲涧幽寻，情境冷峭。唐诗之弊为肤廓平滑；宋诗之弊为生涩枯淡。

精于赏鉴古典诗文，犹如精于鉴别古董的真赝，对作品的至精至微之处，必有敏感的把握。下面两首有名的绝句乍看很相似,而仔细玩味,其气味情韵颇不相同。读者可尝试区分哪首为唐诗,哪首为宋诗,并说明理由。

闲居初夏午睡起

梅子留酸软齿牙,芭蕉分绿与窗纱。
日长睡起无情思,闲看儿童捉柳花。

晚　春

草树知春不久归,百般红紫斗芳菲。
杨花榆荚无情思,唯解漫天作雪飞。

几组古典艺术辩证范畴

有阴必有阳，有往必有复。一阴一阳之谓"道"。中国传统的思想、艺术，都普遍存在这种辩证观念。就文学艺术而言，主要注意下面几个范畴。

一、工拙（遣词的技术层面）

一般地说，读诗文先分工拙。在通常意义上，工胜于拙。

字面工拙与意义表达有不可分割的联系，"工"是指精工、巧妙。所谓炼字、句眼、活法等，皆是求工之法。诗话词话中有很多实例，如"红杏枝头春意闹"之"闹"、"云破月来花弄影"之"弄"皆是。"工"是在表意恰切的基础上求表达的生新巧妙，若单是字面精致则可能是缺点，有时候字句琐细精致，可能损害意义。

佳作以神完气足为标准。若一个作品只是某处炼字炼得好，达到了局部表意的精巧，而整个作品气不畅而神不完，这就像乞丐破衣服上镶嵌一块宝石，那也是不济的。

"拙"的含义可以是笨拙，也可以是朴实。朴实者往往更近于自然。因此拙有时是优点，所谓"古拙"，返璞归真，那是很高的表达境界。但大巧若拙的"拙"都是绚烂之极归于平淡，很难。

工拙，取决于个人气质与用词习惯，或体裁（律诗较工，古体较拙）。

诗有古拙而胜者，如崔颢的《黄鹤楼》略胜于李白的《登金陵凤凰台》。

《黄鹤楼》:"昔人已乘黄鹤去,此地空余黄鹤楼。黄鹤一去不复返,白云千载空悠悠。晴川历历汉阳树,芳草萋萋鹦鹉洲。日暮乡关何处是,烟波江上使人愁。"

《登金陵凤凰台》:"凤凰台上凤凰游,凤去台空江自流。吴宫花草埋幽径,晋代衣冠成古丘。三山半落青天外,二水中分白鹭洲。总为浮云能蔽日,长安不见使人愁。"

传说崔诗令李白搁笔叹服,然而李白究竟是李白,不肯服输,后来写下了《登金陵凤凰台》。李白受崔颢此诗的影响痕迹明显,到底还是落在了崔颢的阴影中。从形式上看,崔诗首四句一气贯注,连用三个"黄鹤"而不觉累赘,句法自然灵活,尤其是颔联似对非对,不合律诗对仗要求,不"工";李诗的颔联就工稳得很。李诗的颈联,"三山"对"二水","半落"对"中分","青天"对"白鹭",对得十分工巧。从整体上看,李白比崔颢要工稳,崔颢显得比较古拙。但从表意上看,崔诗的颔联,前半句基本是对仗的,而以"空悠悠"一散,为下面抒情的展开开拓了空间。崔诗表现的是时空背景下的"乡关"之思,一种生命的流落感,是一种极其普遍和深刻的生存体验;李诗则表现思念君主的政治情绪,所谓"处江湖之远则忧其君",是士人阶层的特定情感,比崔诗浅窄。由此可见,文学作品还是须以立意为先。意高则文高,仅有词句工稳,价值不大。

"工"能显示作者的才气和匠心。求"工"是语言表达的基本方向,但更需要求神之工。字面上的"工"固然不错,但要神完气足才是上乘。工于神优于工于形。如杜甫《江南逢李龟年》的字句看似寻常,而感叹时世令人动容;而其《绝句》(两个黄鹂鸣翠柳),字面句法皆工稳,但总觉不及《江南逢李龟年》寄慨遥深。

二、华素(词句的美感层面)

华是有光辉,有文采。素是朴素、质朴。

通常地,华者较受偏爱,素者易显寒碜。但单纯的华与素,均非最高境界。

清华者质而实绮，具有"素"的因子，境界较高。可见华与素两种要素，能辩证统一为高。

古诗质朴者多，所谓"信言不美，美言不信"（《老子》）。后来文辞逐渐繁复，美化词句风气渐次增长，审美观念亦相应变化。骈文的流行，六朝讲究音韵对仗，都强化了汉语美感，多数诗文变得越来越华美精致。中国诗歌，六朝前较素，此后较华；民歌较素，文人诗较华。

华素与工拙一样，取决于个人气质与用词习惯，或体裁（古体诗较素，近体诗较华）。时代审美风尚，则影响到人们的审美判断。陶渊明诗质而实绮，癯而实腴，彼时尚华，无人喝彩，唐代之后华至于盛乃有反归于素之要求，故渊明诗深受宋人如苏轼等的极度推崇，得享崇高地位。

三、显晦（意义和情感的呈现）

古典诗歌，多讲究含蓄不露，尚简用晦。含蓄乃得思致微妙，韵味隽永。

含蓄就是有分寸的"晦"。情意传达委婉，则必不能直言，须借助他物以曲折尽意。故比兴手法、借景托物以抒情言志，成为中国诗歌的重要传统。

"显"指的是意旨明白畅达，痛快地明说。痛快若不沉着，品位较低（朱光潜痛诋次等作品，弊在一览无余）。一般来说，古典诗歌讲究含蓄，含蓄的作品被认为有更高的品位。

李白《赠汪伦》，太显，品位较低。而其《黄鹤楼送孟浩然之广陵》，含蓄，品位较高。《静夜思》看似显露，实则曲折，举头低头之间，意味深长，品位更高于前二者。

晦而不能涩。晦涩不好，妨碍读者接受。李商隐无题诗意义幽晦而字句清通，意象美妙缥缈，能吊人胃口，故是好诗。好诗的意旨须介于显晦之间，不能过于明白直露，也不能隐晦难测。

白居易诗较显，老妪能懂，然亦受人诟病。杨万里诗较显（口语多），亦颇受指摘。李商隐诗较晦（诗意曲折），"独恨无人作郑笺"。宋诗多用典者容易造成理解隔阂，这是"隔"，不是含蓄。

四、雅俗（艺术品位层面）

雅俗是品位的问题。中国传统审美意识形态，推崇"雅"而鄙视"俗"。平心而论，雅的作品并不必然比俗的作品有更高的价值；雅与俗是相对的概念，二者也可以互相转化。今世以为"雅"者，前世却往往为"俗"；今世以为"俗"者，后世却可能为"雅"。

《诗经》，现在看是够古雅了，可是十五国风却是当时各地传唱的流行歌谣；白居易的诗，当时"老妪能解"，如今已不是那么浅显易懂了；词在宋朝很流行，属于俗文化现象，而如今已成极少数"雅人"偶尔弄一弄的古雅玩意儿了。可见雅俗并非一成不变的，是可以互相转化的。

雅俗之辨，这里不作细致的阐述。大体上说，可从以下几个角度去体会其区别：

体裁——诗词曲（诗庄词媚曲俗），每下愈俗；

意趣——山林气为雅，市井气为俗；

语言——文言为雅，口语为俗；

题材——明理为雅，言情为俗；

风格——疏淡为雅，浓密为俗；

表现特征——含蓄深婉为雅，浅近直露为俗。

五、刚柔（基本风格类型）

在古代文论中，风格是个重要的范畴，说法很多，不一而足。刚柔被认为是风格的两种基本类型。刚，近似于崇高；柔，类似于优美。刚，近于豪放；柔，近于婉约。

思想的强度，情感的力度，语言的硬度——这是确认刚柔特征的几个方面。

文学文本都是以语言为载体，无论一个作品是何种风格，都通过语言而被读者感受和认知。所以风格在很大程度上取决于作品言语的质地。从遣词造句即可看出语言的硬度区别。例如所谓豪放词与婉约词，在措辞上就有刚柔的差异。

毛泽东《沁园春·长沙》，写景则曰"百舸争流""鹰击长空"；忆旧则曰"挥斥方遒""指点江山"；发问则曰"苍茫大地，谁主沉浮"；述志则曰"中流击水，浪遏飞舟"。动词硬朗，言语劲崛，是刚性作品。

同属刚性的作品，其刚度未必一样；同属柔性的作品，其柔性千差万别。孟子与韩愈，都气盛文雄，带有刚性。但孟之激切，韩之峻拔，区别明显。

刚柔特征也与作品立意有关，而内在地取决于作者的人格气质。人的个性，亦大致有刚柔之别。

陆游和毛泽东都有题为《卜算子·咏梅》的词。陆游："驿外断桥边，寂寞开无主。已是黄昏独自愁，更著风和雨。无意苦争春，一任群芳妒。零落成泥碾作尘，只有香如故。"毛泽东："风雨送春归，飞雪迎春到。已是悬崖百丈冰，犹有花枝俏。俏也不争春，只把春来报。待到山花烂漫时，她在丛中笑。"陆游词表现坚守清高不俗的坚定人格、即使死亡也决不妥协的立场，虽词气凄苦，满篇愁怨，仍不失刚烈之性。但既说"无意苦争春"，却又寂寞愁苦，可见其坚持不仅因为坚定，更分明出于无可奈何。而毛泽东词也说"不争春"，但寂寞愁苦踪影全无，梅花面对"悬崖百丈冰"，只管无畏地开放。尽管这还并不是反映其超人气魄的典型之作，没有"四海翻腾""五洲震荡""试看天地翻覆"的气概，也没有要"倚天抽宝剑"把昆仑山"裁为三截"的想象，但从这首抒情意味浓郁的小词就不难观察出，毛泽东的刚性是陆游无法比拟的。毛泽东显然比陆游具有更强大的个性、更坚定的意志和更乐观的态度。毛泽东是政治领袖，而陆游到底只是文人。

六、曲直（文笔的姿态）

文意的明晦程度，结构的舒展程度——由此判断是曲或是直。一般来说，古典诗文"崇曲忌直"，这一点需要注意。

《出师表》中"宫中府中，俱为一体"的议论，从字面上看，好像是要求后主"不宜偏私，使内外异法"，而实际上还暗含着诸葛亮"亲贤臣，远小人"的告诫。东汉的宦官之祸，为害甚烈，"未尝不叹息痛恨于桓灵也"，即是有感而发。所谓"不宜偏私，使内外异法"，就是提醒后主不要偏爱自己的宫内宦官，而要去亲近诸葛亮的府中大臣。这层意思，极为含蓄委婉。

《林教头风雪山神庙》写林冲在沧州杀人落草，极尽腾挪曲折之能事；《老残游记》中"明湖居听书"一节，写白妞的出场，也是层层铺垫，极力渲染，笔法非常曲折。

白居易诗歌的语言明畅而长诗结构舒展，李贺诗歌的诗意晦涩而语言密度饱和，一直一曲，区别明显。"曲直"关系也是辩证的，有曲中之直，也有直中之曲。李白《静夜思》，明白如话，看起来很直。而在"明月光"与"地上霜"之间，在"举头"的"望"与"低头"的"思"之间，意味是相当婉曲悠长的，可谓"直中有曲"。

七、疏密（作品的布局）

笔墨的浓淡，布局的动态均衡，是中国传统艺术共具的特点。诗文、书画、园林等，无不讲究浓淡疏密。

疏密浓淡的区别，表现在诗文中，往往显示为意象的密集程度或描写的繁复程度。朱自清的《荷塘月色》，写景浓密；郁达夫的《故都的秋》，写景疏淡。疏密浓淡必须适度。适度疏淡，易见精神；适度浓密，易见生动。笔墨过淡，则失之空疏；笔墨过浓，则失之繁琐。

《红楼梦》的第三回写林黛玉进贾府，通过林黛玉的眼见耳闻介绍贾府的环境和人物，笔墨的疏密处理十分出色。人物出场，各具特色，有详有略；而人物的出场与环境的描写，相互错置，交相掩映，显出一种整体布局的动态的均衡感。

八、动静（风景的呈现）

写景文字的分析，常常离不开动静的概念。万事万物，莫不有动静。从哲学的观点看，静止是相对的，动和静的关系是辩证的，因此，写景写得静中有动、动中有静，可合于万物运动之道。单纯的动景和静景，不太可取。

王籍诗"蝉噪林逾静，鸟鸣山更幽"，前后二句，都是动中有静，后人以为名句。但这两句意思相近，过于粘着，不如王安石集句"风定花犹落，鸟鸣山更幽"，前句静中有动，后句动中有静。

《沁园春·雪》是毛泽东的有名词作。"千里冰封"是静，"万里雪飘"是动；"山舞银蛇，原驰蜡象"以动态写静景，更显活泼。

物之鲜活，必显于动；而意之深远，必取于静。中国诗歌意境，总体上趋向于静。

单从取景的角度说，单纯写静景，一般不太可取，但当作者有意渲染寂寞或哀伤情调之时，就可能采用纯静态的写法，取得极佳效果。

马致远《天净沙·秋思》："枯藤老树昏鸦，小桥流水人家，古道西风瘦马。夕阳西下，断肠人在天涯。"就是一片纯静的景象。一组静景，构造出一幅昏暗凄清的画面，渲染出一派死寂的氛围，从而成功地传达出天涯的"断肠人"的内心凄苦的感受。

静的浑穆与动的烈度若能凸显，往往具有震撼人心的巨大力量。

《敕勒歌》："敕勒川，阴山下。天似穹庐，笼盖四野。天苍苍，野茫茫，风吹草低见牛羊。"一片静景，浑朴莽苍。明朝胡应麟以为此诗"大有汉魏风骨"。

岑参《走马川行奉送封大夫出师西征》写道："轮台九月风夜吼，一川碎石大如斗，随风满地石乱走。"此等动景描写，力度很大，笔法硬朗，气势不凡，撼人心魄，在古代诗文中不多见。

九、奇正（个性的表现）

奇者畸也，"畸于人而侔于天"（《庄子》）。作奇文必先有异于常人的奇思奇想（"畸于人"）；而此奇思奇想，虽出人意料而必齐天道之大（"侔于天"），必含至正之理。因此，奇与正乃是辩证的关系。文宜求奇，而必反归于正。

《读孟尝君传》，王安石对孟尝君的评价，虽是受《史记》的启发，但毕竟与世上通行的看法不同，所以不妨视为一篇标新求奇之作。而文中所述之理，归结于须求大才的人才观，实则稳妥正大。

一味求奇，并不妥帖。李贺诗尚奇，后人有"奇过则凡"的批评。不奇则平庸；而过于求奇，则易流于险怪。

诗与词的结构差异

这里的"诗",是与"词"相对的诗体概念。

"词别是一家"的说法,强调诗与词的界限和差异。这种差异在结构上也明显地表现出来。结构是功能的积淀。不同的表达功能,导致诗与词的结构表现出显著的差别。

在诗中,以五言、七言为代表的"齐言"是最典型的形式,这种形式具有整齐规范的外观,尤其五七言律诗,更是具有严整的结构和稳定的形态。

一般地说,诗中每一次韵脚的出现,就意味着一个相对独立的表意任务的完成,韵脚是两个诗句组合成的一联的最后一个字。"脚"是身体的末端,"韵脚"则可理解为一层意思的结束。因而,"联"可被视为古典诗歌中具有表意功能的完整意义单元。[①]"对偶"构成律诗的重要语言形式,甚至独立出来形成古人生活中应用广泛的专门艺术形式"对联"(如春联、寿联等),这不是偶然的。"联"作为具有完整表意功能的意义单元,具有从诗中独立出来的可能,比如"江流天地外,山色有无中",就能独立出来构成某处风景名胜的对联;"伯仲之间见伊吕,指挥若定失萧曹",也能独立出来作为对诸葛亮的赞辞。

---

① 古代诗评,也多摘句法,即摘取一二"奇章秀句",加以评点。《世说新语》记载,谢安问子弟们《诗经》里哪句最好,谢玄说,"昔我往矣,杨柳依依;今我来思,雨雪霏霏",此句最好。谢安说:"訏谟定命,远猷辰告"这句有雅人深致,当属最好。这是摘句论诗的开始。其后钟嵘的《诗品》,也常举出各诗人的秀句。到唐代殷璠作《河岳英灵集》,评论当时诗人,也都举出其传诵一时的名句。宋元以后,诗话著作经常举出某诗人的一二联诗句进行评点。这种做法的可行性,就基于"联"是古典诗歌具有完整表意功能的意义单元,具有相对独立性。

在中国古代的大部分诗中至少有四个诗句，这就意味着，从表意角度而言，一个韵脚可以是一个完整的表意单元；但从章法整体而言，一个韵脚只构成一个结构要素，还不是完足的诗歌结构。至少两个韵脚，才能构成一个完足的诗歌结构。自《诗经》时代开始，便存在前二句比兴，后二句叙事或抒情的基本模式。更广泛地观察古代诗歌，我们发现它们大都以四个诗句（两联）为一个单位来结构作品；四个诗句往往能更完整地表述一个相对独立的内容，比如由四个句子构成的绝句。

不难看出，"起承转合"模式尽管在分析结构上有效，但从表意角度看，则可能使得诗意支离破碎。尤其是只有两联的绝句，分解成"起承转合"四个结构因素，更容易损害表意的完整性。以"联"而不是"句"为单位进行结构分析，也许更为合理。

绝句只有四句，前两句写景或叙事，后两句抒情或言志，如王之涣的《登鹳雀楼》；或颠倒过来，前两句抒情言志，后两句写景或叙事，如戴叔伦的《三闾庙》（"沅湘流不尽，屈子怨何深。日暮秋风起，萧萧枫树林"）。这是基本结构方式，是《诗经》时代"比兴"组合模式的翻版和变形。

至于篇幅超过绝句的更大规模的诗歌，其诗歌结构转换则通常以四句为一组进行，很多律诗都是如此。金圣叹评点律诗，就常常把律诗截分成前后两截（4+4）进行讲解。比如杜甫的《望岳》：

> 岱宗夫如何？齐鲁青未了。
> 造化钟神秀，阴阳割昏晓。
> 荡胸生层云，决眦入归鸟。
> 会当凌绝顶，一览众山小。

前四句以景为主，后四句人的因素更多地出现（"胸""眦""凌""览"）。表现角度也不同：前四句是远望泰山所见，后四句是想象自己身处泰山之上的情景。也就是说，这首诗是前四句加上后四句的4+4结构模式。

但是，由于律诗中间两联四句都要求对仗，这容易使人把它们关联起来。比如李白的《渡荆门送别》：

> 渡远荆门外，来从楚国游。
> 山随平野尽，江入大荒流。
> 月下飞天镜，云生结海楼。
> 仍怜故乡水，万里送行舟。

中间两联四句，都是写景，构成一个结构。这样，全诗就成了 2+4+2 的结构形式。这说明，律诗的结构还是有一定弹性的。不过，"月下飞天镜，云生结海楼"已不是纯写实性的写景，其中的想象因素使它既是写景也是对实境的超越，与"仍怜故乡水，万里送行舟"的远别情怀暗中沟通。因此，前四句一组、后四句一组的 4+4 结构模式大体上还是可以成立的。若从"起承转合"的角度看，四句一组的模式还可继续分解，但是，"起承"之间的联系更为紧密，"转合"之间的关联更为密切，这也是不能否认的。

形式的规范，使得律诗的体裁风格倾向于严正典雅。但四句一组的结构模式，使得每组诗句指向一个意义中心，难以像散文一样灵活多变地转换。律诗很难流畅地描述事件发展的细节和进程，而只能倾向于以抒情言志为基本内容。

这种诗体的结构模式和对仗要求，很难适应词的表现需求。词的早期特征是香艳俚俗，倾向于表现爱恋的心理细节和"过程"，以及对女性之美的细心"观赏"与精心"品味"。这就要求更注重表意的连贯性和陈述性。传统的"方块"诗体无法胜任细腻婉曲、流动连贯的表现要求，这就需要一种结构上有别于传统诗体的体裁出现。

艳情词重在捕捉感官感受，追求的是过程与细节的细致、生动，要求对女性的美感进行描摹和铺叙。"方块"诗体那种较为硬朗的、粗线条的结构及其较为固定的转换模式，具有明显的局限性。因为细密婉曲的描摹与铺叙，很难用一种固定的模式去限定，加上音乐的限制，词就只能根据内容的需要来重新结构作品，其结构单位因而具有不确定性，内部组织相当灵活。结构上的分片，句子不再局限于五七言，也强化了词有别于诗体的灵活性，在此基础上，形成了细腻灵动、参差多态的体裁基调。

北宋苏轼开豪放词风，"以诗为词"。用诗的题材和语言来写词，表现的境界固然较为阔大，但毕竟诗与词的体裁有别，所谓"豪放词"的审美特点与传统诗体的差异还是十分显著的。词体本身的体裁性格，也使得"以诗为词"的豪放词能够使用的词牌很有限；而且，就在这些有限的词牌中，以苏轼那样的才华，他也不得不打破常规，突破词律的限制，才能获得相对自如的表达。于是我们看到，豪放词作为词中异类，其数量极为有限，苏轼本人的作品，也是偏于婉约风格者居多。显而易见，豪放词根本无法与婉约词展开全面的竞争。究其原因，就在于诗词结构的功能不同；这种结构功能的不同，呼唤着不同的表现内容。豪放词要改变词的内容而无法改变其语言结构（否则就不能叫作"词"了），所以它所面临的困难是巨大的。

胸中必具情趣，方可以言欣赏

人有诗心，方能懂诗。文学作品是体察世态人情而作，读者若无相应体察，则难有共鸣。

"吹皱一池春水，干卿何事？"南唐中主李璟曾这样问他的大臣冯延巳。如此说来，"月有阴晴圆缺""接天莲叶无穷碧""一江春水向东流""枯藤老树昏鸦"，又关人什么事呢？没有人对世界的关注和追问，就没有人类的艺术和科学。没有敏感的诗心，世界将失去诗意。

对牛弹琴，牛不懂；牛无琴心，听不进什么音乐。马克思在《1844年经济学哲学手稿》中说："对于非音乐的耳朵来说，最美的音乐也没有意义，对于它，音乐并不是一个对象，因为我的对象只能是我的某一种精神力量的肯定。"大凡一个人精神力量越大，心灵视野越广，就越是能通达世间万物，从而被其感动。眼界宽广，必先心胸宽广。

文学艺术作为人类的精神产物，是人类自我发现、自我表现、自我实现的需要；它作为人类创造的对象，就是要达到对"我的某一种精神力量的肯定"之目的。黑格尔说，人有一种要在外物中实现自己、在外物上刻下自己内心烙印的冲动，他并且会发现这些外物能复现自己的性格。人们在事物中欣赏的只是他自己的外在现实，"例如一个小男孩把石头抛在河水里，以惊奇的神色去看水中所现的圆圈，觉得这是一个作品，在这作品中他看出他自己活动的结果。这种需要贯穿在各种各样的现象里，一直到艺术作品里的那种样式的外在事物中进行自我创造（或创造自己）"。文学欣赏，以作品为观照和认识对象，也是出于实现对"我的某一种精神力量的肯定"的需要。这是文学鉴赏的本质。鉴赏文学作品，可以认识并提升我们的精神力量；而我们的精神力量越强大，对宇宙万物的观照和体察越深广，我们的鉴赏品位就越健康、越高尚。

一、鉴赏者性情的倾向，影响着他的审美取向

《世说新语》记载，谢安在谢家子弟的一次聚会中，问《诗经》何句最佳。谢玄说："昔我往矣，杨柳依依；今我来思，雨雪霏霏。"谢安说，"訏谟定命，远猷辰告"这句最好，有雅人深致。谢安所务远大，性情严正，而谢玄更多的是诗人气质。不同的性情，决定着他们各自的欣赏趣味。

对世象物态的美，要有敏感的心思去体察，建立起纯正的审美情趣，即所谓"好色而不淫"者是也。"好色"是欣赏力的表现，"淫"是占有欲的表现。"好色"是健康的人性，"淫"则有兽性的因素。不"好色"则无审美可言；"好色而淫"，审美趣味就不会纯正。

"好色"就是喜爱美的事物，就是有审美力，无可非议。对美丽的花朵或漂亮的姑娘无动于衷，那是美感欠缺和心灵麻木的表现。但"好色"不能过度，"淫"就是"过度"的意思。比如，你看到一朵美丽的花产生了审美快感，这就是"好色"；但是，如果你进一步想要把这朵花摘下来独自把玩，这就是"淫"了。真正的爱美，必须包括对美的尊重；"好色而淫"，则反成对美的摧残。又比如，对面走过来一个美人，你能觉察她的漂亮，这就是"好色"；但如果接下来想入非非企图占有，那就沦入"淫"了。爱美要超越功利心，排斥占有欲，欣赏不等于占有。"好色而不淫"是指既有审美力又能保持审美的分寸感。"君子爱财，取之有道"；君子好色，亦必以其道。在文学作品中，好的美感表达通常也很有分寸感，过分的描写、过滥的抒情，都是不足取的。古代文学作品讲究含蓄，表达上相当克制，这一点值得注意。

西人柏克（1729—1797）曾谈到"爱慕"和"欲望"的区别。"爱慕指的是心灵在观照任何美的事物时所产生的满足，而欲望和色欲指的是促使我们想去占有某些对象的一种心灵力量。""爱慕"才是审美的正确态度。好色之心，人

皆有之；占有之欲，人皆有之。两者之间的分别，应该明辨。

二、欣赏趣味多元化，才能懂得全面透彻

朱光潜回顾他自己美学趣味的发展经历说，最初他喜欢唐诗，瞧不起宋诗；后来又觉得宋诗有味；再后来又进一步，觉得魏晋诗也不错。

孟子说，"大而化之之谓圣"。不"大"则无"化"，无"化"则难至圣境。实际上，没有宋诗和魏晋诗的参照，你又凭什么说唐诗极好呢？唐诗比宋诗究竟好在哪里呢？魏晋诗又何以不及唐诗呢？没有比较，就没有鉴别。人人都说唐诗好，但未必晓得唐诗好在哪里。只读唐诗，未必就能明白唐诗何以好，因为卓越的审美力，必然建立在广博的趣味上。

三、审美情趣的养成，有赖于阅历和阅读

古人说，读万卷书，行万里路。行万里路就是要增长经验，读万卷书则是要增广见识。二者之中，主要还是应该多读书。如果胸无点墨，缺乏识见，双眼如盲，行万里路也未必能有所收获。王安石说，"古人之观于天地、山川、草木、虫鱼、鸟兽，往往有得，以其求思之深而无不在也"，关键还是"求思之深而无不在"。"求思之深而无不在"，就是需要学识作基础。"腹有诗书气自华"，读书是读书人的本分，也是提高欣赏情趣的捷径。

审美情趣一经养成并达致一定境界，观察万物，体察人生，思察哲理，皆可有审美眼光。非但能以审美眼光鉴赏作品，更能以作品意趣反过来印证和鉴赏人生。此时的鉴赏，便左右逢源，意趣无穷。王国维论学问境界而以宋词方便说法，即是一例。《人间词话》："古今成大事业大学问者，必经过三种之境界。'昨夜西风凋碧树，独上高楼，望尽天涯路'，此第一境也。'衣带渐宽终不悔，为伊消得人憔悴'，此第二境也。'众里寻他千百度，蓦然回首，那人却在灯火阑珊处'，此第三境也。"王国维以宋词词句揭示事业与学问的境界，用文学来阐释人生，这本身就显出几分大家气派和通儒气象。

文学鉴赏的过程

文本鉴赏课，对教师要求很高。要上好评价鉴赏课，需要了解文学文本鉴赏的大致情形。

鉴赏的出发点是文本的理解。弄懂词句之意，这是鉴赏的第一步。而理解是有不同层次的，首要的当然是明训释，通文句。钱钟书《管锥编》说："乾嘉朴学教人，必知字之诂，而后识句之意；识句之意，而后通全篇之义，进而窥全书之指。"识字是当然的第一步。在弄懂字面意思之后，还要进一步反复揣摩，仔细体会，求得深入把握，要如朱熹所言，"须是如猛将用兵，直是鏖战一阵；如酷吏治狱，直是推勘到底，决是不恕他方得"。

孟浩然的《过故人庄》粗看明白如话，而暗含若干典故。"鸡黍"用《论语·微子》典；"开轩"用阮籍《咏怀》"开轩临四野，登高望所思"语意；"桑麻"用陶渊明《归园田居》"相见无杂言，但道桑麻长"语意；尾联用陶渊明重阳出宅把菊、酌酒醉归之典。了解这些，就不难发现：这首五言诗篇幅短小但容量较大，孔子（对隐者"不仕无义"的批评）、阮籍（"开轩临四野"的若有所悟）、陶渊明（"但道桑麻长"的归隐田园），典故的组织顺序，似乎还隐含着心灵在仕与隐之间的摇摆状态和变化过程。提取语义信息，需要精细。

张旭《山行留客》："山光物态弄春晖，莫为轻阴便拟归。纵使晴明无雨色，入云深处亦沾衣。"本诗中首先要识得虚词的作用。"莫为""便""纵使""亦"，使得全诗句意连贯顺畅。而末句之"沾衣"，似用陶渊明诗意："道狭草木长，夕露沾我衣。衣沾不足惜，但使愿无违。"细察诗意，《山行留客》是劝人不要因为天气微阴就罢游，即使晴天不下雨，山中的云也会沾湿衣衫的。而"衣沾不足惜，但使愿无违"，重要的不在于是阴还是晴，"沾衣"也罢，不"沾衣"也罢，不违游山本愿，顺从内心，才是最要紧的。

理解诗文之意，需要"以意逆志"。文学作品当然是有其表达意图的，它一方面表现作者的个性，一方面表现人类的共性。表现个性，故有个人风格；表现共性，故可共感共鸣。鉴赏时当先依据文本，推求文本表达意图之所在。

《庖丁解牛》的主旨是什么？是消极的还是积极的？是要人们消极逃避矛盾，还是叫人们不要庸人自扰？我以为这篇文章的主旨是告诉人们：解决矛盾的最佳策略，是顺应客观规律，不要人为地制造矛盾。对于任意一个解牛者，"解牛"就是他所面临的矛盾（问题）。庖丁并没有回避解牛这个问题，他按照牛体的天然结构解牛，不硬砍，不乱割，顺应了客观规律，因此他的解牛是一种艺术的、高层次的解决矛盾之道。"族庖""良庖"不懂得这一点，用"折""割"的笨办法宰牛，看似在解决矛盾，实则在制造矛盾，正所谓"天下本无事，庸人自扰之"。如果庖丁真是像有些人所指责的那样回避解牛过程中的矛盾，那么他又如何能达到"解牛"的结果呢？他成功地解牛这个事实本身，说明他顺利地解决了解牛过程中的所有矛盾。庄子的意思是说，顺应自然，依循规律，不要人为地制造矛盾而徒增纷扰，这就是解牛之道，亦即养生之道。此段文字并不是人们通常想象的那样消极。"以意逆志"是依据文本本身来推求文本的本意或真意，绝不是以读者的主观臆断强加在文本的表达意图之上。

理解要遵循文学艺术自身的规律，须保持理性的节制，懂得理解的限度。理解应该严格依循文本，不要借口"知人论世"而强行运用历史材料或社会学方法来过度干预对文学文本的解释。李商隐《锦瑟》："锦瑟无端五十弦，一弦一柱思华年。庄生晓梦迷蝴蝶，望帝春心托杜鹃。沧海月明珠有泪，蓝田日暖玉生烟。此情可待成追忆，只是当时已惘然。"诗意晦涩，殊难作解。历来解此诗者，莫衷一是。尤其是中间四句，很难明白作者的确指。有的说是写锦瑟之声"适、怨、清、和"（何汶说，《竹庄诗话》；又《许彦周诗话》引《古今乐志》之说；又《瀛奎律髓》引《缃素杂记》所载苏轼之说）；有的说是悼亡（查慎行、程梦星、冯浩、孙洙、张采田等说）；有的说是追溯平生、自叹沦落（汪师韩、叶矫然、纪昀等说）；有的甚至说是"感国祚兴衰"，以为"梦迷蝴蝶，谓天宝政治昏乱也；望帝春心，谓上皇失势之乱也"（吴汝纶说，《桐城先生评点唐诗鼓吹》）。

其实，对此诗所言确指何物何事，不必过于执著；凡是依据文本无法讲清楚的，就不要硬讲。《晚唐诗善鸣集》引陆次云的话说，本诗"意致迷离，在可解不可解之间"。诗歌的意象，唤起读者的通常是饱满的感觉和充分的情意体验，而不是对诗人生平的好奇的索隐。《锦瑟》一诗，有"物"（蝴蝶）与"我"（庄生）之间的迷失，有"意"（望帝春心）与"言"（杜鹃之啼）之间的矛盾，有沧海和蓝田在空间上的分立。诗人在有意营造迷离惝恍的氛围，以期表达他的人生迷失感及其"可待成追忆"的"惘然"之"情"。营造迷茫感以表现人生的迷茫，正是诗人创作时的预期。理解文本必须严格约束在文本边界之内，而不能轻易假托"知人论世"，企图从文本中挖掘出诗人的隐私或社会的故实来。"独恨无人作郑笺"不是说诗歌作为文本不可理解，而是说诗歌中的有些东西不能以具体事情来坐实。

欣赏叙事写景状物之作，须再造想象。再造想象，就是把诗文描摹的情形置诸心间，把纸面上的文字还原为活泼的场景。这需要读者具有一定的生活经验。古典诗文讲究含蓄，喜欢借景物描写来抒情达意，"意"与"境"打成一片，难以分割，所以理解诗文之"意"，常常离不开想象和揣摩它构置的"境"。

杜甫《绝句》："两个黄鹂鸣翠柳，一行白鹭上青天。窗含西岭千秋雪，门泊东吴万里船。"此诗的画面构造，深合绘画的透视原理。首句是"点"，次句是"线"，尾两句是"面"。尤其是后面两句，"千秋"的时间的悠远，"万里"的空间的广阔，一齐缩于门窗之中，颇有意味。这首写景之作，有声有色，有动有静，其画面之美、生机之畅，稍加想象即可得之。

杜甫《江南逢李龟年》："岐王宅里寻常见，崔九堂前几度闻。正是江南好风景，落花时节又逢君。"此诗读罢，想象彼时情形，江南正是落花时节，流落江南的杜甫，与流落江南的李龟年偶然相遇，彼时彼刻，两人历经漂泊，垂垂老矣，人生无常之感，顿时涌上心头。"落花"一语，饱含无尽凄凉。此一诗意，必想得诗中所述当时的情景，方能充分体察。

而鉴赏是一种智力活动，严谨的分析才是真正的关键。"意态由来画不成"，欣赏寄意深远的含蓄的诗文，需要分析深透，才能洞察幽微。中国古典文学崇尚简约含蓄，有视力而无脑力者，断难窥其堂奥。对杜甫《春望》一诗，司马光《续诗话》里有一段解说："古人为诗，贵于意在言外，使人思而得之。……如'国破山河在，城春草木深。感时花溅泪，恨别鸟惊心'：山河在，明无余物矣；草木深，明无人矣；花鸟，平时可娱之物，见之而泣，闻之而悲，则时可知矣。""思而得之"的"思"，就是"分析"。这是一个细读文本的范例。

元稹《行宫》："寥落古行宫，宫花寂寞红。白头宫女在，闲坐说玄宗。"深长的沧桑感是怎样暗示出来的呢？寥落的古行宫里，寂寞的红花，映衬着白头的宫女，在春光中谈论的却是已成陈迹的先皇旧事。作者只是淡淡地勾勒出一幅特定的情境，引而不发，意在言外。通过玩味"寥落""寂寞""白头""闲坐"等语词，不难分析出凄凉黯淡的情调；通过白头红花的映照，不难分析出盛衰之感。

品读议论性的诗文的过程中，理性的分析尤其重要。贾谊《过秦论》把秦王朝灭亡的原因归结为"仁义不施而攻守之势异也"，这个观点，在西汉初立、人民需要休养生息的时期，自有其现实针对性和积极意义。但对这一观点，也不能全盘认同。秦的暴亡是一个重大的历史事件，必有相当复杂的原因，任何"一言以蔽之"的结论，都可能失诸片面。

古典诗歌鉴赏的七条建议

关于古典诗歌鉴赏，我有七条建议。

一、不要只信任语言文字直接带给你的愉悦

尤其是古典诗歌的初级读者，对文字的第一感受可能唤起某种美妙的感觉，这种感觉当然是必要且可贵的，但单凭它不能准确衡量诗歌的艺术价值。这方面我们可以举出大量的例子。开始涉猎古典诗歌，可能被诗中的感伤情绪和风花雪月的华美词句吸引，比较容易欣赏表面的华美的辞藻，而难以欣赏到内在的韵味和精神。通常地，初级阅读者可能比较容易欣赏唐诗而难以欣赏宋诗，容易欣赏杜牧而难以欣赏韩愈，容易欣赏杜甫的律诗而难以欣赏杜甫的古体诗，如此等等。这种现象主要是基于诗歌语言的差异对读者造成的影响。欣赏诗歌的辞章并非毫无意义，完全相反，辞章的欣赏是极其重要的，但辞章欣赏的到位必须放在诗歌作品的整体意义框架下才有可能。此外，我们还必须意识到，诗歌语言的审美风格是多样的，我们偏爱的那种诗歌语言仅仅是很多类型中的一种。

贺知章《咏柳》："碧玉妆成一树高，万条垂下绿丝绦。不知细叶谁裁出，二月春风似剪刀。"

李商隐《蝉》："本以高难饱，徒劳恨费声。五更疏欲断，一树碧无情。薄宦梗犹泛，故园芜已平。烦君最相警，我亦举家清。"

李商隐的诗句就不如贺知章的清新可喜，但这不能说明李商隐这首诗的艺术成就不如贺知章。贺知章这首诗的词句当然是好的，"不知细叶谁裁出，二月春风似剪刀"喻春风为剪刀，化无形为有形，不仅是清新简直是尖新，而其弊病或许正在于它过于尖新了——我以为不必把春风比作有形的剪刀，恰好是春风的无形，才能表现出天地不言而万物并作、无色无形而滋养生机的强大力量。春风化育万物的力量，是一种"仁"的力量；而剪刀裁布，是一种分解和破坏的力量。相比之下，李商隐的这首诗，词句似乎不那么形象生动，但感慨遥深，在立意的深度上自有独造。

二、不要简单地根据文学史笼统的价值判断去判定具体作品

一般说来，学习任何一门学科，入门之前一定要学习该学科的历史，从而获得基本的常识和判断。鉴赏古典诗歌，先要了解诗歌史或中国文学史。文学史会告诉我们哪些是相对重要的诗人，哪些是相对次要的诗人，这通常是正确的。但就具体作品而言，那些大作家的作品不见得篇篇都是精品，而普通作家的作品不见得篇篇都是次品。大诗人也有敷衍塞责的次品，普通诗人也有精心结撰之佳作。比如李白的《赠汪伦》就不见得是多么高妙的佳作，而崔颢的《黄鹤楼》早已被公认为精品。

文学史必须比较笼括，因此不免泛泛而谈。"一切从实际出发"的原则，在鉴赏中表现为"一切从具体的作品出发"。具体作品的质量如何，不仅取决于创作者的才华、素养，也取决于他创作时的状态。江郎才尽之日，与江郎处于创作巅峰之时，状态完全不一样。诗歌有时候是中国古人的交际工具，试看杜甫的交际应酬之作，总体水平固然很高，但其中个别诗作，也未必达到所谓"诗圣"应该具备的水准。

三、不要只见树木不见森林，只看到作品而看不见文学史

没有文学史的眼光，要准确评价一篇作品及其文学价值是困难的。古人讲

"知人论世",就是说不能孤立地定位一篇作品,要了解作者,了解作者的时代,了解作者与其他作者以及作者的创作与这个时代的文学的关系——简而言之,就是要了解文学史。了解文学史有助于准确地判断具体作品的文学史价值,有助于同情地理解作者的文学史地位。我们不能用 21 世纪的诗歌标准去衡量一个八世纪的诗人,不能用八世纪的诗歌标准去衡量一个三世纪的诗人——这是苛酷的和不合理的。当然,了解文学史并不等于迷信文学史教科书。文学史教科书的编写者并不总是具有史家的眼光,这也是我们要注意的。

如果仅仅有具体作品的了解,而缺乏从文学史角度的宏观判断,我们很可能无法正确评估这篇作品的价值。如果只读《离骚》,你未必能看出《离骚》的伟大;当你以文学史视野去看,你就很可能看出《离骚》是多么具有创造性,它的厚重感和抒情力量几乎压倒了文学史上几乎所有抒情诗。其实,要深入掌握任何一门学科,首先必须了解甚至熟悉这门学科的历史,弄清有关发展的来龙去脉。诗歌鉴赏也不例外。

四、不要只重视理解而忽略了诵读涵泳

音乐和舞蹈,与诗歌在早期有密不可分的关系,诗歌的音韵和节奏需要通过诵读才能很好地把握。熟读唐诗三百首,不会作诗也会吟,反复诵读可以加深对诗歌作品的直观领受。诗歌作品也是一个生命体,生命之间的交流常常需要带上几分感性。我们接近诗歌,可以通过反复诵读去体会它的生命和神态,不必一开始就把它推上解剖台进行解剖。直观的领会显然不如理性的分析来得深入,但这是获得较高鉴赏力的起点。在诗歌的领域中,感觉有时候与分析同等重要,心与脑都是关键。心的感触往往比脑的分析更能镌刻下来,成为终生难忘的生命记忆。诗歌阅读的体验阶段,是立体的、模糊的、感性的,有时候甚至可能是难以言说的,而这些滋味往往可以在诵读涵泳中获得。

"熟读唐诗三百首"是古典诗歌入门阶段不可不做的事情,这是早就有人指示的学诗途径。我们常用"脍炙人口"来形容作品美妙,这个成语也巧妙地

暗示了欣赏作品需要动口。诗歌本身具有音乐性，有必要诉诸听觉；口里读，耳里听，诗句的音乐感就出来了。大凡众口称善的名诗，"口感"通常都是很好的。

诗要轻声诵读。诗是写来读的，你不能沉默；但不能老是读得高亢激昂，掷地有声。诗要读得细腻，读出节奏，读出情感，但不能读得装腔作势。诗还要慢慢诵读，抑扬顿挫的声音，更要在心头慢慢回旋。读诗不能像读报那样迅速，因为我们希望获得的不是平面的信息，而是立体的感觉和滋味。

五、不要用预设观念干扰阅读过程中的体验

这不是说鉴赏诗歌不需要知识基础，而是说不能有成见，不能先入为主，不能在仔细阅读之前就作出结论。预先设定的观念、审美的心理定势，可能破坏我们对鉴赏对象的全身心的投入。没有预设的前提和立场，欣赏者才能彻底投入诗歌；欣赏者彻底投入了诗歌，诗歌才可能向欣赏者敞开它的秘密。在彻底的投入中，我们才能进入诗歌的境界，寻找诗歌中感动我们的源泉。人类渴望简单而有效地把握事物，导致了对精确概念和固定模式的需求；而已经形成的概念、模式，往往限制着人们的视野，妨碍着人们发现、体验和认识新的事物。心中一旦横亘了先入为主的既定观念，就较难接受新的观念和新的事物。当陶渊明创作他的诗篇，当最早的一批词人开始填词，未必有热心的支持者和欣赏者，原因之一就在于他们的作品不符合当时人们预设的审美立场。

严格地讲，阅读总是有预设观念的，因为没有一定的观念基础和审美经验，阅读不可能真正开始。我只是想说，在阅读诗歌之时，应暂时屏蔽和尽量克制自己的既有观念，尽力以一颗"赤子之心"去感受作品。明代的严嵩是一个令人厌烦的人，但据说他的诗实际上是很有水平的。我相信很多读者都没有读过严嵩的诗，大约是难免受到了"有德者才有言"的观念的影响。预设观念并不可怕，可怕的是预设观念变成成见和教条，变成有色眼镜或墨镜，甚至变成耸立在我们与阅读对象之间的隔离墙。

六、不要滥用含糊的术语来解说诗歌，如果你打算解说的话

明确的概念是准确解说的起点和基础。一般说来，在词句的理解和诗意的解说方面可以不涉及理论概念，文学欣赏也允许有适当的弹性和发挥的空间，但严肃的文学评论，却要求使用术语且这些术语须有明确的界定。这种界定虽然大多不如自然科学那样精密，概念有时会难以避免地被弱化处理——只作描述性定义——但这类概念在运用前须给出界定，在运用中应该保持其含义的前后一致。动不动就把含义模糊的"借景抒情""托物言志""意象优美""意境深邃"等作为通用解说词扣在诗作头上，是常见于诗歌赏析文章的通病。

如果只是一般的欣赏，有了感悟和感动，就已经不错了。不必每个人都去做评论家。文学创作，表现的是作者的才情；文学鉴赏和研究，却要求具有领受和思辨能力。前者重在性灵流露，重在发抒手段；后者重在经验丰富，重在眼光深邃。就中国古典诗歌而言，鉴赏者最好还要有创作诗词的经验，这样才更容易识别文本表达的关窍，也才更容易判断我们的鉴赏和批评是否得当。观念的厘清，理论的明确，方法的落实，根柢的深厚，情意的投入，都是不可缺少的条件，但如果缺少创作的实践经验，体察终究不够亲切，似乎终隔一层。

人生的追求不外乎快乐和幸福。会欣赏的人有福了，因为欣赏很快乐。具有理论思考的人有福了，假如这种思考令你感到快乐，而不仅仅令你觉得自己像痛苦的苏格拉底。谁也不能说一头快乐的猪比痛苦的苏格拉底更高明，但我更愿意相信痛苦地思考中的苏格拉底本质上是快乐的。鉴赏中当然存在快乐的体验，也存在快乐的思考。

在鉴赏中回避理性思考是困难的，甚至可以说是愚蠢的。思考要讲思考的条理和方法。思考必须是清晰的。

七、不要做不动手的"君子",鉴赏要动眼、动口、动心,也要动手

尝试动手撰写品析文章,是提高能力的好方法。鉴赏也不必仅仅是一种心灵活动,在鉴赏过程中形成的种种感受和看法,最好能形诸笔墨,这样既积累了进一步研究探讨的素材,又可以梳理自己的思考,推动鉴赏活动走向深入。写作可以训练人的思维,试着整理我们的感想或思想,把它写出来,这本身也是很有乐趣的事情。

善言,善思,善写,三者齐备,斯为最好。善思者未必善言,善言者未必善写。

《史记》:"韩非者,韩之诸公子也。……非为人口吃不能道说,而善著书。"

《世说新语》:"乐令善于清言,而不长于手笔。将让河南尹,请潘岳为表。潘云:'可作耳,要当得君意。'……潘直取错综,便成名笔。时人咸云:'若乐不假潘之文,潘不取乐之旨,则无以成斯矣。'"

鉴赏先要善言,善思,接着就要追求善写。写作鉴赏文章,其过程中的斟酌,也可促进我们对鉴赏对象的回味和研究,从而达到深入鉴赏的目的。

三首蜀人词解析

选择三首蜀人词来分析，主要目的是探讨文学文本中的人生意识。在语文学科的阅读活动中，不但要学习如何准确分析文本——这就是文本解读；还要进一步学习如何评价文本的意义（思想内容和艺术形式的意义）——这就是文本的评价和鉴赏。评价与鉴赏，这涉及思维的发展与提升、审美的鉴赏与创造、文化的传承与理解等诸多层面。

在杨慎的《廿一史弹词》中，下面这首在《三国演义》开篇被引用，影响广泛。

临江仙

滚滚长江东逝水，浪花淘尽英雄。是非成败转头空。青山依旧在，几度夕阳红。

白发渔樵江渚上，惯看秋月春风。一壶浊酒喜相逢。古今多少事，都付笑谈中。

杨慎是新都人，是个状元。状元不算什么，重要的是他是明代著述最为丰富的人。这首《临江仙》，恐怕是他最为知名的作品了。

"渔樵"，就是渔人和樵夫。樵夫打柴，是在山间；渔人钓鱼，是在水边。"渔樵"这两种人生活在山水之间，因而往往象征退隐山水的生活。东汉的严子陵是刘秀的同学，刘秀很赏识他。刘秀做了皇帝后请他做官他都拒绝，一生不仕，隐于浙江桐庐垂钓终老，这是"渔"。西汉的朱买臣出身贫寒，安于贫困而酷爱读书，靠卖柴为生，这是"樵"。

人们所说的"渔樵耕读"，是传统农耕社会常见的几种生活方式。为什么这里是"渔樵"而不是"耕读"呢？因为"耕读"所代表的是追求生存与发展的生活方式。"耕"能够带来维持生存所需要的物质；"读"可以满足物质生活之上的精神需要，搞得好还可以出去做官。而"渔樵"所表示的是退隐于山水，它的价值取向和"耕读"不一样。"耕读"是入世的，"渔樵"是避世的。前者近于儒家，后者近于道家。

这里你就不难感到这首词的价值取向了。这首词有避世的暗示。

"渔樵"是这首词的抒情主体。表示他们情感的字眼，有"喜"和"笑"，是从"喜"到"笑"。他们"喜"的是什么？喜的是有"一壶浊酒"。"笑"的是什么？笑的是"古今多少事"。相逢饮酒，有此刻的生的喜悦；笑谈古今，有是非成败的放下。

这首词提及两种人，一种是"渔樵"，一种是"英雄"。这两种人看待人生的态度有什么区别？英雄是追求成功的，是积极有为的。但"是非成败转头空"啊，"浪花淘尽英雄"啊，那些英雄统统消逝了，可是"青山依旧在"啊。古来多少英雄，无不灰飞烟灭，都只存留于"渔樵"们的"笑谈"中了。

所以说，这首词所表现的，就是"通达超然"。它从客观世界与人类历史的宏观角度来理解个体人生，体现了宏远开阔、包罗万有的胸襟，曲折地表现出悲悯人世的情怀。在宏大的自然和无限的时间面前，人生太渺小了。谁人不曾有过英雄梦？可是，"转头空"永远是不可避免的结局。

通达超然，是在宏大的时空尺度下，对人生的哲学性领悟。这通常是人生阅历丰富、多受蹉跌之后的结果。生死意识，常常迫使人从向外的生存追求回到向内的生命反思。心灵的敏锐、死亡的胁迫、现实的坎坷，是形成这种领悟的重要条件。

我觉得这首词可以这样简单概括："想得通，放得下"。然而，"放得下"之前，必先"拿得起"。"渔樵"是"白发渔樵"，而当"渔樵"们头发还是黑色之时，他们还是有英雄梦的。这首词提及"英雄"，提及"是非成败"，暗示"白发渔樵"早年还是对这些东西很在意的，只是后来放下了。放下之后，才会有这种旷达。挣扎之后的平静，痛苦之后的释然，这才是旷达。从来就庸碌而不思作为的人，不可能具备真正的旷达超然。

这首词所表现的是对人生的终极性领悟。但是，人性都是很执著的。绝大多数人到死都很执著；即便是那些旷达之人，在他们最后的放下之前，通常会存在一个相当纠结的阶段。苏轼的《念奴娇·赤壁怀古》，就是表现这种纠结。

念奴娇·赤壁怀古

大江东去，浪淘尽，千古风流人物。故垒西边，人道是，三国周郎赤壁。乱石穿空，惊涛拍岸，卷起千堆雪。江山如画，一时多少豪杰。

遥想公瑾当年，小乔初嫁了，雄姿英发。羽扇纶巾，谈笑间，樯橹灰飞烟灭。故国神游，多情应笑我，早生华发。人生如梦，一尊还酹江月。

这首词和杨慎的《临江仙》有若干语意近似的地方。"大江东去，浪淘尽，千古风流人物"，与"滚滚长江东逝水，浪花淘尽英雄"，意思基本相同。很明显，杨慎借鉴了苏轼。当然，杨慎和苏轼的这两个作品，整体意思并不完全相同，所表达的人生态度并不一样。

读《念奴娇·赤壁怀古》，需要考虑到"我"与"公瑾"的对比关系，并研究本词首尾两句的句意。首尾两句，大致是说，人生是空幻的，是没什么意义的。"我"与"公瑾"的对比关系，则表明"我"还是羡慕周瑜的，渴望像周瑜那样建功立业。但是，这与本词首尾的意思是矛盾的。既然人生如梦了，那还要功业来干吗呢？既然周瑜那样的千古风流人物照样被长江淘洗得干干净净，那你又何必羡慕他呢？

既了解到人生功业最终会被时间淘汰，但又不能坐视人生碌碌无为，这就是悖论，这就是纠结啊。本词所表现的，正是这样一种内心的纠结。终极性与过程性，如何求得统一，这构成生命的终极性困惑。

人生是一个线性的、不可逆的时间过程。这决定了我们此生所建立起来的一切，都将被时间取消。古人很早就意识到这一点。这种生命时间意识，在四川诗人的作品中是不少的。像陈子昂说"前不见古人，后不见来者"，这是揭示人生的时间点在历史的时间轴上的寂寞。李白说"天地者，万物之逆旅；光阴者，百代之过客"，这是揭示无限时空中个体生命只能短暂停留的流浪命运。

生死意识就是时间意识。面对不可消除的死亡，你往何处去？苏轼感到了彷徨。人生最终会烟消云散，碌碌无为又心有不甘。这首词可以看出苏轼内心的挣扎和彷徨。从历史背景来看，本词是苏轼被贬黄州的时候写的。人生的挫折往往能使人意识到自身的局限，从而逐渐放下外在的追求，逐渐回归生命的本源。不难看出，苏轼这时候并未真正放下。他在纠结，他还没有抵达真正的"旷达"。但是，他已经走在通向旷达的路上了。只有彻底放下，彻底看穿，最后才能真正达到旷达超然，就像杨慎《临江仙》中的"白发渔樵"那样。

其实我们可以反向思考一下：人生终局都是一死，过多地关注人皆必死的结局，我们的思维会陷入僵局。就像史铁生领悟到的，死亡是一个必然会降临的节日，思考如何活着才是更为紧要的事。孔子说"未知生，焉知死"，我们这些活着的人谁也不曾死过，我们对死亡本质上一无所知。除了在生命即将结束的阶段须面对死亡直接的胁迫，在从出生到年迈的多数时候，更多地关注"生"才是明智的。下面苏轼的这首词，就表现了一种强烈的"生"的意识。

江城子·密州出猎

老夫聊发少年狂，左牵黄，右擎苍。锦帽貂裘，千骑卷平冈。为报倾城随太守，亲射虎，看孙郎。

酒酣胸胆尚开张，鬓微霜，又何妨？持节云中，何日遣冯唐？会挽雕弓如满月，西北望，射天狼。

在这首词中，明显地存在着一个豪迈有为的苏轼。这个苏轼和几年之后写《念奴娇·赤壁怀古》的那个苏轼，是不一样的。这首词表现了他对现实人生和国家民族有担当，体现了人生进取奋发的一面。

汉文帝时，魏尚担任云中太守。他抵抗匈奴来犯，杀敌甚多，但由于报功文书上所载杀敌数字与实际不合，有虚报，魏尚被削职。冯唐代为辨白，认为处罚过重，文帝就派冯唐持节去赦免魏尚，让魏尚仍然担任云中太守。由"持节云中，何日遣冯唐"，可见苏轼此时政治上处境并不好，他希望能得到朝廷的信任。尽管如此，苏轼仍然期待着挽弓射天狼，表达自己的报国之志。

人生未老，当豪迈有为。当人处于年轻年壮之时，必须奋发有为，以实现价值，奉献家国。生命的历程应该是这样：必先张扬，然后走向内敛与宁静。人生是一场燃烧，是一个释放自我生命能量的过程。此时苏轼已"鬓微霜"而自称"老夫"了，尚且如此；年轻后生，则更当奋发有为。

老夫能发少年狂，这是一种信心和格局。扬雄以为"雕虫小技，壮夫不为"，李白宣称"我辈岂是蓬蒿人"，和"会挽雕弓如满月，西北望，射天狼"一样，都表现出川人的格局与信心。这种格局与信心，是他们能展现出豪迈与狂放的根源。

从奋发有为到回归宁静，由外而内，这是人生的大过程。从绚烂归于平淡，才是真平淡；从有为到无为，才知无为之真谛。

从《江城子·密州出猎》到《念奴娇·赤壁怀古》再到《临江仙》，这三首蜀人词，表现了人生的普遍过程，彰显了视野的宏阔和艺术的高度。我们能够强烈感受到的，是四川诗人对人生热爱之深沉，领悟之深刻。

分析完这三首词，我可以就评价鉴赏所涉及的文化理解，简单归纳几点：

第一，要以正确的文本解读为前提。没有对文本的准确理解作基础，评价鉴赏、文化内涵的理解，就成为空中楼阁。

第二，要具备必要的价值观知识，以及哲学与心理学知识。评价鉴赏、文化理解，都属于较高的层面，往往涉及人生的价值取向、哲学理解、心理分析等方面。如果我们不了解儒道两家对人生价值判断的分歧，不具备对人的心理的一般洞察，不懂得人生的一般过程，就很难对这三首词作出较好的评价鉴赏，就难以理解其中的文化内涵。

第三，要把具体文本与关于文学艺术的一般知识结合起来。例如，这三首词，分别表现出来的旷达、纠结和豪放，并不止是语言形式本身带来的审美印象，也是由其内容所带来和决定的，这实质上印证了内容与形式的不可分割性。又如，这三首词也可表明，有怎样的阅历、情怀和领悟，才能产生与之匹配的艺术。如果缺乏审美知识，也不能把这些知识和具体文本结合起来，鉴赏基本上就较难发生，也难以洞察文本中的文化意趣。

论意象

一、界定

意象（image）的定义十分模糊。英国《现代评论术语词典》在解释"意象"时说，这是一个"灵活得令人困惑"的术语，"任何由文学语言所引起的可感效果，任何感人的语言、暗喻、象征，任何形象，都可以被称为意象"。一个概念如果被泛化得什么都是，也就意味着什么都不是。因此，给意象一个明确的说法，是非常必要的。

简单地说，意象是人的意识情感的空间表现形式。在诗歌中，诗人为了他人（欣赏者）能感受到自己内在的意识和情感，于是把不可见的意识情感转化为直观可见的视觉形象，由此而形成的包含着"意"（内在意念和情感体验）的"象"（外在视觉形象），就是意象。在中国古典诗歌中，意象可以说是一种基本言说方式。"'意''象'一体"的言说方式，显然是一种精简的表达方式，它在一定程度上消解了叙述和分析（议论）。①

二、意象的形成和特征

意象的基础是"象"，是视觉形象。但这"象"里必须融入"意"，这才能

---

① 中国古典诗歌的主要特征是抒情，叙事和论理的诗不多。论理的诗容易被批评为缺乏"情韵"；即使论理，也必须讲究所谓"理趣"，即论理必须是形象化的，必须采用意象的言说方式。中国诗歌的抒情特质，与意象言说方式有密不可分的关系。

构成所谓"意象"。在文学作品里，对景物或事物的描写，都不可能不含人的情绪或意向。所以金圣叹说，"盖自三百篇，虽草木鸟兽毕收，而并无一句写景"。王国维又说，一切景语皆情语。

根据视觉理论专家麦金（R.H.McKim）的看法，意象应包含三个方面的相互作用：一是客观可见的部分，即 vision；二是想象虚拟的部分，即 imagination；三是表达构绘的部分，即 composition。

作为意象基础的视觉形象（属于 vision 的部分："眼中之竹"），缘于对视觉对象的直接感知。在这个阶段，主体与客体不通过语词或概念而进行直接交流，具有明显的直觉特征。而客体通过视觉形成视觉形象（印象）进入主体领域，继而染上主体的经验、情感和性格等色彩，于是羼杂了想象虚拟等主观因素（属于 imagination 的部分："胸中之竹"）。接下来，作者根据他的体验和表达的需要形诸笔墨，最终形成了实际存在于文本中的意象（属于 composition 的部分："手中之竹"）。

显然，视觉形象是由视觉对象（物象）到意象的一个中介。视觉对象成为意象的过程，是由人的意识情感参与的"自然向人生成"的过程。

意象的形成机制可能与梦的形成机制具有相似性。弗洛伊德指出，梦程序最明显的特征就是"某种思想，或某些意识的思想在梦中都物象化了，且以某种情景来表现，就像亲身体验过"；他还指出，"梦中大部分的经历为视象；虽然也混有感情、思想及他种感觉，但总以视象为主要成分"。梦所具有的视象性、象征性和模糊性，与意象十分相似。梦的运作是直观的，与意象的生成是类似的。当然，文艺作品中的意象营造过程存在着有意识的选择，与作者表达构绘的意图和方式相关，因此具有更显著的理性因素。

意象在诗歌领域是个重要的概念。诗歌普遍运用意象操作。而意象操作，又为展开联想和发挥想象创设了空间。意象本来与直觉关系密切，它又能诱导直觉产生感悟，打通读者的自觉意识与无意识心理之间的屏障，使读者平时沉潜于心的无意识体验被唤醒。那些打动我们的诗歌往往使我们感到，诗人说出了我们早已有的但从未说出的某种感觉。

出于结构的原因，文本中意象的组织是有逻辑性的。同一文本内的意象之间，存在某种逻辑性的联系。但客观外物和人的意识情感之间的联结并不具有明显的逻辑性，也就是说，意象的"意"与"象"之间并不具备明显的逻辑性。比如屈原诗句"洞庭波兮木叶下"中的景象，与人的悲凉意绪之间，并没有必然的逻辑关联；"意"和"象"之间的关联是感性的、情绪的和体验的，是想象虚拟的。这使诗歌中意象的体会和理解需要顾及两个方面：一是注意诗歌意象组织的逻辑结构，通过这个结构探求"象"中之"意"是什么；二是通过经验、联想、想象等非推理方式，把握意象的非逻辑性内涵。意象组织的逻辑结构，使得诗意是可理解的和有限制的；意象的非逻辑性内涵部分，则使得读诗的感受具有个性化和多元化的可能。

三、意象的组成和类别

意象本质上是意中之象。意象的"象"与人的意识密切相关。从一定意义上说，月亮如果从未被人看见，就没有被言说的可能，因而对人来说，可以认为月亮是不存在的。实际上，只存在能被人的意识反映的客观事物；人的意识之外的"客观事物"对人来说是没有意义的。当诗人吟咏"斫却月中桂，清光应更多"的时候，月亮进入人的视野，就与人的存在状态互相关联了。

在作者和读者那里，意象的"象"，都是意识中的图像，都是以回忆、想象等形式再现的，都不是物象的当下呈现。意象之"象"的外部来源，可以是外部世界可见之物象，例如"枯藤老树昏鸦，小桥流水人家，古道西风瘦马"，这里的意象，都是名物构成，源于视觉能够直接感知到的外部对象。而内心想象的非客观存在的名物，为某种目的而在内心构想的意向性设计图像，如天使、仙女、飞船、外星人，在意念中是可视的，与视觉经验相关，故仍然可能构成意象。

意象不仅仅来自可视之物象，也可来自可视之状态。如："昔我往矣，杨柳依依。今我来思，雨雪霏霏。"又如："暮春三月，江南草长，杂花生树，群莺乱飞。"

"杨柳依依""雨雪霏霏"，"杂花生树，群莺乱飞"，都不是名物，而是名物的状态。事物静止或运动的状态，也属于能被视觉观察的范围，所以能够构成意象。虚拟的可视的情景，如顽石点头、天女散花、明珠有泪、良玉生烟，在意念上是可视的，也能构成意象。

可视之象、可视之态，是构成意象的形象基础。这些具有可视性的"象"经由"意"的涉入而具备某种思想情感的意义指向，从而成为意象。

意象的基础是"象"，所以意象必须是关联到视觉经验的。[①]

四、意象和非意象

意象的"意"包孕在"象"中，是融入水中的盐，无形而有味。在意象中，看得见的是"象"，需品味的是"意"。意象的语言形式是隐喻的。为了说明问题，我们不妨举例。

太阳是一颗恒星，地球和太阳系里的行星，都按一定周期围绕太阳运转。

这是说明性的语言。"太阳"在这里作为说明对象存在。这种语言是科学语言，不是艺术语言。按照维特根斯坦的观点，艺术语言使用情感概念，科学语言使用技术概念。意象不在技术概念的范畴，所以这里的"太阳"不可能构成意象。

太阳出来了，天已经亮了，大家都起床了。

这是叙述性的语言。"太阳"是一个被陈述的对象，而对"太阳"的这个陈述仅仅为了指明时间。太阳在这里是"可视"的，但它除了提示时间，没有暗示性，不包含更多的意味。"太阳"在这里是一种技术性概念或半技术性概念，也无法成为意象。

---

① "象"是个象形字，本义是大象，引申为可见的形象、可想象出的图景。我强烈主张意象之"象"严格限制在视觉范围内，不承认有所谓"听觉意象""嗅觉意象"等。这里提供宇文所安（Stephen Owen）对"象"的解释供参考。他说："象：一个事物的标准视觉图式或图式化过程中的一个观念的体现。"这个说法和我的主张是一致的。

昨天的苦难已经过去／太阳出来了／啊太阳太阳／昨天的苦难／都过去了／永远过去了

这是象征性的语言。"太阳"在这个语境中别有用意。太阳的升起意味着快乐明朗的新的生活或感觉，这里的"太阳"与前面两个例子里的"太阳"，显然是不同的。此例中的"太阳"是一个意象，具有情感概念特征和审美功能。与前面两句中的"太阳"的重要区别是：它具有隐喻性质，而隐喻性的获得不能脱离这一特定的语境框架。

五、意象在意念上是可视的

意象以空间形态浮现在人的意识之中。每个意象都是意识之流在空间中的暂停。

意象之"象"只与视觉经验有关，这个观点目前还不是理论界的共识。其他感觉器官当然有其感觉经验，但我认为不宜把那些都视为"意象"，理由主要有三：

第一，"象"的本义是指有形状的、可以被视觉感知到的空间中的事物（或状态）；

第二，视觉之外的其他感官的感觉经验和感觉对象都缺少"形象感"，比如缺少空间感的声音以及对声音的感觉，都很难说是"形象"的；

第三，人类的知觉经验大部分属于视觉经验，文学表达会很自然地显示出这个事实。

过分扩大意象所指的对象，后果是这一概念的外延会变得模糊。如果各种感觉经验，冷热咸甜痛痒香臭都被视为意象，那么意象这个概念的内涵也会变得庞杂可疑，从而失去在批评运用上的可操作性，进而导致理论价值的丧失。

视觉经验的重要对象是在空间中延展的景物。中国古诗中有大量的景物描写。静止的景物不是构成视觉经验的全部内容；任何视觉对象，在空间中所处的状态，在时间上展开的过程，都是可视的，也构成意象素材，如杜甫诗"细雨鱼儿出，微风燕子斜"中，鱼的"出"和燕的"斜"，都是"可视"的，可以称为"（事物的运动）意象"。至于"接天莲叶无穷碧，映日荷花别样红"，"碧"与"红"似乎是抽象的形容词，实际上也是一种视觉感受，是荷叶与荷花呈现的色彩状态，可以称为"（事物的状态）意象"。

有一种修辞叫作"通感"。通感建立在各种感官的互相关联性和各种感官体验的某种类似性上。但我们不能认为意象遍及一切感官，应该坚持意象的"可视性"标准。如果视觉之外的其他感官唤醒我们的是视觉感受，则可以认可其为"意象"，如写声音说"大珠小珠落玉盘"，可听的音符似乎变成了可视的珍珠在跳跃，这里就可认为有意象存焉。而朱自清写荷塘之香气如"远处高楼上渺茫的歌声"，香味和歌声无"象"可视，是不能算"意象"的。又如《荷塘月色》中另外一个句子："光与影有着和谐的旋律，如梵婀玲上奏着的名曲。"这里写的是可视的"光与影"，但其描写从听觉方面展开。读者也许会由这个句子联想到一个人在月光下拉着和谐悠扬的小提琴的情景，这样在审美过程中与视觉经验也就发生了关系。但需要指出的是，这种联想与文本已有脱节，"梵婀玲上奏着的名曲"并不等于"名曲正（被一个人）在梵婀玲上演奏"。在朱自清的意念中，这里呈现于感官的是不可视的"名曲"，而不是可视的"（一个人在）演奏"。

为更深入地讨论这个问题，我想到了《列子·汤问》中的一段：

伯牙善鼓琴，钟子期善听。伯牙鼓琴，志在高山。钟子期曰："善哉！峨峨兮若泰山！"志在流水。钟子期曰："善哉！洋洋兮若江河！"伯牙所念，钟子期必得之。

一个简单的事实是：声音作为听觉的对象并无形象感可言，除非据此进一步联想或想象出一个可视化的事物、动作、画面或场景。在"高山流水"这个经典故事中，情况就是如此。伯牙的"志"（情志）流荡在音符之间，钟子期通过把听觉可视化为"泰山"和"江河"，才使音符及其流荡其间的"志"得到直观的呈现。因此，这里并不存在所谓"听觉意象"，这是诉诸视觉的"意象"。音符是抽象的，根本就无"象"可言；同样地，"触觉意象""味觉意象"的说法也不能成立，因为冷热咸甜痛痒香臭都不具备空间形态，无"象"可视，这些只能说是事物的属性，而非事物表象，不具备构成意象的基础。

"欸乃一声山水绿"（柳宗元）、"促织声尖尖似针"（贾岛），是不是听觉意象？"花有清香月有阴"（苏轼）、"暗香浮动月黄昏"（林逋），是不是嗅觉意象？我以为答案是否定的。"欸乃一声"与"暗香"不可视，自身不能构成意象——"欸乃一声"配上"山水绿"，唤起我们对渔翁在山水间摇桨的视觉感，此时就有意象了；"暗香"配上"浮动"引发视觉感受而具象化，此时也就有意象了。总而言之，从"象"的角度看，意象必须具有"可视"的特点。[①]

六、界定意象的意义

"传统的意象概念是指人脑对事物的空间形象和大小所作的加工和描绘"，但是"和知觉形象不同，意象是抽象的"。（《文学艺术新术语词典》，百花文艺出版社，1987）"事物的空间形象和大小"，当然是通过视觉呈现于人的经验的；而所谓"抽象"，是因为它混合了人的主体意识或情感倾向。这个说法较为切合意象的本义，西方意象派诗人重视视觉意象的做法与此可谓不谋而合。但西方文论中意象这一术语所指有时又十分泛化，使它与"形象""象征"等文艺理论术语的界限变得含糊。

中国古代文论中，对"意"和"象"的关系的讨论大多类同于"情"与"景"的关系的辨析，与中国诗歌重视写景的传统密切相关。在这样的讨论中，意象之象接近含情之景，是典型的视觉意象。顺便说，中国艺术中，言情志的"诗"与绘景状的"画"有密切的关系，所谓"诗中有画"，就是说诗歌往往是用空间视觉语言（意象）来表现的。

目前人们对意象的界定还不一致，或者说，意象的定义还并不明确。这使

---

① C·D·刘易斯的《诗歌意象》说："最普通的意象类型是视觉意象；另外许多意象也许似是不诉诸感官，但事实上仍然有某种微弱的视觉联系依附于其上。"丹·S·诺顿和彼得斯·拉什顿的《文学术语汇编》说："（意象）这种视觉画面是借助'心灵的眼睛'（劳伦斯·珀赖恩语）而浮现在人的脑海里的：（它是）由于隐喻、明喻和其他辞格的运用而引起的思想上的图画。"此外，艾迪生（Joseph Addison）说："我们想象中的任何意象，无不通过视觉而首先显现出来。"

得准确地使用这一术语较为困难。意象的含义众说纷纭，我以为原因有两点：一是文本创作时作者的意识、情感和经验的复杂性使得意象的呈现相当复杂，导致对意象的理解和分析也因之而复杂化；二是由于这一术语一直未被精确界定，人们对这一术语的使用也过于随意，在中国的印象主义批评传统中，这种随意性尤其突出。

七、意象的空间向度

我们身处世界，需要了解世界的面貌和结构，以及自己在此世界中的位置。这样，我们才能进行自我认同，并确认自己的主体地位；进而有个着力之处，来改善生存的状态。也就是说，空间认知能确定自我在世界中的位置，为自我认同奠定基础。因此，诗歌中"自我—空间"的关系，是一个涉及人的主体存在的根本性议题。

诗歌中"自我—空间"的关系，首先表现在意象的成立。"意—象"与"自我—空间"是对应的。诗歌以意象为基本表达手段，与自我认同的空间向度有关。

人是在时空中的存在，而空间意识先于时间意识。就普通经验而言，人必须首先意识到他所处的世界（空间），然后才能逐渐感受到这个世界的变化过程（时间）。最原始的思维必定是最具空间向度的形象化思维，这一点可以在原始思维模式、原始绘画艺术甚至原始文字从象形开始等方面看出。据此，以意象为基础的诗歌之所以是最早发展起来的文学样式，也是容易理解的。

时间是抽象的，空间是具象的（我们是通过空间中具象的事物才感知到空间的）。只有与空间联系起来，时间才能够被人们感知和理解。

时间意识虽后于空间意识，却是人类存在的基本特征。线性时间观把时间看作从过去、现在到未来的一条不可逆转的线，这是最普遍的时间经验。当生命渐渐老去，时间之矢即将坠落，人意识到生命的终结，就很难继续沉浸在对未来时间的美好幻想之中。当生命意识的觉醒摧毁了生命永恒的原始神话，生命成了零散的时间碎片，"现在"就成为唯一存在的时间标识。

而作为时间,"现在"也是极为抽象的。"现在"的存在,依赖于当下的空间的显现,我们通过当下触目可见的景象,意识到"现在"的实有,感受到此时此刻自我鲜活的存在。也就是说,时间被空间化,才能成为真切可感的东西。毫无疑问,意象是显现空间意识的一种方式,而当某些意象鲜明地呈现出诗人某一时刻所处的场景,它们就强有力地标示出"现在"和"我"的存在。

汉末以来直到山水诗兴起的这个时期,中国诗人对生命短暂的痛苦表现得十分强烈,也一直在寻找超越时间性的方式。超越时间性意味着永恒。由于理念世界和现实世界脱节,抽象思辨也不符合诗歌的艺术要求,所以玄言诗很快就没落了;由于根本不存在一个没有时间性的超自然世界,所以游仙诗很快也衰落了。紧接着山水诗兴起,自然景象大量进入诗人视野成为意象,对空间世界图景的专注,转移了人们对时间的注意力。诗人努力观看鲜活的"当下",把生命尽情地投入"此刻",从而暂时遗忘无限的时间对有限的生命的压迫。山水诗的突出特征是时间意识的空间化。至此,古典诗歌更多地运用自然意象,更多地具有空间的向度。

山水诗推动了意象大规模发展的进程。它一方面"模山范水",一方面将主体安置其中,使得山水成为人确认自身存在的一个坐标系统,成为人的心灵的栖息之地。在山水诗兴起之后,普遍地使用自然意象,寄情于景、借景抒情,成为基本的诗歌表达模式。

中国民族是非常重视现世的,这使得中国人对"现在"特别关注。即使非现实的乌托邦,也是用现实空间感来加以描绘的。乌托邦是一个虚拟空间意象。它是"无何有之乡",一个想象中的美好的处所。在诗人意念之中,这个处所和"我"是共时存在于"现在"的,不过只能凭借想象抵达。著名的例子包括屈原对神仙境界的想象,陶渊明对桃花源的描绘。乌有之处当然是非现实的,它却是现实焦虑与美好想象的投射所在。乌托邦作为一种想象的世界图像,总是有其空间向度的,所以乌托邦也是个空间隐喻,通常是对于某个假想的田园或仙境的描述。

简单地说,意象是人的意念向外部空间事物投射的结果。

八、意象和意识形态

"意识形态"一词含义复杂。根据一般的说法,"意识形态"指的是"弥漫于社会秩序中的观念架构,构成某个时代的集体意识",是那些与社会权利的维护和再生有着某种联系的感觉、理解、评价和信仰的模式。意识形态植根于社会和文化的土壤,浸染着某种权力关系,它为社会过程中的各种机制与议题,如国家、伦理、正当价值与社会规范等,提供一种显得理所当然的思考和再现模式。

作为弥漫于社会秩序中的观念架构,意识形态可谓无处不在,它普遍渗透进几乎所有社会成员的个人意识。比如在中国传统中,作为一种普遍的政治意识形态,忠君忧国的价值观念广泛地渗透进个人的意识,在意识形态的作用下,即使是造反的梁山泊好汉,也往往拉出"替天行道"作为旗帜。主流意识形态作为强势话语,固然有掌控话语权力的知识阶层和统治阶层倡导的因素,但并非知识阶层和统治阶层操弄的专利。而知识阶层和统治阶层并不自外于意识形态,他们自身也深陷其中。比如在中国传统中,忠君的价值观念也普遍浸染了统治阶层的意识,所以当作为统治阶层成员的曹丕意欲推翻汉朝皇帝,作为统治阶层成员的赵匡胤意欲夺取政权,之所以采用禅让或黄袍加身之类的模式,就是因为他们的意识受到忠君观念的约束,禅让模式降低了被指责为不忠的风险,提升了其行为的正当性。屈原作为统治阶层中的一个重要人物,尽管他对君王满怀牢骚、满心忧愤,但仍未走到君王的对立面去,反而在《离骚》中用香草美人的意象,传达他对君王的思念与忠诚。

政治的意识形态还是狭义的。广义地看,诗歌的意象沾染着意识形态色彩。意象是事物通过心灵的着色或过滤后的视觉再现。诗歌中的任何意象,都是经过诗人的观看、感受和编辑后形成的一个小小的"镜头"。意象的"意"与"象"的关联,是透过模拟、隐喻或想象完成的,它与观察者观看的态度、角度、趣味、情绪、观念密切相关。诗歌总是有选择性地观看。它没有义务呈现完全真实的世界图景和生活影像,它在呈现世界图景(象)之外,还必须包含人的情绪和观念（意）。意象中隐含着所谓视觉意识形态（visual ideology）或意象意识形态（imaginary ideology）。

意识形态在特定的历史、文化和社会条件下建立了起来，然后反过来开始统治人们的眼睛。越是后起的诗歌，意象的意识形态色彩越发明显。

（一）观看

观看与被观看处于权力关系之中。诗人捕获意象的过程，实际上就是一个观看、监控、选择和分类的影像制造活动，这种活动受制于权力关系。诗人选择什么"象"，不是由"象"来决定的，而是由"意"来决定的，诗人拥有取舍权力。同时，诗人的观看也受其自身知识结构、文化背景和意识形态的制约，换言之，诗人不是在进行完全个人的观看，他的观看在某种意义上是集体观看。当一个诗人或有文化的观看者在观看梅花的时候，他会情不自禁地受到前代诗人歌咏梅花的诗句的影响，他的观看实际上是被引导的，并非完全自主和自由的。像松竹梅兰之类的景象，业已被包括诗歌在内的文化意识形态传统塑造为高雅品格的象征，后来的观看者很难脱离这种观看传统的限制。

唐诗里的所谓边塞诗，支配了唐诗读者对边塞的想象。边塞作为被观看的对象，其各个细节并未被充分摄入边塞诗中；在一些诗中，边塞的形象甚至是被诗人的想象塑造出来的。边塞诗人根据个人的趣味，凭借个人的体验甚至是想象，以其个人的观看角度，部分地捕捉边塞风景构成边塞意象，掌控诗歌话语权力的诗人通过诗歌文本诱导着我们的眼睛，使得我们用边塞诗人的眼睛观看边塞。[①]

王维的《使至塞上》有"大漠孤烟直，长河落日圆"一联。《红楼梦》里初学写诗的香菱说："据我看《塞上》一首，那一联云'大漠孤烟直，长河落日圆'，想来烟如何直？日自然是圆的。这'直'字仍无理，'圆'字似太俗。合上书一想，倒像是见了这景的。"香菱怀疑"大漠孤烟直"景象的真实性，却又

---

① 宇文所安的《盛唐诗》说："王昌龄是一位边塞诗名家，这一点使得许多学者推测他确曾在边塞军幕中任职。但是，最可靠的证据却表明王昌龄诗中的中亚是诗歌传统和他自己想象的结合物。"至于李白"明月出天山，苍茫云海间"，也大抵出于他的想象，而不见得是实地的观察。

说"倒像是见了这景的",明显看出诗人的观看方式对读者眼睛的影响和诱导。我相信许多读者都像香菱一样不相信孤烟是直的,但这没有妨碍这一联诗句成为千古名句。

而诗人自身也不是完全自由地观看的。诗人的观看受到包括文化背景和意识形态等诸多因素的制约。比如文学中的讽谏,与政治意识形态的禁忌密切相关。唐代诗人白居易可以观看"汉皇重色思倾国",但不能观看"唐皇重色思倾国"。你可以看元夜花灯,但不能看元夜花灯后隐藏的男欢女爱;你可以看宫闱,但不能看宫闱之中的秘事;你可以看奸佞之臣的险恶,但不能看荒唐君主的丑恶;甚至,奸佞之臣的险恶你都不能看,只能通过诸如燕雀乌鹊、臭草杂花来影射。这种情形在诗歌中比比皆是。甚至有人认为"独怜幽草涧边生,上有黄鹂深树鸣",有"小人在上,君子在下"的寓意,这个例子典范地说明意识形态如何控制了人们观看意象乃至观看诗歌的眼睛。

当诗歌发展到一定程度,诗人构思和写作时必定基于前代的诗歌经验和特定的文化意识背景,他面对的世界是经过他的审美意识和文化观念熏染过的世界,尽管这个世界在诗人自己看来是"客观的"。由于知识背景、审美观念、文化习惯的制约,诗人不可能完全自主和自由地表达和观看,他们心中甚至经常涌动起前代诗人的诗句,眼前的现实图景被前人的诗句过滤了,眼睛是自己的,却只能看见古人的眼睛所看到的景象。这种情况在宋代尤其明显。宋诗之所以出现"以才学为诗"等现象,产生所谓"点铁成金、夺胎换骨"的手法,部分原因就在于此。前代诗人们观看世界图像的方式,欣赏视觉意象的经验,影响了后代诗人对世界图像作出想象与反应的审美意识,构成了意象生成的某种"边界"。如果有谁愿意去统计,他会发现古典诗歌中的意象与无限丰富的自然物象相比是何其有限,而为数不多的核心的或主要的意象,总是在不同诗篇中一再出现。

(二)文化

诗歌中的山水和风景不是纯粹客观外在的景色,而是对自然的视觉表达,是一种文化的形式。风花雪月,大地山河,松柏杨柳,飞鸟鸣禽,瑶池仙界,鸡犬之声相闻的桃花源，都只不过是风景意识形态的注脚。以意象呈现为基础的风景，是由想象的空间与真实的景色共同组成的一种"文本"，是一种视觉与言辞的表达模式。所谓借景抒情，一切景语皆情语，诗人从未认为自己是在重复真实的自然，他们认为这毫无必要，只求形似是艺术家的无能。因此，山水风景的经营，是按照诗人的内在情绪及文学与文化的目标来改写和创造自然。他们把自己的意识投射到图景中，传达内心的情绪和思想，从而实现传布意识形态的目的。

意象是视觉和语词所达成的暂时约定，观看的方式，以及语词中包含的意识形态内容，都会向视觉对象投射，而使得意象沾染意识形态内容。例如，在男权意识形态的控制下，景物甚至可能是"性感的"，香草美人、好花圆月、鸳鸯蝴蝶自不待言，"昔我往矣，杨柳依依""乱花渐欲迷人眼""芙蓉向脸两边开""我见青山多妩媚"等都明显地女性化了。又如，在唐代的边塞诗中，奇特的地域意象，使唐帝国的对外征服获得了视觉的表现形式；与此同时，诗人的本土文化意识则不自觉地向边塞风景投射，如"忽如一夜春风来，千树万树梨花开"对塞外大雪的描写，显然渗入了对中国内地春天常见的梨花盛开的观看经验。

中国的农业文明滋生出深厚的乡土意识，使得边塞诗的数量不多，多数边塞诗的"边塞"特征并不明显，这些诗也罕有表现对外征服的快感和雄心。例如，"黄河远上白云间，一片孤城万仞山。羌笛何须怨杨柳，春风不度玉门关"，这首诗属于边塞诗，但并无明显的异域情调，反是通过万仞山间孤城之"孤"，以及"杨柳"这一传统的赠别意象，来强调玉门关外春风不度的苦寒气候与悲凉心境。在中国诗人的边塞诗中很难看到征服世界、开拓边疆的狂喜和兴奋，却往往饱含思归之苦，这正是农业文明的意识形态的投影。

（三）品位

观看者对被观看者的诠释，牵涉品位的概念。美丑的判断基于品位，而品位并非天生固有，它具有文化特殊性。我们读周敦颐的《爱莲说》，就能明显地感受到儒家的中庸观念如何决定了他的审美判断（不爱牡丹不爱菊，独爱莲）。

品位并非仅仅是个人气质和态度的问题,它受到文化背景、个人身份(阶级)、教养及认同等相关经验的支持。这些经验相互联结而生成某种审美习癖,即品位。讲求品位、格调,实质上是追求审美消费的品质(消费的优越感)。

主流的品位标准,往往被掌握话语权力的阶层根据一定的社会意识形态塑造,因此往往压抑下层阶级的趣味。与下层社会的趣味有关的事物和观看方式,经常被认为不值得关注和尊敬。陶渊明的诗在他的时代不被欣赏(人们认为这些诗缺少审美消费价值),是因为他关注的田园意象不符合士族主导的审美品位;带有世俗特征的词即使在词体盛行的宋代甚至受到词人自己的鄙视(认为词的品位不高),是因为它所提供的闺阁意象和柔婉风格不符合横亘于他们心中的正统诗歌观念。古典诗歌传统中雅俗的争辩,就是一个审美品位的问题;而品位的背后,隐藏着审美意识形态。

各个时代的审美品位表现为当时的审美标准。"有品位"意味着符合当时的主流审美标准。在文学史中,符合当下意识形态的主流文学占据文学话语权力,它靠这种权力建立起既定的文学标准,而既定的文学标准又产生出权力关系支配着多数创作。陶渊明的诗歌在当代不受关注,不够有品位,就是因为他的诗不符合当代的文学标准,因而只能处于边缘地带。某种文学标准作为权力既是否定和压迫,同时也是生产的力量,生产了大量符合这个标准的作品。而文学标准又是动态的,可以调整的。一旦调整,建立起新的标准,就形成新的权力关系。例如,经过唐朝初年若干诗人的努力,尤其是陈子昂坚决有力的反抗,既定的文学权力被颠覆,形成新的权力话语,宫体诗逐步衰落,那些专注于女性身体和女性感受的意象逐渐被斥为过于柔靡软弱,于是渐渐远离诗人的视线;而强调人的主体情感发抒的观点获得话语权力,成为新的品位标准,这构成了唐代诗风转变和唐诗繁荣的重要基础。

九、供读者思考和讨论的补充见解

(1)意象具有模拟性。意象是通过人的心智和视觉感知系统互相协同,对"象"(外部对象)进行带有主观经验的模拟,其目的在于把"意"渗透入"象",

并借模拟之"象"唤醒读者引发相应的经验,进而体察到"意"之所在。意象的终极目标是借"象"达"意"。意象是对"意"的模仿,而"意"(真实)存在于理念而不在表象之中,因此意象之核心在"意"不在"象","象"是"意"的表达媒介。

（2）意象具有和合性。意象是"意""象"二者和合而成,背后隐藏的是万物和合、物我感通的观念。这恰好是中国诗歌思维乃至中国文化的基本特色。意象是感受、联想、悟性的浓缩；意象的普遍运用也决定了中国诗歌文词简洁而意蕴含蓄悠长的特点。意象阻止了人对世界的纯逻辑化的抽象诠释,迫使人沉默下来观看并在观看中体悟。中国诗不会费尽口舌去细说感受、情绪和道理,一堆喧嚣冗长的阐释不如一个沉静的意象。

意象是在人的心智和视觉感知系统互相协同作用中形成的,在相互协同过程中,"意"与"象"互相生发,互相影响,互相制约。"意"为"象"之主,"象"为"意"之媒。意象既显示意义,也遮蔽意义。意象的目的在显示意义；但在意象中"意"非赤裸,藏于"象"后,因此,意象也遮蔽意义。包孕于"象"中的"意",介于显与隐之间。诗歌耐人寻味与令人费解,最重要的原因即在于此。

由此,意象必然既是可以理解的,同时也是模糊的。不同的人,心智和视觉感知系统是相似的,它们之间的协同作用具有相似的机理,因此作者提供的意象具有被读者理解的可能。而不同个体的心智和感知方式同中有异,不同社会背景下的意识形态也有不同,这也可能造成理解的差异。比如中国诗歌中通过反复使用而由一般意象上升为象征物的松竹梅兰,它们在中国人心中唤起的意义未必能唤起其他文化背景下的人相似的理解。

（3）意象的功能主要在于显示作者的"在场",并呼唤读者的"虚拟出场"。在文本中,各个意象构成一个感觉的空间。这个空间对作者来说,表达了他的存在体验；对读者来说,它是一个虚拟的感觉空间,能够诱发阅读者产生沉浸在其中的幻觉,使读者似乎也置身于"现场",从而有效地引发相应的情感反应。这是"意境"成立的基础。

在意象世界中,人的感知模式可称为"知觉－幻觉"模式。一方面,读者的感官依然正常发挥作用，能正常接受和理解各种可感觉的信息；另一方面，读者被文本暂时约束，在意象诱导下通过想象整合各种感觉，所获得的是由文本界定的、没有真实性保障的知觉（"意境"）。这种知觉同时具有知觉和幻觉的性质，可称为"知觉－幻觉"。例如，在文本阅读中，你知道你是读者，你在有距离地"旁观"；同时你进入了文本，你可零距离地"投入"——你可以变为他人和他物，可以拥有他人的视界。读《离骚》时你化为屈原，而读《石壕吏》时你又变为杜甫。"知觉－幻觉"模式中参与感知的"身体"是可变换的，是一个"身体"不断移情的过程。

古典诗歌中的时空因素

一、时间

（一）时间：彻底的无常

"昔我往矣，杨柳依依。今我来思，雨雪霏霏"，《诗经》中的这一诗句，已经具有显著的时空变迁意识。孔子也曾面对河流发出深沉的感慨："逝者如斯夫，不舍昼夜！"时间就像一条永无休止的河流，任何人都只能在它的上面顺流漂浮，眼睁睁看着它那倏忽生灭、闪烁不定的不断变幻的波光。

过去不复存在，未来还没到来，唯一存在的似乎是现在。然而"现在"也变动不居，时间没有一分一秒的停留。卡西尔（Ernst Cassirer）说，我们规定为"此时"的内容只不过是区分过去和未来的一个永远变动着的界限而已，没有任何一个固定的时刻叫作现在，现在或此时永远是区分过去和未来的一个不停变动的点。如果没有过去和未来，现在也就不存在了。时间的瞬间，就我们有意把它确定为时间的瞬间而言，只能被理解为从过去到未来，从"不再"到"尚未"的流动不居的过渡——现在是一个流动不居的时间点，而这个时间点要牵连过去，勾连未来，因而不能被理解为静态的实体性的存在。

如此说来，时间是彻底的"无常"。短暂的人生在永恒的时间面前，显得非常荒谬。人来到这个世界，然后被时光无情抛掷，最后被驱离这个世界，都是人的自我意志无法主宰的，这是每个人都会认知到的事实。因此，慨叹时光流逝，哀感人生无常，这是一个生命主题，也就必然会成为文学中普遍的主题。

（二）生命意识觉醒

人从蒙昧状态中走出，体认到宇宙无限的寂寥空漠，看到无边的世界，预知死亡的必然降临，必会生发出悲哀、惶惑或恐惧的情绪。这种情绪的反复和不断加深，终将激发人内在生命之觉醒，由此导出人对生命意义与价值的沉思。中国文学中很早就有这种时间意识的体现，但是真正以时间无常应合人世悲欢而大肆感发咏叹，却是汉末以来的文学现象，这说明对时间体验的深化和表达的成熟需要一个过程。在《古诗十九首》中到处可见这一主题，说明此一时代，知识阶层强烈感受到了时间之流中生死命运的必然，这反映了生命意识的高度觉醒。

时间之矢注定向着能量耗尽的毁灭飞去。一切生命活动终将与之俱化，无法挽回。既然如此，关注现世，关注现时，终将成为人的必然选择，因为这是唯一可把握的选择。于是，《古诗十九首》表现出及时行乐的愿望；玄言诗、游仙诗表现出对生死的思辨和超越生死的企图；田园山水诗则表现出当下日常生活的愉悦以及对现世生活空间中一草一木的流连，以现时反抗永恒，在当下的每一个场景中，去寻找"活着"的感觉。

《古诗十九首》和魏晋以酒为题材的诗：《古诗十九首》中的忧生意识引发的及时行乐的想法，表现了人们希望找到"活着"的感觉的愿望与焦虑。自曹操痛感"人生几何"而歌咏"何以解忧，唯有杜康"以下，魏晋大诗人几乎无不沉迷于酒，诗文也多有与酒相关的篇什。饮酒既是对社会的逃避，也是对生死的暂忘。阮籍《咏怀》、刘伶《酒德颂》、嵇康《酒会诗》、陶潜《饮酒》等诗作，大多是试图以精神麻醉或享乐主义获得人生的解脱。

玄言诗：向往虚无。诗人向往并表现这种虚无，既是对现实世界的不满和反抗，也是对死亡现实性的怀疑和否定。玄言诗试图以深玄的哲思避开或否定存在的现实性，将世界归于"虚无"，由此化解对人生时间有限性的焦虑。在道家绝对的相对主义支配下，一切差别归于齐一，一切均不可知也不可把握，主宰世界的不可察知的异己力量归于虚妄，生死也虚无不定，精神在幽渺的玄思中进行抽象的游戏，从而分散对人生无常的注意力。

游仙诗：同样也是抵消死亡意识的途径之一。半迷信、半宗教的神话思维为"成仙"提供了一种缥缈的可能，出于对死亡的现实恐惧和超越时间的渴望，诗人借幻想的羽化登仙来遮蔽死亡意识，游仙诗于是成为获得永生的精神寄托。

山水田园诗：它是时间意识空间化的结果，它的成立是中国诗歌发展过程中极其重要的环节。沉溺于内心的玄思或游仙的幻想，终究只是对时间的焦虑和逃避，而山水田园诗则表现了人抓住现时、体验现时的一种努力。如果人始终只看到时间的永恒和生命的短暂，那么生命作为无限时间中的一瞬，将被无限压缩而导致坍塌；当人不再死死纠缠物理时间的永恒，他才能专注于现时的存在，构建出一个立足于"现在"的主体。从《古诗十九首》到玄言诗，只不过反映了"将死"的焦虑，但没有真正找到"活着"的方法。在田园中，在山水间，人才真正体验到鲜活的现时的"活着"。通过人的"活着"与同样"活着"的现时空间中的山水草木的相互联系和相互确认，中国诗歌中的意象变得越来越丰富，最终确立了诗歌写景言情的基本格局。谢灵运、陶渊明等诗人的伟大，只有在这个意义上才能得到最充分的认识。

（三）心理时间对物理时间的超越

心理时间不由数学定量，不由物理定性。定义这个时间的是人。

人类身体无法不衰朽，但精神和心灵却可与时间进行充满悲壮感的角力。比如，从心理方面看，记忆可以被理解为对抗消失的本能：面对现时，回顾过去；面对悲苦，回顾欢乐；面对死亡的阴影，回顾已生的乐趣。这样，回忆就构成了对时间的抵抗与超越。人的心灵也具备展望未来的力量：面对黑夜，期待黎明；面对花落，期待花开；面对今生，期待来世。这样，展望未来的想象力量，也能突破时间的约束。汉魏以来的大量诗篇，不断地凸显并升华着人在时间之流中努力超越的精神主题。

由于时间是一个序列延伸的过程，它仅仅存在于时间的流动之中，过去现在未来相互关涉交错，因此，定位现在，也就意味着返回过去与达到未来。在诗歌中，我们通常见到的是一个时间延展的过程，即使是王维的某些时间相对静止的诗作，其时间也不乏延展性。实际上，王维的那些诗作给人的感受往往恰恰是，那看似静默的景象和瞬间的感悟，贯通了从现在延伸到无尽的过去和无限的将来的时间的永恒之流。

今昔交错、互相对置的时间设计方式，在古典诗歌中极其常见。这实际上是一种记忆书写图式，在这种方式中，时间可以在今昔之间自由回旋。诗人自由地回到过去并从过去走向未来，挣脱单向物理时间的控制，从而营造出心理时间，拥有了随意出入、尽情往返的自由，于是洪荒以前，千载以下，春风桃李，秋雨梧桐，都可一并涌现于笔端。从文本书写的角度说，诗人把一段本来变动不居的过程凝固为一段记录于文本的经历，从而使它获得了超越时间变动性的永恒的意义。这也就是古人把"立言"列为"三不朽"的原因——任何文本书写都可以被视为"立言"。

古典诗歌中，人对时间超越的另外一种情形，是寻求空间"在场"的存在感。永恒时间对短暂人生挤压的结果，最终逼迫人面对"现在"。而"现在"作为时间是抽象的，诗人因此需要用可被体察的空间景象来确定"现在"的存在。中国古典诗歌一个重要的美学倾向就是偏爱描写山水风物，或流露出生命暂时性和自然永恒性的忧思，或在山水之乐中屏蔽或消解死亡的恐惧和焦虑。前者的忧愁情绪，往往由于人与自然景物的同感而获得分担——如"片云天共远，永夜月同孤"，人的孤独似乎也通过月亮的同感而得到一定的缓解或释放；后者的死亡焦虑，则在流连于自然风物间因获得现时存在感而被遗忘——如"池塘生春草，园柳变鸣禽"，对自然生机的体察转移了诗人的注意力，使他在这个专注的瞬间不再有死亡的忧惧。诗人置身于山水之间，获得"我"在此情境中的"活着"的存在感，使得生命似乎找到一个可以安顿和流连的家园。在王维的诗歌中，更企图以瞬间的空间印象透入时间的永恒，如《辛夷坞》中所示。这是人寻求以空间中获得的现时存在感来实现对时间的超越，也反映出古典艺术对于死亡的情感回避和审美静观。

二、空间

（一）心理的空间

人觉知世界，需要时间过程，也需要空间位置。飞禽走兽都明显具有空间位置的感觉，但未必能像人那样痛切地感到时间的流逝。因此，对人来说，时间流逝的痛切感，是有别于其他物种的最本质的生命感觉。

但空间对于人的存在和作品的表现并非毫无意义，实际情况恰恰相反，因为任何物质包括生命的存在都是空间中的存在，人只有在一定的空间中才能够表现自己。但文学作品中的空间就像时间一样，并非完全物理的，更多的是心理的。心理空间可让不同的物理空间一并呈现，可让不同时间的空间交叠在一起。

"故国三千里，深宫二十年。""前不见古人，后不见来者。念天地之悠悠，独怆然而涕下。"前者把不同空间的"故国""深宫"组合在一起；后者是一首凭吊古迹的诗，虽则都在幽州台，但这个幽州台却有两个，包括过去时态的和现在时态的。

文学作品不是用科学的方法去描述、理解和把握物理空间。文学作品中的问题是，人如何去观照空间，有哪些可能的空间观照，并进而找寻可以安顿身心的生存空间。

（二）心理空间的表现

在古典诗歌中，心理空间有如下典型表现：

1. 意象

艾略特评论《哈姆雷特》时提出了有名的"意之象"的理论，他说，表达情意的唯一艺术方式，便是找出"意之象"，即一组物象、一个情境、一连串事件。他认为"客观对应物"是各个客观事件的组合，可唤起特定的情绪，艺术家唯有透过客观对应物，才得以成功地表达情感。

古典诗歌最基本的表达基础是意象。而所谓意象，是由"象"来表现人的"意"。如果没有"意"的投射，"象"就仅仅是空间中的一个物理对象，也就是说，没有"意"的参与，"意象"根本不可能产生。"意象"的本质意义在于它是主体的意识情感空间化的结果，人的主体意识通过空间中逼真可视的物象获得了自身的存在感。广义地说，意象是主体思想情感在空间中的存在形式。因此可以认为，在古典诗歌中心理空间的表现，首先就表现于意象的营造中。

2. 流浪和放逐

许多古典诗文中，我们都能看到家园远隔的悲哀。思乡、怀远的题材非常多，"举头望明月，低头思故乡""海上生明月，天涯共此时"，强烈地表现出空间的隔离感。"京口瓜洲一水间，钟山只隔数重山"。"数重山"算什么，即使再远，地球上的物理空间都是可以丈量并越过的。这种诗篇，实际是要表现牵挂怀念的，都留在故国家园；诗人所怀念的，是那个安居在故国家园的或与亲朋尚未隔离的自己。真正的痛苦不在于山川阻隔，而在于那个在时间上永远回不去的从前。流浪必然是身心双重的流浪，因为只要心志获得了安顿，就无法产生流浪的意识。而既然是流浪，就必然是带着故乡和记忆上路的，随流浪之旅所展开的空间中的山川风物，都必然蒙上一层主观色彩，不可能是纯粹客观的描写或记录。

放逐是指被流放，被贬谪，更广义地说，也包括为时代所放逐。像屈原放逐于江湘，白居易被贬于九江，他们的若干诗篇——屈原的大部分著名作品和白居易的《琵琶行》等都包含着一种与故土或朝廷悬隔的悲愁。被时代放逐的意识，在痛感"世溷浊而莫余知兮"的屈原的诗歌里表现得尤其明显。现实中无法依照理想安身立命，心里充满去国怀乡的苦楚，现实空间的一切与自己背离，于是"吾方高驰而不顾"，可是内心深处的眼睛所张望的仍然是渐行渐远的故土家国。诗人理想的境界和现时空间以及记忆中的故国，三者组合而形成巨大的心理空间，有力地凸显出心灵无处安顿的彷徨和无助。

3. 囚禁感

被囚禁的感觉是一种重要的空间感知。当一个诗人望见天地悠悠，山川阻隔，往往生起一股惆怅的情绪，感受到空间对于人的压迫。"欲穷千里目，更上一层楼"，王之涣《登鹳雀楼》中这一联语，透露出不少的消息。为什么要"欲穷千里目"？已经在楼上，为什么还要"更上一层楼"？登楼登高的动机，最终可以归结为一个人不能适得其所，在现时空间中感到压抑而欲求超越。"花近高楼伤客心"（杜甫），"一上高楼万里愁"（许浑），"把吴钩看了，栏干拍遍"（辛弃疾），尽管最终无法真正超越，但这些诗句中历历可见其心理压抑而求发抒的渴望。孤独实际上也是一种囚禁感，这种囚禁感可能来源于无垠的物理空间对人的生命的压迫，也可能来源于社会空间对人的隔离。在诗歌中，我们经常看到诗人登楼凭栏，倚窗登高，在这些时候，诗人被囚禁被挤压的空间感受，往往混合着强烈的孤独。

4. 乌托邦或虚拟空间

古代诗歌中有一种现象，有的诗人写仙境，有的诗人写梦境，有的诗人写世外桃源。这些描写对象其实都不存在，本质上是诗人向往的乌托邦或构想的虚拟空间，它们反映的是诗人寻觅一个处所安顿心灵的渴望。像李白的《梦游天姥吟留别》所描绘的仙境，像辛弃疾"沙场秋点兵"的梦境，像陶渊明描绘的桃花源的生活，都是虚拟空间。

王维的山水诗脍炙人口，尽管他也流连于山水之间，但一般都认为那不过展现了他的心境和情绪，这些诗中的空间与其说是物理空间的真实，不如说是心理空间的真实。历代诗人写积淀着美好历史记忆的长安、洛阳、金陵，这些城邦的兴盛美好在他们现时空间中并不真实地存在，实质上也是一种乌托邦幻梦，诗人以此寄托某种情怀。

三、时间中的空间

时间和空间与其说是物质世界存在的先验形式，不如说是人对物质世界的感知方式。人在感知外部世界的时候，时间与空间是密切联系在一起的。

在诗歌中，空间隔离的焦虑也往往与对时间的焦虑密切相关。就人而言，假如可以拥有无限的物理时间，那么任何物理空间距离都有克服的可能，任何处境都可能有改变的一天。生存时间的短暂决定了空间生存的有限，有限的时光更加深了空间距离的无法克服感。苏轼怀念他的妻子，"千里孤坟，无处话凄凉"，"千里"固然是遥远的空间距离，但并非不可越过；而"十年生死"，人天相隔，这个混合着时间因素的空间距离才是永远无法越过的。

在诗歌中，时间与空间因素往往纠结在一起。李白上句才描绘"黄河之水天上来，奔流到海不复回"的空间景象，下句马上就是"高堂明镜悲白发，朝如青丝暮成雪"的时光感慨；当杜甫深感"恨别鸟惊心"的空间悬隔之愁，也没有忘记"白头搔更短"的时光不待之忧。就算李白"山随平野尽，江入大荒流"之类的诗句，仿佛纯粹是空间描写，但仔细体味，这送别之际，也不免有一分广漠空间挤压短暂人生的感慨。

中国诗歌史上，时空意识普遍存在，而在登临、游观、伤逝、怀古、思乡一类题材的诗歌中最为凸显。特立独行的诗人屈原已经表现出鲜明而深刻的时空意识，但在屈原时代这还没有成为诗歌中的普遍现象。从《古诗十九首》到魏晋南北朝，时空意识越来越强烈和深刻，这掀开了生命充分觉醒的一页，构成中国诗史中一个重要的阶段。

古典诗歌的声律

一、声律：诗歌的音乐性

鉴于中国诗乐紧密联系的传统，谈论中国古典诗歌，不能不讲到声律。刘大杰说："中国文字的特质，是孤立与单音。因其孤立，宜于讲对偶；因其单音，宜于讲音律。字句的对偶，在曹植、王粲、陆机诸人的诗赋里试用日繁；至于音律，古人亦颇注意，如司马相如所谓'一宫一商'，陆机所谓'音声之迭代'，都是明证。"一般来说，中国古代诗歌都是讲究音律的。南朝齐梁以前，对音韵的分析还不够细密，声律还不够严密；而后的近体诗，对声律就有相当严格的要求。在唐代，古体和近体都得到发展，近体诗发展的势头尤其迅猛。李白的古体诗达到了一个崭新的高度，而杜甫则把近体诗推向了全面而彻底的成熟。

近体诗的声律比古体诗远为严格。施子愉曾把《全唐诗》中存诗一卷以上的诗人的作品加以统计，初唐的五七言古诗总数721首，律诗（不包括排律和律绝，下同）895首，数额相差不大，两种诗体旗鼓相当；盛唐的五七言古诗总数2316首，律诗1951首，表明此时近体诗仍处于发展中，两种诗体受到诗人们几乎同等的重视。而律诗的成熟也就在这一时期，杜甫自称"晚节渐于诗律细"，证明杜甫也有一个对律诗创作的自我摸索和自我总结的过程。中唐的五七言古诗总数3453首，律诗5081首，表明近体诗已显现强势；晚唐五七言古诗总数仅754首，律诗却达7547首，是古体诗的10倍，说明晚唐时期近体诗已经占据诗歌创作的主流。

就在晚唐，句式参差的词体也开始发展起来了。词也是非常讲究音律的。它与音乐的联系，比近体诗更为紧密。

下面主要谈谈近体诗的声律。了解了近体诗的声律，词的声律也很容易掌握了。

二、音乐与诗歌

中国古代音乐，我以为并不怎么高妙；但中国古人对音乐的推崇，却是举世罕见的。孔子就是著名的超级音乐"发烧友"。他听到《韶》可以三月不知肉味，饿得再厉害也不忘"弦歌于室"；他开设的"礼乐射御书数"六门课程中，"乐"排在非常靠前的位置；他的学说中"礼乐"并举，构成治理国家、教化人民的根本之道。所有这些，我觉得并不一定能够证明古代中国音乐的高明，倒证明中国古人不怎么挑剔的耳朵非常忠厚，以及他们对音乐所寄予的期待过于殷切。

对古代的音乐，我不是专家，自然作不出十分中肯的评论。孔子说，礼失则求诸野，所以我曾经希望从各种地方戏曲和各地民间小调中，去领教古典音乐的感染力。也许我的耳朵过于下里巴人，或者听到的那些音符过于阳春白雪，引不起共鸣，所以我很难被感动。可是我有过被西洋音乐感动的经历。我的耳朵是中立的，一般不会厚今非古，也不会"崇洋媚外"；我的耳道基本上是通畅的，在欣赏我国古乐时自然也是如此。中国戏曲的音乐和民歌的唱腔大都相当高亢，如雷贯耳——也许说如闪电更为贴切，因为它通常并不像雷声那样沉闷，而像闪电一般尖锐——可就是难以"贯"到心坎里去。

宋词是典型的唱词，和它配套的音乐都失传了而歌词本身却得以保存下来，其中的原因耐人寻味。一个简单而直截的解释是，歌词太好，音乐较差，根据优胜劣汰规律，曲调失传，而歌词却留存了下来。单就宋词而论，其语言形式是相当有魅力的，整散兼行，平仄相谐，在很大程度上已经具备了一些音乐的质素，诵读即可以领略其韵律之美。如果没有足够好的曲调与之匹配，反而会削弱其艺术表现力。我曾听过一些谱曲而唱的宋词，觉得很倒胃口，简直辱没了宋人；以前我还听过谱曲高歌的毛泽东诗词，我相信在那样特殊的时代，作曲家肯定殚精竭虑绞尽脑汁，但我听了之后，仍然觉得胃口不适。

  中国古人，音乐水准未必很高，但写歌词的能力却举世无双。古代诗歌有大量音乐的质素。最早的诗是可以唱的。古代诗歌特别讲究音律，这就是因为它与音乐有极其深厚的天然联系。"诗言志，歌咏言""言之不足，故嗟叹之。嗟叹之不足，故咏歌之"，这些话表明诗是可以唱的。随着语言文学的发展，诗渐渐与音乐分道扬镳，汉代诗歌就有"徒诗"和"乐府"的区别。"乐府"仍然保留着原始口头文学可以歌唱的特征，而"徒诗"则凸显文字功用，脱离了音乐，转而利用文字本身求得音乐效果。而汉语语言本身有声调调值的不同，有抑扬顿挫之美，这些都加强了汉语的音乐性，为诗歌既有音乐性又独立于音乐创造了客观条件。

  中国古代诗歌体裁，有诗、词、曲之别；诗又有古体、近体之别。"近体诗"是唐朝的概念，"近"是对唐朝人来说的，指的是齐梁以来逐渐形成的音律严密的格律诗体；"古体诗"是相对于近体诗而言，是唐人心目中的"古体"。这个"古体"包括唐朝以前的各种诗歌形式（除了齐梁以下部分诗人写的新体诗，这些不妨视为"准近体诗"），如《诗经》、楚辞、汉乐府诗、魏晋南北朝诗歌。古体诗也讲究韵律；从齐梁间的周颙、沈约等人明辨平仄、提出"四声八病"之说后，诗人们的音韵意识越来越被有意识地加强，在唐朝最终定型为声律严格的近体诗。

  在诗歌独立于其他艺术门类后，一般说来，在诗的精神意义占据主导地位的情况下，利用音节起伏作为补充表现手段的价值不是很大；但从感性方面来说，节奏可以使表达具有稳定感，具有一种秩序，一种比较固定的轮廓和声音的框架。在诗的创作过程中，对音韵节奏的艺术效果的考虑，也迫使诗人越过日常言语的界限进行活动，促使他们按照艺术的规律和要求，去寻找一种超越日常言语的艺术语言。

  近体诗的声律的意义，我以为最终是由汉语语言文字自身的特点决定的。我们知道，语言的技巧可以用来建构更具表现力的话语。汉语诗歌是由汉字建构的。汉字兼具形、音、义，在语义之外，汉字的构成形态及其语音还构成了一种特殊的"非语义意义"。声音、韵律和汉字形体，本身也很有魅力。近体诗对押韵、平仄、节奏的刻意讲究，使它获得了非常特别的音乐内涵；而对仗的语言形式，直接就能给我们以视觉的纪律感。无论是从听觉的角度还是视觉的角度，近体诗都显现出非常鲜明的形式美。中国古代的诗人们，就利用汉语的特色，以近体诗的格式，建构出许多美妙的诗篇。

近体诗包括律诗、律绝和排律。律诗共八句，每两句构成一联，共四联，即首联、颔联、颈联、尾联。律绝是截取律诗的两联四句而成；排律则是依据律诗的格律要求，铺排得更长一点而已。律诗的声律要求，总的可以归结为节奏、押韵、对仗、平仄等几个方面。

三、节奏与押韵

客观世界里，日月运行，天地变迁，都有周期和节律。一切生命活动，也是有节律的。节奏是音乐必备的要素，诗歌也有，诗句音调的高低、长短、疾徐、轻重，都显示出节奏的特征。[①]

近体诗的句型分五言、七言两种。句子的节奏在诵读时首先表现为停顿。停顿的方式，大致是两个字或一个字一停顿（当然同时要顾及语义）相组合。比如，"离离/原上/草，一岁/一/枯荣""落木/千山/天/远大，澄江/一道/月/分明"。七言诗句通常可以合读为上四下三，如"无边落木/萧萧下，不尽长江/滚滚来"，但仍可以继续分解为一字和二字组合的读法，读成"无边/落木/萧萧/下，不尽/长江/滚滚/来"。

一般说来，一个汉字既是一个语音单位，同时也是一个意义单位；汉语词汇的基本形态是单音节词和双音节词。单音节和双音节组合的停顿方式，与汉语词汇的这个特点有关。原始的汉语歌谣就体现了这个特点，如《吴越春秋》

[①] 广义地说，节奏不仅仅是一个声律问题，也与内容相关。本书"写作教学札记"中有关于"时间、空间和速度"的论说，可供参考。

中所载的《弹歌》"断竹，续竹；飞土，逐宍"，就是二拍式的停顿。而《尚书·益稷》所载《赓歌》（被司马迁采用在《史记·夏本纪》里），则是双音节和单音节的组合：

> 股肱喜哉，元首起哉，百工熙哉！
> 元首明哉，股肱良哉，庶事康哉！
> 元首丛脞哉，股肱惰哉，万事堕哉！

这是四言诗。但考虑到它的韵脚，则不妨看成"股肱／喜"的"2+1"句型。有趣的是，每句尾字"哉"是虚字，不是韵脚，从表意上来说可以忽略不计。但为什么会有呢？这是因为每句加上一个"哉"字，"2+1"变成"2+2"，在声音表现的感觉上更加稳定。

为什么远古诗句的节奏通常是二拍式的？我以为这和脚的运动方式有关。人是直立行走的动物，走路总是一左一右，一反一复，人体最基本的这种动作形式，使人获得最原始的节奏感。对人而言，这就是最自然的一种节奏。在原始时代，舞蹈和诗歌有密切关系，舞蹈时脚的运动节拍，自然地影响到诗的节奏。

二拍节奏，也符合宇宙的普遍规律。世界存在阴阳、正反、往复、虚实、有无等数不尽数的二元对立。一阴一阳之谓道。"一"是尚未分割的混沌全体，而"二"则意味着分离、对比、关系和秩序。太极生出两仪，这世界就有了变化。"二"是一切变化的动力。两仪组合为四象，进而为八卦，逐渐推演可遍及世间万物。世界的多样性从"二"开始。所以，二拍节奏是宇宙间最基本的节奏；并且"二"意味着可分解，它具备衍生出其他类型的节奏的可能。后代的诗赋骈文的节奏虽然多样化，但都是在二拍节奏的基础上发展起来的。

近体诗诗句节奏一个引人注目的特点，是"三字尾"。五七言是汉末以来中国诗歌语言的基本形式，而五七言诗句一般能读成"上二下三"或"上四下三"的节奏，如"国破／山河在""无边落木／萧萧下"等。因为五七言的字数是奇数，音节上不平衡，使得读者在发声诵读时产生不稳定感，只能通过延长某一音节的发声时间来获得新的平衡。这种平衡是动态的。而这种读法的结果，表现在语言结构上，便是"三字尾"的形成（这三字在吟诵时通常会被延长）。

一旦形成语言节奏，必然推动人的思想和语言的整合。当一个人要把思想情感以诗的形式歌唱出来，他就必须从复杂混乱的各种感受和念头中提取最主要的部分，并选用符合诗的节奏的语言，才能保证表达的有效性。诗歌创作时思想和语言的选择性，决定了诗歌语言与日常言语的距离。这种距离，最终使诗歌成为表达最精练的一种文学样式。

中国古典诗歌，不管是什么诗体，押韵都是一致的要求，并且非常讲究。押韵可以使诗歌语言保持相当的音乐性，诗歌脱离音乐（不再歌唱）而独立发展，自然会对押韵提出更高的要求。古体诗也是讲究押韵的，唐朝及唐以后的古体诗特别讲究自不必说；就是唐以前的古体诗，也无一例外要押韵。据说唯一的例外是《江南》：

> 江南可采莲，
> 莲叶何田田。
> 鱼戏莲叶间。
> 鱼戏莲叶东，
> 鱼戏莲叶西，
> 鱼戏莲叶南，
> 鱼戏莲叶北。

此诗首三句是押韵的。后面东西南北四句，排比奇特，粗看单调啰嗦，细玩有天真自在之味，无意于押韵，而韵味悠长（虽不押韵，但气韵流走自然）。然而此等不押韵的句法，不是通例，十分罕见。同时应该看到，这四句的内容是"鱼戏莲叶间"的具体展开，都从属于"鱼戏莲叶间"一句，而"鱼戏莲叶间"与前二句是押韵的。

近体诗的偶数句，句末的字都必须入韵。这些入韵的字归属同一韵部。押韵是诗歌音乐性的典型体现。这是诗便于吟唱的重要基础。诗三百，都是歌词，是民间歌谣、文人自创歌词或庙堂祭祀歌词。汉代的乐府诗当然也是可以唱的，否则也不会被叫作"乐府"了。魏晋是文学自觉的时代，诗歌的独立性大大加强,逐渐脱离了音乐的范围,"诗"就不一定要"歌"了,但诗的音乐性非但没有消失,反而得到强化。因为诗不再直接借助音乐的旋律了,自然就要求强化文字本身的音乐性。文学语言较为普遍的音乐化,我以为甚至可能是我国传统音乐发展不充分的原因之一。人们在诗词歌赋中如果已获得哪怕是部分的音乐满足,音乐发展的动力就可能被削弱。往后的唐诗宋词元曲,也都符合音律,仍然是可吟或可唱的。比如杜甫,他说"但觉高歌有鬼神",又说"新诗改罢自长吟",都表明他的诗符合音乐的要求,可以吟唱。而不管是诗,是词,是曲,作为文体,其音乐性的重要表现之一,就是押韵。

近体诗的第一句,可以入韵,也可以不入韵。一般地说,五言诗的首句不押韵,而七言诗的首句可押韵。因为五言诗句子较短,首句不入韵,句子之间会显得疏朗一些,押韵反而显得太沾滞。七言诗句子较长,首句入韵,句子间的关系会显得紧密一些。

中国古代的诗文创作,押韵的意识极其明显,诗歌不必说,散文亦复如是。《老子》《论语》都有例子。如《论语》中说:"多闻阙疑,慎言其余则寡尤;多见阙殆,慎行其余则寡悔。""疑"与"尤","殆"与"悔",分别是押韵的。《老子》押韵的情况更是比比皆是。比如,"常无欲,以观其妙;常有欲,以观其徼"(第一章);"有无相生,难易相成,长短相形,高下相倾"(第二章);"虚其心,实其腹,弱其志,强其骨"(第三章)。例子甚多,不胜枚举。

了解近体诗押韵的情况,需要了解古诗的韵部。这涉及古汉语音韵学知识。这里面东西太多,不多说。

四、对仗

根据惯例,讲究句型对称的对仗(对偶)也被视为声律或格律中的一个因素。对仗与节奏关系密切,构成对仗的两个句子,在节奏上须保持一致。

近体诗非常讲究对仗。颔联与颈联,要求对仗;首联和尾联,一般不要对仗(或者说,以不对仗为宜)。中间两联的对仗,增强了语言的整饬和纪律;但如果首尾两联都来对仗,就太整齐了,太机械了。缺少变化,就会显得呆滞。

就一首律诗而言，中间两联为核心和主体部分，是一首诗主体内容集中的地方，整齐的形式可以有力地凸显它①；而首联和尾联句式的相对散漫，则可以增加表达的灵活性。首联是整首诗的引导部分，散漫一点方便飘然切入；尾联是整首诗的延伸部分，散漫一些便于悠然远引。律诗的对仗安排，是与内容表达的需要密切相关的。绝句对对仗没有明确要求。

不过有时候，有的诗人逞其才力，也有全用对仗句型的情况。律诗如杜甫的《登高》：

> 风急天高猿啸哀，渚清沙白鸟飞回。
> 无边落木萧萧下，不尽长江滚滚来。
> 万里悲秋常作客，百年多病独登台。
> 艰难苦恨繁霜鬓，潦倒新停浊酒杯。

律绝如杜甫的《绝句》：

> 两个黄鹂鸣翠柳，一行白鹭上青天。
> 窗含西岭千秋雪，门泊东吴万里船。

两首诗都是全对仗句型。以杜甫的才力，我们依然觉得太整齐划一了，人工痕迹过于明显，多少带有造作之感，少了些自然风韵。如果来一点变化，可能会更显神气灵活、姿态丰富。有整有散，既有纪律又有变化，使整与散构成辩证的对立统一，在语言结构上形成合理的张力，这是最恰当的。全散则显得散乱，全整则显得呆板，都不好。所以，就律诗的写法而言，首尾两联，以不对仗为正格；全诗对仗，不足取法。事实上，有些诗人兴到笔随，无意于对仗，也能够写出十分优秀的诗篇，而这种诗篇，与那种费尽心力雕凿出的诗相比，不一定逊色。如崔颢的《黄鹤楼》一诗，虽对仗并不精密，却让心高气傲的李白搁笔：

---

① 对仗是以高度对称的两句为一个结构单位，统合起来表达一个共同的意思，上下两句有自我重复的性质——句子的结构方式是相同的；而意思则要么相近（正对），要么相反（反对），无论相近还是相反，统合的方式虽不同，但统合起来后都指向某一整体意思。因此，对仗有利于表达的强化。

昔人已乘黄鹤去，此地空余黄鹤楼。
黄鹤一去不复返，白云千载空悠悠。
晴川历历汉阳树，芳草萋萋鹦鹉洲。
日暮乡关何处是，烟波江上使人愁。

此诗颔联没有形成工稳的对偶；而颈联的"汉阳树"与"鹦鹉洲"，也不甚工稳。但这不工的联语，无害于全诗的伟大，严羽就说"唐人七言律诗，当以此为第一"。似乎是雨果，他说，整齐是浅薄的和庸俗的趣味，秩序是深刻的和高雅的趣味。整齐与秩序是不同的：整齐只是外在的、表面的、感性化的，因而是肤浅的；而秩序是内在的、实质的、理性化的，因而是深刻的。整齐是形式的一致，秩序是本质的和谐。文学艺术，作为人类对世界、对人生探求的一种方式，它追求的应该是自我领悟、启发他人感悟宇宙人生的法则与秩序。诗歌的内在秩序，绝不等同于外部形式的整齐划一。崔颢的《黄鹤楼》面对无穷的时空，发出人类的故乡何在的追问（"日暮乡关何处是"正有穷途无归之意，联系到上文的今昔之叹，此处的"乡关"不能仅仅理解为一般意义上的家乡），触及人与宇宙的关系、自然的法则和秩序这个具有哲学意义的命题，从而唤起读者普遍而深刻的感触，这就是这首诗虽对仗不工却能够名垂后世的根本原因。自然，这样说，并不是说写近体诗可以无视它的规矩；我想说的是，诗歌的成功，关键在于本质性的思想情感内容，形式固然是必要的，但不是第一位的。不过既为律诗，它的声律规则就应该受到充分的尊重；如果不是实在不得已，任何写律诗的诗人都无权践踏它的规则。杰出的诗人有时确实有"破格"的情况，比如崔颢，又比如比崔颢晚一些年头的李白——但"破格"毕竟非"正格"，究竟也只能"偶一为之"。

对称是各种艺术门类都讲究的；对称是美的最基本的形式之一。汉语中对仗的语言形式起源很早。《尚书·大禹谟》中"满招损，谦受益"这句名言，就是对仗的。《老子》《论语》里也有不少对仗的句子。只不过，语言是在不断演变的，近体诗中的对仗，不只是词义、词性相对，还有严格的平仄要求。

在艺术中，也许用"平衡"这一观念取代"对称"更好。因为对称的运用，就是为了追求平衡的效果，而对称却容易被狭隘地理解为整齐一律的两相对应。整齐一律仅仅是达成平衡的方式之一而已。黑格尔说，只是形式一致、同一定性的重复，还不一定能够组成平衡对称。（《美学》第一卷）文艺中多有"不对称中的对称"现象，可以达到更复杂、更高级的平衡。比如，在绘画中，不同形象、动作、方向、背景等，在一个画面上不呈几何对称，但也能够使人的注意力左右平衡、上下平衡。中国画里面就有"留白"的技巧，笔墨并不对称，可是它并不让人感到欠缺，而使人觉得整幅画面平衡圆满。在近体诗中，我以为，不必处处对仗，句句对称，而应该在对仗之外，留下一点弹性和空白。

关于对仗的对称性，还可有如下的解释：

第一，对称有助于减小表达的阻力，对称现象可以简化问题。诗歌中的对仗，利于诗人构思和写作减少阻力地行进。如"星"与"月"构成对仗，上句是"星垂平野阔"，下句就比较容易想到"月涌大江流"，看到前者就容易带出后者。

第二，对仗包含着信息复制机制。据说利用对称性是检查编写的计算机程序是否有差错的最简单的办法，对称性也可以是检查近体诗语言编码是否出错的方法之一。通过对偶中的下句，能够检验上句的误差或纰缪。我自己写近体诗的经验，时常在某一联完成后，根据下联去修正已经完成的上联，使之更为妥帖精密。

五、平仄

近体诗讲究严明的平仄。平仄的讲究，是出于诗歌音乐效果的考虑。沈约想用四声来配合音乐的五音，就证明了这一点。（沈约《答陆厥书》："以累万之繁，配五声之约。"）每个汉字的读音，要么是平，要么是仄。"平"就是平声，包括阴平、阳平两种；"仄"就是仄声，包括上声、去声和入声。平仄是古代的音韵学概念，现代诗歌一般不讲平仄。多数情况下，现代汉语的普通话发音中，一二声是平声，三四声为仄声。入声字则分散到各声调中去了。

律诗每个句子的平仄，都有规定。

五言律诗按平仄来看，有四种标准句式：

1. 平平平仄仄
2. 平平仄仄平
3. 仄仄平平仄
4. 仄仄仄平平

其中，1、2两句，第二字为平，叫"平起句"；3、4两句第二字为仄，叫"仄起句"。"平起句"和"仄起句"，分别有"平收"（最后一字为平声）和"仄收"（最后一字为仄声）两种情况。无论哪种句式，本句内部的第2与第4、第3与第5字的平仄始终是相反的。

任何一首五言律诗，都由这四种句式组合而成。组合的规则是"对"和"黏"。"对"指的是诗的每一联的两句（出句和对句）的对应位置上平仄相反，即句式2与句式3、句式1与句式4两种组合方式。"黏"的特点是，相邻两联的相邻两句第二字的平仄相同，要么都是平起句，要么同为仄起句。如白居易《赋得古原草送别》：

离离原上草，一岁一枯荣。
野火烧不尽，春风吹又生。
远芳侵古道，晴翠接荒城。
又送王孙去，萋萋满别情。

对于不太熟悉上述四种句式的读者来说，一个简单的判断方法是看每句的第二个字。以白居易这首诗为例，首联出句的第二字"离"为平，对句的第二字"岁"为仄，就是"对"；首联对句的第二字"岁"为仄，紧承它的颔联出句第二字"火"也为仄，这就是"黏"。以下各联，依此类推。

我们注意到：四种基本句式依据"黏"和"对"的原则交错分布。对和黏，实际上就是用对应和重复的方法从前一句推出下一句。通过对、黏的方法，各句平仄交错、具有弹性的曲线线段连接成一条既有规则又富于变化和动感的线性旋律，使之具有一种变化灵动的美。

在实际创作中，平仄规则的运用也有一定的自由度。为了解决创作中严格遵守格律的困难，常常不得不作妥协或变通，因此诗句的平仄安排并不都与四种标准句式的平仄规定完全吻合。关于这一点，前人有"一三（七律包括五）不论，二四（七律包括六）分明"的说法。这种变通既能给诗人提供自由度，又能使诗句旋律在规则之中灵活变化，创生出灵动的美感。当然，所谓"不论"是有条件的，"不论"可以，但不能犯"孤平"和"三平调"。另外还有"拗""救"之类的规则（如"野火"一联）。"拗"就是不顺，"救"就是补救，改变本句或对句某字的平仄，这样"拗"和"救"形成一种对规则的系统违反，达成一种非常规的平衡，就像数学的"负负得正"。如果诗句不是四种标准句式，但只要符合这些规则，也是符合声律要求的。比如上面这首《赋得古原草送别》，中间两联的平仄，虽不完全按照标准句式打造，但仍然符合声律要求。

律诗都押平声韵。因此，偶数句的尾字都是平声，并且必须同韵；而奇数句（除第一句）的尾字只能是仄声。第一句的尾字可平可仄；若是平声，那么这个字也必须入韵。

为什么律诗都押平声韵？这是因为平声字的字音读起来光滑悠长，容易产生余音袅袅、韵味悠长的感觉。律诗可以抑扬顿挫地吟诵或吟唱，但这种吟诵或吟唱只有"半音乐"性质，一般是不会当成歌曲一样演唱的，所以它字面上的音乐性很讲究，押平声韵也是为了适应这个要求，使律诗获得更充分的音乐效果。

以上就是五言律诗的平仄要求。

七言律诗的平仄，只是在五言律诗的平起句前加上"仄仄"，变成"仄起句"；在五言律诗的仄起句前加上"平平"，变成"平起句"。懂了五言律诗的平仄规则，七言律诗也就懂了。

近体诗不押仄声韵，且不可换韵。古体诗可押仄声韵也可换韵，在音韵上别具风味。韵尾平仄的不同，在意味上也会产生比较明显的差异。例如唐代岑参的古体诗《白雪歌送武判官归京》的开头四句：

北风卷地白草折，胡天八月即飞雪。
忽如一夜春风来，千树万树梨花开。

前面两句韵脚是急促的入声字"折"和"雪",而后两句韵脚是流畅的平声字"来"和"开"。这种迫促和流畅之间的明显变化,从语音上暗示出从冰天雪地到春暖花开这两个世界的转变与分野,冬天的严酷,春天的生发,从韵脚方面得到了表现。"忽如一夜春风来,千树万树梨花开"虽然写的仍然是冬天的景象,但它蕴含着春天的感觉。这个例子典范地证明,汉语音律的意义有时候并不只是单纯语音上的,即并不只是外在形式上的,而是与意义也联系了起来,从而"韵律象征着内容"。

律诗的平仄很严格,但也有打破规则的情况。比如前面提到的崔颢的《黄鹤楼》一诗,它的颔联"黄鹤一去不复返"、一句,竟然连用六个仄声字,就不符合通行的声律要求。这说明诗歌的形式有时候会因为内容的需要而被打破,内容不必削足适履地去适应和服从声律。当然,既是律诗,就以遵循声律为宜;学习写律诗,更不可不顾规矩。事实上,唐朝沈、宋以后的律诗基本定型化,杜甫以后不合格律的更是极少;到宋朝和宋朝以后,不合律的"律诗"多半会沦为"没文化"的笑谈,几乎绝迹了。

六、余话

上面的分析已经让我们了解到,近体诗具有浓重的音乐美。近体诗的音乐美还不仅仅表现在这几个方面。汉语自身的声音形式,就为诗歌的音乐性留下了巨大的空间。比如,借助于双声叠韵,也能够增加诗句音韵上的美感。杜甫《秋兴》:"信宿渔人还泛泛,清秋燕子故飞飞。""信宿""清秋",都是双声。又如他的《咏怀古迹》:"怅望千秋一洒泪,萧条异代不同时。""怅望""萧条",都是叠韵。杜甫利用双声叠韵,增强了诗句的音乐美。诗人这样做完全是有意识的、自觉的。比如温飞卿《题贺知章故居叠韵作》:"废砌翳薜荔,枯湖无菰蒲。"两句全是叠韵,这说明温先生是有意这样干的。不过他这样做,使诗句读起来反而不甚顺口,也就是说,他干得太卖力太过分,似乎流于形式主义了。中国文字,形音义兼具,有天然的形式美;古代文人和文风容易滑入形式主义,诗歌中有诸如回文诗、宝塔诗之类的大量文字游戏之作,与来自语言文字本身的诱惑也是有关的。

不难看出，近体诗的语言是高度组织化的，与自然语言区别甚大，是一个相当独立的语言世界。音韵的严格规定，对词句的选用和锤炼提出了很高的要求，使近体诗的语言与日常言语拉开了显著的距离。诗律的形成，本身也是和语言的发展同步的，正如我们观察到的，诗歌的句式，由《诗经》时代的四言，到汉魏时代的五言，再到魏晋逐渐发展起七言，经历了十分漫长的过程，汉语音韵也经历了长期的历史演进，在齐梁间才出现严明的四声平仄的界定。所有这些，为唐代近体诗的兴盛作好了准备；可以说，这就是唐诗繁荣的技术性基础。

唐代诗人灿若群星，唐诗成为我国文学史上的一个高潮，宋代诗人们继续奋力开拓，也获得巨大成就，然而后代不少评论者们还是觉得宋诗已经难以与唐诗比肩了。评论家们这样看，当然不能仅仅视为出于对唐诗的偏爱或对宋诗的偏见；任何一种文学样式，都可能有旺盛的生命力，但这种生命力不可能永不穷尽。近体诗经过唐人反反复复的挖掘利用，这个领域里可以开垦的荒地已所剩无几了。宋代词的兴盛，就是一种诗歌体裁的反动，说明近体诗这种诗歌样式有点力不从心，主宰不了诗坛了。正如王国维所说，一种文体通行既久，写的人就多，形成陈套，"豪杰之士亦难于中自出新意，故往往遁而作他体，以发表其思想感情。一切文体所以始盛而终衰者，皆由于此"（《人间词话》）。后代仍不乏近体诗作，但其文体功能业已枯竭，转而成为文学发展的惰性力量。唐诗因而始终像一座逾越不了的高峰，阻挡着后代诗人，使他们再难取得唐代诗人曾经取得的那样辉煌的成就。

现代汉语语言又有巨大的变化，白话席卷了几乎一切汉语写作。写近体诗，就显得更有点不合时宜了。闻一多说，写诗就是"戴着脚镣跳舞"；我更想说，写近体诗，就是"戴着多重脚镣跳舞"。这样说一点儿也不夸张。古代诗人专习此道，千百年来，也的确有一些才力巨大的诗人写出不少杰出的诗篇，脚镣没能束缚住他们强壮的脚，随着他们的舞蹈，脚镣的叮当声反而成为一种美妙的伴奏，衬出其舞姿的高超与优美。但平庸的诗人远比杰出的诗人多，正如平庸的近体诗远比杰出的近体诗多。唐诗之后是宋词；别名"长短句"的词的产生与兴盛，就是对过于整饬的方块诗体的一场革命。正因为近体诗的声律高度模式化，容易单调、僵硬，诗人的言语活动空间相对较小，要写出出色的近体诗，也就非常艰难；超过前人，更不容易。如果读过当代的一些名人、要人写的所谓律诗，你就不难明白写好近体诗是何等艰难。语言功力不足，文学素养有限，在这样的情况下去写，要么不文不白，扞格不通；要么一脱笔砚，已是陈言。有鉴于此，我不主张现在的人去写近体诗。唐诗宋词，你尽可以去欣赏，欣赏之后可能还会产生创作诗词的欲望，但动笔不宜草率匆忙。如果你只是尝试律诗写作来获得一些实际经验，去体会律诗写作的门径，那当然是值得鼓励的；如果你希望把律诗作为你的写作方式和扬名立万的事业，那就未免不合时宜了。鲁迅曾经说，一切好诗，到唐人已被做完，假如你不是翻得出如来掌心的"齐天大圣"，就大可不必动手。（语见郑逸梅《艺林散叶》）鲁迅自己也写过一些近体诗，这是不是说明鲁迅自以为比唐人高明，我不得而知。但郭沫若的确说过"鲁迅先生无心做诗人，偶有所作，辄臻绝唱"这样的话。郭沫若是诗文行家，因而他的这一番赞扬，可以让我们小心地得出鲁迅的旧体诗做得还不错的结论——但暂时还难以得出鲁迅的诗超越了唐诗的结论。我们对自己通常不乏信心，有时也不免雄心勃勃要和鲁迅比一比；但鲁迅尚未超越的唐人，我们一时也难以超越。更何况近体诗严格的声律，的确太限制我们的手脚了。我以为我们对旧体诗的兴趣，更主要的应该放到欣赏、研究方面，吸取里面的养料，滋养我们的情趣，如此而已。

古典诗歌的根本特征和历史发展

——中国古典诗史的另一种叙述

中国古典诗歌的根本特征在于主体情志与外部景物的互相渗透和融合。这表现为它的形象性和"意－象"一体的形象展现方式。在形象性和"意－象"一体的形象展现方式方面的不断跃迁，构成了中国古典诗歌艺术发展的历史线索。

一、"意－象"一体的展现方式

诗歌是最早的文学艺术体裁。早期诗歌依赖语言而不是依赖文字传播；许多没有文字的民族却有口头流传的诗歌，即可证明诗歌起源于文字产生之前。我们现在无法读到最早的汉语诗歌，早期口头歌谣早就被后起的文字形式的诗歌淹没。

原始的诗歌有些什么特点呢？

我们可以根据法国人类学家列维－布留尔的观点作出推测。他认为原始思维具有原逻辑（prélogique）特点，遵循互渗律[①]，主体与客体经常打成一片。这

[①] 在原始思维中，主客体尚未分化，初民以自然的特性规定自身，又把人的特性投射于自然，以为人与自然的深层结构相同，"物我同一"是他们的信念（"天人合一"就是这种观念的延伸）。这导致了"万物有灵"和"生命不灭"的观念。对死亡的恐惧是人类普遍而深刻的本能，对生的渴望与自我意识的结合，使原始人把生命看作永恒存在，个体的诞生和死亡只是生命形式的转换（庄子也有类似思想，在妻子死后鼓盆而歌就是出于这种观念），人与物只是生命本原的不同表现形式，自然物有着人一样的生命，这便是图腾信仰的思维前提。图腾信仰认为人与图腾物之间具有密切的宗族关系，图腾、人类、个体的差异性淹没于彼此的相同性之中，集体表象成为每个原始人的个体意识。列维－布留尔认为这就是原始思维的"互渗性"特征。由于这种互渗性，原始思维可以毫不费力地越过精神与物质、影像与实体、生者与死者、人与物之间的界限。

种思维方式具有直观性和具体性,充斥于语言中的不是抽象概念,而是一种特殊的"心象-概念"。这种"心象-概念",总是与某个特定的具体事物结合在一起。

根据上述看法,不难猜测到原始诗歌的模样。事实上,中国古典诗歌在很大程度上符合他所阐明的思维模式,主体情志与外部景物的互相渗透和融合,正是中国古典诗歌最显著的特征。如此我们可以判断,古典诗歌的发展过程,基本上没有脱离原始思维的制约;它一直保留着它最基本的内核,如同中国历史那样拥有高度的稳定性。

原始思维不等于落后的思维;原始思维表现着人类固有的心理-思维机制。这种思维是先民们借助想象去认识对象世界的精神性实践,建构了经验与想象之间的生存体验,开创出深层的精神世界。恰恰是这种思维特点,决定了诗歌的基本艺术性格。"心象-概念"属于"意"与"象"的综合,这个综合方式是感性的、情感的、弱逻辑的,诗歌因此可以逸出抽象概念的逻辑思维,也可以突破客观现实的有限性,从而使人类精神越过逻辑规范和现实制约而获得更大程度的自由。诗歌是非真非幻、亦真亦幻、即真即幻的。意象本身就是主客互渗、主客同构的思维方式的产物,图腾就是原始的意象。意象在"意"与"象"之间,在抽象的理念世界和具体的现象世界之间,建起一座互相联通的桥梁。有了这样的桥梁,诗歌就可以兼具感觉对象的生动性和情感思想的主体性,既可以向内在情感思想倾斜,也可以朝外在现象扩张。这样,"意"与"象"以浑融一体的面貌表现出来。可以说,古典诗歌的艺术价值,正在于它高度发挥了原始思维的直观性和具体性——而这正是人类感知和了解世界以及自身精神发展的出发点,也是人类古往今来的一种普遍的感受和认知方式。在古典诗歌中,我们能更清楚地看到从远古直到今日的人们共同的精神联系。

中国古人很早就发现,诗歌是人的精神意向由内而外的发挥。"诗言志"是中国文学史中一个古老的观念。这个"志",从造字角度可以解释为"心之所之",简单和含混地说,就是人的心灵活动,包括人的种种意念感受,各种思想情感。诗歌里的所谓思想,并不是哲学中那种明晰的命题、推理和判断。诗歌里面当然具有理性内容，但这种内容通常是通过"立象以尽意"的方法来表达的。可以这样说，"诗言志"的意思是：诗表现人的精神呈现于外部世界中的旨趣。在诗歌象征性的表现方式中，理性内容往往是一种还没有把一般和体现一般的个别具体事物割裂开来的认识，它的理性中混合着饱满的感性。古典诗歌的观照方式，显然是混融的，未经分裂的和较为原始的，它介于直觉和抽象思维之间。

"诗"是文学的"母语"。其实，诗歌中的意象一体的感性言说方式，迄今仍然普遍存在于我们的日常生活之中。在日常表达里，我们内心的想象和特定的情感，依然需要诉诸"诗意"（或"隐喻"）的词句。

二、中国诗史上的持续发展

在较原始的时代，还不存在逻辑明晰的观念体系和知识体系，也还没有人类活动必须符合这套体系的强制性，诗歌就比较容易成长起来并发挥作用。正是诗的原始的观照方式，使之成为最早的文学样式。中国历史上第一部文学作品总集《诗经》，全是诗歌作品。在中国传统里，宗教意识比较淡薄，哲学在过分伦理化的背景下也不够系统，种种因素使得诗化思维普遍化。这不仅导致诗歌在文学艺术领域里独领风骚并长盛不衰，也影响到早期的艺术散文如辞赋、骈文的普遍诗化。

随着知识的积累和理性的成长，散文意识逐渐广泛地渗入人的文化生活。《诗经》之后，诸子散文兴起，散文意识迅猛成长。诗歌与散文的纠结交错，一直延续到宋代。到宋代，散文意识开始占据主导地位，理学的成立和唐宋八大家（有六个属于宋代）古文的出现，是一个重要标志。在此之后，古典诗歌逐渐走向了决定性衰落。散文表达的关键，不再是用直观鲜明的形象表现某种意蕴或唤醒某种感悟，而是内容及其意义的单纯与明确。散文的规范是精确性、逻辑性和易理解性。散文的成长意味着理性的增长，观念变得越来越明确，人们会用明确的观念去直接面对世界，诗和它的形象性于是处于弱势的境地。唐宋以来散文的发展对诗歌的压迫，也是宋诗出现说理倾向的重要原因。宋诗说理的倾向，意味着古典诗歌中抽象思维部分在增长，但这种增长逐渐破坏了诗歌固有的观照方式，"意"与"象"的浑融一体开始破裂，诗歌于是面临危机。古典诗歌虽以其巨大的历史惯性一直存在于宋代以后的文学史，但是，叙述更为清晰、情感更为明晰的小说和戏曲的迅猛兴起，转变了中国古代文学的发展方向，彻底改变了中国古典文学的面貌。

（一）《诗经》和《诗经》以后的情况

《诗经》是最早的诗歌总集。这些诗篇仍然带着原始时代诗乐不分的痕迹，但它已经不是原始诗歌，尽管其主要部分"国风"基本上是采集民间歌谣编辑而成。《诗经》时代，语言已有巨大发展，社会已有显著进步，人类早已迈入文明时代。《诗经》明显地关注现实人间的生活，有浓重的现实感，在一定程度上表现了人的自我意识的成长。但这个时代，观念和知识的系统还在建构中，诗的作用无法替代，《诗经》甚至在生活现实中发挥着重要作用，《左传》中有不少外交场合引用《诗经》表情达意的情形；孔子教导学生，反复以实用主义的态度强调《诗经》的重要作用，甚至说"不学《诗》，无以言"。

古典文学史上的第一个散文高潮，是在《诗经》之后。《诗经》之后，从春秋后期到战国时代，掀起一个散文的高潮。这个高潮的兴起，首先是由于抽象思维和认识方式在迅速进步，人们对历史和现实的关注、思考和理解在增强。对历史经验高度重视的中原的史官文化传统推动着历史散文的发展，对社会和人生的思考导致了诸子散文的勃兴。"礼乐崩坏"是孔子就已感觉到了的趋势："礼"的崩坏是由于社会结构的解体，旧有秩序遭到破坏；"乐"的崩坏则意味着依附于古乐的原始美感，已经发生显著的变异。依附于乐章的诗歌，在"礼乐崩坏"的形势下，就慢慢衰颓了。相比之下，相对落后的南方尚有原始美感的保留，所以出现了屈原和楚辞。而在中原，正如孟子所说，"《诗》亡然后《春秋》作"，散文时代来临了。善于游说和辩论的纵横家的出现，标志着先秦散文的时代高潮。散文的高潮，一般意味着诗歌的没落，这是由于它们具有不同的观照方式和表现形式。

先秦的散文高潮在秦汉时代得以延伸，司马迁的《史记》使历史散文得到长足发展,诸子之学尤其是儒学在汉代得到关注和研究。诗歌在汉代长期不发达。汉赋基本上是一种散文,但它受楚辞影响而成立,也具有一定的诗歌的因素。汉儒的诗学观念主要强调诗歌的实用功能和人伦价值,这是一种"散文式的诗歌观念",难以促进诗歌艺术的继续发展。汉乐府民歌则基本上采用了质朴简单的表达方式,难以在这个散文优势的时代取得文学的主导地位。诗歌要重新取得地位,就必须在它所擅长的表现领域取得突破。

(二)形象性的再度活跃

散文促进了抽象观念的明晰,促进了理解能力的发展,诗歌要突破散文的制约,就必须借助形象,摆脱抽象的内容意义的束缚。但在散文方式的单纯精确开始变成常规的时代,诗和它的形象性取得突破较为困难。根据黑格尔的说法,在散文时代里,占优势的意识方式是情感、感觉与理解力之间的割裂,而理解力对待情感和感觉的内在和外在的材料,通常不过是用来发动知识和意志,或是服务于研究和行动。在这种情况下,诗要使自己跳出散文的观念的抽象性,就不仅要避免具体的感觉、特殊的情感与抽象的思考之间的割裂,而且要使感觉和情感及其材料内容摆脱为实践目的服务的地位。也就是说,它必须恢复"意-象"一体的观照模式;并且鉴于散文时代中人类意识的进步,它还需要使"意"更加精纯深远,使"象"更加生动鲜明,才能完成对原始诗歌的艺术超越。这对诗提出了更高的要求,这样的任务已经无法由民歌来完成,而只能在人的主体意识进一步觉醒的前提下,由具有较高能力的诗人来担当和完成。屈原在战国末期孤独地让诗歌闪烁出一点光芒,他的孤独证明了诗歌要在散文如日中天的时代完成全面超越极其艰难。到了东汉末期,诗人才开始较多地出现。但东汉末年也不过是诗歌发展的另一个起点,诗歌的成长仍然需要漫长的过程,因为长期的散文强势,使散文的观念方式对诗形成压力并产生影响,所以就不免与诗的观照方式互相干扰甚至互相冲突。《古诗十九首》就显示了这个特点,它既有传统的"比兴"的形象化手法,又有散文化的直接的议论。魏晋时代的诗歌,尤其是玄言诗,也体现了散文意识对诗歌的渗入。直到山水诗和田园诗在东晋以后逐渐发展起来,景物突出地成为诗歌的重要构成因素，才重新发现了诗的形象性，诗歌出现发展的转机。也正是在这个意义上，写山水诗的谢灵运和写田园诗的陶渊明，都是中国诗歌史上不可忽视的关键人物。

（三）唐宋时代的情况

这些诗歌一路发展到唐代，才真正全面确立了情与景深度交融的范式，达到了意与象的高度浑融，唐诗于是成为古典诗歌的最高典范。到了韩愈、白居易时代，唐代的衰颓加强了人们的思索和反省，人们把眼光更多地转向动荡的现实和冷峻的命运，理性思考日益活跃，诗歌显出衰落态势，散文又开始了新一轮发展。古文运动兴起，传奇小说出现，挑战诗歌的地位，又使诗歌面临着进一步突破的选择。但这异常艰难，因为古典诗歌的体裁已经凝固化，而散文的理性已经普遍渗入日常生活意识。一方面，诗歌出现了议论化的倾向，韩愈的"以文为诗"，就是散文意识侵入诗歌的典型标志；一方面，诗人做诗已变得相当吃力，韩愈以后，大量诗人以"苦吟"而闻名。宋代诗歌的寻章摘句，使事用典，很大程度上也是因做诗艰难而发明的一种偷懒的方式，深究一步我们可以发现，这也正是诗体功能弱化、散文方式泛化的一种反映。

古典诗歌的发展遭遇到难以逾越的障碍。只有李商隐的一些无题诗实现了对传统诗歌的部分突破，他采用意象的复合、流动等方法，使"意"变得较为隐晦，超越了一般的"情景交融"模式，达到更微妙和更内在的精神境界，主体情思在意象世界中获得了更自由的流动和更丰富的表达。在这个意义上可以说，李商隐是古典诗歌史上最伟大的诗人之一。李商隐之外，绝大部分诗人停留在传统圈子里打转。于是诗歌被迫回归古老的传统，寻求与音乐的结合，这导致了词体的兴盛。唐代的刘禹锡作过《竹枝词》，白居易作过《忆江南》，晚唐作词的诗人更多。宋代初年还有不少诗人致力于维持传统的诗体，向白居易、李商隐等唐代诗人学习的风气一时声势浩大，但力不从心，难有新意。宋代著名诗人大多要填词，但更希望用在他们看来更高雅的诗体写出佳作，然而都难免矫揉造作——宋诗在并非有意为之的时候，也常常发议论，用典故，很难恢复到诗所应有的自然流露。有的诗词追求新奇,在辞藻和描绘等方面,纵使不算夸张和堆砌,也不由自主地流于雕饰、尖酸、纤巧、弄姿作态。唐宋古文运动和宋代理学的兴盛,证明从韩愈开始已逐渐又到了散文优势的时代。古典诗歌到宋代,无可奈何地衰落了。诗歌要继续发展,必须耐心地等到下一轮突破——李商隐虽然让我们看到了一点曙光,但直到20世纪初,天也不过蒙蒙亮。

什么是语文的"文"

有句很著名的话："语文学习的外延和生活的外延相等。"

这话是对的，然而只是"片面的真理"。生活中处处都有语文的运用场景，所以处处都能学语文。既然如此，学生何需到学校来学习语文呢？语文学科的存在，还有什么价值呢？学生在语文课堂上，究竟该学习什么，能够学到什么呢？

真正重要的不是"语文学习的外延"，而是"语文学习的内涵"。

所以这个问题仍然值得一问：什么是语文？

何谓语文，历来就有很多讨论。"语"是指语言，包括口语和书面语，这基本上是共识。这里要强调的是，语文的"语"是母语，母语不止是交际工具，更是思维工具。既然是思维工具，那么，作为确保思维正常运作的规则的逻辑，就应该是语文学科合理的构成部分。

争议较多之处，在"文"指的是什么。对于语文之"文"，大体上存在"文字""文章""文学""文化"等多种理解。我的观点是：唯有"文章"，方能符合语文学科的实际；在语文各种可能的含义中，以"语言"和"文章"为最合理的定位。

一、"文"= 文字？

"文"的造字本义，是指刻画在物体上的纹路。"字"的造字本义，是在屋子里生养孩子，与"孳"是同源字。如果把"文"与"字"联系起来辨析，"文"就是用象形（刻画形象）的方法而造出来的那部分文字，"字"是由"文"的不同组合而衍生（孳乳）出来的那部分文字。

有了文字，口头的语言就能通过书写成为书面的语言。

语言是思维和交流的工具，而思维和交流本身就是文化行为。文字的出现和运用，也是人类文明史上具有深远影响的文化事件。所以，有人认为，即使把语文定义为"语言文字"，突出了语文的工具性，文化内涵仍在其中。这种观点的风险在于，把语文定义为语言文字，可能使得语文学科中包含的文章、文学等关键要素被边缘化。毕竟，文字是记录语言的符号，"语言文字"可以化归为"语言"，这就意味着把"语文"基本等同于"语言"，这是不符合语文学科实际的。至于语文学科不等于语言学加上文字学，则更是显而易见。尽管文字记录的语言是书面语言，文章与文学也都是书面表达，但把语文等同于语言文字，依然容易导致窄化和误解。语言文字毕竟只是文章与文学的工具基础。

二、"文" = 文学？

语文教学的文本范围，当然包括文学作品。

但这并不是说，文学教育是语文学科的中心任务。语文教学，不是为了培养文学艺术家，更不是为了培养文学理论家。即使以此为中心任务，也注定是无法完成的。大学的文学院都未必能培养出作家，作为基础教育课程体系中的一个教学科目，语文学科更加不能，实际上也无此必要。

语文学科可以而且应该选择较多数量的文学文本来作为教学篇目，其宗旨在于培养学生对书面语言的感受力、对文学文本的分析力和鉴赏力。这些能力并不局限于文学，也可向人生的各个领域推广，借此建构出一定的思维品质、审美品位和人生趣味。

但如果把语文的"文"定位于文学，这又比较狭隘。语文教学当然离不开文学，主要教学材料是文学文本；但语文是一门课程，而文学是一门艺术，语文课上的阅读和文学作品的阅读是有区别的（语文学科的阅读范围更大，包括实用类文本等文本类型的阅读），语文课的写作练习也与文学创作的旨趣不同（语文的写作练习首先是一种追求规范性的、训练书面表达能力的写作，同时也包括与文学趣味无关的实用类文本写作）。

特别值得注意的是教科书中节选文学名著而编列的篇目，如《香菱学诗》《黛玉之死》《宝玉挨打》《抄检大观园》等，都应作为文章来教学。因为实际上，整部《红楼梦》才是一个具有完整意义的文学作品，而这些节录的片段则不是（其实更近于文章）。这类文章的教学，当然不必回避其与文学的关系，也可借机引导学生去阅读《红楼梦》，但是，要坚持"作为文章来教学"，亦即以文章的尺度来规划教学，而不需要过多牵涉《红楼梦》的宏观意义，更不能将其当成完整的《红楼梦》来探讨其文学史价值。

为什么语文学科中大量的选文是具有文学性的呢？这是因为语文学科具有自身的特质。它的工具基础是语言文字，它的基本载体是文学文本——因为文学类文本在词汇的丰富、语法的变化、修辞的多样性等方面，是别的文本无法比拟的。文学文本对阅读能力、表达能力的形成与提升，具有相对于其他类型文本的显著优势。文学类文本作为语文文本，具备当然的资格；而别的类型的文本要成为语文文本，则须附加额外的条件。

历史类文本，要成为语文学科的文本材料的前提，是必须具备文学价值。如果不具备文学价值，则更适用于历史学科的教学。同样地，思辨类文本具备一定的文学价值，是其成为语文文本的前提条件。实用类文本，具备训练语言表达的价值，是其成为语文文本的前提条件。

严格说来，在语文考试中，文言文阅读考查，选择缺乏文学价值的一般史料作为命题材料，并不符合语文学科的特性。历史文献的理解考查，应该置于历史学科的考试中。在我看来，语文考试也不宜考查实用类文本的阅读，这种文本的阅读考查，应该置于涉及相关知识的相关学科的考试中。我的观点是，所有学科都应该开设"学科阅读课"，各科试卷中都应出现相应的"学科阅读题"。

三、"文" = 文化？

语文当然包含着文化内容。语文本身就是文化的载体。

但是，"语文就是语言和文化"这样的表述，却不恰当。文化的含义过于宽泛，人类创造的总和，尤其是诸如文学、艺术、哲学、科学、教育、宗教等精神创造，都是"文化"。如果说"语文就是语言和文化"，那就形同于宣布所有的学科都属于语文。这种说法实际上也就等于取消了语文。

语文是文化的重要组成部分，但作为母语，它首先是最重要的思维工具和交际工具。语文学科具有自身的特质。离开语文学科特质奢谈文化，这是有害于语文的。

四、"文" = 文章？

语文课程的"文"，以定位为"文章"为宜。这是因为：

第一，从语文教学的实际来看，教学生读文章、写文章，培养其基本的理解能力和表达能力，是最基础的任务。

语文阅读教学的"文章"，既有文学类文本，也有实用类文本，以文学类文本为主却不局限于"文学"。写作教学的任务和要求，也不需要学生达到"文学"的高度。

第二，从语文教科书的构成来看，几无例外都是文章的分类选编。

语文学习的基本任务，就是学习读文章，写文章。文章是学习阅读理解的基本载体，语文教材阅读部分（阅读鉴赏）的基本体例，是文选。写作部分（表达交流）的基本要求，是学习写文章。

第三，文章是可教的，文学和文化（在本质上）是难以教的。

文章是可教的，因为它有体裁，有法度。

文学也有体裁和法度，但优秀的文学作品之所以优秀，并非因为其体裁正确和法度谨严，而是因为其个性与创造力。也就是说，文学更多地依赖经验、性情和天赋。而这些是不可教的。鲁迅非中文专业出身，莫言甚至没念过中学，但都创造了杰出的文学成就；相比之下，大学的文学院，却没有大量涌现出杰出的作家。

文化是经由一定文化背景的熏陶，并经由人们的选择与认同而形成的。语文当然会对学生产生文化影响，但这种影响是伴随着语文学习过程而发挥的。语文是有文化的，但文化不等于语文，并不是语文学科中具有独立性的教学任务。

文章，包括叙述类、论说类、抒情类、应用类。语文教材的文本，其结构和主题相对稳定，语言组织和结构安排具有较为明显的逻辑性。学生通过对文章的学习，积累关于语言文字、文学文化的知识，形成分析问题、理解和评鉴文本的能力，把自己对文章写作的理解移植到自身的写作实践中。所谓语文学习，差不多就是这些东西了。

关于文本解读:《庖丁解牛》新译

一、《庖丁解牛》罗晓晖翻译版

罗老师为梁惠王解读文本,无论是解读词句还是解读结构,无论是解读文章内容还是解读艺术形式,都处处通达,妙语连珠。他举手投足,一咳一唾,都魅力无穷,文本解读的节奏,竟然就像与最美妙的乐曲合拍。

梁惠王说:"嘻!好啊!先生的文本解读技术,怎么会高明到这种程度啊?"

罗老师解读完毕,回答说:"目前我所追求的,是探究文本内部的规律性,这已不再是一个简单的技术问题了。当初我开始从事解读的时候,对文本的内部结构还不了解,看见的只是模模糊糊的文本,不知道从何开始解读。积累了三年的解读经验之后,我终于发现了文本内部的意义组成部分,分得清这些意义的组织结构,辨得明文本的核心意思,再也不止于大而化之去看整个文本了。如今作解读,我能用思维直接透入文本之中,而不再是用粗劣的肉眼了;对文本表浅意义的感觉活动似乎停止,而我的精神似乎能够在密集的字里行间自由地穿行了。

"我依照文本自身的理路,分析文本中意思明显断裂的地带,沿着文本的主要思路展开解读,全部都是依据文本的本来面目。我的解读,从来没有强行割裂文本中思路相连的地方,甚至没有割裂过文意隐约相连的地方,更何况那些文意十分明确的地方呢?

"那些文本解读能力比较好的教师,有时会遭遇失败,那是因为他们在文意连接不太紧密的地方，自以为是地加以割裂。那些文本解读能力平庸的教师，会更频繁地遭遇失败，那是因为他们对那些文意十分明确的地方，也根据自己的主观意见，强行加以宰割。而我，做语文教师十九年了，解读文本数千篇，却从未在文本解读上遭遇失败。

"文本中那些关节处，哪怕意义密度最大、关联最为微妙的地方，也存在着理解的空间和解读的线索。人的思维活动，远比文本构造微妙。用微妙的思考，透入存在着解读空间的文本，那么解读就能够游刃有余。正是因为我能够依循文本，善于精细思考，所以我做了十九年语文教师，一直没有遇到解读文本的障碍。

"尽管如此，对一个文本，每当遇到文意错综、脉络复杂的地方，我知道那里解读有难度，就十分小心，目光集中，动作放慢，对这些地方进行细致的体察分析，突然之间，错综复杂的文本中，各种复杂的意义单元，各个错综的意义层次，好像就已经清楚地分离开来，哗啦一声，豁然开朗。文本还是那个文本，依然保持着它那鲜活的状态，但我的文本分析已经圆满完成，解读活动结束了。完成一个具有难度的解读任务，那是多么令人愉快啊！"

梁惠王说："好啊！我听了罗老师的话，懂得解读文本必须依循文本的内部规律的道理了。同时，我也领悟到包括养生在内的所有事情，都必须尊重并遵循事物自身的内部规律啊。"

二、译后附言

关于文本解读，耳中多闻阔论高谈，市面不乏鸿篇伟著。然而讲屠龙之术者太多，讲解牛之术者太少。以屠龙之术解牛，牛非龙也，所以难有实效。

搬弄种种文学理论、美学理论、文化理论来解读文本，常常有似于以屠龙之术解牛。解读文本，宜如庖丁之解牛。文有法度，如牛有肌理，有"天理"可"依"，有"大郤"可"批"，有"大窾"可"导"，"因其固然"即可，解牛有何难乎哉？实事求是读文，依循文理解文，即知文本解读并非那么玄奥。

文本解读，关键在"解"。若或以族庖之"折"，或以良庖之"割"，终而至于无"解"。"解"之关键，在"因其固然"。"因其固然"，就是尊重文本本来的内容和形式，依据文本自身的理路和脉络。以"折"以"割"，牛血四溅，好端端的文本，终于血肉模糊，一塌糊涂了。以解牛来类比，文本解读，无非就是依循文本理路以寻求解释；文本分析课，就是要深入文本以获得解读经验，建构解读方法。

文本解读，源于最朴素的理解冲动。理解，是文本解读的基本任务；读不懂文本，是阅读教学和阅读解题的常见问题。而这些问题，不是靠文学理论来解决的，而是靠分析方法来解决的。

虽然庖丁解牛的方法那么高妙，但他也不敢宣称自己大道在握，而只敢说"道"是他的"所好"。在种种理论面前，我从未有过理解力不足的自卑，但从未想过要挥舞什么理论的旗帜。一个人若不是能打死老虎的武松，而身上却蒙着一张虎皮大旗，这是令人反感的。其实无论哪种理论，都无非看法而已。但在我看来，看法并不重要，在文本解读中，重要的是解读方法和这些方法所依据的文本事实。

文本细读：语义分析和结构分析

一、什么是文本细读

在阅读活动和阅读教学中，文本以及文本细读，迄今并未真正受到足够的重视。在文学理论界，与文本隔膜的概念术语的套用和自我生成，十分常见，文学理论和文学文本的距离越来越远；在阅读教学中，文本分析的肤浅化、套路化，"知人论世"的社会历史分析泛滥的现象，比比皆是。

我们需要回到文本。我们需要文本细读。

文本细读源于西方文论中的语义学流派，语义分析是最基本的方法和手段。在这里，我不把文本细读作为文学理论或文学批评的研究方法来看待，而把它作为阅读理解文本的基本方式来看待。文本细读是一种语义学解读，我认为它非常朴实，也非常可靠。它是阅读教学中正确分析文本的可靠路径，因其具备基于几个基本事实的几项特征。

第一，文本细读强调以文本为中心。文本本身就是一个独立的客观存在，这是一个事实。无论作者的生平与思想如何，文本的真实意图只能以文本为依据。作者创作诚然是有意图的，但只有在作品中实现了的意图才能被视为作者的真正意图——这就是说，作者的意图是什么，只能以文本为据。作品一旦形成，就有它自身的结构与逻辑，这是作者也无法支配和改变的。

以文本为中心，在阅读教学中具有很强的现实意义。文本细读，本身就是在课堂教学实验中提出来的。"新批评"理论先驱瑞恰慈在进行文学教学时，隐去文本作者，将作品独立出来，让读者在不知道作者与写作背景的情况下对文本进行仔细阅读，就作品本身进行语义分析和结构分析。（这和语文考试中考查阅读的方式是近似的。）他认为，这样做可以提高读者对作品的鉴赏能力和分辨能力。这种研读和分析文学作品的方法就是"文本细读"。顺便说，理解了瑞恰慈，也就理解了"知人论世"在阅读教学中为何不能滥用。

由于解读所关注的中心是文本而不是作者，那么，文本细读，就需要分析文本内的语言和思想的关系。文本语言的功能和意义，表现在语义、语气、情感和意向等方面，若能准确把握这些因素，就能对文本的思想内涵作出有效的解读。

第二，重视语境对语义分析的影响。一个基本事实是：作者用文本来表达意义，他会希望他所表达的意义能被潜在的读者理解，因此文本组织策略一定是以理性为基础的。简单地说，他说话不会颠三倒四，前后的内容一定具有某种一致性或相关性。这就意味着，语境对于理解文本词句意义是十分重要的。所谓"词不离句，句不离段，段不离篇"，都是强调语境的作用。在一个文本中，正是上下文之间的联系，约束着特定词、句或段的具体意义。

文本内部，存在着语境。扩而言之，文本与它的外部，也存在着语境关联。例如，要实现对《桃花源记》这一文本的理解，当然需要研究这个文本内部的语境。而《桃花源记》与其他文本，包括陶渊明自己的其他文本，其他作者的相似的、相反的文本，则构成《桃花源记》这一文本的外部语境。这就是所谓"互文性"。《桃花源记》与别的文本具有互文性（文本间的互文性），陶渊明与别的作者也具有互文性（主体间的互文性），最终一切语境无论是历史的、社会的、心理的都变成了互文本（文化的互文性）——这就是"互文性理论"。可以明显地看出，这种理论以"影响"为核心要素，它所关注的是文本间的相互指涉或相互影响。这种理论本质上是一种文化研究的理论，不能与文本内部的语义分析相混淆——它的功能更多的是解释文本何以发生，它不是解读文本内部语义的恰当工具。

第三，强调文本的内部组织结构。写作归根结底是一个理性的行动，文本必然是存在结构的，这是一个基本事实。把文本解读重点聚焦到文本内部的组织结构上，才能从整体上把握住文本的篇章语义。

文本结构表现了文本的条理和逻辑，这一结构中的各主要语义信息存在着相互响应的关系。理解这一点是很重要的。例如，很多教师讲《囚绿记》，说执著向着阳光的"绿"象征了中华民族不屈不挠的民族精神。如果把这一说法置于文本结构中，那么，囚绿的"我"又该象征什么呢？"我"是民族精神的囚禁者吗？那又如何解释"我"对绿的喜爱呢？不难看出，这一说法是无法成立的，它回到文本结构中会面临自相矛盾的困境。

以前我在成都七中考核应聘教师，发现一个很普遍的现象：许多应聘者，包括一些文学理论的研究生，谈起文学史、文学理论，似乎头头是道；但就具体文学文本提问，立刻就会露出破绽。究其原因，在解读作品能力低下。

紧贴文本进行细读（close reading），对文本词句段篇的内涵进行充分的语义分析，这是文本细读的基本路径。这与中国传统中的"咬文嚼字"也是一脉暗通的。"咬文嚼字"，以此实现对文本"饱和"的理解，这是因抽象而未免空疏的文学理论所无法达成的。而依托于结构分析，对文本边界与内部结构进行把握，这是文本细读的合理性的基本保障。尊重文本系统性和整体性，才能避免文意的撕裂和误解。

二、文本细读中的语义分析

语义分析，是准确理解文本词句意义的基础。很多时候，语义分析不谨慎，是误读文本的直接原因。例如对韩愈《师说》中的"师道之不传也久矣！欲人之无惑也难矣！"，人们常常把"师道"解释为"从师学习的风尚"。语文教科书和各种网络资料，都是这样理解的。这一理解是否正确呢？我们先来看《师说》的前两段：

古之学者必有师。师者，所以传道受业解惑也。人非生而知之者，孰能无惑？惑而不从师，其为惑也，终不解矣。生乎吾前，其闻道也固先乎吾，吾从而师之；生乎吾后，其闻道也亦先乎吾，吾从而师之。吾师道也，夫庸知其年之先后生于吾乎？是故无贵无贱，无长无少，道之所存，师之所存也。

嗟乎！师道之不传也久矣！欲人之无惑也难矣！古之圣人，其出人也远矣，犹且从师而问焉；今之众人，其下圣人也亦远矣，而耻学于师。是故圣益圣，愚益愚。圣人之所以为圣，愚人之所以为愚，其皆出于此乎？爱其子，择师而教之；于其身也，则耻师焉，惑矣。彼童子之师，授之书而习其句读者，非吾所谓传其道解其惑者也。句读之不知，惑之不解，或师焉，或不焉，小学而大遗，吾未见其明也。巫医乐师百工之人，不耻相师。士大夫之族，曰师曰弟子云者，则群聚而笑之。问之，则曰："彼与彼年相若也，道相似也，位卑则足羞，官盛则近谀。"呜呼！师道之不复，可知矣。巫医乐师百工之人，君子不齿，今其智乃反不能及，其可怪也欤！

这两段中，"师道"出现三次。第一处"师道"，解释为"学习道"或"以道为师"，这没有争议。由于后两个"师道"都在同一文本中，合理的想法，应该是假定与前面的"师道"意思相同。当然，是否相同还需辨析。

假如与前面的"师道"不同，把"师道之不传也久矣"的"师道"解释为"从师学习的风尚"，那么，值得斟酌的地方是：

第一，"爱其子，择师而教之"属于"或师焉"这种情况，这是一种从师学习；"巫医乐师百工之人，不耻相师"，这也是一种从师学习。很显然，这两种从师学习的现象仍然存在，与"师道之不传也久矣"相互矛盾。换言之，这两种从师学习的现象，不属于文本中所说的"师道"的范围。

第二，"师道之不传也久矣！欲人之无惑也难矣！"，这两句构成了因果关系——正因为"师道之不传也久矣"，所以"欲人之无惑也难矣"。文中说，"彼童子之师，授之书而习其句读者，非吾所谓传其道解其惑者也"，明确地把"授之书而习其句读"这种知识性学习排除在"传道解惑"之外。人们不能"无惑"，并不是因为没有从师学习（这些童子是在从师学习的），而是因为"师道之不传"。那么，什么是"师道"呢？不难看出这里的"师道"与前文的"师道"含义是一样的，都是"以道为师"（区别在于语法结构，第一处是动词性质的，第二处是名词性质的）。

可见，"师道"并非一般意义的学习——童子们学习句读，巫医乐师百工之人学习技能，这些都属于从师学习的现象，但都不属于韩愈所说的"师道"的范畴。"以道为师"，不是一般的知识和技能层面的学习，是高级的学习，所学的对象是"道"。历史地看，韩愈所谓的"道"，当然是儒家之道。

文本细读，要沉入语言之中。真正要沉浸进去，并不容易。如果没有审慎的思考和精细的辨析，一沉下去，可能就淹死了。

审慎地思考，精细地辨析，以此沉入语言，不仅可以实现对语义的准确理解，也常常是鉴赏所必需。下面是小说家毕飞宇《林冲夜奔，一步步走得密不透风》中的几段文字，我以为对文本细读有启发。原文较长，我作了一些删改。

草料场被烧了，林冲知道真相了，林冲也把陆虞侯和富安都杀了。事到如此，除了自我了断，林冲其实只剩下上梁山这一条道可以走了。如果是我来写，我会在林冲酣畅淋漓地杀了陆虞侯、富安、差拨之后，立马描写林冲的行走动态，立马安排林冲去寻找革命队伍。这样写是很好的，这样写小说会更紧凑，小说的气韵也会更加生动。但是，施耐庵没这么写，他是这么写的——

（林冲）将尖刀插了，将三个人的头发结做一处，提入庙里来，都摆在山神面前供桌上，再穿了白布衫，系了胳膊，把毡笠子带上，将葫芦里冷酒都吃尽了。被与葫芦都丢了不要，提了枪，便出庙门东头去。

这一段写得好极了，动感十足，豪气冲天，却又不失冷静，是林冲特有的、令人窒息的冷静。这段文字好就好在对林冲步行动态的具体交代：提了枪，便出庙门东去。我想说，这句话很容易被我们的眼睛滑落过去，一个不会读小说的人是体会不到这句话的妙处的。

林冲为什么要向东走？道理很简单，草料场在城东。如果向西走，等于进城，等于自投罗网。这句话反过来告诉我们一件事，林冲这个人太"可怕"了，简直就是变态，太变态了。虽然处在激情之中，一连杀了三个人，林冲却不是激情杀人。他的内心一点都没有乱，在他扔掉酒葫芦之前，他甚至还没有遗忘那点残余的冷酒。"可怕"吧？一个如此变态、如此冷静的人会怎么"走"呢？当然是向东"走"，必然是向东"走"。

小说到了这样的地步，即使是施耐庵也改变不了林冲向东走。小说写到作者都无法改变的地步，作者会很舒服的。

在这里，林冲这个人物形象就是靠"东"这个词支撑起来的。所谓"算得到、熬得住、把得牢、做得彻"，这四点在这个"东"字上全都有所体现。我们常说文学是有分类的，一种叫纯文学，一种叫通俗文学。这里的差异固然可以通过题材去区分，但是，最大的区分还是小说的语言。《水浒》是一部打打杀杀的小说，但是，它不是通俗小说和类型小说，它是真正的文学。只有文学的语言才能带来文学的小说。

小说语言第一需要的是准确。美学的常识告诉我们，准确是美的，它可以唤起审美。

向东走，这个动作清楚地告诉我们，即使到了如此这般的地步，林冲依然没有打算上山。"向东"清楚地告诉我们，林冲其实没有方向，他只是选择了流亡。

我们说，现实主义作品往往都离不开它的批判性，如果我们在这个地方来审视一下所谓的"批判性"的话，施耐庵在林冲这个人物的身上几乎完成了"批判性"的最大化。天底下还有比林冲更不想造反的人么？没有了，就是林冲这样的一个怂人，大宋王朝也容不下他，他只能造反，只能"走"到梁山上去，大宋王朝都坏到什么地步了。这句话也可以这样说，林冲越怂，社会越坏。林冲的怂就是批判性。

文本细读的语义分析过程，当然涉及对文本内语境的分析。词语总是置于特定语境中，因此，语义分析须关注语境中意义的相互响应。当我们注意到文本内语义的相互响应，实际上已经具备初步的结构化理解文本的意识了。对于较难的文本，这也是有效的分析手段。

三、文本细读中的结构分析

结构分析，是理解文本整体意义的保障，也是确认局部理解准确性的方法。

结构是一个框架，文本中各部分的语义信息，在文本结构中各安其位。各个部分的语义信息相互作用、相互配合，共同完成文本意义的表达。因此，如果没有结构分析，文本的整体意义要么不能被理解，要么所获得的理解不可靠。

对文本局部的语义分析是否可靠，是否合理，也需要放到文本整体框架下来权衡。文本结构形成了对局部理解的约束。这个约束是重要的，如果没有它，局部理解就可能变形、放大，从而导致理解的偏差。下面举一个例子。

这个例子是鲁迅的小说《药》。我们知道这是一篇双线结构的小说。如果解读之时，只是简单地了解到这种结构的轮廓，明白哪里是明线，哪里是暗线，对于细读的要求来讲，这是远远不够的。我们必须问自己这样的问题：为什么这篇小说要采用这样的结构？这样的结构在这一文本中有何意义？

在我看来，《药》的结构，可以用弗莱（Northrop Frye）的理论进行诠释。弗莱认为，原型是"典型的即反复出现的意象"，神话则是文学的"结构因素"，"文学总的说来是'移位'的神话"。比如，各民族都有神由生到死又由死复活的神话，这一神话移位后就成为后世文学的基本原型。后世文学中，喜剧是神的诞生和恋爱的变形，传奇是神的历险和胜利的变形，悲剧是神的苦难和死亡的隐喻，反讽则是对神死后尚未复活的情形的讽刺。在这套话语体系中，"神"这个词语，也可替换为"英雄"。而这四项分别对应于春夏秋冬四季，是四种基本的原型。

不难看出，《药》是一个"冬天的故事"，描述的是一个"没有英雄的时代"，正是一篇典型的反讽之作。小说一开始就让英雄夏瑜死亡，从而进入一个没有英雄的时代。根据弗莱的划分，《药》这个故事，整体上就是"反讽"。在文本中我们可以看到，为了加强讽刺效果，作者将英雄夏瑜放置在暗线上，把英雄隐藏在侧面的间接描写之中进行若有若无的追述；而把以华老栓一家为代表的麻木愚昧的群众放置在明线上，把他们推向引人注目的前台。《药》采用了十分典型的冬天的叙述结构，从而凸显了其讽刺主题。这就是鲁迅为什么使用双线结构。这个结构分析十分重要，它成功解决了关于这篇小说主题的纠纷：结论只有一种，那就是本文旨在讽刺麻木愚昧的群众，揭示社会病根，引起疗救的注意。

对《药》的主题理解，长期以来有各式各样的说法。有人说《药》的"正题旨"是"亲子之爱"，有人说《药》的主题是破除封建迷信，有人说《药》是歌颂革命者（夏瑜）的，有人说《药》是批判辛亥革命的不彻底的。之所以出现这么多理解的争论和偏差，原因是缺乏结构分析的意识。我认为，有了上述结构分析，主题理解不应再有什么争议。回到《药》这一文本中，我们很容易观察到，明线上的语义信息占有压倒性优势，而这些信息主要指向的是民众的愚昧与麻木。这也有力地印证了上述分析的正确性。

文本结构是聚焦主题的意义结构，这一结构中总是存在很多"细节的缝隙"。

从结构这一维度上看，文本内部总是存在很多"空白"或"缝隙"。写作总是有取有舍，有详有略，一个文本不可能面面俱到地陈述出所有情况，这就使得文本客观上存在需要在阅读时填补的空白或缝隙。有时候，找出空白，在整个文本结构上做一个"完形填空"，会让我们豁然开朗。

下面引述陈思和关于曹禺《雷雨》的一则资料，供参考。原文较长，此处有删改。

《雷雨》里也有一个遗漏的情节：周朴园在繁漪之前还有一位妻子，就是取代鲁妈的那个有钱人家的小姐。这个妻子在《雷雨》里面好像完全被忘掉了，什么都没留下。这是一个值得关注的缝隙。为什么曹禺在剧本里对这个连名字也没有的女人一点信息也不提供呢？相反，对于生育过两个孩子的梅侍萍（鲁妈），周家却保留了大量的信息，又是照片又是老家具，还以周萍生母的身份时时挂在周朴园的口头上。其去后荣辱相差如此之大，不能不引起细读的深思。

还有就是剧中人物口头上经常提起"三十年前"周家把鲁妈赶走的事

件。可是，鲁大海出生三天的时候鲁妈被赶走，鲁大海在剧本里出现时是二十七岁，应该是二十七年前被赶走才对啊，为什么说是三十年前呢？我仔细排他们的年龄，周萍是二十八岁，那么周朴园与鲁妈在一起至少是在二十九年以前，也就是说，周朴园和鲁妈两个人相爱的时间是三年，所以，"三十年前"恰恰不是把鲁妈抛弃的日子，而是他们相爱的日子，他们两个人从相好到生子再到分离，正好是三个年头。那么，我就想，周朴园和鲁妈都不是在回忆一个悲惨的日子，而是在他们的潜意识里回忆着一个美好的日子。什么样的事情能这么刻骨铭心，值得他们在潜意识里面一再出现？那只有他们美好的爱情。我再想，周朴园并不是强奸了这个丫鬟，他们是相好了三年，而且三年里生了两个孩子，他们的家还布置得非常像个样子，事情已经过去三十年了，周朴园还保持了鲁妈当年的布置，他每次与繁漪吵架，就要拿旧衬衣来怀旧。所有的事情都联系起来，你就会发现，其实周朴园对鲁妈的感情是非常深厚的。

这示范了一种细读的方法。可以看出，寻找文本缝隙，对缝隙进行完形填空，跟对文本整体信息的关注密不可分。具体而言，就是发现文本中被稀释或被屏蔽的信息（这些信息是潜在的，是能符合逻辑或情理地加以推断的），然后再把"所有的事情都联系起来"，对文本中呈现出来的信息加以解释。陈思和显然是个敏感的读者，他的发现是有价值的。

仔细审查陈思和的分析，会发现其中仍然面临着解释的障碍，似乎与《雷雨》剧本中一些信息相互矛盾。在《雷雨》中，侍萍和周朴园再度相认，周朴园说"过去的事不要提了"，侍萍说"我要提，我闷了三十年了"。"闷"，这就意味着在侍萍的认知中，"三十年前"并不是"一个美好的日子"。这里存在着两种可能。第一，由于年代久远，记忆不那么精确了，"三十年前"有可能只是下意识地使用的一个概数，这也符合一般人的表达习惯。在这种情形下，陈思和的分析是不准确的。第二，"三十年前"对于周朴园是"一个美好的日子"，但对于作为丫鬟的侍萍，情况则较为复杂。三十年前的恋爱之初，她既有恋爱的欢悦，也有对未来不确定的忧惧，心境较为复杂，既有快乐也有"烦闷"或

"忧闷";从二十七年前被赶走到现在,她一直过得很不如意,心里更有"郁闷"或"苦闷"。在这种情形下,陈思和的分析仍然成立。我个人倾向于第二种情形,这一文本缝隙的发现是有效的。

上述分析证明了一点:语义分析和结构分析,是循环往复的。语义分析之后,须有结构分析;结构分析中如果有了新的发现,则有必要再度回到语义分析上加以进一步分析确认。这种循环往复,也恰好是文本细读之"细"的体现。

至于陈思和认为,周朴园在蘩漪之前还有一个妻子,在剧本里对这个连名字也没有的女人一点信息也不提供,这一缝隙的发现是缺乏意义的。首先,此人在周家是否保留信息和剧本里有无呈现信息是两码事,剧本里没有呈现,并不等于没有。写作总是有选择的,不可能把什么都写进来。其次,从剧本的整体结构上说,关于那位妻子,假如在剧本中写出来,究竟能在主题表现上起到什么作用,与剧本中别的部分构成怎样的结构关系?如果写出来,从剧本的整体结构来看,有可能构成文本的杂音,或者导致结构的失衡。文本缝隙是存在于文本整体结构中的缝隙,只有符合这一结构并符合主题需要的缝隙发现,才是有意义的和有效的。

四、文本细读与阅读教学

人们对这一话题的讨论已有很多,不需要在此论述文本细读在阅读教学中所具有的意义。我只是想说,当前的阅读教学中,对文本细读方法的理解与落实,都是不到位的。

第一种现象是,缺乏经由文本细读所达成的全面理解,不顾文本本旨,剑走偏锋,片面地抓住文本中符合自己所需的部分信息,故作深刻,肆意发挥,进而构建出"见天见地见众生"的宏大主题。

第二种现象是,以为文本细读就是要"细",要"沉入词语",于是课堂上反复诵读句子,"品味语言细节",无视文本宏观结构,使教学流于肤浅琐屑。然后自贴标签,宣称这就是重在语言文字品析的所谓"语文味",是举重若轻的"浅浅地教语文"。

第三种现象是，对文本结构，要么是分析缺位，例如一讲诗歌就抓意象，而不分析各个意象之间存在怎样的结构关系；要么是虽讲结构，却缺乏细密的分析与严谨的整合的过程，停留在机械的、程式化的段落层次划分上面。这种现象十分普遍。

语义分析与结构分析，首先要精细、严谨，追求分析的理性。不少名师课例，或咀嚼词语，假装鉴赏，或捕风捉影，言不及义，这种"细读"会形成误导。其次，要有信息的语义识别、筛选、整合的细密的操作方法，以保障细读所得出的结论具有可靠性。有了这样一套系统的方法，阅读教学才有可能变得有效。关于解读方法及其有效性，我在《方法与案例：语文经典篇目文本解读》一书中已有探索，也希望更多的学者和教师在此方面有所建树。为了克服阅读教学的随意性和低效性，这是不得不做的基础性工作。

语文学科的思维品质

长期以来,语文教学最大的问题,是思维含量不够,对思维品质的关注度不够。当前语文课程标准所强调的学科核心素养中,"思维发展与提升"是至关重要的。在我看来,思维是学习的核心,提升思维品质是教学的核心。

一、什么是思维品质

关于"思维品质",若干研究者定义过它,但仍无足够的共识。在此提出我自己的观点,旨在给大家提供一点启发。

"思维"是什么?通行的理解是:思维是认识的理性阶段,在这个阶段,人们在感性认识的基础上,形成概念,并用其构成判断(命题)、推理和论证。请注意,"思维"所指的是认知活动,包括形成概念,进行判断、推理和论证等内容。据此不难看出,思维总是抽象的。

"品质"这个词语,对人来说,是指人的素养所达到的程度;对物而言,是指物品质量所达到的水平。品质有高低好坏之别,可以通过一定的质量标准来描述、衡量甚至评测。"思维品质"是什么呢?我的定义是:思维品质就是思维活动的质量,亦即个体的思维操作活动所呈现出来的效益和效率。思维品质越高,思维活动的效益越大,效率越高。

每个正常人都有思维能力,每个心智正常的人都有思维品质(程度不一)。而每一个思考着的个体,在思维活动中智力特征的表现是不尽相同的,人与人之间的思维活动表现是有差异的。在有意识地运用智力去生产思考结果的时候，不同的人思维的效益与效率是不同的。这就是说，所谓思维品质，是指个体的思维活动的质量；评估这种质量的依据，是思维活动的效益和效率。

在教学中提升学生的思维品质，就是指要让学生有意识地运用智力，去产出更优的思维成果，更有效率地产出思维成果。第一，它必须能够产生更好的结果——要有效益；第二，它必须更快地产生结果——要有效率。做到了这两点，就表明教学活动实质性地推动了学生的思维发展。

二、思维品质的表现形式

思维品质有哪些表现形式呢？

这个问题很复杂，很多研究者讨论过这个问题。比较流行的说法是，思维品质的成分与表现形式，主要包括深刻性、灵活性、独创性、批判性和敏捷性等五个方面（朱智贤、林崇德《思维发展心理学》）。我个人的结论是，在有意义的学习活动中，从语文学科思维品质的角度，可以将衡量思维品质高低的表现形式进一步缩小范围，确定为"系统性"和"深刻性"两个方面。"系统性"表现的是思维的广度，"深刻性"表现的是思维的深度。二者一经一纬，已经完整地涵盖或体现了思维的品质。

（一）思维品质的"系统性"

"系统性"，指整合不同信息并发现事物之间的普遍联系，从而统合所有信息，建立起结构性认知。主要体现为思维的综合性和宽广度。

系统，是由相互作用、相互依赖的若干组成部分结合而成的，具有特定功能的有机整体。例如在人体中，能够完成一种或者多种生理功能的多个器官按照一定的次序组合在一起的结构，就是一个"系统"，像血液循环系统、呼吸系统、消化系统等，都是所谓"系统"。根据"系统"的定义，我们还能知道，所有有机整体，都是它所从属的更大系统的组成部分。例如，血液循环系统、呼吸系统、消化系统等又构成了"人体"这一更大的"系统"。人与人构成社会，则构成了更大的系统。人类所能察觉到的这世界的所有，则构成"宇宙"这个巨大的系统。而这样的系统未必是唯一的，所谓"三千大千世界"，意味着我们的宇宙可能从属于更大的"系统"。

思维的"系统性"，所涉甚广。首先，要整合不同信息并发现事物之间的普遍联系，就需要从不同角度、不同维度来审视和把握系统中的不同对象，需要思维在各个维度、角度之间的转换和迁移，这其实就是所谓思维的"灵活性"；要建立起结构性认知，就意味着思维不仅要具备"条理性"和"严谨性"（这二者也就是所谓"逻辑性"），同时也必须具备"综合性"和"宽广度"。

在《方法与案例：语文经典篇目文本解读》这本书中，我非常强调关注文本的"结构性"，分析意义单元之间形成的相互连接。把握文章结构是理解主题的关键，它意味着我们要系统性地把握文本，这就是所谓"整体把握"。没有结构分析的过程，就没有资格说对文本实现了"整体把握"，最多只能叫"整体感知"。"把握"必须基于对结构的分析。"整体把握"和"整体感知"二者不能等同。

"系统性"要求具备整合不同信息的能力。在阅读中需要整合文本中的不同信息，在写作中也必须具备整合信息的能力。

比如2017年高考（全国卷）作文题，它提供了一些关键词，要求学生从中选择2~3个词语，建立有机联系，写一篇文章向外国人描述中国。选择的几个词语之间要"建立有机联系"，就涉及系统性思维的问题。

例如，假设选取的词是"广场舞"。那么，要分析"广场舞"与"长城""京剧""共享单车"等有何内在的关联，就必须将其置于系统性思考之中。系统性思维意味着对系统内各要素的整合。如此我们将发现："广场舞"是群体性的娱乐活动，"长城"是群体性活动的产物，它们都具有"集体性"；它们一今一古，共同折射出中国文化中的某种集体主义因素。"广场舞"是普通民众的娱乐形式，而"京剧"是可以登大雅之堂的艺术形式，分别代表了"俗"与"雅"的不同的艺术品位。"广场舞"与"共享单车"，二者都包含着"共享（开放性）"的观念，都基于"低成本"的理念。

万事万物间总有关联。有发现联系的能力，才能有系统性思维。例如，在文本阅读理解中，如果分析《藤野先生》，把它看成一个系统，将会发现这个系统中存在着直接描写藤野先生的部分和不直接描写藤野先生的部分。此文的前面几段，看似与藤野先生无关，那就必须尝试把这几段内容与藤野先生联系起来。这就是联系的思维。在文本分析时，我们经常说"词不离句，句不离段，句不离篇"。所谓"不离"，就是要联系起来。

我不认同把"灵活性"视为思维品质的独立的表现形式。"灵活性"是从属于"系统性"的，无非就是在一个系统中变换思考的角度和维度。全面看问题需要变换角度，从 A 面去看了，还要从 B 面去看；从甲的角度去看了，还要从乙的角度去看。思维僵化常常是因为不善于变换角度。角度和维度的变换，使得我们能更灵活同时也更完整地认识事物。看得越全面，结构化的认识就越容易形成，思维的"系统性"就会表现得越充分。

《长恨歌》中唐明皇和杨贵妃的爱情令人感动，我们很同情他们。可是啊，"石壕村里夫妻别，泪比长生殿上多"。这就是思维角度的转换。没有这种转换，读了《长恨歌》，只从杨贵妃、唐玄宗的角度去看问题，就屏蔽了许多更痛苦、更悲惨的景象。你得转换一下角度，从平民的角度来看看这种痛苦。"转换"就是思维的灵活性的问题，本质上是使看问题更加全面。

至于"敏捷性"，更不宜作为独立的思维品质。敏捷性是指思维的速度。思维的灵活性程度提高了，"敏捷性"就会提高。敏捷性是从属于灵活性的。此外，我们应知道，人与人的智商是有一定差别的，思维速度也有个体的差异。有些人的思维速度天生就比其他人要快，这种敏捷性取决于遗传，不取决于训练，因而不具备（在教学中）讨论的意义。

（二）思维品质的"深刻性"

有了"系统性"，思考就全面了。思考越全面，思维结论就越正确。人是一个整体，思维活动也是整体性的，因而"系统性"表现得充分之时，往往也会表现出一定的思维深度。所谓"深刻性"，主要是指透过现象看本质、发现现象深层结构的思维抽象能力。

"深刻性"主要表现为抽象能力，就是要透过现象，看到潜藏于事物之中的深层意义和深层结构。现象是事物的外部显现，可以被感官直接感知；而深层意义隐藏在现象之中，深层结构是事物的内部联系，只有靠理性的分析与综合才能够把握。

读一篇文章，能够敏锐地透过文本所展现的表象把握住文本的主题意图，这就是思维深刻性的典型表现。写一篇文章，思维的深刻性主要体现在审题立意这个环节。例如记叙文的表达，就是基于现象去揭示本质。本质就是文章的中心思想，现象就是文章里的故事。一篇记叙文，可以从作文所揭示的中心是否深邃，看出这方面的思维品质。

深刻性和系统性有区别也有一定程度的关联。事物的结构有表层和深层之别，在深层结构上的系统思考是深刻的，但停留于表层的系统思考却不见得。此外，还存在着思维"片面的深刻"的现象，有的思考不见得系统却有独到之处，这种思考常有"偏至"之美。

三、"逻辑性""创新性"不宜列为思维品质

逻辑是思维的规则。思维必须依据逻辑来运行。不符合逻辑的思维就不再是"思维"，它可以是感知，可以是直觉，但不能叫作"思维"（不符合"思维"的定义）。思维必须表现出逻辑性，但逻辑仅仅确保思维的正常，不宜将其作为思维"品质"的表征。

虽然我不主张把"逻辑性"作为"思维品质"的表现形式，但人们思维的逻辑水平常常是很低的，这在语文学科中表现得尤其明显。语文的文本解读和阅读教学，常常存在着严重的逻辑性缺失。母语是思维工具，因而我认为逻辑应该是语文学科必有的内容。我们至少需要了解形式逻辑。如果没有形式逻辑这个基础，要使思维保持正常、清晰和有条理，是很困难的。事实上，教师和学生在语文学科上表现出来的很多问题，跟逻辑掌握得不好有很大关系。

让思维严格依据逻辑来运行，这是极其重要的。然而，从本质上说，具有逻辑性，并不代表思维品质多么高，只说明思维处于正常状态，如此而已。"逻辑性"不是一个"品质"的概念，只是一个"规范"的概念。具有逻辑性，仅仅表明你能够正常地、符合规范地思考，并不代表你的思维多么高超。

在我的思维品质构成要素中，为什么没有人们热衷谈论的"创新性"或"创造性"？

这是因为创新性并不属于独立的思维品质。任何创造或创新，背后都存在着一整套复杂的思维元素，如果没有这些元素来支持，创造或创新是很难发生的。创新行为的背后，恰好站着思维的系统性、深刻性，正是这些东西，使得创新成为可能。"创新性"是对思维活动成果的描述，而不是思维品质本身的要素。思维的成果可以是创新性的，这可能导致了一些人误以为存在着一种叫作"创新思维"的东西，或思维品质可以用"创新性"来描述。如果进一步追问"创新"或"创造"究竟有哪些思维元素在支持，我们就不难明白了。

四、不要轻易谈论"形象思维"

为什么不宜轻易谈论"形象思维"？在语文学科中，很多人喜欢谈论形象思维。其实，思维是语言（符号）的内部运作过程，这决定了任何能被称为"思维"的，必然是抽象的。思维操作的符号有两种，一种是概念符号（抽象的），一种是表象符号（具象的）。两种符号都是思维操作的对象，而不是思维本身。思维是抽象的，即便是被称为"形象思维"的东西，也必定是抽象的而不是形象的——所谓"形象思维"，无非就是这种思维的材料、对象是"形象的"罢了。

很多人的共识是，文学作品中存在所谓形象思维。那么，这种形象思维究竟是什么呢？我认为，它在文学表达与文学接受阶段有两种不同的表现形式。第一，在文学构思与表达阶段，形象思维实质上是一种为抽象情思寻找具象载体的思维过程，它的主要思维动作是"赋形"——把作者抽象的理念、思想、情绪赋予形象化的载体。例如，在诗歌中寓情于景，使主观情思获得具象载体（如意象等）；在小说中，为作者的理念、思想构思出具体可感的人物与故事，使得理念和思想有具体的寄托。在这一过程中，意象或形象是思维捕捉的对象，思维本身仍然是理性的和抽象的。第二，在文学接受阶段，形象思维则是与文学表达阶段互逆的思维过程，即从具象载体中还原出文本企图表达的主观情思，其中的主要思维动作是"抽象"——这已经就是我们熟知的"抽象思维"了。

不难看出，所谓形象思维，本性上仍然是抽象的。凡是思维，都是抽象的。我们不要侈谈形象思维；我觉得在语文教学中，谈论形象思维是轻率的，不利于真正的思维品质的培养。

任何文学文本，都是以语言符号来传达思想感情的；文本中任何一个符号的意义，都是在与文本内其他符号的关系中被确认的。这就意味着，不通过对符号之间关系的理性分析，写作者无法赋予这些符号以意义，阅读者也无法理解这些符号的意义。事实上，语词包括作为意象的语词一旦进入句子，语法规则马上就起作用了，而语法是分析的和抽象的。文学表达有时使用反语法的另类逻辑来组织语句，但它无非是用"另一套"表达逻辑替代了日常言语的"这一套"逻辑。而这与所谓"形象思维"也往往无关。

有人很担心，觉得不讲形象思维是否会消解文学阅读中的美感体验和审美领悟。这种担心是多余的。我并不反对文学阅读中的审美活动。大家都读过《庖丁解牛》，这个文本告诉我们，分析非但与审美不矛盾，反而是审美体验、审美领悟达成的关键路径。庖丁解牛，首先是分析的，庖丁通过长期对牛的"分析"，充分认识了牛的肌理结构，最后才使得他的解牛，达到了"合于桑林之舞，乃中经首之会"的审美境界。这个故事雄辩地证明，审美能力的有效提升，不经过理性分析过程是不可能的。高品质的审美，绝不是单凭感觉，绝不是想当然。如果连一个文本的理性分析都做不到，对文本的意义都难以准确把握，这个时候来谈审美，基本上就是笑话。

可能有不少人会认为，像这样来分析思维品质，是不是有悖于语文的学科特点？语文学科涉及相当数量的文学作品，似乎不谈论一下形象思维，不鼓吹一下语文学科带着感性和情感特征的"人文性"，就是很不得体的。其实，我是强烈主张语文教学的人文性的。但什么是人文性？能有理性思考，能系统性地分析问题（思维的系统性）、透过现象看到现象的意义（思维的深刻性），难道不正是语文人文性的最好体现吗？高扬理性主义旗帜，唤醒理性以启迪蒙昧，不正是教育的人文性中最核心的部分吗？如果以为只有随时强调感性、情感才是语文的人文性，这未免太肤浅。对人文性的理解如此不及根本，是搞不好语文教学的。

功底：看名师们怎么教语文

既然谈语文教学，那就不妨先来看看，真正的名师们是怎么教语文的。当今的语文教育界名师不少，其崇拜者、效仿者则更多于过江之鲫。他们的套路大家都很熟悉，这里就用不着举例了。这里只举几位旧时代的名师。虽然他们在很多人眼里都已经过时了，但我觉得并未过气，对语文教学还是很有启发的。

下面结合几则资料，谈几句观感。

闻一多上课时，先抽上一口烟，然后用顿挫鲜明的语调说："痛饮酒，熟读《离骚》，乃可以为名士。"他讲唐诗，把晚唐诗和后期印象派的画联系起来讲，别具特色，他的口才又好，引经据典，信手拈来。所以，他讲课时，课堂上每次都人满为患，外校也有不少人来"蹭课"，有的人甚至跑上几十里路来听他上课。

闻一多上课开始时所说的话，来自《世说新语》中王孝伯之言："名士不必须奇才，但使常得无事，痛饮酒，熟读《离骚》，便可称名士。"闻一多讲《离骚》时的课堂导入语，不长，"引经据典，信手拈来"。闻一多讲唐诗，把晚唐诗和后期印象派的画联系起来讲，这是一家之言，晚唐诗不见得都是印象派风格，但至少李商隐那些迷离的或朦胧的无题诗是通于印象派画风的；从教学方法角度看，把诗歌艺术与绘画艺术联系起来讲授，确实"别具特色"，有助于揭示更为普遍的艺术规律，可能引发学生更丰富的联想和更深刻的感悟。从这段记载不难看出，作为教师的闻一多学科功底极为深厚。为什么这么多人都赶来听他的课？因为这位教师真的有学问。教师有学问，他的课才有听头。

这是我想说的第一点：想教好语文，首要的就是通达语文，就是要在学科方面真有点学问。如果没有深厚的学科功底，你再怎么精通教学法，到头来都是很难把语文教好的。

某日，同仁请梁启超先生讲述《桃花扇》传奇，先生热情如火，便以其流利的"广东官话"，滔滔不绝地将桃花扇作者的历史、时代背景，以及该书在戏曲文学上的价值，加以详尽透辟的解释与分析。最后并朗诵其中最动人的几首曲词，诵读时不胜感慨之至，顿时声泪俱下，全座为之动容。

梁实秋上课，黑板上从不写一字。他讲课的功底十分厚重，很有感染力，据说有一次，他在课堂上讲解英格兰诗人的一首诗，讲不多时，有一女生为情所动，泪下如雨。梁教授继续再讲，女生竟伏案放声大哭起来。

教师站讲台，"讲功"是基本功。梁启超、梁实秋讲文学作品，能够讲出如此感染力，确实是高手。言辞滔滔，未必是"讲功"；言辞滔滔而能透辟，讲到要点上，讲得感染人，才是"讲功"。"讲功"根植于教师的学科功力。

值得注意的是，在这样的课堂上，也包括闻一多的课堂上，我们并没有看到听众或学生热烈发言的情形。当今的课堂教学，非常强调学生的表现甚至表演。学生的课堂讨论和课堂发言，其数量的多少、时间的长短、争论的热烈程度等，甚至成为衡量课堂是否成功的重要指标。

学生该不该积极参与？当然是应该的。但要知道，学生参与的方式是多样的。专注地倾听、安静地思考也是参与的方式，而且完全可能是比发言或讨论更好的方式。例如，梁实秋先生课堂上那位女生，虽然她没有谈论对这首诗的理解，但她听得如此投入，受到这般感染，你能够说她没有积极参与吗？如果她对这首诗真有独到的见解，她当然可以在课堂上讲出来；但如果没有，这时候，倾听便是最好的参与方式。

这就是我想说的第二点：想教好语文，就必须会"讲"，善"讲"，要用"讲"来吸引学生、引导学生、启发学生。而"讲"植根于教师的学问。这样，又回到第一点上面了。

陈寅恪是清华四大导师之一，是著名的学者、历史学家，凭其渊博的常识及研究，每次讲课开宗明义就说："前人讲过的，我不讲；近人讲过的，我不讲；我自己讲过的，我不讲。现在只讲未曾有人讲过的。"他的讲课让只会照本宣科的今天的大学教师汗颜。

陈寅恪这种课堂相当高端，学生能够发言的机会微乎其微。虽是大学课堂，但对中学语文教学也富于启发。教师的学科功底，对于学科教学具有根本的意义。很显然，如果一位语文教师的专业素养不足，对于语文学科缺乏深刻的理解和深入的研究，那么，他的教学只能是肤浅的，等而下之，就只好"照本宣科"了。

陈寅恪固然有学问，但能否做到"每次讲课"都"只讲未曾有人讲过的"，我很怀疑。但是，教师要追求深刻独到之见，课堂要追求拓展学生新视野，却是理所当然的。

教师在学科方面的专业素养，决定了在确定教学内容之时的眼光；教学内容确定之后，才有可能设定合理的教学组织形式。通观上述各位名师的教学，其教学组织形式如今看来或有欠缺，但其深厚的学科功底，仍然使其教学卓有成效，对学生产生了深刻的影响。强调教学的方式和方法，这没有不对。然而对此过多地强调，一味地强调，而对教师学科素养、教学内容的确定重视不够，就成了很大的误区。这个问题若不解决，语文教学将只能是低水平的和低效的。

这就是我想说的第三点：想教好语文，教师必须对语文学科有深入的研究。有了深入的研究，也就会有点真学问。这样，我们再次回到第一点上面了。

总括前面所说的三点，其实就是一点，那就是：语文教师头等重要的事，无过于教师本人学科能力之增强。"闻道有先后"，教师在本学科上必须是"闻道"先于学生的；"术业有专攻"，教师"术业"上的"专攻"是立足的根本。离开这个根本去奢谈教学水平，都是舍本逐末。

当今的语文教学，流派众多，各有擅场；但语文教学的实际效益却十分低下，语文教学亦饱受诟病。为什么会出现这样的情况？主要的原因，在于教师学科功底普遍不足。中国语文教育界流派众多，而真正能够经得起考验的语文教学流派也许只有一个，那就是"功力派"。学科功底薄弱而想去求得优质高效的教学，恐怕是痴人说梦。

钻研教材要深入研究课文文本

钻研教材是个很古老的说法了，但很少有教师真的能深入地钻进去。它首先要求的功夫，是文本分析。而很多语文教师在文本分析方面是欠缺火候的。

一、文本分析重在研究文本理解的问题

文本分析，这是语文教师的基本功，是最重要的内功。如果这个内功没练好，在阅读教学中就会出现很多问题。比如说《登飞来峰》和《望岳》，这两个都是古诗文本。讲古诗我一直都反对动辄就说"意象"，首先就来抓意象。抓意象是第二步的事情。第一步要做的是，带领学生一字一句、老老实实地把文本字句读懂。读懂了之后，再把诗句串联起来，观察句子和句子之间的语义是如何呼应、如何连通起来的，这是理解的基本步骤。这个步骤是不能够被省略的。如果这个步骤没有做到位，我们后边讲的什么意象、意境、思想、情感、手法技巧，全都是空中楼阁，立不稳，会垮掉。

王安石的《登飞来峰》这首诗看起来是很浅的，但里边也有一些观察点，比如"闻说鸡鸣见日升"。"闻说"只是表示听到，不是王安石登山亲自看到的，他只是听说。这首诗的第一二句都很虚，没有实景的描绘。第一句"飞来山上千寻塔"，只是陈述了山上有座塔这个事实，基本上不算写景；第二句则是听说的情况，也不算写景。而后边两句都是议论了。第三句这个"浮云"算不

写景呢？这无疑是在飞来峰上看到的浮云，但在这个句子中"浮云"是"不畏"的宾语的一部分，"浮云"是在这个句子的议论中被点出来的，并不是独立的描绘，所以也不算什么写景。这首《登飞来峰》其实根本就没写什么景，它没有进行描写。但我们为什么又觉得它里边有景物？那是因为它有一堆名词，它谈到了山，谈到了塔，还谈到了浮云，这样就使读者产生一种景观印象。合理的看法是，这首诗存在着一些景物的元素，但并不存在对景物的描写。整首诗是议论的，而其中的景物元素是基于议论的需要顺带着出来的。

所以说，这首诗不是什么写景诗，它是表达观点的。这就可以看得出宋诗喜欢议论的特点。它议论的是什么呢？

教师讲"最高层"，很容易想到王安石是个有名的政治家，他做过宰相，然后就觉得"最高层"好像是指政治上的最高层，其实这种理解是非常牵强的。尽管王安石确实是身处政治上的最高层，但仅仅根据这首诗，并不能够符合逻辑地得出这样一个结论。假设杜甫也登上飞来峰，他也可能写出这样的诗句，你能说杜甫身居官场上的最高层吗？这首诗里面的"最高层"是什么？是塔的最高层。在飞来峰上，他站在塔的最高层，当然就视野开阔，就不怕浮云遮蔽，因为浮云在下边，遮不住他了。所以说，这两个句子，是根据眼前的景象而生发出来的观点，并非因为王安石政治地位高。

如果只是说到政治最高层，实际上是削弱了这首诗的价值。因为这首诗的"不畏浮云遮望眼，自缘身在最高层"，揭示的是一个普遍的规律。站在最高层，能够望得远，能够高瞻远瞩，这是每个登高的普通人都能获得的经验。不管是在政治方面，还是在读书做学问等别的方面，只要登到最高一层，你都会有"不畏浮云遮望眼"的感受。我历来说，读文学作品，不能够牵强地搞所谓的"知人论世"，把文学压缩到一个很狭窄的空间。文学艺术具有超越性，它要有能力去表现普遍的东西。

其次，从这首诗中可以看到，王安石写这首诗，他根本就不受风景的牵制。他写登飞来峰，我们一般会预期他写登山所见的风景，但是王安石偏偏就不写你所期待的风景。我是王安石，我是"拗相公"，我就是只想讲出我的想法，这也折射出王安石自以为是、以我为主的性格特点。王安石就是这么强横，这是他的性格。宋诗里多议论，重理趣，这种现象跟重视情韵的唐诗有很大的不同。但是宋诗重理趣，这在不同的诗人那里也是有差异的，宋诗中也有不少讲情韵的诗。

所以我觉得，第一，王安石这首诗，代表了典型的宋诗的风格。第二，这首诗也是他个人性格的折射。我的这番诠释是比较深入的，但我没有越过文本边界去谈。无论你对文本的解读多么深入，你都必须立足于这首诗去说，要在文本里面下功夫，不要轻易越过文本的边界。

接下来说说《望岳》这首诗。杜甫写这首诗的时候很年轻，但这首诗写得相当老到。下面作一个分享。

就杜甫这首诗，我提三个问题。第一个问题：这首诗是四联，标题和正文之间是怎么关联的？我们在教学生读诗的时候，会要求学生看标题。标题是"望岳"，就是望泰山。光看这两个字有什么意思？没意思。那么怎么去看标题呢？就是要看标题和正文之间是怎么发生关系的。

第二个问题：这首诗既然是望岳，那肯定就要表现泰山的特点。泰山的特点怎么去概括呢？这指向概括能力。

基于前边的分析，还有一个更高维度的问题：这首诗最突出的艺术特点是什么？

钻研教材，就是要发现文本。所谓发现文本，就是我们要自己去读，自己去分析，自己去参悟。很多时候，教师在做备课工作的时候，不是在发现文本，而是在消化教参。

这里分两个环节来说。先说诗歌理解，再说鉴赏评价。

第一个环节是诗歌理解，就是把这首诗的意思读懂，这是首先要做的事情。这个环节分两步走。第一步，老老实实把这个文本翻译一遍。这对教师来讲不存在问题，学生也许会存在一些问题，教师稍加点拨就没问题了。但这只是文意理解的第一步。第二步，就是整理，整理我们的理解，串联起这些诗句的意思。把这些诗句串联起来，这很重要。

这首诗首联说，"岱宗夫如何，齐鲁青未了"。这是说泰山很大，它在齐鲁大地上，山是青色的，没有终结，你看不到它的终点。岱宗怎么样？很庞大，绵延在齐鲁大地上。

第二联"造化钟神秀,阴阳割昏晓"。"造化钟神秀"这句话不是具体写景,很抽象,上天把神秀之气聚集在这里,意思是说泰山比其他地方更加神秀。"阴阳割昏晓"这个"割"字很有力,泰山山脊把泰山割裂成了南北两面,这一面是"晓"而那一面是"昏",这是很夸张地在说泰山非常高大。这一联写得很"虚",是想象中才能见到的情景。

第三联"荡胸生曾云,决眦入归鸟"。"荡胸"就是在胸前回荡,"生曾云",生出层层的云,这说明泰山很高。泰山很高,人站在山上,云都涌到胸口来了。"决眦"就是眼眶裂开,"决眦入归鸟",就是眼眶都要瞪裂了才能够看到归鸟入山,说明鸟是从很远的地方飞过来,要瞪破眼眶竭尽目力才能看到。你可能会发现,第三联很奇特,诗歌的标题是"望岳",但这里不是在泰山外面望岳,而是人站在泰山之上往外边张望。

第四联"会当凌绝顶,一览众山小",是写自己的愿望:我会登上泰山的绝顶,去俯临天下。这是接续上一联的,也是在泰山上往外望。这里化用了古人的一句话"登泰山而小天下"。"一览众山小",是抒发抱负。他这抱负很大,众山都匍匐着变得卑微了。但杜甫说话还是比较有分寸的。孔子是圣人,他可以"小天下";杜甫是贤人,他只敢"小众山"。

这四联信息的交集,亦即共同点,都是在强调泰山的大,都是在表现泰山的大。只说泰山之大,这就相通于最后一联的胸襟之大。杜甫写泰山着意于泰山的大,为什么?主要是为最后抒发他自己的情怀铺路,他的目的在于抒发自己襟抱之大。所以在这首诗里,他写泰山写得简括而虚渺,他不写泰山的岩石,不写泰山的松树,不写泰山的其他风景,这些东西几乎都回避了,笔墨全部集中于泰山之大。这首诗最后归结为一个字,就是"大"。不管是泰山,还是杜甫的胸襟,都是要突出这个"大"字。

由于不细写泰山的景物,这首诗并不能体现泰山具体的风景特征。更直接地说,这首诗你不需要亲自到泰山去观察也写得出来;你只要读过一些书,晓得泰山在齐鲁一带并且很高大就可以了。这首诗里不存在具体的、可以证明作者亲自到过泰山的证据。也许你可以通过杜甫的编年史发现杜甫这个时候已到过泰山了，没关系，那是另外一回事。

接下来简要分析一下标题和正文之间的关系。从"望岳"这个标题出发去联系正文，你可以轻易地发现，这首诗前面四句是在泰山之外望泰山，后面四句是在泰山之上望外面。全诗都扣住"望"字，但是前边四句是在望岳，后边四句却是从岳往外边望。这个角度和层次你可以看得很清楚。金圣叹对这类杜诗，一般都分成所谓的"两解"，也就是中间拦腰斩断，直接分为两个层次来加以解释。这首诗是比较典型的。我们可以看到，整首诗都写得"虚"，后两联更"虚"，从"望岳"到"由岳而望"，是对前两联的超越。

基于前面的分析，你可以思考：杜甫这首诗最突出的艺术特点是什么？对于诗歌，你当然可以说对偶之类的修辞手法，但这些东西根本就不是要点，因为这不过是大量古典诗歌文本的共性。这首诗最突出的特点是什么呢？我认为是想象，运用想象，以虚写为主。前面已经分析到了，这首诗的标题是"望岳"，但是对具体景象完全不说，整首诗基本上是利用想象来完成的。尤其是后边四句，想象的特点是非常鲜明的。我对整首诗的判断是，杜甫写的泰山，其实是他心中的一个虚像。我前面讲了，这诗不到泰山也写得出来。摒弃对具体景物的展开性的描写，有利于凸显泰山之大，进而表现襟抱之大，这就形成了景物对象和人的情志的高度统一。如果要用一个听起来像套话的短语去评价这首诗——内容和形式的高度统一——恰好非常贴切，在此绝对不是套话。这首诗虽然是杜甫20岁出头时写的，但是写得这么老到，看得出此人确实是很有才的。

我分析这么多，中心意思其实就是一个：教师钻研教材，钻研文本，一定要用心，要真的钻进去。这不只是正确地实施阅读教学的需要，也是提升我们自身的学科功底、谋求专业发展的需要。作为教师，只看到应付课堂教学这点需求，对自身的成长是极为不利的。每个教师都有很大的潜力，只要足够用心，都可以成为专家型、学者型的老师。我们既然从事教学这个事情，就要把它当成一生的事业来做。钻研教材是一句老话、一句套话，但我的观察是，在我所看到的语文教师中，八成以上的都不曾深入钻研教材。教师钻研透彻后，才能带领学生去钻研。学生若能钻研，思维的提升也就容易实现了。

二、古诗文文本评价重在挖掘文化意义

接下来我想顺便谈谈古典文本文化意义的挖掘问题，这是古诗文深入钻研教材时需要注意的。古诗文教学常常需要评价鉴赏课，挖掘教材的主要着力点，我认为重在挖掘文化意义。下面以《关雎》《蒹葭》《桃花源记》《小石潭记》这几篇古诗文为例简单谈一谈。

（一）古典文本都具有传统文化意义

古诗文教学的层次，可以分为语言层次（语言的理解与建构）、文学层次（文学的理解与鉴赏）和文化层次（文化的理解和传承）。首先，"理解"是每个层次都必需的。不同层次的教学，不同课型的教学，都要强调"理解"。其次，古典诗文的教学，都不能止于语言层面的理解，也不能停留在文本意思的一般分析层面，我们必须充分意识到，这些都是经典文本，都是我国灿烂的古代文化的精华部分。只有意识到这一点，我们钻研教材时才不至于粗率地对待它们。

（二）古典文本文化意义的挖掘路径

1. 立足于文本内容，从文学、人性、价值观三个面向进行挖掘

（1）《关雎》。

《关雎》出自《诗经·国风·周南》，是先秦时代的民歌。要注意到几点：

第一，它是民歌，是自由的歌唱，通常表现的是比较切近普通人生活的情感。这和《雅颂》的贵族音乐和庙堂音乐不同。由此观之，《毛诗大序》总结《关雎》"后妃之德也……乐得淑女以配君子，忧在进贤，不淫其色，哀窈窕，思贤才，而无伤善之心焉"，这种说法是值得怀疑的。

第二，《关雎》的抒情是一种克制的抒情，这是很明显的特色。它表现的相思十分纯正，脱离肉体欲望，快乐而不放荡，愁思而不痛苦。《关雎》作为《诗经》的开篇，所表现的内涵恰好和整部《诗经》的精神内涵一致，所谓"关

雎》乐而不淫，哀而不伤"，就是说《关雎》所表现的情感中正而遵德，这是符合儒家中庸观念的。这是一种情感的价值观。

（2）《蒹葭》。

追求所爱而不及的惆怅与苦闷。推而广之，求之不得的失落。这具有普遍的意义，人生中所求不遂的现象是普遍的，理想永远存在于现实无法抵达之处。

（3）《桃花源记》。

这个文本是反思人类生活的。主要提供的是关于生活方式的理解。它给我们的启示主要是：第一，价值观：脱离历史进程的生活也可以是有意义的（道家倾向）；第二，生活的美学：免于恐惧和动荡的生活是令人期待的（有价值的）。

（4）《小石潭记》。

这是关于士人的审美趣味和内心世界的文本。

首先，"清"作为审美境界，这是古人所认同的。山水与文章与文人，都需要有"清"。清秀（山清水秀，山水有清音）、清高（伯夷叔齐、屈原、孟浩然、陶渊明），都是自然与人格之美的表现。《小石潭记》中主要的风景特点，也是"清"。

其次，"过清"是对中庸的价值的背离。"清"是好的，而"过清"是不好的，因为不符合儒家最高的价值理念：中庸。这里也就可以挖掘出柳宗元作为儒家人士的价值理念。儒家是入世的，道家是避世的。道家在这里可以安居，儒家在这里"不可久居"（暂时安抚内心的烦闷是可以的）。

这也相通于人之常情。一个人如果在现实生活中感到烦闷，他可以短暂地去山水间散心；如果长期停留在无人的山野，他必然会逃离。这里延伸出的概念，是人的"社会性"。社会性决定了儒家必然是传统中国社会的主流价值，道家则不可能。

2. 立足于文本统合，通过比较来挖掘文化意义

文本之间的融会贯通，这是文本挖掘的路径，也是一条教学路径。评价鉴赏课通常是要统合单元课文来进行的，那就需要比较。

（1）比较中发现共性。

几篇作品的共性，都显示了中国文学的"寄托（遥深）"的特色。文本里深刻的思想和情感，都是通过形象化的方式来表达的。通过这几个文本，联系众多的唐诗宋词，我们可以看出，借助自然景物来表达情感暗示怀抱，这是中国诗文的长期特色。从这个意义上说，中国古典诗文本质上是"比兴"的。

局部的比较，例如《关雎》和《蒹葭》，其结构上的重章叠唱，都是显而易见的文本组织模式。

（2）比较中看出区别。

《关雎》《蒹葭》是先秦的诗篇，其抒情都相当直白；这与晋唐时代的《桃花源记》《小石潭记》的意蕴含蓄，区别十分明显。《桃花源记》和《小石潭记》，其理念的深邃、情感的失落，都不是那么显而易见的。《桃花源记》的道家倾向、《小石潭记》的中庸理念，《桃花源记》的失落感、《小石潭记》的茫然和清冷感，都不是一望而知的。

练好内功，做一个思考者

现在的课程改革，有如整形。整来整去，前景如何仍未可知。何以故？整形只是表皮功夫之故。

那么根本在哪里？根本在学科功底。教师没有内功，就会失败。你看那些武侠小说，如果练练招式而没有内力，只有套路功夫，武功怎么也不可能达到一流。徐江的《我的课改观》中有几段话说得很实在，值得我们反省：

一个完整的科学的教学流程应该这样去研究：教师能教什么—教师想教什么—教师实际在教什么—学生实际学了什么。面对一个特定文本的解读，一个教师的学术库存中应该有充实的准备，正面、反面、历史、现在、前说、后说，总而言之，那个"文本能有什么"知道得越多越好，如韩信将兵。只有这样，那么，在第二环节，才能根据教学需要从容地选择"想教什么"，从库存中选出一两个教学点来。因此，在丰富积累下的选择，会直接帮助他在"实际"教时应付裕如，特别是其他备选的教学点也并非无用，不时会在某些方面对所选教学点形成必要的补充。最后"学生实际学的"是会较为理想的。

目前严重的问题是教师在他的学术库存中比较空虚，甚至是靠百度搜索与《教师教学用书》两结合备课，他"想"得本身就很浮浅，甚至是学生自读就能明白的问题，教来教去，浪费教育资源。而学生需要的，大多数的问题是想不到，而少数能想到的但是不会教。其实这就是现实的"集体性问题"，这个"集体性问题"就是由集体当中一个一个的个体素质有较大缺陷造成的。不是问题的问题老师大讲特讲，是问题的问题老师不会讲。在那完整的科学的教学流程链条中，"教师能教什么"库存捉襟见肘，放弃这个问题不管，从"想教""实教"去研究，而学生"实学"那还用研究吗？所以，有学生说，一年不听语文课，高考分不差。因为老师讲的用处不大。

教师从一开始因备课学术库存——"能教什么"——没有多少可选择的东西，他的"想教什么"本身就没有什么教育价值。所以，有效教学，最迫切需要的，是帮助中学语文老师改善知识结构，改变教学理念，提高素质。

说来说去，把内功练好，扩大学术"库存"，增强学科功底，这是教好语文的关键。

学科教师的学问是立足于学科的。教师要有学科上的真实学问，那就必须独立思考。教师思维的独立性愈小，他表现出的调和性就会愈高，受别人影响的程度就会愈大，其教学的启发性和创造性就会愈低。这样的教学，不可能是高效的。教师有了识见，当然就会在备课、上课的时候自然地表现出来。也只有教师有思考、有见识，才有可能在教学中达到自主、自如、自在的境界。

孟子讲"劳心者治人，劳力者治于人"。"劳心"与"劳力"，都是"劳"；而教育是智力活，教师须得在思考上操劳，教学不是在体力上比拼。教师要做"劳心者"，不能只是个"劳力者"。当前的教育变得越来越像体力活。把智力活变成体力活，这是教育的堕落，也是教师的悲哀。这样的教育和教学，只能是低效的，有时甚至是负效的。

教师的"劳心"，首先表现在备课方面。备课，就是挖掘教学内容，设计教学路线图。就阅读教学而言，深入研究文本极为重要。我的建议是：第一，教师应具备自主解读文本的能力。教师只有抛开包括教学参考书在内的各种资料进行"素读"，才能对文本获得完全属于自己的鲜活的感受和认知，才能捕捉到文本中理解的难点，因而也才能够较为准确地预判学生在文本阅读时可能遇到的障碍和问题。第二，教师在自主解读后需要利用自己的学术"库存"，参考各种相关资料和研究成果，求得对文本最准确、最稳妥的解读。解读必须是准确的、稳妥的，这样才能在教学中引导学生展开正确的分析，得到合理的认识。

教师只有自主解读文本，才能够摆脱教学参考书等各种资料的限制。只有准确解读文本，才能够有效地、正确地进行教学。为了说明这个观点，下面举孙绍振《文本分析的七个层次》中的一节文字（有删节），作一个简单的分析。

唐人贺知章的绝句《咏柳》，从写出来到如今一千多年了，仍然家喻户晓，脍炙人口。原因何在？表面上看这是个小儿科的问题，但是，要真正把它讲清楚，不但对中学教师，而且对大学权威教授，也一点都不轻松。有一位权威教授写了一篇《〈咏柳〉赏析》，说"碧玉妆成一树高"是"总体的印象"，"万条垂下绿丝绦"是"具体"写柳丝，柳丝的"茂密"最能表现"柳树的特征"。这就是他的第一个观点：这首诗的艺术感染力，来自表现对象的特征；用理论的语言来说，就是反映柳树的真实。这个论断，表面上看，没有多大问题，但是实质上，是很离谱的。这是一首抒情诗，抒情诗以什么来动人呢？普通中学生都能不假思索地回答"以情动人"，但教授却说以反映事物的特征动人。

接下去，这位教授又说，这首诗的最后一句"二月春风似剪刀"很好，好在哪里呢？好在比喻"十分巧妙"。这话当然没有错。但是，这并不需要你讲，读者凭直觉就能感到这个比喻不同凡响。之所以要读你的文章，就是因为感觉到了但说不清原由，想从你的文章中获得答案。而你不以理性分析比喻巧妙的原因，只是用强调的语气宣称感受的结果，这不是有"忽悠"读者之嫌吗？教授说，这首诗还有一个好处，那就是"二月春风似剪刀"一句"歌颂了创造性劳动"。这就更不堪了。前面还只是重复了人家的已知，而这里却是在制造混乱。"创造性劳动"这种意识形态性很强的话语，怎么可能出现在一千多年前的诗人头脑中？

为什么成天喊着具体分析的教授，到了这里却被形而上学的教条所蒙蔽呢？

这是因为他无法从天衣无缝的形象中找到分析的切入点，他的思想方法不是分析内在的差异，而是外部的统一：贺知章的柳树形象为什么动人呢？因为它反映了柳树的"特征"。客观的特征和形象是一致的，所以是动人的。从美学思想来说，美就是真，美的价值就是对真的认识。从方法论上来说，就是寻求美与真的统一。美是对真的认识，认识世界是为了改造世界，这就是教化。不是政治教化，就是道德教化。既然从《咏柳》无法找到政治教化，就肯定有道德教化。于是"创造性劳动"就脱口而出了。这种贴标签的做法，可以说是对具体分析的践踏。

其实，所谓分析就是要把原本统一的对象加以剖析，根本就不应该从统一性出发，而应该从差异性或者矛盾性出发。艺术之所以成为艺术，就是因为它不是等同于生活，而是诗人的情感特征与对象的特征的猝然遇合，这种遇合不是现实的，而是虚拟的、假定的、想象的。应该从真与假的矛盾入手分析这首诗。例如，明明柳树不是玉的，偏偏要说是碧玉的，明明不是丝织品，偏偏要说是丝织的飘带。为什么要用贵重的玉和丝来假定呢？为了美化，来诗化表达诗人的感情，而不是为了反映柳树的特征。

分析之所以是分析，就是要把原本统一的成分，分化出不同的成分。不分化，分析就没有对象，只能沉迷于统一的表面。要把分析的愿望落到实处，就得有一种可操作的方法。我提出使用"还原"的方法。面对形象，在想象中，把那未经作家情感同化、未经假定的原生的形态，想象出来。这是凭着经验就能进行的。比如，柳树明明不是碧玉，却要说它是玉的，不是丝织品，却要说它是丝的。这个矛盾就显示出来了。这就是借助想象，让柳树的特征转化为情感的特征。这就是诗人情感的强化，这就是以情动人。

对于"二月春风似剪刀"，不能大而化之地说"比喻十分巧妙"，而应该分析其中的矛盾。首先，这个比喻中最大的矛盾，就是春风和剪刀。本来，春风是柔和的，怎么会像剪刀一样锋利？冬天的风才是尖利的。但是，我们可以替这位教授解释，因为这是"二月春风"，春寒料峭。但是，我们还可以反问：为什么一定要是剪刀呢？刀锋多得很啊，例如菜刀、军刀。如果说"二月春风似菜刀""二月春风似军刀"，就是笑话了。为什么呢？这是因为前面有"不知细叶谁裁出"一句话，里边有一个"裁"字，和后面的"剪"字，形成"剪裁"这个词组。这是汉语特有的结构，是固定的自动化的联想。

这位"大学权威教授"的这篇赏析文章，多年前我就读过，对其赏析当时就颇不以为然，所以看到孙绍振这段文字，特别有同感。我觉得，现在很多语文教师讲解诗歌，与这位"权威教授"的思路非常相似。对文本的体察不亲切，对文本的解读不准确，就导致了两个问题：一是该分析的，分析不到；一是分析错误，误导别人。

艺术感染力，是不是来自表现对象的特征？你写柳树，当然是要符合柳树的特征，不能把柳树写得像一棵松树。但是，写柳树抓住了柳树的特征，是不是就有艺术表现力和感染力了呢？当然不是。假如你写一篇关于柳树的说明文，那也必须抓住柳树的特征来写。而常识告诉我们：一篇抓住事物特征的说明文，并不需要、通常也并不具备"艺术感染力"。

孙绍振说"这是一首抒情诗"，不太确切。这首《咏柳》显然是咏物诗。咏物诗当然可以抒情，也可以表达感悟。我以为，贺知章的这首《咏柳》固然有抒情的因素，但其核心并不在于孙先生所说的"以情动人"，而在于表达对造物者化物于无形的感悟。"不知细叶谁裁出，二月春风似剪刀"，此句之妙，妙不在于"剪刀"，而在于背后隐藏着一个操弄剪刀的造物者。正是我们"不知"的这个"谁"，这个看不见的造物者，他用无形的春风剪裁出可见的细细的柳叶，创造出绿丝绦般的柳枝，妆点出碧玉般的柳色。这首诗的诗意，与孔子"四时行焉，百物生焉，天何言哉"的感叹是相通的。

对于"二月春风似剪刀"，大而化之地说"比喻十分巧妙"，这也是语文教学中的通病。文本解读不到位，于是只有诸如"十分巧妙""别具特色""生动形象"之类的抽象说辞，根本讲不到精妙之处，也无法引导学生体会到精妙究竟在哪里。"不知细叶谁裁出，二月春风似剪刀"，究竟妙在何处？前句的"裁"字和后句的"剪"字，形成呼应，这显然是对的。前句既然用了"裁"字，也迫使后句的比喻只可以是能"裁"的剪刀，而不再可能是"菜刀、军刀"或别的什么了。

然而问题的关键，却是诗人为什么想到了这个比喻。诗人在落笔写下"裁"字的同时，必然已然想定了剪刀这个比喻。这是诗人构思时的联想，他看到柳叶边缘修长的轮廓，联想到剪刀裁剪出的线条，于是形成了这个比喻。而"春风似剪刀"的比喻，不但把无形的春风写得具体，而且因为裁剪的衣服是新的（若是旧衣服或破衣服不应说"裁"而当说"缝"），也就写出了二月柳叶的"新"。"绿丝绦"是丝织物，丝织物当然可"裁"可"剪"，"裁"与"剪"也就呼应了前面"绿丝绦"的比喻，前后文的连贯性得到加强。更为重要的是，春风像剪刀剪裁出细叶，那么是谁用剪刀在做这件事？这就暗示出，在诗句背后，还潜藏着一个创造这种景象的主体。这个主体，你把它叫作春天也好，叫作造物主也罢。关于这一点，前面已经分析到了。

然而，再翻出一层，从构思来看，剪刀之喻巧则巧矣，而于天地仁心终不贴切。第一，上天的好生之德，用剪刀裁剪来比喻并不完全得体，因为剪刀是要裁裂丝布才能做出新衣服，而上天的化育是用柔和乃至于无形的力量。一切比喻都是跛脚的，确乎如此。第二，"四时行焉，百物生焉，天何言哉"——一切都是上天的创造，但这创造看起来是"无为"的；把上天比作善"为"的能工巧匠，终究还是把上天看低了，看成"形而下"的了。这是一个大问题。所以这首诗虽清新可喜，但并不是完美的。

自主研读文本，深入理解文本，是有效实施阅读教学的前提。准确、深刻地解读文本的能力，对于教师而言，是至关重要的语文功底。

一位语文教师缺乏思想，在学科上缺少研究，他的备课很可能只是一个把教学参考资料转译为教案的过程。这样的备课所形成的教案，千人一面，千篇一律。把课堂教学变成教学参考书的宣讲，课堂就死于教学参考书之下了。如果这样做可以，那么，给每位学生发一本教学参考书，不更简单和直截了当吗？还用得着教师来宣讲吗？依赖教参的实质，是教师思维的懒惰和智慧的疲软。

合理的备课应该是这样的：

在备课之时，首先要做的，不应该是翻看教学参考书，而应该是开动脑筋，认真读懂、读通文本,深入研究文本,以期有所发现,有所领悟。应彻底放弃过分依赖教学参考书的奴隶式备课,让自己成为有见解的思考者。要以课程标准为指导,从学情出发,以自己的思考与领悟为切入点,找到三者的最佳结合点。在自己有了成形的思路和成熟的分析之后,这才去翻阅教学参考书等其他资料,进行必要的补充丰富。

古诗教学与语文素养

关于"学科核心素养",我的观点是:任何学科的核心素养,都是指运用该学科的符号系统(以学科概念为基础的知识系统)处理相关任务的能力,亦即从该学科的角度去发现问题、思考问题及解决问题的能力。

根据当下的说法,语文学科核心素养,包含着语言、思维、审美、文化四个维度。我尽管对这一说法持保留意见,但也认为它能为具体教学内容提供一定的诠释的方便。在我看来,古诗的教学能最完美地表达出这四个维度。"诗教"本身就是自成一体的系统性教育,把握古诗的特殊性,在教学中通过朗诵、分析、鉴赏等多种形式,能有效提高古诗教学质量,全面培养学生的语文素养。

一、古诗与语文素养培养的对应关系

本文中的古诗,是指古典诗歌。古典诗歌,是与现代汉语诗歌相对而言的,这更多的是一个历史的概念。古诗教学,是指对古典诗歌文本(包括诗词曲)的教学。

古诗文本,大多完整地触及语文学科素养中语言、思维、审美、文化四个维度。首先,它是以古代汉语语言为载体;其次,它是古代诗人智能活动(思维)的产物;再次,它被公认带有鲜明的审美性;最后,它显然属于传统文化范畴。

古诗文本在这四个方面表现出如下特征与优势:

（一）语言的精练化

古诗文本通常都很短小，其语言表达是尽可能经济的，显示出精练的特性。选入课本的古诗文本，无一例外，都是如此。中国古代诗画有一定的相通性，中国画追求"尺幅千里"，中国诗追求"言有尽而意无穷"，在表达方法上它们均追求简约凝练，以最经济的方式求得最大的表达效能。马致远《天净沙·秋思》：

> 枯藤老树昏鸦，
> 小桥流水人家，
> 古道西风瘦马。
> 夕阳西下，
> 断肠人在天涯。

这首曲子28字，却拥有12个意象性名词。其凝练之程度可见一斑。

教学价值：古诗语言表达的精练，无疑具有很强的示范性。孔子所谓的"不学诗，无以言"，广义地讲，就是学诗能提升语言表达的雅正程度。学生在学校里的语言学习不是生活中的"习得"，而是品位上的"提升"，因此古诗语言具有很高的教学价值。

（二）思维材料的形象性

以表象或形象符号作为构思的材料或载体，是中国古代诗歌与绘画的普遍特点。古诗的美感，常常有赖于形象的画面所激发的联想或所唤起的感觉。所谓"诗中有画"，就是诗歌要通过文字来唤起画面感。

上面的《天净沙·秋思》，就很典型地表现出形象符号在诗歌表达中的压倒性优势。这首散曲就像是一幅画，其中没有抽象的议论，没有历时性的叙述，也没有直接诉诸听众或读者的抒情，更没有关于何以在天涯的背景的说明。它只有描写，仅仅呈现画面。作品中这位天涯断肠人的哀伤，只能通过其画面所唤起的感觉和体验去联想和分析。

教学价值：以表象或形象符号运思，是艺术思维发展的一个重要方面，也符合语文的学科特性。

（三）美感的饱满度

中国有着悠久的诗歌传统。诗歌的表达方式、诗化的语言形式强烈影响了别的文学样式，辞赋、骈文、戏文显著诗化，即使在散文和小说中，也大量存在诗歌的、诗性的因素。可以说，"诗性"是中国古代文学的重要特质。

每一首古代诗词，应该说都是一个精致的艺术品。其美感的饱满度，在各种古代文类中最直接、最典型。而语文课本中，古诗选文跨越各个时代，涵盖不同体裁，包括多种风格，其审美要素的丰富性自不待言。

教学价值：古诗阅读中必须体验美感，促进美感；美感在写作学习中也是必要的。审美教育在语文学科教学中，也是一个当然的任务。

（四）文化的感发力

中国传统教育，首重诗教。儒家六经，"诗书礼乐易春秋"，以《诗》为首。孔子认为"兴于诗，立于礼，成于乐"，意思就是说，人的教育，从"诗"开始（生命的感发），依"礼"立足（生命的理性），完成于"乐"（生命的圆满）。诗教是教育的起点，因为它有感发人心、熏陶性情的作用，适合于感性较为突出的学段。温柔敦厚的诗教，是语文学科"立德树人"的基础和重点。

古代诗歌本身就是传统文化的重要组成部分，而且古诗的文化元素、文化信息，与当代生活也存在着显著的相关。传统文化以其巨大的文化惯性仍然在影响现代中国人的生活，春联、楹联、书面表达、口头交际，都与古诗之间具有普遍的文化联结。"但愿人长久，千里共婵娟"，迄今仍然是中秋祝愿的最经典的表达；"人生自古谁无死，留取丹心照汗青"，至今仍然是对不惜牺牲生命以实现人生价值的最强烈的激励。

教学价值：古诗是一种柔软的、带着温情与感动的情感、态度与价值观教育，能充分表现语文课程的文化熏陶和育人功能。

二、诗教：古诗教学与语文素养培养

（一）古诗的诵读

诵读，是一种重要的语文教学方式，也是一种重要的艺术表现形式。我在石峰《诗歌朗诵艺术实践》一书的序言中，有下面几段论述：

众所周知，诵读是中国传统语文教育中的重要形式。在当今语文教学中，在理解基础上的诵读也是不可或缺的。读而有声，声与意合，读而有感，读中求悟，是诵读的追求。古人说"因声求气"，诵读是追索诗文精微的一条途径。清人刘大櫆说，文章的最精处叫"神气"，稍粗处叫"音节"，最粗处叫"字句"，音节是粗表的字句与精妙的情思之间的桥梁。如此，则呈现节奏长短参差和声韵抑扬缓急的诵读，已不止是一种教学手段，而有可能直抵文本的主旨和风格。

诗歌比其他类型的文本，更需要诵读。从文学史角度看，诗歌之所以连称，是因为"诗"与"歌"是很难分开的。最早的"诗"就是"歌"，它不是写出来给人看的，而是唱出来给人听的。从《国风》的田野歌唱，到屈原的江滨行吟，从"胡儿能唱琵琶篇"，到凡有井水处皆能歌柳词，都说明中国古代诗歌是"有声音"的。诗歌创作者往往也通过吟唱朗诵以揣摩表达效果，如杜甫"新诗改罢自长吟"，"但觉高歌有鬼神"。我们当今学习诗歌，教授诗歌，当然也需要诵读，乃至于吟唱。这不仅仅是一个教学的问题，更是对诗歌本意的沉浸与对诗歌传统的回归。

朗诵是以声音的动态形式对静态的文字进行的表达，好的朗诵和吟唱，具有丰富美感之功用，在诗歌的审美活动中具有重要价值。陶渊明就提及"丝不如竹，竹不如肉"；白居易的咏乐诗《杨柳枝二十韵》中也说："取来歌里唱，胜向笛中吹。曲罢那能别，情多不自持。"人的声音的表现力和感染力往往比乐器来得更强。既然如此，用朗诵和吟唱来表现纸面上的诗歌文本，就是一个极具价值的艺术再创造活动。

在古诗教学中，诵读有助于帮助学生体会到语言层面的音韵和谐、内容方面的情绪变化；声音的表现有助于拓宽体验文本的美感。韵味是从诵读中得来，兴趣是从吟咏中产生，语感能在反复诵读中积累。朗诵具有很强的体验性，是培养语文素养的一条途径。

（二）古诗的文本分析

"书读百遍"不一定能"其义自见"，如果对语言符号的语义毫无理解，仅仅通过诵读永远无法理解文本的意义。对古诗语言内涵、思想情感的把握，都离不开语义分析。分析是提升学生思维品质、提高文本理解能力的核心路径。

我曾在一次讲座中说："普通文章是用来消费的，因营养有限而容易消化；而名著名篇既是被消费的也是被浪费的，因为它有着更深刻和丰富的意义，营养丰富但往往不易读透，很难消化。粗浅的阅读，有所收获但所得有限，你既消费了它同时也浪费了它；而如果基本没读懂，这就构成彻底的浪费了。读经典，只有精心品味和细心研究，才能有效消费，减少浪费。"

教学中的古诗文本大都属于经典性文本。教学要避免成为一种"无谓的消费和彻底的浪费"，那就不能没有精准、深刻的分析。我曾分析过一些文本，教师们普遍感到大受启发，例如：

白居易的《钱塘湖春行》，这首诗的诗中景象，充满活力——具有和谐生长的张力，具有迈向蓬勃的势能，但这种力量保持着合适的分寸，它没有张狂，没有放肆，没有侵略性，它是不过分的。这是最重要的一点。如果没有看出这一点，就看不出这首诗的精神实质。这是一个有分寸的春天，一个充满活力的但尚未充分绚烂起来的春天。"渐欲迷"而未能迷，"才能没"而未全没。它生长而不放纵，有力而不蛮横，快乐而不亢奋，这就完全符合《诗经》"乐而不淫"的审美精神，符合儒家"中庸"的审美理想。

古诗教学中对文本的理解，要遵循词句连缀的方式。很多时候，学生觉得很难读懂，理解没有把握，主要原因是孤立地抓意象、抓词句，而不会依据词句连缀的方法，打通文本，来揣摩和分析文本的意思。词句连缀，实质上是把词句语义约束在语境框架下，运用语境的限制性来找出词与词之间、句与句之间的意义关联。这是一种非常重要的方法，在整个语文学科的思维培养上都有极其重要的价值。

一旦词句连缀的分析方法被熟练掌握，学生的阅读理解、阅读解题等方面的能力，都会得到明显的提高。

（三）古诗的审美教育

古诗的审美教育，目前没有得到很好的落实。学生古诗读得太少，教师古诗素养也普遍不足。一首诗究竟写得好不好，好在哪里，很少有人说得清楚。《香菱学诗》，课本中出现了三首，有几个教师讲得清楚这三首的好处和缺点各在哪里，第二首比第一首好在何处，第三首又比第二首好在何处？

钱穆曾分析了一个案例，甚好。他首先说，《红楼梦》中林黛玉讲到陆游的两句诗"重帘不卷留香久，古砚微凹聚墨多"，林黛玉说这样的诗学不得。接下来钱穆分析了这两句诗与王维的"雨中山果落，灯下草虫鸣"的区别，指出王维这两句有情有景，是"活的""动的"，而陆游那两句却是"死而滞的"。钱穆进一步分析说：

这一联中重要字面在"落"字和"鸣"字。在这两字中透露出天地自然界的生命气息来。大概是秋天吧，所以山中果子都熟了。给雨一打，禁不起在那里扑扑地掉下。草虫在秋天正是得时，都在那里叫。这声音和景物都跑进到这屋里人的视听感觉中。那坐在屋里的这个人，他这时顿然感到此生命，而同时又感到此凄凉。生命表现在山果草虫身上，凄凉则是在夜静的雨声中。

能有这样深微的体察、贴切的领会，才是真正的审美教育。"这是情景交融""这是对比手法""这是动静相衬"……古诗教学课中常常术语充斥，枯燥乏味，了无生机，令人厌烦。这不可能是真正的审美教育。至于那种脱离诗歌文本，用抑扬的语言撩拨煽情、用图片与音乐进行视听轰炸，更是浅薄浮夸，矫揉造作。钱穆似乎嫌陆游的静观之趣过于死寂，这未必合理；但他把王维诗句中的思想情感内涵读得透彻，把文本中的生命经验看得通透，却很高明。他并没有说这里什么手法如何巧妙，但其审美眼光的高超毫无疑问，这是真正的审美。

（四）诗教与文化品位

"诗教"说法最早见于《礼记·经解》："孔子曰：'入其国，其教可知也。其为人也，温柔敦厚，《诗》教也……其为人也，温柔敦厚而不愚，则深于诗者也'。"学习《诗》，能提升个人修养，能让人既"温柔敦厚"又"不愚"；能提振一个国家的教化水平，"入其国，其教可知"。在古诗教学中树立与现代接轨的"诗教观"，使得古诗教学成为教育的利器来促进学生的人格塑造，这是我们需要担负的任务。

孔子有一段著名的论断："《诗》，可以兴，可以观，可以群，可以怨。迩之事父，远之事君。多识于鸟兽草木之名。"从教育的角度说，这段话可作如下理解：

可以兴——能感发学生的情绪和情感；

可以观——能帮助学生认识社会，"考见得失"（朱熹）；

可以群——能帮助学生沟通感情，互相切磋砥砺，提高修养；

可以怨——能帮助学生疏导心理郁结；

迩之事父，远之事君——能帮助学生理解并遵守伦理秩序和社会规范；

多识于鸟兽草木之名——能帮助学生扩展关于自然的知识。

可以说，人的成长与诗歌关系密切，诗在感发情志、规范伦理、教化人心等方面功效甚伟，甚至起到"代替了宗教的任务"（林语堂）的作用。诗的感通方式，教导了中国人一种如何看待宇宙、生活与人类的价值观念（景情相通，天人合一，民胞物与），以及由此而生出的一种仁爱、悲悯情怀（"仁"）。职是之故，在中国文化环境中，包括在中国教育中，作为文化根基的诗，具有特别重要的教化作用。

看到"会当凌绝顶，一览众山小"，隐然生青云之志；看到"衣沾不足惜，但使愿无违"，油然有自在之想；看到"沉舟侧畔千帆过，病树前头万木春"，自然发自伤之慨；看到"落红不是无情物，化作春泥更护花"，欣然动慈悲之念。课本中的这些古诗，其教化作用是非常鲜明的。学生真能受此熏染，就不难形塑高尚的心灵和高雅的品位。

把"古诗教学"这一概念提升为"诗教"这一概念，我认为是恰当的，也是重要的。古诗教学不止于一般的文本教学，更关系到个人素养、社会教化、文化功能等多个方面。或许可以说，"诗教"本身就是自成一体的系统性教育。

语文的课堂教学

课堂教学，是指在班级授课制下，教师传授学生知识和训练学生能力的全过程。

以下三个问题，是课堂教学中的重大问题。

一、教师的主导作用

毫无疑问，教学的目的是促进学生发展，使其实现对知识和技能的掌握，学生当然具有主体地位。但课堂教学是被教师设计和引导的，教师占据着主导地位。教师的主导地位和学生的主体地位，都必须同等尊重。如果有所偏离，那都是不行的。

学习在任何时候、任何地点都可能发生，但教学不是。没有教师，就没有教学；离开了"教"的"学"，不再是教学。因此，教学活动的根本依托，是教师。我的观点是，教师的主导地位，只能加强，不能削弱。

近年的课程改革，使语文课堂面貌发生了很大变化。打着"尊重学生主体地位"的旗号，什么"自主学习"，什么"小组合作学习"，到处都在搞；不少地方还严格限制教师讲授时间，规定一堂课教师的讲授不能超过15分钟之类，甚至出现"杜郎口"模式，学生变先生，学生教学生，可笑得很，滑稽得很，完全搞不懂这是怎么理解教学的。让学生动起来，好不好？不能说不好。动起来至少表示有活力，比半死不活肯定好一点。但问题是，让学生动起来的意义在哪里？这对教学有怎样的价值？学习的效率和效益如何？要知道课堂上的一切活动都必须紧密围绕教学目标，都必须尽可能以较高的效率达成教学目标。如果这些问题没有解决，学生活动可能是无意义的。

学生变先生，学生教学生，这样的境界很高。所谓"教是为了不教"，如果学生可以做先生了，就用不着教师教了。学生到学校来，到班上来，他是来求学的。他来求学，就是因为他需要受教，他有很多东西不懂。在这种情况下，当老师的不讲，叫当学生的来讲，是什么意思？教师霸占讲台，固然不对；学生霸占讲台，那就对了？相比而言，教师在自己这个学科上比学生更强，因此与其让学生霸占讲台，还不如让教师霸占讲台。如果学校强行限制教师讲，那就是压制教师的主导地位；如果教师本人当讲而不讲，那就是逃避教师的主导作用。该讲的，教师还是要讲。当然，这并不是说教师应该一味地讲下去。教师须分出哪些"该讲"，哪些"不该讲"。该讲的，教师就要理直气壮地讲，当仁不让地讲。

教师的讲授，在教学中是必不可少的。如果一所学校，它的学生已经完全不需要教师讲了，那么这所学校就没有继续存在的价值了，就该关门了。如果杜郎口的宣传是真实的，那么它就是该被解散的学校。一旦学生不再需要教师了，那就意味着他们不再需要学校了。

教无定法。传统的讲授式、对话式，都可能是极其完美的教学方式。你看《论语》中的《侍坐章》，你看苏格拉底的诱导，对话式的教学方法，那可真是完美啊。那么我们的教学都采用对话式？其实，任何教学方式，都有可能是完美的，也有可能是拙劣的，这要看是谁在用，是怎么用的。因为那是孔子啊，是苏格拉底啊，他们是大智者，所以他们的对话式用得好。也许，关键不在于你采用的教学方式是什么，而在于你是不是一位智者。

讲授式就不好吗？因为很传统，它就不好吗？"传统"与"不好"之间，并不存在同义关系或因果关系。事实上，一种方式极其古旧而至今犹存，恰好说明它内在的生命力很强。教学的方式和方法，只要适合学生实际，能帮助学生掌握知识与技能，那就是好的。那么讲授式好不好？如果所讲的内容是学生发展所需要的，讲授方式是学生所喜闻乐见的——那就非常好，这就是标准。

旧时茶馆说书人说书，当今央视《百家讲坛》，所采用的正是典型的"满堂灌"。可是，你可能被"灌"得心花怒放。这说明什么？这说明"满堂灌"也有可能是一种好的方式。此外，我还要强调，学科知识的内在肌理和知识结构，内在地决定了教学的方式方法。对于不同的知识，学生接受、掌握的路径是不一样的。随着知识点位的变化，教学的方式方法也必须相应地调整。活的教学，不该用死的方法。

所以，教学采用什么教学方式，是要看知识、学情和教师水平。教学方式或许不是最重要的。最重要的，是教师本人的专业水平、专业能力。怎样才能发挥教师的主导作用？前提就是教师必须具有较高的专业水平和较强的专业能力。水平上不去，就没办法主导，无力引导，甚至可能误导。

什么是尊重学生的主体地位呢？我看目前很多人的理解是错的。教育教学的根本目的，是要实现学生的充分发展。学生是发展的主体，所谓尊重学生的主体地位，就是要尊重学生的发展权利，努力使其得到真实有效的发展。无论你采用怎样的教学方式，只要能够让学生实实在在地获益，满足他们的发展需要，那都是尊重了学生的主体地位。你把学生弄上讲台，你叫他们分组坐在那里进行没有价值的讨论，你让教师闭嘴而让一帮学生在那里言不及义地打胡乱说，表面上很尊重学生，让他们尽情表演，实际上是在浪费学生的时间，损害了学生的发展利益。这不是尊重学生的主体地位，而是危及学生的充分发展。新的课程改革以来，我听了不少语文课，课堂上学生活动多了，讨论多了，花样多了，但教学效益反而更低了。这是多么可悲的现象啊。

一个教师，越能合理有效地发挥主导作用，他的教学水平越高。一所学校，教师越是能够发挥主导作用，它的教学质量越高。我们应该知道，对学生主体地位的尊重，就是要实现他们的发展利益；要实现学生的发展利益，就必须充分发挥教师的主导作用；要有效发挥教师的主导作用，就必须首先提高教师的专业水平和专业能力。

关于学生的主体地位，我还有两句话要讲。第一句是：在课堂这个特定的学习场域，对学生主体地位的尊重，是与教师主导作用的发挥同时成立的。换句话说，没有教师主导作用的发挥，就谈不上对学生主体地位的尊重。因为这是学校，这是课堂，学生的"学"须被置于教师的"教"的引导之下，教师不能逃避引导的责任。第二句是：学生的主体地位是指学生作为学习者的"学"的主体地位，这不能替代教师作为教育者的"教"的主体地位。我个人的看法是，教师也是有主体地位的，教师是"教"的主体。片面强调学生的主体地位，对教学不见得是有益的。

二、教学目标

每堂课都应该有一个明确、合理的教学目标。"一个""明确"与"合理"，这三个词都重要。

"一个"，是说教学目标要单一。一堂课的时间很有限，只能聚焦于一个目标。不能有很多个目标，短短一堂课，你不能一会儿让学生奔向这里，一会儿又让他们奔向那里。一堂课就像一篇文章，教学目标就是这篇文章的"中心思想"。一篇文章，不要搞多个"中心思想"。

"明确"，就是不含糊。要达成怎样的目标，必须明明白白，这个目标能让每一位学生都能清楚懂得。这样的目标显然必须是具体的。不具体，就不明确。

"合理"，就是教学目标的确定或预设必须慎重，要能够对准学生需要发展的语文能力和素养，符合学情。

（一）每堂课最好一个教学目标

为什么目标最好是一个？首先是因为一堂课很短，容量不大。能够达成一个有价值的目标，那就很不错了。有人或许要问：语文课程不是说有"三维目标"吗？这个提问很好，什么是"三维目标"这个问题具有探讨价值。

第一，三维目标是课程目标，而不是课堂目标。课程目标与课堂目标，是有区别的。课程是个大概念，全部课堂教学都是为了达成课程目标，但课程目标不可能一节课就能达成。

第二，三维目标是指一个目标的三个维度。一个课堂教学目标，通常可以用三个维度来描述，但它只是一个目标。

例如,《祝福》的一堂文本分析课,我们初步设想一个教学目标,是"理解祥林嫂的形象"。要怎样才能理解祥林嫂的形象呢?这就需要对文本中关于祥林嫂的信息进行筛选,然后加以分析,进行综合概括。对祥林嫂这一形象的"理解",是通过信息的"筛选、分析、综合"而实现的;"筛选、分析、综合",也就构成了达成目标的"方法"。学生完成任务需要一些活动,例如个体的勾画圈点、群体的意见分享、师生的讨论互动等,这些就是所谓的"过程"。在文本理解过程中,我们看到了祥林嫂的苦难,看到了她无法自我把握命运而被社会主宰的悲惨,自然地引发了我们对她的悲悯,对那个社会的厌恶,觉得那样的社会不合理,这就是所谓"情感、态度与价值观"。请注意:情感、态度与价值观,是在这一过程中自然地带出来的,它与学科知识与能力的关联度低,一般不构成独立的语文教学目标。

分析至此,我们就明白了,最初设想的"理解祥林嫂的形象"这一教学目标,从描述上来讲还过于含糊。为了能够清晰地指导教学,可以这样来描述这一课堂教学目标:"运用筛选、分析、综合等方法,通过勾画圈点与问题讨论,完成对祥林嫂形象的理解。"

小说这种文体的核心要素是人物。"完成对祥林嫂形象的理解",属于"知识与能力"这个维度。这一目标是有达成的路径与方法的,"运用筛选、分析、综合等方法,通过勾画圈点与问题讨论",就属于"过程与方法"这个维度。我在目标描述中回避了"情感、态度与价值观",是因为它自然融合在学生的阅读文本、理解文本的过程之中,它不是独立的。在文本分析课中,这不宜被独立描述出来。语文课应该有也会有情感、态度与价值观的教育,而这应安排在文本评价课中来单独进行;而在文本分析课中,"情感、态度与价值观"只是自然地、隐然地"渗透"在课堂教学过程之中的。

不少教师错误地理解"三维目标",把"三维目标"理解为"三种目标",这是不恰当的。我看到许多教师的教案,一堂语文课,"知识与能力"目标一二三,"过程与方法"目标一二三,"情感、态度与价值观"目标一二三。加起来一堂课起码四五个目标,你究竟是要达成什么目标啊?你是要把学生引向哪里啊?这么多目标让学生应接不暇,做教师的太贪心了。想什么都要搞,那就什么都搞不好。

（二）教学目标必须明确聚焦于学科

每堂课只能有"一个"教学目标。这个目标必须是明确的。

要明确，就必须定位。就学科教学而言，课堂教学目标必须是"学科的"。语文课堂教学目标，必须是"语文的"。任何一门学科，必然有该学科特有的"知识与能力"体系，这是学科的话语体系。"过程与方法""情感、态度与价值观"，哪个学科都有，这是共通的。所以，确定语文课堂教学目标，基点就是"知识与能力"。

既然这样，对于每一堂语文课，我们就有权问：这堂课的知识与能力目标，是明确的吗？它是不是让学生建构了语文知识，是不是形成或提升了语文能力？如果答案是否定的，这堂课就是失败的。无论这堂课上得多么令人眼花缭乱，多么令人感动，它都是失败的。

教学目标明确化，才能使得教学路径明确化。一堂课中，所有的教学环节，都是围绕这一目标的；所有的师生活动，都是为达成目标服务的。所以目标明确了，就有可能使得教师的讲授简化，避免对不准目标的讲授；就有可能使得学生的活动聚焦，减少无意义的学生活动。

（三）每堂课的教学目标必须合理

教学目标怎样才算是合理的？

首先要看这个目标是不是"语文的"。语文课的教学目标当然该是"语文的"，这个似乎不必多说，但实际上不少语文课堂上存在着大量非语文的部分。如前所讲，语文的"知识与能力"，这是核心。这个核心不明确、稀薄、甚或没有，那就是目标不合理。究竟教给了学生哪些语文知识，培养了学生什么语文能力，是评价一堂语文课质量的最重要的标准。

其次是合度。合理的一定合度。一堂课究竟能够让学生得到多少，学生实际上能够得到多少，要考虑清楚。目标合度，就是不能太高，也不能太低；不能太大，也不能太小。不能太大太高，因为那样的目标通常不能达成，实现那种目标需要较多的教学内容和教学环节，而课堂的容量毕竟有限。太小太低了也不行，学生吃不饱。

三、教学内容

（一）教学内容必须紧扣教学目标

教学内容，必须紧紧扣住教学目标，使得一堂课成为一个中心明确的整体。这就是说，一堂课中的任何教学环节，都不能游离于教学目标，否则就是"走神"了。

（二）教师水平，关键看教学内容的选择和确定

与自然科学类的学科不同，语文课，无论是阅读教学还是作文教学，安排教学内容的弹性很大，教师自主的空间很大。安排哪些教学内容，很考验教师的水平。那些真正让人信服的名师好课，基本上都是在教学内容的选择与确定方面，确实有过人之处。

为什么教学内容的选择与确定有那么大的作用？这是因为只有在学科上精深的教师，只有对学情有相当理解的教师，才有可能设计出既深刻又合理、既别致又有效的教学内容。学科理解肤浅的教师，不可能在教学内容的设计方面显示出高水平，他只能在课堂上使用一些常见的技巧，或一些独出心裁但不中用的花招。如果教学内容没有价值，那么无论你怎样去教，都不会有什么特别的效益。

就阅读教学而言，教师教什么，首先取决于教师对文本的理解。这就涉及教师的自主解读文本的能力。这不是这里的主题，不多说。

就写作教学而言，选择什么教学内容，首先取决于教师对各种文体体裁要点的把握，以及他本人的表达（写作）经验。不同文体写作的关键要点是什么，不同教师会有不同的认识，这影响到他们对相关教学内容的设计。而教师本人的写作经验，使他能够对学生写作中容易出现什么问题作出预判，高水平的教师还能预设出合适的解决方案，甚至写"下水作文"，直接作出示范。

（三）教学内容的组织与课型

语文教材是分单元编排的。所谓单元教学，就是要把一个单元作为整体，进行统筹安排。单篇单篇地教，每篇都是孤立的，单元内部没有打通，缺乏单元整体感，那就只能叫"单篇教学"，不能叫"单元教学"了。

为了更好地进行阅读单元教学，我设想了三种课型：知识学习课、文本分析课、文本评价课。加上着眼于学生自主学习与过手的预习课和训练课，阅读教学一共具有五种课型。按照实施顺序，列出这五种课型并附上简单解说：

1. 预习课

凡是没有预习，就不要讲。这是基本原则。"自得之则居之安，居之安则资之深"，学生自己动手去做，比听教师讲，更容易留下印象。

在单元教学的思路下，预习课可以统筹进行。应把一个单元作为一个整体来预习。预习就是要让学生自己去读书，自己去发现。教师可以作少许预习指导，或者通过提供学案的方式，让学生自主学习。

2. 知识学习课

以单元为单位，梳理本单元中以语言知识为主的语文知识。这些知识包括关于语言的、文学的、文化的诸多方面，而以语言知识学习为重点。

知识学习课和预习课是不同的。知识学习课和预习课，学生都很关注语言知识，这是相同点。不同点在于，预习课是学生自主进行的，所获得的语言知识是静态的；而知识学习课，是在教师主导下进行的，教师通过讲授与讨论，教给学生的是对于语言现象的分析，这时的语言知识是动态的。例如在文言文阅读教学中，预习课上学生结合注释理解实词虚词、疏通句意，根据注解或辞书知道某字是什么意思，这是静态的，搬过来就是。知识学习课上，教师就一些重要的实词虚词进行分析，可能运用文字学、训诂学的知识，利用多种古籍材料以及生活中的语用现象，学生在动态的分析过程中获得对语言知识的理解。

知识学习课，字音字形知识、词汇知识、语法知识、修辞知识、文体知识、文化常识，都是可能的学习对象。文言文语言教学，需要教师具有文字学、训诂学、古汉语语法的知识；现代文的语言教学，需要教师具有语法学、修辞学的知识。

知识学习课，可以处理一篇课文，也可以处理两篇课文，也可以处理整个单元。这要看单元课文的知识分布特点，要看涉及的知识难点疑点多不多。

3. 文本分析课

文本分析课，主要任务是培养学生的文本分析能力。培养这种能力，就是要让学生读得懂文章。没有理性的分析，不经过扎实的分析训练，学生在阅读理解方面的问题就难以得到解决。学生理解文本的能力普遍不足，这与语文教学中缺少真正的文本分析课，是有绝大关系的。如何分析文本，是一门学问，在这里无法展开来说。我在这个方面的研究成果《方法与案例：语文经典篇目文本解读》和《文本解读与阅读教学讲谈》，已经较好地解决了这一问题。

文本分析课，通常需要一篇一篇地进行。

4. 评价（鉴赏）课

这跟文本分析课是不同的。分析与评价，能力层级是不一样的。文本评价，始终在文本分析之后进行。单元中的各篇课文的文本分析课结束之后，文本评价课就该登场了。

课本上的文章，虽然有的不免也有瑕疵，但总体上来说都比较经典。一个单元内的各篇课文，都是好文章，难道都是一样好？有没有差别？就算都是好，有没有风格上的差异？有没有见识上的高下？有没有写法上各具的匠心？朱自清的《荷塘月色》与郁达夫的《故都的秋》，你觉得它们是同等好的文章吗？

这就是评价。文本评价是以文本分析为基础的，读懂了文章，才有资格评说。评价是要说出你自己的看法，你可以自主决定你的立场。当然，这并不是说你可以随便说。评价也需要分析与标准。

鉴赏也是评价，是一种偏重于艺术形式的评价。

文本分析课需要约束在文本边界之内，严格根据分析与综合的逻辑，对文本内信息进行识别、梳理和整合。文本分析课不需要知人论世，不需要引入别的文本，不需要进行情感态度价值观发挥——这是文本评价课上可以做的事。

文本评价课则需要超越文本，联结更多的文本，来作出评价鉴赏。文本分析要客观，文本评价则可以主观；文本分析需要相对的封闭性，文本评价则需要极大的开放性。

5. 训练课

训练就是为了巩固知识，强化运用知识解决问题的能力。训练课包括阅读的训练、表达（写作）的训练。

训练包括"训"和"练"两个部分。"训"是示范，是教师的讲解，是让学生掌握方法。"练"是学生的过手操练，由学生自主独立完成。

当前的教学，学生做题太多，教师一定要精心思考，精选习题，精细评估训练的实际效益。训练课不止是做题，教师对习题的评讲也属于训练课。如何评讲习题，也很考手艺。

（四）教学内容的优化

前面讲"教学内容的选择和确定"，就包含教学内容的优化这层意思了。这里补充一点：对教材的大胆取舍。

教材在很大程度上制约了教学内容。假如教材某部分内容是没有价值的，根据它来选择与确定的教学内容，也差不多是没有价值的。所以教学内容的优化，放到更大的范围内来看，涉及教材改革。

语文教学，历来多受指责。中国语文教师这么多，这个群体中怎么可能没有优秀人才，为什么教不好语文？问题或许就出在语文教科书上。既然"教材无非是个例子"，那么就不必把每篇课文都看得过于神圣。换一些例子来，换教师自己觉得特别精彩的文章来，好不好？不学八年级的语文教材，给学生来讲、来读、来背一本《声律启蒙》，教学生做对子，读一本《幼学琼林》，积累大量的书面语词汇，扩大学生写作必需的语言库存，收获会不会更大更实在一些？我花一个学期来讲《论语》，可能比你教一本必修教材更能让学生获益。我相信经过时间的漫长考验而仍然保持强大生命力的那些经典，比课本上有些内容更有学习价值。而且应该知道，教材是教学的底线，所有学校都要学习它。中国这么大，一套教材不可能总是能够适应各地的学情。不同学校应该根据学情，从实际出发，对教材做弹性的处理。

　　深圳有位吴泓老师，他教语文，让学生读名著，搞专题性语文学习，听说效果不错。那种做法实质上就是隐性的教材改革，值得借鉴。当然，名著，也不是能随便读的。我读中学时，听老师说《红楼梦》是了不得的名著，于是花了三块多钱买了来。三块多啊，在那个温饱都成问题的1980年代初，至少是十几份炒肉啊！然而，我读不进去。那时我就喜欢《水浒传》《西游记》《三国演义》里的打打杀杀，对大观园里那一堆女人和几个不男不女的男人没有丝毫兴趣。后来我领悟到一个道理，那就是：读书要看读者的性情，要看读书的人与这本书有无缘分。学生读名著，首先要看他们能否读得进去。说到这里，我觉得高中语文规定的名著阅读，也有大问题。我不理解为何中国的中学生，非要读《大卫·科波菲尔》；我不明白为何那么多世界名著，非要选《大卫·科波菲尔》来读。说到底，本人的学识还是太浅陋了。

人文性阅读课堂：以《郑伯克段于鄢》为例

一、提示

语文的人文性，首在理性精神，通过语文学习获取理解宇宙人生的智慧。本文是史传散文，而史传提供人生的教益。史籍中的人物大多有非凡之处，我们要学会观察他们的人生智慧。这不是教我们变得狡猾，而是教我们避免愚蠢。我们的目的是洞察人性，以利于我们更明智地立身于世。

二、讨论

（1）中国古人说"知人知面不知心"，其意思就是，要了解他人的内心世界是困难的。你觉得你对周围的人有足够的了解吗？假如你试图了解一个人，你会从哪些地方着手？

（2）任何人都有追求权力的欲望吗？惨烈的权力斗争的参与者，是不是都是些冷酷无情的人？政治人物表现出来的冷酷，是人性本来如此，还是其处境迫使他们如此？

三、讲录

知人的关键，是知心；知言的目的，还是知心。知心，就是洞察人物的内心世界，就是洞察人性。俗话说"人心隔肚皮"，要知心谈何容易。但如果不努力去了解人物内心，体察人性，就很难说达到了读史的目的。

求知的终极目的，是在体察世界的真理，看清人生的真相。看不到人性的真实，就看不到历史的真实。因此，不能知心，即不能洞察历史人物的内心世界，也就无法实现通过读史来求得真知的目的。

《郑伯克段于鄢》的主角是郑伯，即郑庄公。他有一个弟弟，叫共叔段。郑伯出生时其母受了惊吓，产生了心理障碍，于是不喜欢郑伯而偏爱其弟共叔段。郑伯继承国君之位后，把弟弟段封到鄢这个地方。后来其母与其弟预谋造反，郑伯一直等到他认为时机成熟之后才动手。最后的结局是共叔段逃亡，郑伯与母亲和好了。这个故事不长，原文如下：

初，郑武公娶于申，曰武姜，生庄公及共叔段。庄公寤生，惊姜氏，故名曰寤生，遂恶之。爱共叔段，欲立之，亟请于武公，公弗许。

及庄公即位，为之请制。公曰："制，岩邑也，虢叔死焉。佗邑唯命。"请京，使居之，谓之京城大叔。祭仲曰："都城过百雉，国之害也。先王之制，大都不过参国之一；中，五之一；小，九之一。今京不度，非制也，君将不堪。"公曰："姜氏欲之，焉辟害？"对曰："姜氏何厌之有！不如早为之所，无使滋蔓。蔓，难图也。蔓草犹不可除，况君之宠弟乎？"公曰："多行不义，必自毙，子姑待之。"

既而大叔命西鄙北鄙贰于己。公子吕曰："国不堪贰，君将若之何？欲与大叔，臣请事之；若弗与，则请除之，无生民心。"公曰："无庸，将自及。"大叔又收贰以为己邑，至于廪延。子封曰："可矣！厚将得众。"公曰："不义不暱，厚将崩。"

大叔完聚，缮甲兵，具卒乘，将袭郑。夫人将启之。公闻其期，曰："可矣。"命子封帅车二百乘以伐京。京叛大叔段。段入于鄢。公伐诸鄢。五月辛丑，大叔出奔共。

遂置姜氏于城颍，而誓之曰："不及黄泉，无相见也！"既而悔之。

颍考叔为颍谷封人，闻之，有献于公。公赐之食，食舍肉。公问之。对曰："小人有母，皆尝小人之食矣，未尝君之羹，请以遗之。"公曰："尔有母遗，繄我独无！"颍考叔曰："敢问何谓也？"公语之故，且告之悔。对曰："君何患焉？若阙地及泉，隧而相见，其谁曰不然？"公从之。公入而赋："大隧之中，其乐也融融。"姜出而赋："大隧之外，其乐也泄泄。"遂为母子如初。

后世许多评论者认为：《郑伯克段于鄢》深刻揭露了郑庄公及其母其弟极端自私残忍、为权力而骨肉相残的本质，客观上反映了宗法制度的崩溃及伦理道德的沦丧。其中以郑庄公最为阴险、虚伪、狡诈。

在中国历史上，权力斗争常常是非常残酷的。秦始皇的继承人扶苏，唐朝李世民的弟兄李建成、李元吉，都因宫廷权力斗争而不得好死。在本故事中，我们同样能看出郑国宫廷的权力斗争之残酷。但是，简单地把本故事归结为表现伦理道德的沦丧和郑庄公的阴险、虚伪、狡诈，那还是未免肤浅了些。

《左传》的记载，当然比《春秋》详细，但照今天的标准来看，仍然语焉不详。我们读这么简略的历史记载，尤其需要用心揣摩整个事件的来龙去脉，深入分析人物的性格和心理。

乍看郑庄公确实是阴险、虚伪、狡诈的。他的弟弟共叔段步步走向叛离，但郑庄公显得胸有成竹，没有采取行动，并多次预言他的弟弟将走上末路。我们完全能够猜想，郑庄公对弟弟一直是有防备的，他没有及早镇压，也一定暗中作好了准备。共叔段"将袭郑"，"夫人将启之"，甚至对方具体的进攻日期，他都完全了解，这说明郑庄公完全掌握着对方的动向。

但是，这能说明郑庄公很阴险狡诈吗？

郑庄公确实采用了欲擒故纵的策略。"多行不义，必自毙，子姑待之"，也是这一策略的表现。但站在庄公的位置想一想，我们就不难明白，他这么做无可厚非。生母姜氏从小偏爱共叔段，庄公当然不爽；但从礼法上说，她是母亲，姜氏要做的事，庄公很难直接回绝。共叔段是姜氏所爱，如果没有明显错误就收拾他，姜氏绝不可能答应。同时，在共叔段没有铸成大错之前收拾他，在郑国内部舆论上对庄公也极为不利，反而会制造出一桩宫廷权力斗争导致兄弟相残的丑闻。因此，只有罪行发展到不得不收拾，郑国君臣对共叔段母子的作为都义愤填膺，都认为郑庄公已经仁至义尽，才可能一举根除而不留后患。庄公采用欲擒故纵的策略，也是势之所迫。从国家政治大局来看，如果不能彻底根除共叔段，郑国将会因为双方的长期争斗而永无宁日，对整个国家的利益没有任何好处。铲除共叔段的行为是理性的，是符合整个郑国的利益的。这个铲除必须彻底；要彻底，就必须找到最合适的时机。

事实上，在郑庄公那个时代，为争夺权力而兄弟相残的现象是极其普遍的。而且这种权力之争，都是你死我活，没有妥协余地。鲁隐公谦逊仁爱，代鲁桓公摄政，而鲁桓公长大后却派人杀了他；晋国太子被迫自杀，公子夷吾、重耳逃亡，夷吾回国为君后却拒不接纳诸公子，反而派人追杀重耳；夷吾病死后他的儿子即位，继续追杀重耳，甚至追杀跟随重耳逃亡的那些人的亲属。权力使人性扭曲了。但是，郑庄公在共叔段逃奔后，并未置之死地而后快，甚至还感到内疚。后来齐、鲁、郑伐许，鲁隐公把占领的许国领土让给郑庄公，郑庄公还说过"寡人有弟，不能和协，而使糊其口于四方"这样的话。可见他内心的不安。由此可见，说庄公冷酷，大概是因为评论者太苛酷了。

郑庄公"寤生"，原本不是庄公的责任。母亲由此厌恨他，可以想见他一直在母爱缺席的环境中长大。母亲的偏心，必然会对庄公的人生成长造成深远的心理影响，郑庄公深沉、内敛的性格，可能与此相关。母亲的偏爱，也可能导致他内心对弟弟的憎恶；即使共叔段不反叛，郑庄公因敌意而疏远、压制共叔段，其实都是可以理解的。这是早年经历留下的心理阴影决定的。然而，郑庄公即位后并没有这么做，他对弟弟虽有提防，但仍然堪称厚道，答应了母亲的要求，"请京，使居之，谓之京城大叔"。这与其说是虚伪，不如说是厚道。当然，对母亲的要求不得不允诺，其间也有庄公的无奈。

尽管母亲厌恨他，但庄公对母亲仍然是尊重的，这种尊重还是发自内心的。庄公在成长过程中缺乏母爱，但他是渴望母爱的，这是人的天性。从心理学上讲，作为儿子，他也许还不免有所谓"恋母情结"。可以说，庄公对母亲的基本心态，是又爱又恨。爱是发乎本性，恨是因为母亲对他的厌弃。在长大成人的过程中，弟兄二人，在对母爱的争取方面，客观上存在竞争关系。庄公在竞争中注定失败，而这失败不是由于竞争，是由于母亲的偏心。母亲偏心，庄公心里势必怀有不平乃至愤恨。但弟弟逃亡后，这种竞争关系不复存在，于是庄公对母亲感情的另一面，即作为儿子对母亲本能的爱，终于复活了。

郑庄公对母亲姜氏，是不是假仁假义呢？他把姜氏赶出宫外，发出"不及黄泉，无相见也"的誓言，似乎是冷酷无情；"阙地及泉"迎回姜氏，似乎又很虚伪。初看起来，的确有这种感觉。但这样的感觉是我们的感觉，而未必是庄公的感觉。

庄公平叛、赶出姜氏之时，他内心应是非常愤怒的。共叔段叛乱，姜氏做内应，亲生母亲帮着亲弟弟来夺取自己的政权，岂不令人痛心。叛乱刚平定，发出"不及黄泉，无相见也"的誓言，于情于理都可以理解。但庄公是重礼、重情的，所以会"既而悔之"。姜氏再不好，毕竟是亲生母亲，母子之情又岂能割舍，所以在颍考叔"食舍肉"时，引起了庄公的哀鸣："尔有母遗，繄我独无！"此时此刻，我们看到了郑庄公真性情的流露，幼时对母爱的渴望、虽渴望母爱而如今不得不放逐母亲的悲哀、发出毒誓后内心的空落，悲凉而复杂的感受溢于言表。

应该说，假如郑庄公真的完全是冷酷无情，他没有任何理由与已被认定为谋反者的母亲见面。姜氏配合共叔段叛乱，犯下难以谅解的大罪，此时已是众所周知的事实，他没有必要委曲自己，装出一副假仁假义的面孔。他之所以欣然接受颍考叔的建议，"阙地及泉"迎回姜氏，这说明他对母亲是有感情的，对孝道是看重的。这里面当然不能排除有营造宫廷和谐氛围的政治考虑，但也不能说他这样做只是虚伪。

像郑庄公这样的人，他是国君，必然会遵循政治游戏的规则，因此他的行事必然考虑政治利益，这是无可厚非的。假如他不理智，不考虑政治利益，我们可能又要指责他是无道昏君了。更重要的是，任何政治人物，也首先是一个有血有肉的普通人，具有普通人一样的或类似的思想情感。人性终究是相通的。郑庄公对母亲的态度，从政治方面观察，或许有谋略的因素；从人性方面观察，未尝没有真情的流露。

人类的内心世界是十分复杂的。理解人物的言行，不能只从他所扮演的社会角色角度出发，还要考虑到他主观的心理、愿望，考虑他的言行的具体处境。从根本上说，人的言行，都是依从内心的命令。假如我们能深入体察人物的内心世界，破译他的言行就将是较为容易的了。

四、反思

（1）在理论上主张人性是善是恶的争议很多，而现实中的人性往往表现出多面性，并非简单的善或恶。郑庄公的例子，能不能证明人性是立体的？把一个人简单地判别为"好人"或者"坏人"，有哪些可能的风险？

（2）在你看来，"京叛大叔段"说明了什么？比如，郑庄公事前是否有可能在京安插了自己的势力？

鲁迅：人和社会的解剖大师
——我教鲁迅

鲁迅说，他的小说的取材，多采自"病态社会的不幸的人们"；而其目的，则是"揭出病苦，引起疗救的注意"。在进入或曾经进入中学语文课本的鲁迅小说中，孔乙己、祥林嫂、闰土、华小栓、阿Q，可谓无一不是病人。"引起疗救的注意"是揭示病象，并不是开出药方。即使是鲁迅小说的《药》以"药"为题，也只是揭示病象，而并未开出药方。文学的任务是揭示问题而不是解决问题，它所能做的就是让人看到人生与社会的真相。

人世间的真相有复杂的面向。在新文化运动的大转型期，鲁迅主要关注的是病态，他想揭示阴冷的世相和深刻的困惑。鲁迅有学习医学的经历，他知道解剖是察看病态和了解病因的重要方式。

作为文学家，鲁迅之所以能以数量不多的文学作品雄踞20世纪中国文坛，是因为他首先是一位解剖大师。他对人与社会深刻的洞察和剖析，使其作品的思想深度远超于绝大部分现当代中国作家。这也导致了鲁迅作品教学的难度，深邃的作品总是缺少合格的读者。长期以来流传的段子，所谓中学生三怕——"一怕文言文，二怕写作文，三怕周树人"并不是没有原因的，对鲁迅作品的准确解读，确实具有相当高的难度。

鲁迅的文字内在地具有绍兴师爷的精明性格，他的语言通常深邃而精准，有时还非常幽微和曲折。简约冷峻而意蕴深刻的表达方式，"体不大而虑甚深"

的构思特点，都表现出他远超普通作家的才华。鲁迅的作品大多意密而思巧，对读者的理解力构成了挑战。歌德说，要理解一个天才，必须借助于另一个天才。鲁迅是创造的天才，但读者未必是诠释的天才。分析鲁迅的文学作品，不仅是对学生的挑战，也是对教师的挑战。

鲁迅的有些作品一直存在于中学语文课本中，比如《故乡》《藤野先生》《从百草园到三味书屋》等。在我念中学时，我和我的同学们对这些作品并无理解。在《故乡》中，我们根本理解不到故乡的沉沦，更无法理解希望之近乎绝望，主要印象仅仅是深蓝的天空中金黄的圆月，海边沙地少年颈项上的银项圈；在《藤野先生》中，我们并未理解到藤野先生君子品格的完整内涵，只是学会了嘲讽头发蓬松的同学，说他"头上顶着一座富士山"；我们也不知道《从百草园到三味书屋》的主题是揭示人的社会化会不可避免地导向沉沦的悲剧性，而只记得百草园中令人害怕的美女蛇和三味书屋中让人敬畏的戒尺，还有一种虫叫作"怪哉"。不难想见，当今中学生读这些文章，也很可能类似当年的这种情形。对阅读鲁迅作品的畏惧，是可以理解的。这种畏惧并不仅仅出于时代的隔膜，更基于理解的隔膜。

解剖意味着深入肌理。鲁迅这位伟大的解剖师，他的解剖不止深入肌理，更是深入骨髓，而我们这些读者却往往只看得见文字的表皮。这是对鲁迅的辜负。真正的经典，其实很少有不被辜负的。

教学的关键在教师。我当年对这些经典文本缺乏理解，我认为主要原因还是教师的讲授与引导并不到位。教师中普遍缺乏合格的经典文本诠释者，这种情况至今都未改变。我相信，只要教师对这些文本有了准确和深刻的理解，就一定有办法把他的理解以学生能够理解的方式清晰地传达给学生。通常地，教学中教师的真实障碍不是"讲"而是"想"。讲得不清楚的原因，是想得不清楚。

教师要消除自己与鲁迅的隔膜，那就得首先研读鲁迅作品。研读，就是要发心不辜负作者，要用心去读，要用脑去想，要读得精熟，要认真解剖文本，探明文心何在。这样读去，才能深切体察鲁迅作品，也才能进而找到教学的着力处。我教课文，先必反复研读课文；唯有体察亲切，方能挠到痒处。鲁迅作品未必博大而非常精深，不认真研读，教学时就容易在表面上滑过。例如《祝福》，在语言细节上，有"大家分头寻淘箩"对《论语》"伤人乎？不问马"曲折的化用，不动声色地揭示了鲁四老爷家毫无人道关怀的残忍；在语言处理上，有多种不同样态的语言重复，而这些重复都具有丰富的、很难替代的语意暗示功能；在环境描写上，一个看似不经意的描写内容也往往具有绵密而深刻的意涵，如鲁四老爷书房中的对联，"事理通达心气和平"是鲁四老爷的自我标榜，这与后文中他"可恶""然而"的貌似平和相呼应，也是对得知祥林嫂死后鲁四老爷并不平和的暗讽，悄然戳穿了鲁四老爷的虚伪；在情节构造上，临死前破碗空空的祥林嫂所关注的不是食物而是灵魂与地狱的有无，这实际上暗示了整个文本的主题是揭示一个似乎缺乏精神生活的社会底层农妇的精神危机……而所有这些，都须得反复研读文本才能体察。当这些精妙的地方被体察到位，我们才能引导学生真正贴近文本，去理解鲁迅的思想，欣赏鲁迅的艺术。

　　对语文教师而言，这需要的不仅是研究教学内容的敬业精神，更是文本解读的专业水平。遗憾的是，在我所听到的语文课中，很少有教师能越过文字的表层，抵达文本的深层意蕴。文本解读不到位，不能理解到作者深刻的思考和独运的匠心，教学当然也就只能浅薄。坦率地说，我认为鲁迅作品的教学是普遍不合格的。

　　鲁迅的作品充满了深刻的理性，但中学生感性和情感的部分具有显著优势而理性的部分相对薄弱，这就带来对鲁迅的认知的局限与落差。所以中学生读鲁迅，只靠自奋其力，多半是读不懂的。读《故乡》后，对深蓝的天空中那轮金黄的圆月和海边沙地上那个戴着银项圈的少年的画面，可能记忆最深刻且永远忘不掉，但那并不是《故乡》的要义。这个画面代表的是少年时代的浪漫，而《故乡》所讲的却是并不浪漫的现实的残酷———一个精神原乡的失落，一个想有希望却没有希望的故事，一个社会整体性地滑向沉沦的趋势。鲁迅的忧愤是深广的，这种忧愤和深广都是中学生很难理解的，这需要以教师的理解去引导学生的理解，学生依靠自己的能力无法达成这样的理解。

　　鲁迅是学医的。从《藤野先生》中我们可以看出，鲁迅学医似乎比较吃力。从鲁迅生平来看，鲁迅显然是文章圣手，而非医学高手；他所擅长的不是解剖人的肉体，而是解剖人的灵魂。但学医这个经历强化了他解剖的意识，他的名言"我的确时时解剖别人，然而更多的是更无情面地解剖我自己"，就流露出这样的意识。而解剖是需要入肉三分的，不能只停留在皮肤上挠痒痒。鲁迅的笔不是画笔而是刀笔，在他的笔下很难看到艺术化的浪漫想象，而会频繁地看到血淋淋的残酷的现实。鲁迅是解剖师中的天才，对隐含本质的洞察和对人性阴暗面的敏感，几乎是他与生俱有的本能。在《藤野先生》中我们能轻易地看出，求学时代年轻的鲁迅就对于人类的偏见与愚昧特别敏感，他成熟得太早了。就像他的作品《雪》中所描述的那样，对于鲁迅来说，少年时期的暖国的雨很快就死掉了，他很早就蜕变为凛冽的天宇之下的雨的精魂。

这就决定了鲁迅的笔触必然是冷峻的。尽管他的内心不乏温情，不乏憧憬，但他对这有温度的一面很少有直接的释放和表达；他对温情的表达是间接的——他不断地解剖，不断地批判，目的是为了引起疗救的注意。这种救世的热心肠，往往只能通过对表达动机的寻索，才能曲折地被读者感受到。孔子说"仁者必有勇"，鲁迅是一位勇敢的仁者——"勇"表现为"愤世"的面目，"仁"表现为"救世"的仁心。在鲁迅作品中，前者容易被看见，后者需要被看见。鲁迅不是把普遍愚弱的民众视为应被消灭的敌人，而是视为应去疗救的病人。在这个意义上说，鲁迅手中握着的，不是血光四射的匕首和投枪，而是带着救人温情的解剖刀。他的呐喊，他的彷徨，都是带着温度的。他的冷峻，跟冷峻下潜藏着的温情相互交织，互为表里，正是鲁迅众多作品的一种特色。"哀其不幸，怒其不争"，是鲁迅对"愚弱的国民"的基本态度。他的恨与他的爱是纠结在一起的。

我教鲁迅最大的感触，是觉得鲁迅真的是一位大师，他的思想和笔力，在20世纪中国文学中罕有其匹。鲁迅的作品大都很短，而内蕴之深刻，笔力之雄健，使得众多文学家望尘莫及。《阿Q正传》《药》《祝福》《孔乙己》等作品展现出群众的无聊与愚昧，展现出精神危机的普遍性和社会病态的深入骨髓，都异常生动而深刻，这些作品都是无与伦比的杰作。越是伟大的作品，越会构成对理解力的挑战。教鲁迅作品越久，越是觉得他的作品意味深长，同时感到自己教学的肤浅。要做第一流作家的知音，并不是一件容易的事。鲁迅是解剖大师，要懂得鲁迅就要懂得解剖。语文教师要讲解鲁迅，那就得先学习解剖鲁迅的作品，学习像鲁迅那样去解剖社会与人性。

鲁迅思想非常深邃，对他的思想的准确认识，可能需要漫长的理解和领悟的过程。我早年教鲁迅的《灯下漫笔》，认为鲁迅所揭示的奴性作为国民劣根性之核心，在鲁迅看来已深入国民骨髓，几乎成了一种文化遗传。这容易导致我们误以为鲁迅的批判简单地指向了"愚弱的国民"。其实并不是。奴性不是生来就有的，人的天性是追求自主和自由。所谓"奴性"，所谓"精神胜利法"，并非出于民族的天性，而是长期的专制主义制度的结果。专制带来了社会土壤的普遍毒化与恶化，这样的土壤中不太可能长出自由生长的健康植物。没有谁一生下来就乐意成为他人的奴才或奴隶；在专制的社会土壤中，人独立和自主的天性必须被压抑才能获得生存的可能性，这才是奴性在中国社会中如此普遍的根本原因。奴性和专制性混合的气质，才是鲁迅笔下国民性痼疾的根本性部分。在《阿Q正传》中，无论是一直身处本土的阿Q，还是对外部文明有所了解的假洋鬼子，他们都既有奴性的发作，也都有对革命的试图垄断。专制性和奴隶性的混合，在他们的身上都表现得相当明显。

作为解剖大师，鲁迅浑身散发着批判的锋芒。他对现实的解剖或批判具有启蒙性，具备很高的精神文化价值，在当今仍然具有重要的意义。要建设一个现代化国家，国民精神的现代化至关重要；而国民精神的现代化任务，迄今仍远未完成。在今天，鲁迅仍然是一面镜子。首先，每一个国民，都有必要参照鲁迅作品所揭发的病象，检查自己身上是否依然留存着那样的病痛；其次，鲁迅自身就是一个榜样，鲁迅精神本身就是巨大的精神财富，他向我们示范了如何怀着直面人生与社会种种阴暗的勇气，为实现进步和完成救赎而作出艰苦不懈、痛苦甚至悲壮的努力。鲁迅表面上是无情地批判，这批判背后是救苦的慈悲。每个人都渴望着幸福，但每个人都应该知道，幸福并不是一个跟苦难完全脱钩的东西，甚至不是跟苦难完全不同的东西。只有苦难能让我们理解何谓幸福，幸福不过是对不幸的超越罢了。

追求遵循学理的语文教学

入行教语文，至今已30多年。我的认识是，做语文老师，门槛似乎很低，要求却非常高。要把语文教得高妙，极为艰难；甚至要把语文教得正确，都并非易事。于漪老师说"一辈子做教师，一辈子学做教师"，我觉得这不是谦虚，而是一句实话。

一、教书必先读书

初为人师的那几年，我跟别的年轻教师一样，教学热情很高，学习非常卖力。那时没有如今这么多的教学参考资料，借老教师的教案，随老教师去听课，到处买书寻找教学资源，是我能想到的主要办法。我从小就内向孤僻，木讷寡言，为了让教学变得有趣，我甚至买了好些本讲笑话的书来读。年轻教师的教学热情是极为重要的。尽管那时经验不足，完全不知教书门道，但因为有热情，乐意投入时间和精力跟学生打成一片，所以很容易就赢得学生喜欢，使他们乐意跟着我一起学习语文。"亲其师，信其道"，确乎有理。人都是情感动物，尤其对于情感丰盈的中学生，情感有时比理智更有力量。我带第一届学生，教学水平不行，教学效果不错，学生在高考中竟然取得语文平均分第一的好成绩。我深深感到：学生乐学，比教师善教，更为重要。

但身为教师，当然要致力于"善教"。我在课堂教学中最深切的感受，并不是教学方法的障碍，而是自己学科修为的短缺。有一次我在学校图书室看到钱钟书的《管锥编》，上面被同校的谢厚生老师写满密密麻麻的批注，令我震惊。钱钟书先生是我那时崇拜的对象，我在高中时读过他的《宋诗选注》，而读大学时他的声望曾一时无两。钱先生腹笥渊博，没想到谢老师竟能几乎每页都补出钱先生未曾列出的一些文献。谢老师是40年代的大学生；老一辈教师的学科功底，让我赞叹，更让我汗颜。我深受刺激。我得更加努力读书，才能把书教得更好。

教书必先读书，这是常理。读什么书好呢？在教书的最初五六年中，我多半是基于兴趣，或为了寻求教学材料而读，读得相当驳杂。这有好处，能扩大眼界，累积资源。但我慢慢发现，这样读书不可能让我获得真正的学问。我逐渐认识到，如果想要对语文教学真有点贡献，就必须在学科范围中找到自己感兴趣的细分领域，进行专门的研究。

我找到的领域是古典诗词。我小时候就在外公家读过《幼学琼林》和《李白诗选》，对古典诗文语言形式有感觉；中学时代就喜欢古典诗词，研究过诗词格律，高中毕业时还填词赠别老师。大约从1996年开始，我狂热地购买和阅读关于古典诗歌的著作。首先是读近人的论著，接下来读古典诗话、词话，以及国外汉学界对中国古典诗歌的评论。对文学批评、美学著作中涉及诗歌的论述，我都十分关注。一边读书，一边做些笔记，写点心得。如是五六年后，再回头去看《唐诗鉴赏辞典》《宋词鉴赏辞典》，就居然有"不过尔尔"之感了，这时就觉察到在学科上自己终于有了一定的累积。学习古典诗词的过程中，也顺便涉猎别的一些古籍。《论语》《世说新语》被通读，《史记》的列传部分基本读完，还从金陵刻经处邮购了一批线装本佛经。我的结论是，语文教师一定要熟读几本古典，古典读得顺溜，现代文本的阅读问题也容易解决。我的感觉是一通百通，学科理解迅速增进。在2005年，我把我的研究中最浅易的一部分整理出来，用作成都七中选修课教程，后由四川教育出版社出版，书名是《高中古典诗歌教程》。

这个过程让我认识到，青年教师读书，要有专业阅读意识，要有学科研究意识。书籍太多而人生有限，书不可以乱读。教师读书，最重要的是立足于学科；一味根据个人兴趣随意去读，会妨碍学科的精进。我更深刻的体会是：学科的通透，是教师的首要追求。假如教师对学科能有较为精深的理解，语文教学中的学理性障碍就能得到有效和充分的克服。

二、语文教学要讲学理

在我看来，语文教学缺乏学理的现象，十分普遍且相当严重。其成因首先在于，语文教师的学科修养普遍不足。如果学科修养深厚，像朱自清、叶圣陶那样的先生来做语文教师，我相信他们的教学无论采取怎样的教学方式都不会差到哪里去，因为他们真的"有货"，对学科有切实而深刻的理解。学科修养不足，对教学内容的理解尚有偏差，此时谈论教学的方式方法，意义不大。而据我所知，许多年轻教师，兴奋点并不在学科，而在各种"先进的教学理念"和"巧妙的教学方法"。理念和方法当然必要，但学科弱了肯定不行。我一再观察到，很多教师甚至名师，在教学中屡屡出现知识性错误，或对知识的内在构成与脉络缺乏基本的了解。这是学养不足、学理不明的问题。这个问题若不解决，一个教师无论多么聪明，都无法在教学这条道路上向前走得很远。

我经常说，一个好的教师，第一要有慈悲心，第二要有真学问。有慈悲心，就会具备利益学生的发心；但单有慈悲心，即便想利于学生也难以成办。所谓"真学问"，不在教学设计的讨巧，不在教学过程的炫技，而在对教学内容的学理性分析的精准和透彻。教学内容先于教学形式，教学研究要首先研究教学内容，而这种研究是需要学理支撑的。在阅读教学中，一些教师缺乏基本的学理认知，乃至于连课文都读不懂。诸如阅读《从百草园到三味书屋》看不出三味书屋中那位老师的人生悲哀，是因为不了解运用信息比对和关联信息整合来识别语义的方法；认为《荷塘月色》表现了大革命失败后的苦闷，是因为不符合文本解读须在文本内部获得证据支持的要求；批评《背影》中父亲"违背了交通规则"，是因为不懂得文本信息须相互联结以实现结构化理解的原则。学理认知不足，教学势必言不及义，荒腔走板。阅读教学的基本问题是文本解读问题。我先后花了十年时间，从语义信息识别、文本信息结构化等方面对教材文本进行研究，最终完成了两本书：《方法与案例：语文经典篇目文本解读》和《文本解读与阅读教学讲谈》。

"君子务本"。学科教师的本，在学科上面。学科教师的专业成长，须以通达学科学理为第一要务。若说我还有什么值得一提的经验，这就是最重要的经验。

学科有学科的学理，教学有教学的学理。语文的教学也应是讲学理的。我对此有两点看法。第一，语文教学应更具理性。第二，课堂教学应讲求章法。

首先，语文教学过于强调感性、感情、感悟，在我看来这不合理。学科本质上是一个知识与能力的系统，它必须是理性的，讲学理的。学科的知识学习与能力形成，无一例外都是理性的过程。教学偏离理性，让感性与情感泛滥，势必阻碍学生思维品质的提升。感性与悟性，本质上是不可教的；但凡认知活动都是理性活动，若无理性思辨，人就会变傻。课本上的文学类文本中固然多有感性的、感情的部分，但阅读教学依然是分析的、理性的。在我的理解中，教学永远是一个理性的行动；教师在教学过程中感性、情感的运用，实质上是一种教学策略。

其次，课堂教学常常不讲章法，缺乏学理性思考。语文课堂通常都是大杂烩，各种内容混成一锅粥。一堂阅读课，作家生平、文本背景、生字生词、语句含义、段落大意、结构思路、主题思想、修辞手法、表现技巧，什么都有，什么都没讲透。面面俱到，导致教学目标模糊，教学效果有限。我自己的教学长期存在这个问题，教书几近20年才意识到这一问题的严重性。我认为这是阅读课教学效益极低的症结所在。我花了五六年时间研究这个问题，根据语文课程的知识与能力要求、不同教学内容的学习要求以及学生的认知发展逻辑，提出了语文教学的课型分类主张。我把语文课分为预习课、文本分析课、评价鉴赏课、文学史和文化知识课、训练课、综合性实践课、学科阅读课等七种课型，并在2020年出版的《追求更高品质的阅读教学》一书中，对课型分类作出了简要的说明。

学科的知识理解，学生的能力发展，都有其内在的逻辑。认识这样的逻辑并据此教学，就是把握学科教学的学理。我也曾经"跟着感觉走"迷迷糊糊教书若干年，而我的教学生涯最终告诉我，深入学科探索学理、遵循学理实施教学，是教学中最重要的事。这需要教师始终保持理性。我曾在一次接受采访时讲过如下几点，供各位同行斟酌：

第一，任何时候都尊重事实，诚实地面对事实，事实是真理的基础。

第二，任何时候都保持理性，对一切观点、材料都要以理性审视。这能使我们保持独立性，不致人云亦云。

第三，任何时候都对自我保持警觉。没有自警和反思，就容易自我封闭成长空间，同时也易失去对异见的包容。

第四，永远保持对规律的渴求。这种渴求会使我们不甘于停留在现象层面，它是我们在求知上不断超越的动力。

三、回归常识体察教学的学理

在学理的探求中，常识最重要。道理中最基本、最靠谱的，就是常理或常识。常识似乎很好懂，但在行动中有意识地运用却很难。问题出在哪里呢？出在观念的先入为主和习惯的长期维持。

当头脑中出现了某些定见，行动形成了某种习惯，我们通常会依据定见和习惯行事，而不是依据常识。在我教书的前十几个年头，写作教学的习惯性安排，都是每周必有作文，大作文和练笔交替进行。那时的认识是，大作文训练学生的作文规范，练笔发挥学生的个性，二者相得益彰，这安排合理且周全。但我很快痛苦地发现，一个学期下来，作文换了很多题目，而学生水平依然原地踏步。直到很多年后，我才察觉到有几点常识被我们遗忘：

第一，写作是书面表达，按常理必须积累相当数量的书面语词汇。没有足够大的词汇量，斟酌词句、优化表达，根本不可能。

第二，要写出一篇有品质的文章，必先有能力写出一个有品质的语段；要写出一个有品质的语段，必先有能力写出一个有品质的句子。

第三，没有输入，就没有输出。除了天才，离开模仿就很难创造。连好文章都没见识过几篇的人，不太可能写得出好文章。

于是我对写作教学加以改进，基本上抛弃了大作文训练。根据第一点，我减少了作文课，改为读书。要求学生自主阅读他们感兴趣的诗歌和散文，积累词语尤其是修辞有特色的短语。我认为诗歌和散文，最有利于学生找到他们所能理解的"文学表达"的感觉。高一阶段基本不写作文，改为读书做摘抄，每两周一次全班交流。读书还可以积累思想和启发思考，而没有有价值的思考就不会有有意义的表达。根据第二点，高中作文训练，先从打造有品质的句子入手。对造句的要求是，要么有深刻的思想，要么有精彩的修辞。作文训练的重点，主要是句子写作和段落写作。根据第三点，作文要先进行范本模仿，允许但不鼓励所谓个性或创造。先把文章写得有模有样，再来发抒性灵。小时候的自由书写是保护天性，成年后的自由书写是鼓励创造，而中学阶段的写作学习则应强调法度，强调技术，立足模仿。模仿就是学习，是借鉴。"创造—模仿—创造"，这是符合写作发展的逻辑的。

回归常识来体察教学的学理，就会找到很多有效的方法。我在2003年至2007年间所做的作文训练实效性研究，基本上都是依据文章的写作常识来展开。我把我的方法写在《高考作文经典材料"百变通"》《高中作文要义：思维、材料和技巧》两本书中，在一线教学中获得了热烈的反响。

语文学科的教学材料尤其是文学作品，常常是不乏感性、情感的，语文的学科建设中最稀缺、最需要的是理性。人们自发的情感，也只有通过理性才能升华为"善"的意志，从而成为情怀。依循学理探索学科教学，能使语文教学变得正确、有效，能把语文打造成为既有情怀也具理趣的学科。这样的教学更能强有力地塑造学生，使其成为情理兼具、情理平衡的人。

写作教学札记

写作认知：一些词语的解释

写作学习，需要建立一些必要的认知。教师有怎样的理解就会有怎样的教学，教师的理解会影响学生的理解。为了帮助大家理解，我选取了一些重要概念进行诠释。

这都是自作主张的诠释，反映的是我对这些概念的理解。未必恰当，仅供思考。

一、观察与体验

观察不只用眼睛观看，必须用心灵感应。人不能只有视力而没有智力。观察的"工具"是肉眼和心眼。简单地说，观察就是用"肉眼"和"心眼"两双眼睛去寻找事实，判别现象。观察回答的基本问题是"我看见了什么"，而这"看见的什么"之中，包含着几个要素：事实、特征、关系和结构。其中，关系和结构是偏重内在的层面，事实、特征是偏重表浅易察的层面。只是用眼睛观看的人，甚至时常看不到基本的事实。情况常常是这样的：一篇好的文章折服读者的不在于它写了什么稀奇古怪的事实，而在于它帮助读者看到了本该看得到而恰恰又没有看到的事实。人们常常对眼前的事实熟视无睹。因此，观察的第一步，就是养成事事留心的习惯，减少和消除视力的盲点。

补充一点：在初步学习观察一个对象的时候，观察也不止是视觉的事情，要尽可能调动所有感觉器官。

观察的同时体验同步发生。体验，是指人观察和接触对象时所获得的感应。不依赖于人的感知的——亦即不为人所体验到的——纯粹的客观世界是没有意义的，因为它不能成为人的认识对象。万事万物的意义，需要在人的体验过程中生成，因此人的一切认识活动包括写作活动都需要以人的体验为基础。自然中的事物之间、自然与人之间、人的各种感官之间，以及各种艺术形式之间，都存在着内在的、隐蔽的相互渗透，存在着相互的感应或应合。体验使世界成为一个整体。观察与体验是紧密联系着的，通过体验的品质，可以反过来检查观察的品质。

"文必穷而后工"这个命题，实际上就是强调体验的重要性。这个命题明确指出，生存困境的体验是写作成就的必要前提。"文必穷而后工"至少包含两层启发：第一，通常地，阅历越丰富，人生越曲折，体验就越具广度和深度，这对写作是有意义的；第二，在"穷"的生存困境中获得的体验，对文章的"工"才是最有价值的。一般地说，处于悲哀、失落、迷茫的状态中的人，更会情不自禁地质疑世界和反思人生，这时的体验更具穿透力，因而更具深度。任何醉心于文学艺术的人，都必须与世俗意义的幸福保持距离。很多伟大的艺术家的人生，证明了这一点。

二、真实与虚构

在文学写作这一领域，"真实"的含义是：看起来是真的。真实性应该被准确地称为"似真性"。文学中没有完全的真实，或者说，没有真正的真实。艺术真实高于现实的真实，这种真实性不在忠实于客观事件的事实，而在忠实于主观感受的真实，以及事理与情理的真实。艺术真实，它不是简单地再现客观世界的客观性，而更多的是表现客观世界的可能性。这是文学叙事与历史叙事显著不同的地方。

这并不妨碍读者觉得作品描绘的那个世界是"真实的"。比如，阿Q未必实有其人，即使有其人也未必与《阿Q正传》中那个阿Q一模一样；未庄也未必有其庄，即使有其庄也未必与《阿Q正传》中那个未庄一模一样。尽管如此，我们仍然觉得《阿Q正传》是现实主义的，鲁迅"真实"地反映了那个时代的社会和那时人们的生活。

虚构是经验的变形。离开经验进行彻底的虚构是不可能的。人们从现实中获得的体验就是经验，对经验加以有意的改写和扭曲就叫虚构。人的意识并不就是一面忠实地映照现实的镜子——如果是，在某种意义上那是哈哈镜——任何信息都是被人的意识系统过滤的，因此经验在一定程度上包含着意识的取舍乃至想象的成分在内。可以说，经验中也包含着某种虚构。神话就是如此，它既包含着经验，同时也是一种虚构。拉康甚至认为自我也是虚构的。他比较了儿童和黑猩猩照镜子时的情形，发现儿童甚至在某部分智力尚不及黑猩猩之时，也可以通过镜子识别自己。而当黑猩猩对这一认知活动失去兴趣时，儿童可以进一步做出一些姿势，使"镜像"与真实活动之间发生关联。拉康认为，这意味着在社会决定自我之前已经产生了一种理想的自我。拉康认为，"我"是在这种虚构的形式中固定下来的，即：我们关于自我的观念必定是一种虚构，然后我们以这种虚构去抵御现实的进攻。文学中的虚构是有意识的虚构，目的在于极端化某种经验，或突出所要表达的观念或理想。这些虚构背后，也隐含着批判现实或抵御现实的企图。

巴尔扎克说，"小说是庄严的谎话"。《聊斋志异》的《促织》中成名之子化成蟋蟀，卡夫卡《变形记》中的推销员变为甲虫，都是经典的虚构范例。

三、意义与主题

"意义"是作品借着语言、意象、细节或其他信号所表达或传递的信息。一般说来，作者总是要有意传递某种特定信息；但一旦形成文本，文本中也可能蕴含着作者无意传递却又能够被读者觉察到的信息。这种信息虽然不是作者立意要说明的意义，但却包含在文字整体的意义范围内，在这种情况下，文学文本具有更丰富的挖掘的可能。越是内涵博大深厚的名著，越有可能在作者不曾意识到的情况下吻合了认知、心理、文化等层面的东西，蕴含着多个层次的意义，因而具有从不同角度被理解的可能。

文本通过其形象或言语系统显示出来的主要意义或核心意义，就是"主题"。通常地，这个主题是被作者明确意识到且刻意传递的。作者总是试图通过作品传递某种观念或意义，因此他必然会在写作中设定某种主题。主题是作者创作意图的体现。主题一般有两种类型：

（1）单一主题与复合主题。若一个主题只有一个主题因素，称为单一主题；若一个主题有两个或两个以上主题因素，称为复合主题。一般地说，具有复合主题的作品，显得更为厚重。

（2）显见主题与隐含主题。显见主题是较易分析和辨识的主题。隐含主题是未用显而易见的方式表达，因而需要通过"由此及彼""由表及里"的思考才能找出来，是较难辨识的主题。比如金庸的《笑傲江湖》中，真性情的令狐冲由华山派徒弟成长为整个武林的英雄，这是很容易感受到的，是显见主题；而华山派掌门岳不群为获得权力而自我阉割，身世悲惨的林平之为复仇也自我阉割，则暗示了权力与仇恨导致人性畸形的观点，这是隐含主题。主题以隐含为好，整个《笑傲江湖》的主题实际上并不仅仅是令狐冲的英雄史，而是一个复合主题，是以上两种主题的叠加：人性不可以扭曲。

在写作的初级阶段，需要学习单一主题、显见主题的表达；高级阶段，则需要尝试设置复合主题与隐含主题。

四、主题先行

主题先行，是指在写作活动中先设定一个主题，然后再去找适合的材料。这常常被认为是一种违背写作规律的做法，是用材料生硬地附会主题。但我不这样认为。在实际写作中，主题先行的情况是多见的。所有的考场作文都是根据题目来写，这种规定性写作中，题目已经限制了主题的可能性，因而必须是"主题先行"的。实际上，即使在自由写作中，也通常是先产生了一个观念，然后再来据此构思，寻找材料加以支持和铺衍。

主题先行未必是不好的，"主题先行"与"意在笔先"并无原则上的差别。比如长篇小说的写作，我完全不敢相信作者总是把材料或细节准备妥当后再来思考主题；恰好相反，动笔之前一般会有对主题的初步设想（这当然可以调整），这样才能保证作者选取到有意义的材料，才能保证在具体的写作过程中有一个中心，从而避免散漫杂乱。

有人认为"主题先行"与"意在笔先"的区别是前者没有材料支持，而后者有材料支持。这种说法似是而非。因为如果没有任何材料，"主题"根本就不能被提出来，写作根本就不可能开始，"主题先行"也就成为一个不可能完成的任务。

五、立象

立象是文学表达的基本方式。"象"在诗歌中是意象，在小说和戏剧中是人物形象。相当多的散文具有较多意象或以描写人物形象为目的；有的虽不如此，但大多具备一定的形象性。立象是通过"象"来传达"意"，"象"是表现"意"的手段，是作为"意"的喻体而存在的，因此立象实际上就是隐喻（比喻）思维。

比喻是人认识世界的基本方式。本体与喻体关联起来的过程，就是不同事物之间建立联系的过程。人无法认识单一的事物，只能在事物之间的联系中认识事物（正如一个点只能在坐标系中才能定义它的位置一样）。比喻中本体与喻体的联结，本质上就是使不同事物之间建立联系。

六、结构与语境效用

作品必须存在一个结构，以此组合语句，表达信息。字词本身并不能单独产生文本意义，作者用词句作为基本材料，组合在一定结构中，就产生了意义。句子、段落和篇章的组织，都需要某种架构来定型。结构就是一个塑造形态的模子，作品的各个组成要素，经由这个模子的塑造而获得意义，成为整体作品不可分割的一部分。"结构"一词最常见的用法是指篇章的结构，即"章法"。章法指的是用时空、事理、意识变化等手段作为模子来组织整篇作品。

把作品的全部内容纳入到一个宏大的结构框架之中，每个构成要素因此而具有了整体的意义指向。这就是主题。主题决定了一个结构中各个表意单元存在着某种一致性。文章如同生命的有机体，各个构成部分彼此不同而又能和谐地配合，不互相矛盾。这一致性并非机械性，乃是有机性。

文章结构中的所有词句，都处于上下文的语境关系中。"语境效用"，是我发明的一个术语，指的是在文学类文本中，利用语境的前后关涉，把需要表达的意思在文章结构中加以分散，使读者只有根据上下文综合考虑，才能明确地了解整体和局部的意义。这是文学性表达的关键方法之一。文字表达要耐人寻味，文章要避免直白显露，就需要考虑语境效用。文学表达不能含混，但不能不含蓄。把意思集中鲜明地说出来，会损失余味曲包的韵致，这不是文学的方式。在诗歌和散文的阅读中我们常遇到这样的现象：某个句子意思可能费解，或者言在此而意在彼，需要结合上下文才能准确理解它的意义。这种现象的成因，在于作者巧妙地利用语境，把该句子的某层意思分散到文中其他部分，通过其他部分，我们才能更清楚地看出该句子的意义指向。

七、文体

写作所采用的体裁，是表达意念和情感的基本框架。写作训练中常用的文体，包括记叙性散文、描写性散文、抒情性散文、议论性散文，诗歌、戏剧和实用性文类等。

散文，是语言参差、形态多变的一种文体。除了诗歌之外的所有文体，都可以划入广义的散文范围。比如小说也是一种散文（只不过它是以叙述为主体的）；戏剧也是一种散文（只不过可能包含诗歌的因素）。"形散而神不散"是对散文特征的常见的概括。在写作中，"神不散"是必需的，关键在于"形散"，即材料的多样性、结构的灵活性——这是最能显示散文艺术个性的地方。

记叙性散文（记叙文），是满足人们观看时间中的事件的愿望的。记叙性散文需要在时间中展开事件或情节，并在其中展现某种体验或经验。记叙性散文重在记录和表现社会人生。叙述是记叙性散文的基本表现方式，时间是基本要素，顺叙、插叙、倒叙等方式都是依据时间来划分的。

描写性散文（摹状文），是满足人们观看空间中的景致的愿望的。描写性散文需要在空间中展开场景或境界，并在其中融入某种情思或理念。描写性散文重在描绘和感悟。描写是描写性散文的主要表现方式，空间是基本要素，定点描写、移步换景等方式都是依据空间来划分的。一般说来，与叙述相比，叙述是动态的，描写是静态的。描写是叙述的动态过程中的短暂停留。停留下来的目的，是对某个有意义、有价值的对象作一番从容的观察，对其中的意蕴加以挖掘和呈现，以便充分凸显作品的主旨和意趣。

抒情性散文（抒情文），是满足人们了解他人的情思的愿望的。每个人都存在了解他人的动机，因此，抒情性、记叙性与描写性散文中，都需要某种情意的贯注，只不过在抒情性散文中，情绪的抒发构成表现的重点，事件和景致仅仅构成情绪的背景。抒情就是抒发和表白情绪。情绪不是凭空而起的，需要有某种因缘的发动。触景生情、因事生情是最常见的。因此抒情通常与叙述、描写等其他表达方式同时运用，一般没有纯然独立的抒情。即使有时候人们觉得某种情绪无端而起（其实仍然是有原因的，只不过自己没有意识到这种情绪被什么触发而已），写作时也只有找到某种具体场景作为依托，才能形诸笔墨，被人理解。

议论性散文（议论文），是满足人们了解他人的思想的愿望的。因此，议论性散文必须展示独特的思考，才能起到启发他人的作用。如果一篇议论性散文中展现出来的都是前人已经明确阐述的观念，都是大家已经了解的见解，那么这种议论文就不能增益人们的见识，就是没有价值的。

好的文章，要令读者感到满足。首先，要满足人们的好奇心，这意味着写作者需要提供一些特别的而非普通的东西。其次，要提供给读者智力或情意的满足，这意味着我们的文章需要具备深度。

诗歌，是较注重语言变化和意象运用的一种文体。语言变化是为了凸现情意的波动和跳跃；意象运用是为了获得意义表达的曲折。中国诗歌的主要特点是抒发某种情绪或表达某种理念，叙事一般不构成中国诗歌的表达目的。早期诗歌可以歌唱，使得诗歌与音乐具有天然的联系，音乐在某种程度上影响到了诗歌的体裁性格。现代诗歌有的已经不再押韵，但节奏还是要讲究的。我强烈主张中学生要拥有写诗的体验。在诗一样的年龄，写诗是一种人生义务。功利地说，写诗最容易让人找到文学表达的感觉，对提升书面表达水平有很大助益。

八、时间、空间和速度

时间就是过程。任何状态的延续或变化，都包含着时间的因素。安排时间须注意三方面：一是事件本身的过程（现实的时间）；二是所叙述的个别事件和社会背景（历史的时间）的关系；三是追寻所叙述的事件与别的事件的关系，注意所叙述的事件中可能包含的哲理和启示（哲学的时间）。

空间，是景物的场所或事件的发生地。任何事件和景物，总是存在于某一特定空间之中。不管是记叙性散文还是描写性散文，都存在空间因素。安排空间须注意两方面：一是事件或景物自身的情形（物理空间）；二是包蕴在事件或景物之中并超越了现象层面的意义（心理的或意义的空间）。

速度，是指作品中节奏的快慢程度。同样篇幅的作品，有的作品给人的感觉是行进速度很快，有的却显得悠缓。杜甫的《闻官军收河南河北》与崔颢的《黄鹤楼》篇幅相同，但前者是"快诗"，而后者速度缓慢。李白的七绝《早发白帝城》比王维的五绝《竹里馆》速度快得多，尽管前者篇幅更长。速度的快慢取决于几种因素：时间的调节（比如故意拉长或压缩时间）、空间的转移（空间不断转换可以形成速度快的感觉）、情绪的强度（激昂的情绪和幽婉的情绪分别形成激越的或舒缓的语调，给人以快或慢的不同感觉）、细节的多少（细节越多，笔法越细，事件的时间仿佛被延长）、句法的作用（短句较明快，长句较从容，给人不同的时间感）。

九、修辞和陌生化

语言是传达作品意义的媒介，任何作品都离不开语言；在作品中，语言又显示自身，具有独立的意义和审美价值。在写作活动中，语言表达能力具有无比的重要性。任何写作者都应该尽可能拥有更大的词汇量、更多的语言修饰技术和更丰富的语言实践经验。我认为，对初学写作的人而言，堆砌辞藻不是缺点而是优点。初学者应该大力堆砌辞藻，以此扩展书面语言运用的经验，否则其作文语言可能会始终寒碜。

修辞是语言的特别用法，它将平直的语法和日常的言语转化为高度人工化甚至陌生化的话语。修辞是对日常言语的反叛，是对一般语法的抗拒。文学语言的基本属性就是修辞。写作中常用的修辞技巧很多，炼字、炼句以及一般教科书所罗列的修辞手法都包含在内。对于初级写作者来说，比喻、排比、对偶是相当重要的几种方法；对于高级写作者而言，更重要的则是词句的斟酌。

当一个对象多次被感知，便会产生"感知的自动化"，从此习以为常。所谓陌生化，就是要摆脱这种"自动化"，摆脱感知的定势，从而创造出新鲜的感觉。例如，"武大郎是一堆牛粪"最初是一个新颖的比喻，但当我们多次见到这个句子之后，就习惯性地把"武大郎"和"牛粪"联系起来，"武大郎＝牛粪"就成了一个定势，"武大郎是一堆牛粪"这个句子就变得陈腐，很难刺激我们的感觉了。在写作中，我们要尽量地陌生化语言，即以不落窠臼的语言保持感觉的鲜活，"使表达最大限度地凸显出来"。从一般写作经验来说，打破语法规则，实现新的词语搭配，是较为常用的方法。

十、风格和作者

风格，就是根据个人的趣味癖好去处理和操作语言，而使作品在语言质地和语调上显现出来的个性特征。我认为风格是修辞层面的事，与主旨、题材基本上没有关系。布封的著名说法是"风格就是本人"，钱钟书对此的理解是：文如其人，在"言之格调"，而不在"所言之物"。我赞同钱先生的观点。能够支持我的观点的还有："风格是语言的表现形态"（威克纳格《诗学·修辞学·风格论》），"风格只是指连缀词句的特殊形式"（毗首那他《文镜》）。在西方观念中，风格与修辞、笔调、韵数、文体等因素关系密切；在中国观念中，风格与人的风度品格、风采神韵、作风气度有密切关系（这种涵义可能与东汉以来的人物品藻有关）。

作者是什么？简单地说，作者就是用书写工具（各种笔、电脑、颜料、手指等）写出作品的人。任何作品都有作者，这是广义的概念；狭义的作者是指有个人创作意图的、带有明显个人倾向的写作者，这种作者的出现有一个历史的过程。以诗歌为例，人类早期的作品是作者不明的，是无名氏书写的，比如原始时期的歌谣、《诗经》中的多数作品和乐府时代的民歌等。在中国，屈原是最早摆脱民间合唱而开始独唱的大诗人，到了东汉末期进入所谓"人的自觉"时期，个人创作才较多地涌现，出现了较多有个人写作意图的作者。

而在文化的意义上，作者并不完全等于"写作某一作品的人"，这是因为：第一，任何作者都受到文化背景和既有语言规范的影响，他不可能进行完全个人化的写作，也就是说，他的作品的作者不仅仅是他本人，还有众多潜在的作者隐藏在他意识之中。第二，作品是私人的东西但又不可能是完全私人的东西，作品中可能存在不同的自我、不同的主体。比如明朝的严嵩热衷功利却写出了淡泊名利的作品，这显然应视为严嵩受外部观念引导所致——也就是说，产出这些观念的人，与严嵩一起构成了这些作品的作者。写作应该尽量独唱，但不可避免的是，写作常常是以合唱为背景的独唱。创作所能够做的，就是在合唱中尽量凸显自己的声音。

十一、灵感和写作方法

灵感是生命活动的表现之一，灵机一动、豁然开朗，是生命过程中不时可见的现象。灵感在写作的构思阶段和进行阶段都可能闪现。灵感并不神秘，只不过它的光顾不存在事先约好的、固定下来的时间，因此常常显得神秘。作者也不是灵感的记录仪，只是死板地将灵感记录下来，他会把灵感融入文本的框架；写作者有意识的思考常常激发潜意识的活跃，从而产生灵感。

对某种问题的定向思考，对于写作中灵感是否发生、发生怎样的灵感具有重大的激发作用。写作有时也是一个即兴、随机的活动状态，不是完全依据规定程序按部就班地进行，因此作者可能由于偶发的意念而写出自己始料不及的东西。这种"妙手偶得"的现象，也是灵感的重要表现。

在实际写作中，我们不能对无法确定是否降临的灵感寄予厚望，而应倚重写作的方法。简单地说，平时的写作，寄望于灵感是完全不靠谱的。方法就是路径。一般说来，写作方法包含了关于写作的法则与步骤，使人有路可循，有法可用，既可节省时间，提高效率，更让人知道如何针对写作的技术问题，对症下药地寻求解决之道。作品中运用何种艺术表现方法，反映着作者对写作艺术的理解。李白和杜甫，鲁迅和莫言，他们的作品中运用的方法是有区别的，这意味着他们对文学艺术的理解不同。即使是最有天才的作者，其作品也必然存在可以被分析出来的方法。当然，任何方法都只能是手段和工具，因此要心存一点"得鱼忘筌"的意思，不宜始终桎梏于规则之下。写作是一种精神创造活动，死守方法的人不是好的创作者，而是好的码字工。

审题立意的综合性范例

本文是我为指导学生审题立意而专门撰写的一个讲稿。这是一个审题立意的综合性范例，供参阅体会。

世间万物都有底线，越过了底线就会引发意想不到的后果。60万年前的那次小行星撞击地球，一定越过了很多物种生存的底线，其后果是大量生物的灭绝。稍多一点的二氧化碳气体能较好地保护大气层，可是越过了底线就产生了温室效应。

人的心中也有无形的底线，时时制约着人们的行为，底线是做人的基石，是处世的最起码的准则，也是人们安身立命、维护自尊的法宝。

请根据你对上述文字的感悟，写一篇不少于800字的文章。

一、审好关键词的语义

本题的关键词（主题词），显然就是"底线"。

"底线"这个关键词，是本次作文的依据，是核心概念。如果没能准确把握这个词语的内涵，就有失误的危险。

什么是"底线"？

这是我们必须首先弄清的问题。根据《现代汉语词典》，"底线"的意思是：

（1）①足球、排球、篮球、羽毛球等运动场地两端的界限。②指最低的条件；最低的限度。

（2）暗藏在对方内部刺探情报或其他活动的人；内线。

很显然，本题中的"底线"，是指最低条件、最低限度。

二、让关键词往人生方向延伸

你首先要有一个定见：考场作文都是要谈人生的。看题目你就知道，本题第二段的"引导语"就是在把你的思路引向对人生的思考。

因此，谈"底线"，当然不是谈什么"价格底线""谈判底线"之类。由题目中"做人的基石""处世的最起码的准则""安身立命、维护自尊的法宝"等说法，容易判断：我们应该谈的是"道德底线"。

三、进一步的思考

综合上述两点可知：

（1）"底线"，是指最低条件、最低限度。

（2）我们应该谈"道德底线"。

把上述两项加起来，可知："道德底线"，就是人在道德上必须满足的最低条件，或必须达到的最低限度。

据我们的普通经验可知：人在正常的人生进程和普通的社会状态中，"道德底线"通常能够维持，较少接受考验；人生处于失意与蹉跌之中，或社会失范与崩解，才容易产生"道德底线"难以维护的问题。

"底线"意味着无可再退，必须坚守。

这个分析的重要性在哪里？除了在审题立意方面，其重要性还在于：它决定了你的选材是否正确，是否吻合题意。你选择的材料应该是：在人生困顿或外力考验下，人对原则的坚守，对价值观的捍卫。

比如：屈原之所以自投汨罗，就是因为绝不"以身之察察，受物之汶汶"，即是他坚守的道德底线；苏武之所以拘禁十九年而不降，就是因为他以不叛国家作为他的道德底线；陶渊明之所以决意归隐田园，就是因为"为五斗米折腰"

将刺破他的道德底线……又如：柳下惠坐怀不乱，能经受住美色考验是因为他坚守着不乱性的底线；一箪食，一豆羹，得之则生，弗得则死，但廉者不受嗟来之食，志士不饮盗泉之水，以人格尊严不受羞辱作为自己的道德底线……

四、联系人生哲理的五组主题词

关于人生哲理的五组主题词适应于几乎全部考场作文，必须熟读我编写的相关资料，并有意识地在作文中使用。这非常重要。任何作文题，都要与之联系起来。

结合本作文题，联系五组主题词，可以获得如下思考：

1. 生命的伦理

道德底线，本身就属于"生命伦理"这一主题。道德伦理的核心，是爱与责任。道德底线规定着基本的爱心和起码的责任。没有爱的世界是冰冷的，没有责任的人生是自私的。道德的滑坡，道德底线的跌破，将使得人性缺失、社会混乱。

道德底线不容突破。它保持了起码的人性，维持着基本的秩序。就个人而言，我们可以看到：道德底线的高度，是区别伟大与卑琐的基本指标。道德底线越高的人越伟大；道德底线越低的人越猥琐；没有道德底线的人，则是无所不为的坏蛋。

补充说明：道德底线，永远是人的设定。是不是道德底线设定得越高越好呢？要看情况。就个人而言，设定一个较高的道德底线，能促人向上，提高人生的境界；就社会而言，当我们企图设定一个道德的"公共底线"之时，就必须考虑到人的复杂性，要能被常人所践行。充满道德高调的国度，必多假道德之名而行的伪君子；道德底线失守的国度，必多凶残妄为的真小人。

2. 生命的诗意（美感）

道德底线是诗意栖居的前提。

如果道德底线不复存在，必将导致人性的大面积溃败，社会秩序的彻底瓦解，人间不再是净土乐园，而成为血腥恐怖的杀场。道德底线不在，意味着人不会以道德为意，"善"被彻底地驱逐。"真善美"是一体的。当"善"不存在，"美"亦将沦亡，世界不再美好，不再值得留恋。

陶渊明归隐田园，在某种意义上可以理解为对生命诗意的追寻。桃花源是美丽的，官场是丑陋的。而陶渊明的归隐，是因为"为五斗米折腰"已经威胁到他的道德底线。当道德底线被打破，人被迫在屈辱中生存，这种生存必然是反诗意的。同样地，李白青崖名山的诗意追求，也是因为"摧眉折腰事权贵"，将刺破他的道德底线。

3. 生命的成长和自我实现

道德底线是一个人生命成长的基点，也是生命成长的保证。

没有道德底线的支撑，生命必将处于一个不断下滑的境地。生命成长，意味着向上，不断趋于人格的圆满与自我实现。即使在生命饱受磨难和摧残的状况下，也必须捍卫道德底线。

文天祥之所以敢于牺牲以完成自我，就是因为他把忠于国家作为道德底线。我们读《指南录后序》，就不难发现文天祥那样伟大的人物，在死亡面前仍然不免惊惶。这一点文天祥跟普通人没有什么区别。文天祥的伟大之处在于，他始终坚守道德底线，在任何情况、任何处境之下，也绝不抛弃他的道德坚持。

4. 生命意志

坚守底线，需要生命意志的力量。

生命意志是人的本质力量。生命意志强大的圣贤或英雄，不仅能坚决捍卫自己的道德"底线"，还能充分张扬生命力量而自树道德标高，达到孟子所谓"富贵不能淫，贫贱不能移，威武不能屈"的大丈夫境界。

当道德底线接受严峻的考验，意志薄弱者会逃避生命责任，道德底线一触即溃。

道德底线也会经受欲望的诱惑，经受社会风气的影响。中国社会道德的大面积滑坡，就是因为普通人由于生命意志软弱，其生命受环境和物欲的支配而处于摇摆状态，因而要么守不住"道德底线"，要么根本没有所谓"道德底线"。

5. 生命的觉悟和尊严

维护道德底线应发自内心的觉悟。若不理解道德规范的意义，只是顺从这种规范而行动，这不过是顺从习惯，并非真道德。

道德底线维持着人类最基本的尊严。

君子有所为，有所不为。有所不为，就是绝不做逾越道德底线的事。

沦落到道德底线之下的人，生命不再高贵。当一个人不具备起码的道德，他的精神生活即使存在，也极为卑琐，他就不再在"生活"，而只是在"生存"。

五、骂题：逆向的思维

"骂题"是一种逆向的批判性思维，就是对题目中某一意涵进行反思、质疑，超越题目的常规意义，获得相对独特的观点。人们的常规认识往往存在很大的局限性，真理总是不完备的，因而存在颠覆性思维的空间。

本题是可以"骂"的。例如，我们可以这样看："道德底线"作为人的设定，是不是越高越好呢？假如我们为公众设定一个过高的道德底线，结果会怎样？这样，我们将发现：我们必须反对"虚高的底线"。

汶川地震后，有人心怀大情大义，舍弃一切去救灾。他们的美德值得敬重，也可鼓励每个人都向他们看齐。但是，我们不能强制每个人都必须做到舍己为人，因为那是道德上限而非"底线"。我们只能要求一个人必须做到坚守道德底线。一个不去追求道德上限但坚守了道德底线的人，也值得尊重。

如果以屈原的道德高度来要求公众，如果以文天祥为标高来规范公众，那么我估计很少有人能活得下去了。如果把"毫不利己，专门利人"作为道德底线，那很可能造成巨大的反面效果。过高设定道德底线，将迫使多数人成为在道德上不诚实的人，从而成为没有道德的人。当道德底线被拔到吓人的高度，社会舆论要求人们去遵守而实际上很难遵守，那么人们就会不可避免地变得虚伪。

虚伪的"道德"不再是道德。虚高的"道德底线"最终导致人们背离道德。

因此，我们要有底线，但不能把道德无限拔高。这不是反对道德，也不是否定道德底线，只是反对道德高调，提倡道德底线的实践性和可行性。

骂题也可以高调的方式。例如，本题的立意，我们可以确定为"超越底线"。"道德底线"只是一个最低限度，如果仅仅达到底线这个最低要求，那么人生就很难更加庄严和高尚。底线当然是要坚守的，但如果只是守住底线而不能超越它，那么人的道德水平就不能继续提升，人生就不能走向进一步的完善。道德底线毕竟是在极端情况下也不得逾越的红线；在正常情况下，在可能达到更高标准的时候，我们应该鼓励超越。卓越的人格和完美的人生，呼唤着超越。我们不是上帝，但我们能够以人为基点，无限趋近于上帝；我们没有完美的人格，但可以站在道德的底线上，向着更高的高度攀升。

骂题当然是唱反调的，但绝不是简单地对作文题加以否定。骂题的背后是辩证思维。

骂题容易达到令人耳目一新的效果，所以，要敢于"骂"。至于你是否适合骂题，还要看你是否善骂，能否骂出一番道理来。能够自圆其说，言之成理，是骂的前提。

分析作文题目的几个关键步骤

例题：

听，是对世界的感知。听，是对人生的观照。听，是对心灵的抚慰。听，是对未知的寻找。请以"听"为话题，写一篇文章。

要求：①立意自定，文体自选；②不得套作，不得抄袭；③不少于800字。

写作有两种。一种是不被限制的，没有题目，你想写什么就写什么，你想怎样写就怎样写，这种叫作自由写作；一种是被限制的，有规定的题目，你必须根据题目的要求来写，要套着脚镣跳舞。平时的写作训练，考场上的作文，都属于后一种。写这种作文，第一个也是最重要的环节，就是对题目展开有效的分析。

分析作文题目，不是"写"，而是"想"。我经常说，文章不是写出来的，而是想出来的；不是你写不出，而是你想不到。"想"是最关键的，因为只有想到了，才写得出。你不可能写出你想不到的东西，是不是？语言是思维的外壳，你的思考到位了，表达也就基本上跟着到位了——如果你的语言能力不是太馊的话。

那么，如何分析作文题目呢？下面我讲五个要点，来说明分析题目时的思维活动。为了避免过于抽象，我将主要结合"听"这个话题作文来谈。

一、分析话题关键词的内涵："听"是什么

任何作文题，无论是怎样的命题形式，不管是标题作文、话题作文、材料作文，本质上都是"话题"作文。任何作文，都在围绕着某个核心的话题在谈。能标示这个核心话题的词语，就是我这里所说的"话题关键词"。

审题立意要准确，第一步当然是厘清话题关键词。有的题目中的关键词，词义明确，没有歧义，例如"坚强""诚信""常识"；有的题目中，关键词语的意思比较隐晦，如"提篮春光看妈妈"，"春光"显然具有隐喻义，你需要把"春光"这个喻体的本体揪出来。

无论关键词的词义是明确的还是隐晦的，都需要审慎地确定关键词的内涵。作为写作的基本立足点，这个核心概念显然是需要界定的。即使关键词的词义是明确的，在审题的时候，你仍然需要细心地确定它的内涵。

例如"诚信"，一眼看去，你会觉得词义明确，没有什么理解的障碍。但一旦粗心，仍可能犯错。从词语基本内涵分析，"诚信"包括"诚实"和"守信"两个方面。"诚"和"信"两个方面，是有区别的——"诚"是就一个人自身的心性而言，"信"是就人与人之间的关系而言。所以如果只注意到"诚"，谈诚实而不关联到讲信用，就有可能出现偏差。"诚实"并不完全等于"诚信"。"诚实"的含义是：一个人的形之于外的言行，与他自己内心的思想保持一致。据此可知，"诚实"与他人无关，但"守信"必须是与别人有关的。如果你的作文，只是大谈要诚实而不要虚伪，就与题意有所偏离了。我可以告诉你，"真小人"也是诚实的，是言行一致的。真小人的特点就是"真"，他一点也不虚伪，他说要翻脸便翻脸，他想不守信就不守信，诚实倒是诚实了，但这是诚信吗？

同样地，如果你只注意到"信"，也不行。什么是"信"？"信"就是信用，也就是能够履行跟人约定的事情而取得信任。"信"是放在人与人之间的关系中来定义的。"信"是不是一定是"诚"的呢？不见得。有些奸猾之徒，不诚实，但也能够履行跟人的约定，从而取得他人信任。比如一个商人，未必诚实；但他跟别人做生意却能守信，因为他知道，守信是值得的，不守信可能会导致自

身的商业利益的损失或商业机会的流失。

所以,"诚信"这个作文题目中,"诚""信"是相互联系、不可分割的。写这个题目,就得既写"诚",也写"信"。"诚""信"都要兼顾。

以上是一个粗略的分析。这说明一个道理,那就是:作文的审题立意,务必仔细分析话题关键词。分析话题关键词,就是对自己提问:它是什么?

讲到这里,你应该基本清楚了。现在,我以"听"这个作文题为例,继续阐释。

"听"是什么?

这个提问似乎很幼稚。词典上说得非常清楚:用耳朵接受声音。事实上,不用翻查词典,你也懂得这层意思。但是,如果你写一篇文章,来说明外部世界的物理振动如何通过感觉系统而被人感知,说明人的听觉神经能够对声音作出反应的机理,最后写成了一篇生物神经学论文,其实是不符合要求的。我知道,写这样的文章对我这样的"科盲"来说是很难的,对你来说也并不见得容易。更重要的是,我必须向你正确地指出:这确实"难能",但并不"可贵"。你走入死胡同了。你不懂得作文基本上是要谈人生的。

"听"的本义:用耳朵接受声音。这个本义中,你须注意到"听"的对象是声音。这看似没什么,其实很重要。你看到这个作文题,很显然会联想:究竟有哪些声音可听?或许你会想到:一般的声音、特殊的声音。一般的声音,是指物理世界中我们的听觉能够感知到的声音,如风声雨声读书声,父母老师的赞扬声或呵斥声;特殊的声音,是指我们的听觉感知不到的声音,这样的"声音"是抽象的和比喻义的,如正义的呼声、真理的召唤、良心的谴责、爱心的和弦,如此等等。

如果你注意到上述抽象的"声音",你的立意就可能高出一筹。写一般的声音,你的作文就是一般水平;写特殊的声音,你的作文就是高级水平。

让我们再回头看看作文题中的这段话:"听,是对世界的感知。听,是对人生的观照。听,是对心灵的抚慰。听,是对未知的寻找。"

题目中的这段文字,其实是要求我们更注意"听"的引申义而不是它的本义。"听"的引申义有几项,但根据这段文字可以判断,"听"是"接受、听从",

不是"听凭、任凭"的意思。

二、内涵的确认和具体化:"听"有哪些具体表现

对关键词进行了界定,这个界定是抽象的。只有把抽象的界定与具体现象联系起来,抽象的内涵被具体的现象印证或确认,它的意义才能更清晰地浮现出来。

以本题为例,就是对自己提这样一个问题:"听"有哪些具体表现?换句话说,就是问我们自己:存在哪些在具体的场景中的"听"?

一开始,你可能只是根据自己的生活经验和知识背景,产生如下联想:

(1)属于生活经验的。

一些生活现象,如听别人的言语,听音乐,听风声雨声,听雨打芭蕉,听潮起潮落,听老师批评,听同学议论,听街头汽车声……

(2)属于知识背景的。

一些与话题相关的零碎的词语,或一些惯听的短语,如:兼听则明,偏听则暗;闭目塞听;充耳不闻;视而不见,听而不闻;道听途说;听从真理的呼唤;夜阑卧听风吹雨;听人劝得一半……

一些我们在各种场合包括语文学习中了解到的事实,如邹忌讽齐王纳谏,唐太宗善于纳谏,《触龙说赵太后》中赵太后听取意见,郑板桥的诗句"衙斋卧听萧萧竹,疑是民间疾苦声"……

你的联想,一开始是随机的、混乱的。上面我所设想的,其实已经作了初步的归类。这些联想是必要的,它可以帮助你借助更多相关材料,进一步思考"听"的内涵,确定自己写作的立意,同时也为作文完成了初步的材料准备。通过对联想到的这些材料的思考,你对"听"的理解将会变得更加明确。

只有初步联想,是不够的。接下来应该对这些材料进行归类;在归类时,还必须思考这类材料可能引发出怎样的观点。就上述材料,可以进行如下归类和意义分析:

1. 听自然的声音

(1) 听风声雨声，听潮起潮落，听雨打芭蕉。可能引发的观点：要聆听自然，感受、领悟自然之美。

(2) "夜阑卧听风吹雨"。可能引发的观点：自然的声音与内心的声音相互感应，是我们的心赋予自然以意义。

2. 听人类的声音

(1) 听老师批评；听同学议论；听别人的言语（包括邹忌讽齐王纳谏、唐太宗善于纳谏、《触龙说赵太后》中赵太后听取意见，都属于此类）；兼听则明，偏听则暗；听人劝得一半。可能引发的观点：要善于听；听应有包容心；他人的意见未必都听得。

(2) 听音乐。可能引发的观点：听，是对心灵的抚慰；听的美感、领悟，有益于人生。

(3) 听街头汽车声。可能引发的观点：工业文明和城市文明未必是美的；对人类生存可能存在负面作用。

(4) "衙斋卧听萧萧竹，疑是民间疾苦声"。可能引发的观点：听，不是凭耳朵，而是要用心。

(5) 听从真理的呼唤。可能引发的观点：听，必须服从真理，要有理性。

(6) 道听途说。可能引发的观点：要善于听，有的声音是不能听的；听，不见得是可靠的。

3. 不听

(1) 闭目塞听。可能引发的观点：完全不听，是有害的和危险的。

(2) 视而不见，听而不闻；充耳不闻。可能引发的观点：这是一种麻木，或者一种超然的境界；究竟是麻木还是境界，其关键不在"听"，而在"心"。

4. 无法听

大音希声。可能引发的观点：听的认知功能是有极限的。

有了这个梳理，你不但更加懂得什么是"听"了，还发现了很多的具体观点。有的观点之间存在矛盾，这有可能刺激你进行更深入、更辩证的思考。然后，在这些观点中，你可以斟酌权衡，择取你最想阐述、最有把握的观点，把它作为文章的中心。

三、分析原因：为什么要"听"

为什么要"听"呢？原因在哪里？

议论文都是要讨论"为什么"的。

如果你主张要"听"，无论是听自然的天籁还是人类的声音，无论是听安静的音乐还是听人声的鼎沸，我们都要问：为什么要"听"呢？是什么理由迫使我们必须"听"？你将怎么来说服我们接受你的观点？

现在，可以设想一下，哪些理由可能对我们提供支持。我想，至少可以有如下几条最宏观也最基本的理由。

1. 在生存的意义上，听是必要的

（1）作为动物的人。

人与很多动物，都有听觉器官，这种器官最基本、最原始的作用，是为了摄取信息，来为生存提供支持。

（2）作为社会的人。

作为社会的人，听是一种信息的接受，也是一种沟通，有利于扩大我们的利益。邹忌讽齐王纳谏、唐太宗善于纳谏、《触龙说赵太后》中赵太后听取意见，背后都是为了更大的生存利益。

2. 在伦理的意义上，听是必要的

（1）向外的"听"：通过听来强化人类之间的联系，交流思想、加深情感、消除隔膜、表达友善、化解恩怨，都能促进人与人之间、不同国家之间、不同文明之间的和谐，这符合人类的基本伦理。

（2）向内的"听"：倾听灵魂的声音，听从真理与良知的召唤，能促进生命的觉醒，提升生命的意境，具有最根本的伦理意义。

（3）特别地，"衙斋卧听萧萧竹，疑是民间疾苦声"（也属于向外的"听"）：这是听取社会底层的声音，表现了居于强势地位者的社会良知，具有重要的社会（政治）伦理意义。

3. 在审美的意义上，听是必要的

人类的审美活动，有一部分表现在听觉方面。对自然之音、音乐之声、嘉言妙语的听取与欣赏，使人获得美的愉悦，提高了人类的生存质量。

我的这个分析很简单，而且较为宏观，你在实际写作时未必会这样思考，因为你可能觉得这不是你的任务而是哲学家的任务。但是，你需要有意识地这样做，使你的思维宏阔一些、高远一些，这能够提高你思考的深刻度。

这并不是说，你的作文就不用讨论"为什么"了。我只是说你的思考未必有上述高度。在议论文中，讨论"为什么"永远是必要的。要围绕你的中心论点来思考"为什么"。假设一下，你已经确定论点，就是"要聆听自然"。接下来，你当然有义务阐述"要聆听自然"的理由，亦即回答"为什么要聆听自然"这一问题。

这样，你可能从不同的层面和角度，分析"为什么要聆听自然"的原因：

（1）知识的增进——聆听自然能够使我们直接增加对自然的了解。

（2）哲理的领悟——聆听自然可能使我们直接或间接地获得哲理的领悟。（只是可能获得；是否真的获得，还要看聆听者自身的态度与领悟力。你可进而提出要有与天地共鸣的敏感，耳中要有一颗善思的心。）

（3）美感的获得——聆听自然能够使我们获得美的享受。

（4）生命的怡养——聆听自然能够使我们获得身心的安宁和休息。（远离尘嚣，避开尘俗的喧嚣。）

这就形成了若干分论点。文章的框架已经基本形成了。当然，上述几个方面，不必面面俱到，你也可以选择其中的一个方面来作为中心，用叙述、描写或论述等方式表现出来即可。

原因的分析极为重要，这里得多说几句。作文时常常涉及对某种现象或事件的原因的讨论。如何分析某种事件、现象的原因呢？

人类行为的原因，可分为主观原因和客观原因。主观原因就是人自身方面的原因；客观原因则包括社会原因（包括历史文化原因）以及自然界的原因等。下面以屈原之死为例来作一个简单的说明。

屈原至于江滨，被发行吟泽畔，颜色憔悴，形容枯槁。渔父见而问之曰："子非三闾大夫欤？何故而至此？"屈原曰："举世混浊而我独清，众人皆醉而我独醒，是以见放。"渔父曰："夫圣人者，不凝滞于物，而能与世推移。举世混浊，何不随其流而扬其波？众人皆醉，何不哺其糟而啜其醨？何故怀瑾握瑜，而自令见放为？"屈原曰："吾闻之，新沐者必弹冠，新浴者必振衣。人又谁能以身之察察，受物之汶汶者乎？宁赴常流而葬乎江鱼腹中耳。又安能以皓皓之白，而蒙世之温蠖乎？"乃作《怀沙》之赋。于是怀石，遂自投汨罗以死。（《屈原列传》节选）

作文题目中，提供给我们的材料或话题，常常是人类生活中的某种事件，或者某种现象。即使作文题目提供的材料是寓言，那也可以视为一种变形了的人类生活现象。

在这种情况下，作文题目显然要求我们必须对材料或话题进行深入思考。这个时候，我们要运用追索原因的方法。

"存在即合理"，意思是任何存在的现象，都必然有支持它的原因或条件。追索原因，有一个最简便的方法："二分法"。"二分法"，即把所有原因，直接分为主观原因和客观原因。

第一，怎样分析主观原因呢？

主观原因，即某种事件中的人物、某种现象中的行动者自身的原因。任何事情或现象，都与参与其中的个人或群体的性格、动机、能力有关。这些部分，就是分析主观原因的点位。

例如，屈原投汨罗江而死，这个事件，显然有屈原主观方面的原因。比如，屈原性格上追求绝对纯度，过于决绝，以一世为不可（"举世混浊而我独清，众人皆醉而我独醒"），这必然最终导致与整个世界的冲突。此外，屈原与楚怀王特殊的情感，他的身世以及长期从政形成的身份感（试看《离骚》开头部分对自己身份的骄傲的叙述），使得屈原特别渴望返回朝廷，而屈原流放既久，看不到希望，最后在心理上感到绝望，也是他自杀的主观原因之一。

第二，怎样分析客观原因呢？

客观原因，也可以"二分"，即分为自然的原因和社会的原因。相对而言，自然的原因，在实际的写作中不是那么重要，很多时候，人类的行为更多的是与人类社会自身相关。

社会原因，则可分为当前社会的原因和历史文化原因。所谓历史文化，是在当代之前的这个社会所留下的全部遗产。历史文化总是会投射到当下的社会意识之中。

例如，屈原投汨罗江而死，这个事件，显然有当时的社会方面的原因。奸佞的诋毁陷害，楚王的疏远，整个楚国的没落，都是导致屈原最终投水的社会因素。在历史文化原因方面，家族的历史传承、"忠君"的政治伦理思想等所带来的影响，也可能是屈原为什么不能像陶渊明那样选择田园、不能像苏轼那么旷达的原因之一。

社会和历史，都是十分复杂的。社会历史文化方面的原因，有时候相当复杂。我们在分析的时候，需要尽可能考虑周密一些。

四、分析行动的原则或策略：怎样"听"才是对的

通常地，这个步骤被描述为"怎么办"。传统的说法是：一篇议论文，提出问题，定性对象，这叫作"是什么"；分析问题，找出原因，这叫作"为什么"；解决问题，提出方案，这叫作"怎么办"。

"为什么"是议论文必须回答的问题。至于"怎么办"这个问题，在相当数量的议论文中不必回答，至少不必详尽回答。例如以"诚信"为话题的作文，你必须阐明为什么我们要诚信，但不必就怎样才能做到诚信说出个一二三四来。

不过，这不意味着我们不用思考"怎么办"或"怎样做才是对的"这个问题了。思考这个问题，很多时候是有价值的。还是让我们以"听"这个作文题为例来说明。

现在请你思考：怎样"听"才是对的？

这一问题的提出，也就暗示着：并非所有的"听"都是正确的。这一点你不难明白。例如，唯别人的意见是听，不动脑子糊里糊涂听信别人，根据狭隘的自我感觉去听他人的意见，都是愚蠢的，是错误的"听"。

认识到有的"听"是错误的，反过来就能够让我们了解怎样的"听"是正确的。下面我来简单地分析一下：

（1）不能唯他人意见是听——可以得出的结论："听"必须有主见，有抉择，以我为主。

（2）不能不动脑子听信别人——可以得出的结论："听"必须有思考，有理性，有辨别。

（3）不能根据狭隘的自我感觉去听他人的意见——可以得出的结论："听"必须有胸襟，善于听取不同意见；"听"必须用客观事实验证（例如"听其言而观其行"）。

这样，"怎样听才是对的"这个问题就被解决了。实际上，这个步骤，同时也起到了扩展论点、拓深文意的作用。到这一步，你的思考差不多已经成熟了。

五、"骂题"式的反向思维：能够"不听"吗

反向思维是一种否定式思维。但并不是把话题一棍子打死。作文的命题多是经验性命题，这种命题并不是非白即黑，它是有弹性的。这就像白骨精，它是多变的。白骨精一会儿是少女，一会儿是老妇，一会儿是老头；孙悟空打它之前，它是固体，一棒下去，它又成了气体，变成一股青烟飞走了。经验性命题，有时候就像白骨精。"失败是成功之母"，对的啊，勾践失败了，他总结教训，卧薪尝胆，十年生聚，十年教训，最后成功了，说明"失败是成功之母"是对的嘛。"成功是成功之母"，应该也是对的啊，有些自卑的人，由于受到某次偶然的成功的刺激，越来越兴奋，越来越自信，于是从一个偶然的成功走向一个个更大的成功，这说明"成功是成功之母"也是对的嘛。

经验性命题是诉诸经验，而不是诉诸严格的逻辑。这为骂题式的反向思维提供了空间。但一旦我们准备骂题，就得慎之又慎。孙悟空是反对白骨精的，白骨精是个命题，孙悟空准备骂题。孙悟空那么厉害，他也性急，主观上是想把白骨精一棍子打死的，但你知道的，他一共打了三棒。

所以你要仔细研究打死白骨精的棍法，要研究如何去骂题。不要奢望简单地就把话题颠覆。颠覆是要讲方法的。

现在的问题是：为什么我们非得要"听"呢？能够"不听"吗？

这个时候，特别要注意，别一棍子打死！你绝不能说：我们就是不要听，就是要闭目塞听，最好耳朵里再塞一个耳塞，万事不扰心，多爽！如果你这么说，不是过于愚蠢，就是过于偏激。别里科夫的耳朵不是塞上了吗？他因此就万事不扰心了吗？别里科夫把自己装进套子里闭目塞听，但这种"不听"能够否定"听"的意义和价值吗？别里科夫作为希腊文教师，他学习希腊文的时候难道不需要"听"吗？把自己的耳朵塞起来，只能避免"听"的发生，但不能消解"听"的价值。

让我们再次回到提的问题：为什么我们非得要"听"呢？能够"不听"吗？

是的，我们并不总是非"听"不可。例如流言蜚语、说三道四，例如机器的噪音、政客的叫嚷、专家的扯淡、走狗的狂吠。但这些只能证明"听"与"不听"的选择性，而不能证明"听"是无意义的，比方说，我对大家精辟而富于温情的劝诫，那可是不能"不听"的啊。

这就迫使你进一步思考。如果你继续思考下去，则可能想到下面三点。孙悟空打了三棒，这三点也算是三棒。这三棒能够较为有力地证明："听"是有局限的。请注意——我不是说"听"是错误的；我只是说：不要以为"听"有多么了不得，我们不能止步于"听"，应该超越"听"。如此而已。

1. 就客观事实而言

任何创造，都不是"听"来的。人类中所有的先行者、先知先觉者，都有对"听"的某种拒绝。

2. 就一般事理而言

（1）"听"到的信息未必可靠和真实，言语具有欺骗性，不代表真确的事实，所以不能过于信赖"听"。眼见为实，百闻不如一见。

（2）"听"是被动的接受，更重要的是自我的主动调查和自主判断，即主观能动性的发挥。仅仅被动地"听"，就可能被别人牵着鼻子走。

3. 就"听"自身的局限性而言

（1）"听"只是接受信息的众多方式之一，是不充分的；而且，不正确的"听"，反而干扰正确的思维和判断（"走你的路，让别人说去吧"，即属此例）。

（2）即使是真确的知识，单有"听"也是无法充分掌握、消化和内化的。止步于"听"的学习不是正确的学习，实践才是检验知识和真理的标准。

（3）即使是正确的意见，是否真的被"听"进去了，也不能用"听"来证明，而要用行动和效果来验证。

我经常说：骂题，不是为骂而骂。骂题是为了更精密地厘清问题，它要求我们更深入、更全面、更有创意地进行思考。把你的思考推向这种高度，这是我叫你尝试骂题的目的。盲目地骂，管他三七二十一，进行简单的否定，你说白，我偏偏说黑，这是极其幼稚也极其无聊的思维（培根说为辩驳去读书是无聊的，我想说为求异而求异的思维也是无聊的）。打击白骨精的棍法，必须尽可能没有破绽。骂题的方法要没有破绽，就必须讲分寸。这才是明智的。否则，妖精没打死，你倒被妖精害了。骂题的心态，多半有些迫不及待；骂题的姿态，多半有些张牙舞爪。孙猴子想一棒子打死妖精，你想一下子颠覆话题，这种心情可以理解。但心情越是急迫，越要保持冷静。想效法孙猴子，没什么不对。但一定要精通棍法，防止最糟的情况。最糟的情况是这样的：你没能变成孙猴子，结果倒像个猴孙子。

综上所述，如果把作文的审题立意阶段进行一个粗略的概括，可大致得出一个实用的操作程序：

步骤1：找出作文题目中的关键词。

步骤2：确定关键词语义，联想材料。

步骤3：归类材料，挖掘论点。

步骤4：分析原因——追问"为什么它是对的"。

步骤5：行动原则——追问"怎样做才是对的"。

至于骂题式思维，主要是以反向思维求得观点的新意，在具体写作的时候，亦须遵循以上步骤。

下面另举作文题目，作一个简略的说明，来帮助熟悉以上步骤。在此需要说明：这几个步骤，是基于一般的考场作文思维特点和思维环节的完整性设置的。在具体操作时，可根据题目的不同而灵活变通。

阅读下面的材料，自定立意作文。

紫藤萝和牵牛花，没有挺拔的躯干，却凭借枯树和篱笆，以昂然之姿向世人展示了自己的美丽；篱笆和枯树，本无美景可言，却凭借牵牛花和紫藤萝，成就了一道道风景。

◆ 步骤1：找出作文题目中的关键词。

这是一个材料作文，跟我们在前面分析的话题作文有一定的区别。所以这个步骤，我多讲一些。

话题作文，是指话题被明确标示出来的作文题目。材料作文，不必指明话题；话题关键词需要从材料中抽象出来。所以，要找出作文题目中的关键词，就必须仔细分析，精准地把握材料的核心含义。

如何精准地把握住材料的核心含义？有两个基本方法：

第一，观察材料叙述的焦点。

这一步尤其要注意叙述者希望强调的主要信息是什么。有时候，为了突出表达的重点，叙述者会重复重要的词语，所谓"一篇之中，三致志焉"。

就这个材料而言，分号前后叙述了两组对象：第一组是紫藤萝和牵牛花，第二组是篱笆和枯树。前后两组叙述，都重复了"凭借"这一关键性动词。于是我们可以设想：叙述者意图强调"凭借"，亦即依靠外部事物的必要性。

第二，辨析材料叙述的特征。

这则材料的叙述有何特征？分析其语言特点，可知是一个并列关系的复句。

认识这一点是比较重要的。因为如果叙述者是启示人们要重视"凭借"，那么，这个并列关系也可以说是不必要的。如果只保留两组对象中的一组，例如只说"紫藤萝和牵牛花，没有挺拔的躯干，却凭借枯树和篱笆，以昂然之姿向世人展示了自己的美丽"，已经足够说明依凭外部事物的必要性了。

这个并列复句的前半截，是"紫藤萝和牵牛花"依靠了"篱笆和枯树"；而后半截则反了过来，是"篱笆和枯树"依靠了"紫藤萝和牵牛花"。这样，我们就发现了两组事物之间相互依存、相互成全的关系。

由此可以导出这样的含义：事物应合作双赢，相互依凭，优势互补，扬长避短。可见叙述者的用意，并不是单向地鼓励人们善于利用外物，而是说事物之间的利用和依靠应该是双向的，这种依靠应有利于彼此的长处都得到充分展示。

据此，"优势互补，合作双赢""相互依凭，扬长避短"，都可以说是这个题目的话题关键词。其实质性的内涵是一致的。

"骂题"的反向思维可能导致的结论是：要自强不息，追求完美，并非所有时候都能依靠别的事物，即使有事物可以依靠，则有独立价值被损害、最终危害自己的可能。例如，当枯树朽烂，依附在上面的牵牛花就可能轰然倒下；牵牛花的美丽，虽可以暂时掩盖但并不能改变枯树丑陋的事实。

◆ 步骤2：确定关键词语义，联想材料。

第一，确定关键词语义。

"优势互补，合作双赢"，意思是比较清晰的。各有优势、各有不足的双方，通过合作，相互依凭，使双方都有所得。

第二，联想你熟悉的材料。

（1）尺有所短，寸有所长；

（2）赤壁之战中孙刘联合抗曹；

（3）合纵连横；

（4）国共合作，二战中盟国的胜利；

（5）学习中的相互帮助，取长补短；

（6）人类的社会分工，就是普遍的合作双赢乃至多赢的现象；

（7）秦晋联军围攻郑国，烛之武退秦师，秦"与郑人盟"；

（8）廉颇、蔺相如的将相和；

……

◆ 步骤3：归类材料，挖掘论点。

开始联想到的材料，不一定都是能够有效对准关键词的。一定要谨慎使用材料，认真分析材料。例如，"合纵连横"，看起来都是有"合作"的；但是，根据步骤1的分析，本题所谈的合作，不是泛泛而谈合作，必须是各有优势、优势互补的合作。而六国联合抗秦，如果其中无法发现"优势互补"，也看不到"双赢"或"多赢"，那么，这样的材料就只能作为反面材料（或者剔除出去）。

（1）尺有所短，寸有所长——事物各有长短，这是合作之所以必要的原因。

（2）赤壁之战中孙刘联合抗曹——刘备方善于陆战，孙权方善于水战，优势互补，合作达成双赢。

（3）合纵连横——有意义的合作，前提必须是各具优势的，过程必须是互助的，结果必须是双赢或多赢的。（可作为反面材料，如果你认为这是只见自私自利、钩心斗角的不良合作的话。）

（4）国共合作，二战中盟国的胜利——合作建立在优势互补之上，最后达到共赢。

（5）学习中的相互帮助，取长补短——现实人生，需要互补合作达成共赢。

（6）人类的社会分工，就是普遍的合作双赢乃至多赢的现象——人类生存，需要优势互补，相互合作，达成双赢和多赢。合作多赢甚至可以说是人类生存的基本模式。（农夫不必造火车但可以坐火车，火车司机不必种粮食但能够有饭吃。）

（7）秦晋围郑，烛之武退秦师，秦"与郑人盟"——有意义的合作建立在双赢的基础之上。（秦晋围郑只对晋国有利，所以这个联盟事实上破裂了；秦"与郑人盟"是"双赢"：郑国避免了亡国的厄运，秦国有了东道主并驻军郑国，为其后期的扩张行动留下了伏笔。)

（8）廉颇、蔺相如的将相和——合作带来双赢和多赢。蔺相如在外交上的智勇，廉颇在军事上的能力，形成优势互补的合作。"将相和"一节，蔺相如获得了尊重，廉颇赢得了友谊，避免了两虎相斗的危机，赵国赢得了朝廷的内部和谐。

……

以上材料，围绕"优势互补，合作双赢"，可归类整合为几个大的方面，形成下面的论述框架。有了这个框架，这个作文的完成就基本上有可靠的保障了：

（1）论点的提出。

人类生存，需要优势互补，相互合作，达成双赢和多赢。合作多赢甚至可以说是人类生存的基本模式。（材料6）

（2）论点的阐述。

必要性1：事物各有长短，这是合作之所以必要的原因。（材料1）

必要性2：就个人发展层面来说，现实人生，需要互补合作达成双赢。（材料5、材料8）就国内社会、国家之间的层面来说，也需要互补合作达成双赢。（材料2、材料4）

反面论证：避免不良的"合作"。（材料3）

（3）论点的重申：总结文意，结束全文。

◆ 步骤4：分析原因——追问"为什么它是对的"。

为了确保论述的可靠性，使得论述较为深入，我们需要追问"为什么它是对的"。为什么"优势互补，合作双赢"是对的呢？

根据我所设想的人生哲理框架（《高中作文要义：思维、材料和技巧》），深入思考一下，我们可能得出以下看法：

（1）优势互补，合作双赢，有利于生命的成长，有利于生命活力的发挥。（例如，牵牛花依托在枯树上，能使它长得更高，接受到更多的阳光，开得更绚烂，充分展现它的美的价值。）

（2）优势互补，合作双赢，形成生机勃勃、和谐共生的生命联合，符合生命伦理（"善"）。而这种互助双赢所体现的和谐，本身就是美的（"美"）。

（3）优势互补，合作双赢，其实是基于生命的自我觉悟。（蒙昧的、自我封闭的、自高自大缺乏自省的人，是不会这样做的。）优势互补，合作双赢，使各方的生命价值充分体现，这有利于生命的尊严与平等的实现。

◆ 步骤5：行动原则——追问"怎样做才是对的"。

关于"怎样做才是对的"这一问题，结合步骤3的第三则材料已经可以看得非常清楚了。优势互补，合作双赢，必须是这样的：

（1）前提必须是各具优势的。（如果不是各有所长，那么双方则可能是依附与被依附的关系，这不是优势互补的合作。）

（2）过程必须是互助的。（没有互助，就不存在合作。互助意味着不可自私自利，尔虞我诈。）

（3）结果必须是双赢或多赢的。（没有双赢的"合作"，不可能持久；这种"合作"的结果，甚至可能是反目成仇。）

当然，你还可以提出要彼此坦诚，要能相互欣赏，要有成人之美的君子之心，如此等等。这些都可以构成正确做法的条件。

推测性思考是必要的

写作，尤其是议论性文章的写作，需要推测性思考。推测性思考，就是要会"猜"。在学习的过程中，我们常常会遇到一些观点、命题或说法，而并不明确地知道它们背后的理由或依据是什么。这时候，我们就需要"猜"，这种"猜"，不是胡思乱想，其实就是追问。

追问会带来深度。而我们的追问，是可以从不同向度进行的，因此它本质上也是发散思维，能使思维不仅向深度挺进，也向广度延展。

推测性思考常常需要严密的逻辑。通过对各种可能性的推测，可以拓展思路；通过严密的逻辑分析，可以排除一些不合理的推测，而获得相对正确的见解。下面通过几个案例来分析说明。

首先我们来看一个小故事。一位律师的墓碑上写着："这儿躺着一位律师，一个诚实的人。"一个过路人看见后惊讶地说："真没想到，这么小的地方居然能躺下两个人！"这个故事中的过路人那番话的真意是什么呢？

对这个故事，可能的理解有两种。第一种是：过路人认为墓穴太小，躺不下两个人。过路人误解了墓碑文字的意思。他误认为"一位律师"和"一个诚实的人"是不同的两个人。如果按照这个理解，上述故事将变得毫无意味。不是过路人误解了墓碑文字，而是我们误解了过路人的意思。

过路人显然知道墓中埋葬的只是一位律师，他的意思是：律师不可能是诚实的人。这是第二种理解，这个理解是符合逻辑的。在过路人看来，律师是奸猾的、不诚实的。他是在讽刺墓碑文字是谀墓之辞。

写作教学札记

季羡林说:"有人认为长寿是福,我看也不尽然。"如何理解季羡林的看法?在你看来,季羡林的看法成立的理由有哪些?

季羡林表明他的个人见解的关键处,是"不尽然"。"不尽然"的意思是"不完全如此",表示有商榷的余地。据此判断,在季羡林看来,"长寿是福"这个命题,通常是正确的,他并不反对;但"长寿是福"这个命题并不总是正确的,也就是说,有时候"长寿"并不是"福"。

既然季羡林说"不尽然",也就是对"长寿是福"这一观点提出有可议的空间,因此,季羡林是意图强调有时候"长寿"并不是"福"。

为什么有时候"长寿"并不是"福"呢?

假如我们推测"长寿不是福"这个命题成立的理由,可能会得出以下思考:

(1)长寿的人,因年老而身体活力下降,疾病随之而来,生命的乐趣减少,因此不是"福"。

(2)长寿的人,在年老的时候,心境趋于平淡,对世事无动于衷,生活的激情不再,因此不是"福"。

(3)长寿的人,在年老的时候,知识更新速度减缓,思想和性格渐趋保守,有时甚至成为时代进步的障碍,因此不是"福"。

(4)长寿的人,在日常生活中不但不能照顾他人,有时反而需要他人照顾,从而成为家庭和社会的拖累,因此不是"福"。

(5)长寿的人,对人生的种种相、众生的种种相,看得透透彻彻,反而鼓舞时少,叹息时多,因此不是"福"。

(6)世上的人们,基本上都是浑浑噩噩、没有目的地活着的芸芸众生,长寿的人,其实与短命的人一样,谈不上人生的意义与价值,长寿者反而会因为长寿而虚耗资源,因此不是"福"。

(7)无论多么长寿的人,与宇宙相比都是短命的,因此从寿命的角度考虑,人类根本没有什么"福"可言。

季羡林的观点不是"长寿不是福",他的观点其实是"长寿未必是福"。因此除了第七点,其他均可作为支持"长寿未必是福"的理由。

《论语》上记载说:"子不语怪力乱神。"孔子不谈论神奇的事,也不谈论关于暴力和混乱的事情。

孔子为什么不语"怪、力、乱、神"呢？从逻辑性方面考虑，存在三种可能：

第一种可能：孔子完全了解"怪、力、乱、神"，但是他不说。

第二种可能：孔子完全不了解"怪、力、乱、神"，因此他不说。

第三种可能：孔子不完全了解"怪、力、乱、神"，因此他不说。

在第一种可能性下，存在如下可能的情形：

（1）"怪、力、乱、神"不在孔子的教学规划或教学范围之内，所以不谈。

（2）"怪、力、乱、神"超过了孔子的学生的认知程度，所以不谈。

（3）"怪、力、乱、神"超过了当时科学发展的进程，很难用当时的语言加以谈论，或者即使能够说得出来别人也很难相信，所以不谈。

（4）孔子之所以虽有了解但不谈论这样的话题，是基于他的价值取向是务实的，他不愿谈论远离日常经验的事物。

（5）基于我们难以知晓的种种原因，孔子或不敢或不愿或不屑谈论"怪、力、乱、神"。例如，孔子可能认为谈论"怪、力、乱、神"对他人没有益处，可能造成人心不安、思想混乱等消极后果，所以不谈。

在第二种可能性之下，则存在两种可能：

（1）孔子完全不了解"怪、力、乱、神"，因此他不说。这实际上反映了他"知之为知之，不知为不知"的诚实的学术态度。

（2）孔子完全不了解"怪、力、乱、神"，他也不愿对此提出猜想性的假说，因此他不说。不了解"怪、力、乱、神"，并不等于不能谈论"怪、力、乱、神"。正如我们并不真正了解天帝，但仍然可以谈论天帝一样。科学幻想、神秘主义，也可以是合法的谈论话题。

在第三种可能性之下，则存在如下可能的解释：

孔子对"怪、力、乱、神"的了解，究竟是怎样的状态？孔子的"了解"可能是"完全了解"，可能是"完全不了解"，也可能是"半了解"的状态。如果孔子对"怪、力、乱、神"处于不充分的"半了解"状态，则应存在如下推断：

孔子之所以不谈论这样的话题，是因为他不愿谈论自己了解得不充分的事物。谈论了解不充分的话题，可能导致人们形成似是而非的错误认识，这或许比人们一无所知更有害。反对一知半解地谈论，可能是孔子的知识伦理观。(《论语》："知之为知之，不知为不知，是知也。")

下面是我的结论。

从孔子的知识结构方面考虑，我们能够得出如下合理的判断：在"怪、力、乱、神"四者之中，孔子不可能具备关于"怪、神"的确切的知识（从常识角度说，人类不可能具备关于"神"的确切知识），但具备关于"力、乱"的知识（孔子的时代存在暴力和混乱现象，孔子对此应有所认知）。因此，"子不语怪力乱神"，可以进一步推断出：

（1）孔子对神怪之事采取回避的态度，表明他重视日常经验，注重现实，只愿意谈论确切了解的事物。（这并不意味着孔子反对神，因为《论语》有孔子"敬鬼神而远之"的记载；"未知生，焉知死"的记载，则印证了孔子注重现实人生的务实主义；"四时行焉，百物生焉，天何言哉""予欲无言"的记载，则表明孔子对形而上的范畴是有体悟的。）

（2）孔子不谈论"力"与"乱"，不是因为不了解，而是因为有顾忌。在孔子看来，社会生活应该是有条理的（孔子讲究"礼"，即伦理、人间生活的秩序，这是众所周知的孔子思想）。谈论力与乱，不利于人心的安稳和秩序的建立。

下面再讨论一个案例。

《论语》上记载说，叶公告诉孔子："吾党有直躬者，其父攘羊，而子证之。"孔子回答说："吾党之直者异于是：父为子隐，子为父隐，直在其中矣。"

父亲偷了别人的羊，儿子在法庭上作证，孔子不认为这是"直"；而父子相互隐瞒丑事，孔子却认为这是"直"。请推测孔子这样说的真意何在。

存在如下的讨论：

假如把"直"理解为直率地揭露事实，有所隐而视为"直"，是不妥帖的。因为有所隐，就意味着未能袒露事实，因此不能算是"直"，至少不能算是"充分的直"。

假如把"直"定义为正直,"父为子隐,子为父隐"谈不上"直",但也不算是"不直"。因为"隐"意味着不说出来,保持沉默,而保持沉默不等于撒谎或包庇,因此"隐"不等于不诚实;保持沉默更不等于否定或歪曲事实,也不等于"不直"。

由上面的讨论可知,孔子以为"父为子隐,子为父隐,直在其中",必有深意。

(1)"父为子隐,子为父隐",意在保护亲情。父子之间相互告发,是残忍的和不人道的。让亲人从证人席上走开,这反而是人道的。重视伦理、保护亲情,保护人最基本的感情,是非常必要的。

(2)亲情是人类最基本、最坚实的情感。如果父子之间尚且相互告发,无情无义,那么这样的人对其他社会成员必定缺少仁爱、包容、同情之心。这样的人容易对社会利益构成威胁。法律的本意是保护社会利益,好的立法是公平的但不应是冷酷的,应不悖于人类的普遍情感。能够爱护家庭成员的人,才可能进而爱他人、爱社会,从而配合法律实现保护社会利益的目的。

(3)假如把"直"定义为正直,"父为子隐,子为父隐",不等于"直"也不等于"不直"。这样我们就遇到了解释的困难。合理的推测是:孔子所谓"直"另有他意。

"直"可能的意思是:内心坦直。内心坦直,方能心安。心安在这里有两方面的含义:

A. 对亲情无亏,而使心安。如果父子揭发,虽然对得起法律,却亏欠了亲情,内心则难安坦;如果保持沉默,则于情于法,皆无亏欠。

B. 对法律无亏,而使心安。法律不许作伪证,但应容许不作证,不应强迫父子之间互相出卖。保持沉默,并未否定事实,因此对法律无所亏欠。

我的结论是:叶公的"直",与孔子的"直",含义有别。叶公的"直",指的是直接陈述事实,以显露自己的正直;孔子的"直",指的是内心无所亏欠的坦直。

"隐"是一种含蓄的状态,既不陈述事实,也不否定事实。孔子的真意是:人既不能亏欠法律,也不能亏欠亲情。在亲人犯法的情况下,要争取情与法的兼全。

作文的审题阶段，本质上是一个阅读理解的问题。读题，理解题意，一定要慎之又慎。理解准确了，能够从题面推导出更准确、更深刻的东西，这是关键。而很多人在这一步经常出错。

推测性思考，需要有良好的判断来与其接应。如何作出合理的判断？这个问题很庞大，不容易说得清楚，下面以简化的方式给一个初步的回答。

正确的判断基于正确和全面的分析。对于任何一个对象 X，我们一般可根据两个思路进行分析：逻辑的思路和事理的思路。

第一，逻辑的思路。

（1）正面论证。假设 X 是对的，给它找充足的理由或根据，看它是否成立。

（2）从反面进行求证。假设 X 是不对的，那么找到足够的理由，看你的假设是否成立。

（3）复杂性分析。假设 X 既存在合理的因素，也存在不合理因素。分别找出这些因素。

（4）关联性分析。假设 X 与正误或是否合理，不存在关联。

第二，事理的思路。

事物的发生、发展都有一个事理的过程。要全方位地了解事物，对事物的形成过程及其原因仔细研究。

（1）看来是真实的对象 X，真的是真实的吗——由此可分析现象是否具有欺骗性。

（2）一个真实的对象 X，形成的原因是什么——通过辨认其内因与外因，判断 X。

（3）一个真实的对象 X，形成的过程是怎样的——这个过程可能在不同阶段有不同因素的涉入，判断 X 形成的真实原因或复杂原因。

作文时我们需要对很多事物、现象或观点作出判断。下面举几个例子来谈谈。

第一个例子：有人认为善意的谎言是值得提倡的，你的看法是什么？请简要分析。

首先，我们要明确，"善意的谎言"作为一种现象是客观存在的。

其次，我们要理解，有时候人们会为了达到善意的目的，避免出现有破坏性的结果而撒谎。其出发点和目的都是善意的，因此是可以理解和容忍的。

再次，我们要分析"善意的谎言"是否值得提倡。"善意的谎言"可以理解和容忍，并不代表它值得提倡。原因至少包括两点。第一，善意的谎言也是谎言，即不符合事实。不符合事实，则有可能带来不良的结果——尽管这个结果不一定会即时显现。第二，动机的良善，不能证明手段的正确与合理。

那么合理的判断就明确了：善意的谎言在生活中是可以理解的，但不需要倡导。

第二个例子：有人说"别人对我多好我就对别人多好"，以此为人际关系法则，你怎么看？

首先，我们会注意到，这个说法是主张公平的。对他人怀有回报之心，对他人要求等价交换，这是正确的。孔子说"以德报德"，实质上也是主张公平。

其次，我们应注意到，"别人对我多好我就对别人多好"，这是以别人率先付出为前提。这就意味着，假如别人不对我先作出善意的行动，我就不会发起善意的行动。这样的做法如果成为普遍的人际关系法则，可能的后果是，大家都不愿主动对别人好。

再次，我们可能会想到，完全等值的交换在绝大部分情形下是不可能的。人际关系涉及非常复杂的因素，"别人对我多好我就对别人多好"，这个"多好"是很难量化的。

那么，最好的做法是，要主动对他人好。在这个问题的讨论中我们会发现，对人类生活现象的判断，常常跟我们的人生观、价值观相关。

第三个例子：有人说"大事讲原则，小事讲方法"，你怎么看？

首先要敏锐地捕捉到，这个说法是把"原则"与"方法"对立了起来。二者是否对立，显然是个问题。如果是对立的，那么当一方对，另一方必错。至于"大事""小事"，并无定准。对社会是小事，对家庭、对个人则可能是大事。

然后我们会意识到，无论大小事，都得既讲原则，又讲方法。不讲方法，容易失败；不讲原则，易做错事。对待小事讲灵活性，不等于没有原则性。

"控"：作文题分析

作文题：

阅读下面两则材料，按要求作文。

走在人群中，我习惯看一看周围人的手腕，越来越多的人，不分男女，会戴上一个手串，这其中，不乏有人仅仅是为了装饰；更多的却带有祈福与安心的意味，这手串停留在装饰与信仰之间，或左或右。这其中，是人们面对这无法把握的现实和未来所想要表达的什么吗？这是一种怎样的相信或怎样的一种抚慰？又或者，来自内心怎样的一种焦虑或不安？这是因祈福而产生的下意识行为，还是因不安而必然的求助？

——摘自白岩松《幸福在哪里？》，有删改

2011年，"控"字折射出了我们的生活状态：我们的经济在调控；我们的生活出现了一系列的"××控"；面对多变的世界，我们更渴望控制自己的生活，大声喊出了"hold 住"（坚持住、控制住）……12月，"控"字被列为今年的年度汉字，"hold 住"一词也在年度网络语中居于榜首。

——摘自"搜狐新闻"

请你联系自己的生活实际与感受，以"控"为话题写一篇文章。

一、审题："控"的含义

"控"是话题，首先必须明确话题内涵，也就是结合作文题提供的材料，弄清楚"控"是什么意思。

很明显,在这里,"控"是控制的意思。"控制"一词,依据《现代汉语词典》,词义是:(1)掌握住,不使任意活动或越出范围;操纵。(2)使处于自己的占有、管理或影响之下。

那么,可以认为:第一,"控"是一种主动的、带有明确意图的行为。第二,"控"是要对所操控的对象施加作用或影响。

二、立意:思考空间

基于对"控"这一话题的基本含义的理解,本次作文有如下几个思考:

(一)"控"的对象是什么

根据基本的逻辑,可以把"控"的对象分为两种:一种是自控,一种是控他。

1. 自控

自控,是指自我管控、自我约束。人类实际生活中有普遍存在的自控行为。或出于自我学习、自我发展、实现目标的内在需求而自控,或出于来自他人、社会、国家或自然的外部压力而自我控制。

很明显,诸如传统的"修身",孔子讲"克己",都可理解为一种自我控制行为。君子慎独、读书人十年寒窗苦读、勾践忍辱负重卧薪尝胆……无不属于自控的范围。凡是个人主动控制自己的欲望、行为(如安贫乐道的颜回),坚持自我的立场,捍卫自己的价值观(如屈原、布鲁诺),都是这方面的例子。

应该注意到,人是社会性动物,人类的很多自控行为,是出于对道德、法律、舆论、权力、神明等的畏惧而发生的。在这个时候,自控的发生,不是基于自己的良心或主观的动机,而是基于环境的压力。

2. 控他

控他,是指控制外部世界,包括对他人、社会、国家、自然实施的控制。

人性倾向于扩张自己，使他人顺从自己的意志。扩大自己的领地，扩大国家的版图，扩大生命的长度和自我的存在及影响（例如追求不朽）。控制欲是普遍存在的。

儒家所讲的"修身"，属于自控；而延伸开来的"齐家治国平天下"，就表现出鲜明的控他意识。葛朗台对金钱的控制，甚至临死要求女儿"到那边来向我交账"，就是对金钱的控制欲；春秋战国诸侯争霸，就是对权力和利益的控制欲；企图驾驭自然征服自然的"人定胜天"，就是对自然的控制欲。这方面的例子也比比皆是。

（二）为什么要"控"

"控"为什么是必要的？人类为什么会有这么普遍的控制行为？其中的原因应该是比较复杂的。至少包含几点：

第一，外部环境的不确定性，导致人的安全感的缺失。为了获得安全感，人们主动对充满不确定性的外部世界、外部事态施加作用，企图使其变得可控，从而扫除焦虑，感到安全。

人本身的命运，也是不确定的。由此带来的焦虑，迫使人们努力去控制自身和环境。

控制与失控是一组矛盾。从热力学的观点看，熵的增加必然使任何可管理、可预测的有秩序状态变得无序。"无常"是普遍的原理。控制的效能，在短期内、小范围内可能是有效的，长远看则是有限的。

葛朗台对金钱的执迷，很可能源于在他那个普遍追求金钱的时代，财富的匮乏导致他内心安全感的丧失。他企图控制金钱，在他活着的时候，这果然是有效的；然而，就算不是他的死亡，时代和环境的推移，也必然会造成这些财富最终的失去。"旧时王谢堂前燕，飞入寻常百姓家"，是我们在此世间最容易观察到的景象。

当今社会上，外部世界的不确定性带来的焦虑，在作文题面白岩松的文字中，已经充分表现出来。

第二，人们自身为了达成某种目标，使事情或事态朝着自己设定或预期的方向发展，因此对自己和环境施加控制。

在这里，控制表现为在抵达目的之前的过程中采取的手段。此时的控制，可能是自控，也可能是控他。这方面例子很多。做任何事情，只要不显然是一蹴而就的，那其中就必然存在着某种刻意的控制。在人类所有领域的管理中，无论是社会的政治、经济、军事、外交等方面，还是个人的学习、生活等方面，控制都是普遍而强烈地存在的。管理本身就意味着控制。"控"可以说无处不在。

（三）几个讨论

1. "控"与"被控"的讨论

"控"是一种主动的行为。或许可以说，"控"是人的主观能动作用的表现；一切不被"控"的行为，都是盲目的。

盲目的行为缺乏意义。

这样就可以得出一个观点：我们要"控"住该控住的，使人生具有意义。

这个观点，很容易发挥。例如，我们可以说，人生需要发挥主观能动性，控制自我，坚持自我，不要随波逐流，不要趋附时势。

实际情况是：绝大部分人是"被控"了。生活是无情的。例如，被房子控制的房奴，被权力控制的众生，被欲望控制的贪官，被贫穷控制的民工，被偏见控制的网民，如此等等。

"控"与"被控"的关系是辩证的。例如，葛朗台主观上是"控"，他想控制金钱；但客观上，他反过来"被控"了——被金钱控制了，成为财富的奴隶。

此外，这里涉及一个思路：反抗"被控"，争取自由。人的解放，是人类历史的终极目标；生命的自由，是作为个体的人生的终极追求。无论是现实生活层面，还是精神生活层面，反抗"被控"，都是应该被鼓励的。打破枷锁，反对禁锢，凸显心灵的高贵。庄子的《逍遥游》，本质上就是对自由的追求。

2. "可控"与"不可控"、"控"与"非控"的讨论

你"控"得了吗？你真的 hold 得住吗？

这实际上是在问"控"的可能性或局限性。

我们知道，有些事是"可控"的，但有些事是"不可控"的。

"可控"的部分，还是比较多的。"我欲仁，斯仁至矣。"每个人，对其自身，是相对"可控"的，只要有足够的意愿。例如屈原，他坚决把控住自己，不同流合污，自决生死以明志；又如陶渊明，他坚定维护自身尊严，不为五斗米折腰；又如司马迁，他为了名山事业忍辱苟活，坚持不死以达成自己的目标；又如文天祥，他为了民族气节绝不投降，写下汉民族"大丈夫"荣耀的篇章。

"不可控"，换句大家熟悉的话，就是"不以人的主观意志转移"。天地灾变，个人命运，生死祸福，往往并非操之在我。

既然存在"不可控"的部分，那么自然就形成了下一组后续的讨论："控"与"非控"。

为什么我们非得"控"，可以不"控"吗？

根据上面的分析，有的事情既然"不可控"，那就只能够"不控"，顺其自然了。顺其自然，并不是消极庸碌，并不是取消人的主观能动性，而是认识到人自身的局限，不盲动，尊重客观世界和人类社会的规律。

这近于道家的思想。道家就主张"无为"。改变所能改变的，顺应不能改变的。为什么我们非得什么事都要"控"呢？我们何必那么执著呢？"不控"，有时候恰好是最明智的人生态度，最优雅的人生姿态。

"墙，推倒了就是桥"：审题立意提示

作文题：

以"墙，推倒了就是桥"为标题作文，自选体裁，诗歌除外，不少于800字。

一、基本思路

需明确"墙""桥"的修辞含义。墙，是阻碍（就人生事功而言），或隔阂（就人际沟通而言）。由此可以得出两个主要思考方向：

1. 克服阻碍，以铺就前行之路

在此思路下，"墙"替代为具有阻碍作用的不同的事物，则可生发出相应的论述。例如，"墙"可以被理解为前进中的障碍、困难，功名利禄等约束人生境界的事物，限制心灵的认知局限、意识形态教条，如此等等。

2. 消除隔阂，即是沟通

在此思路下，主要是谈人与人之间的隔膜的消除。归有光《项脊轩志》中诸父之间的篱笆和墙，鲁迅《故乡》中"我"与"闰土"的无形的"墙"，所谓"代沟"，人与人之间的冷漠、防范……都是这一类"墙"。

沟通，扩大爱的范围，增进人际和谐，这个思路涉及的范畴，就是社会伦理。

重要提示：应注意到，"墙"本身是一个悖论式的存在。心灵之"墙"何以如此普遍存在，乃是基于人类根深蒂固的"安全的需要"。换句话说，"墙"的存在，有其必然性和合理性。任何事物必须保持一个合理的尺度，"墙"的拆除意在促进人与人的亲善，而"墙"的彻底消失是不可能的也是不必要的——我们应该重温叔本华所说的豪猪在冬天相互取暖的寓言。

二、别的立意可能

承认"墙，推倒了就是桥"在事实上的某种合理性，但质疑此命题在道理上的有限性。

价值观的区别："桥"是横向的通向目的的工具，"墙"也可以是矗立的象征威严的事物。

生命意境的区别："桥"是拥挤的和喧嚣的，"墙"也可以是肃穆的和沉默的。

陶渊明和梭罗：桃花源外的山，所阻隔的是世俗的污秽；瓦尔登湖的"树墙"，围起来的是宁静的沉思。

高耸的"墙"，有时候并不阻碍我们前进，而会迫使我们的眼睛向上仰望，转向崇高。"墙，推倒了就是桥"，捍卫精神圣域的高墙一旦倒塌，可能形成很多功利主义的桥梁——这种现象，每见于人类历史的进程之中，也见于当下人所共知的现实。谁又能说，这一定就是好事呢？

三、特别提示

"墙，推倒了就是桥"，在我的理解中，并不一定如此。墙，推倒了可能是一座有用的桥；但更有可能只是一堆无用的砖头。

但是标题作文必须"尊题"。基于刚才的分析，我认为最稳妥的是这样的思考：推倒墙的过程本身就是对出路的寻找，这出路，便是我们突出困境的"桥梁"。

准确的理解和类比

审题立意，对关键词精准的理解，对题目进行恰如其分的延伸性思考，是切题的基本保障。一定要做到：第一，不折不扣地理解关键词语义；第二，对题目中所提及的现象进行合理的类比。

一、要准确理解话题关键词的含义

所谓审题准确，在很大程度上就是对话题关键词的词义的理解是准确的。

例如，某年全国卷作文题是标题作文，指定题目是"路径"。审题的时候，首先就要理解"路径"这一词语的语义。"路径"就是途径，抽象一点说，是指行动的路线和方法。以"路径"为题目，跟以"路"为题目，是有差异的。以"路"为题目，比较宽泛，例如，即使你构思一篇某人在荒山中开辟一条小路的故事，也可以。但这个故事若以"路径"为题，就有一定的偏差。"路径"还有一个"径"字，侧重点是依循的途径，或解决问题的方法。

又如，某年的高考作文话题是"诚信"。"诚信"是个复合词，包括两项相互并列的意思，一是"诚实"，一是"守信"。这两项意思都要说到，如果全文只论诚实或只论守信，那就失之偏颇了。"诚实"可能导致"守信"，但"守信"不一定就是"诚实"（比如为了获取别人信任从而得到更多的利益，即使我不诚实，我也可能信守对别人的承诺）。如果把"诚信"理解成真诚、信任、信心、诚恳等，那就有离题之嫌了。

对话题关键词，你不必给出一个精密的书面定义；但审题时，必须在头脑中严格地确定它语义的基本范围，要尽可能严格地划定它所代表的事物的边界。这有利于理清我们的思路，确保行文时不致偏离题意。很多话题关键词，诸如"正义""畏惧""坚强"等抽象词语，含义本身就较为模糊，尤其需要确定它与同类其他事物不同的特性。

例如，如果以"正义"为话题，就至少会想到，"正义"是一种社会美德。这很对，但也很模糊，"谦恭""慷慨""宽容"之类，也是社会美德啊。这说明，这样的思考还没有揭示出"正义"有别于其他社会美德的本质属性。如果在这个话题下泛泛而谈社会美德，就会跑题。那么，什么是"正义"作为社会美德的本质属性呢？我们可以这样回答："通过正义，每个社会成员得到其所应得的一切。"这样，话题的本质内涵就揭示出来了。

二、要对题目中所提及的现象进行合理的类比

通常，特别是材料作文，在审题立意时，我们需要把材料中所提及的现象，类比到人事方面。这个时候，精确的分析取决于类比是否恰当。一定要注意，务必使类比的两个现象之间，保持恰当的逻辑关联。

例如，根据"如果你有两个面包，就应该用一个面包去换一朵水仙花"这句话来作文，就需要把"面包"与"水仙花"恰当地类推到人生方面。挖掘这两个词语的象征意涵，可知"面包"是食物，意味着物质享受；"水仙花"不是食物但能给人带来美感，意味着心灵享受。这句话类推到人生方面，意思就是：人在物质生活得到满足之后，应该追求精神生活。

三、案例分析

上面谈的两点，可能你还觉得比较抽象。下面提供我对两个作文题的审题立意分析，供揣摩。

案例1：

请以"忽如一夜春风来"为题作文。

这是一个标题作文。标题是岑参的一句诗。需要精准把握话题关键词"春风"的语义，同时要注意到"忽"字的语义；然后再考虑整句诗是何含意。

1. 审题

"忽如一夜春风来"，须考虑到"忽"的字义，以及"春风"的隐喻义。重点是"春风"的隐喻义。

（1）"春风"的隐喻义。

须切合"春风"的特征。春风的特点是和煦的，有生机的。

"春风"＝希望、机遇、开悟、爱心、温情、关怀……

（2）须切合"忽"的字义。

"忽"是突然的意思。如果"春风"的隐喻义符合上述要求，若把"春风"喻为希望，但文章泛泛而谈人生要有希望的道理，则不切合题旨；若谈处于人生困境（"夜"）中忽然看到了希望，则说明审题时抓住了"忽"字，这是切合题意的。

以上两点统合起来，才能切题（最大程度地符合题意）。也就是说，在探讨"希望、机遇、开悟、爱心、温情、关怀"等主题之时，必须设置一个负面的背景（"夜"），如困境中忽然看到了希望，绝望中忽然有了机遇，冷漠中忽然得到关怀，如此等等。

2. 较高程度的写法（不完整的设想）

（1）"忽如一夜春风来"，事实上"春风"并未"来"。本诗写的是冬天的景状，"春风来"是一个美丽的幻象。人生无不满怀对未来的期待，有时候甚至自感好运终于来临，而期待每每落空，幻象终归破灭。由此表达人生之悲感，是高明的写法（较难想到）。

（2）在岑参的这首诗中，"忽如一夜春风来"其实是一个错觉。而这种错觉，对于人生是至关重要的。那些在黑暗中期待的人，那些在逆境中前行的人，那些在痛苦中挣扎的人，那些在冷漠中求生的人，那些在迷茫中徘徊的人，都需要某种信念、梦想和温暖（"春风"），来作为鼓舞和支持生存的精神力量。这"春风"也许只是内心的幻觉，但同时也是支撑生命的真实的力量。

3. 其他写法的可能性（不完整的设想）

（1）认清真实的世界/如实地认识世界，不要被假象所欺骗。（这是好的写法）

（2）还原原诗的情景，表达冬天的苦寒，边塞诗中常见的思乡主题。（这是一般的写法）

（3）由于此诗运用了想象力，由此生发，论述想象力对于人类之重要，但范围约束在人身处困境中的愿景想象。（这是有风险的写法）

4. 论述的展开

（1）在人生的冬天，在冬天的暗夜，我们期待春风的到来。之所以期待春风，是因为我们渴望诗意的栖居，不愿生存在冰冷黑暗的状态中。陶渊明在误落尘网三十年之后，突然"悟已往之不谏，知来者之可追"，回归田园，进入了"微雨从东来，好风与之俱"的诗意栖居之境。屈原最终懂得了俗浊世间春风不可能突然降临，世界并无诗意栖居之所，期待与理想完全落空，故而决绝地投水而去。春风也许不可能一夜之间骤然到来，但人类不可以失去对春风的期待。

（2）在人类生存的冬夜，春风将不可能骤然来临。生存是冰冷而残酷的，必须有强烈的生命意志，来激励我们坚持不懈地走下去。生命意志的光亮，能点燃我们心中的梦想，照亮通往春天的道路。没有生命意志的支持，我们就很可能在冬夜里倒下，无法享受到春风突然来临的喜悦。正如司马迁，真正伟大的灵魂，都不可能被冬天杀死；当我们依靠生命意志的支持挺过了磨难，春风就有可能不期而至。

（3）人生不可能只是春天。接受冬天的考验，接受世界的冷酷，在此过程中学会忍耐、抗争和等待，是生命成长必修的课程。在冷酷中想象温暖，在绝望中默默期待，生命终将慢慢走向成熟，春风也许就会在不经意间突然抵达。

（4）无论眼前的世界是什么样子，永不绝望，永不放弃，哪怕渺茫地等着春风的突然降临，这是生命的自我坚持，完全符合生命的伦理。在冬天放弃春天的理想，随黑夜而自甘暗淡，这是放弃生命的责任，将使生命失去尊严。只要理想永在，坚持永在，人生的春风终将到来。

注意：论述之时，不必面面俱到，根据自己的主题需要，联系其中一点两点即可。关键是要突出主要意念（中心），不可枝蔓。

案例2：

几何学上的点，只有位置，没有长度，没有宽度，没有高度。无数个点可以构成（无数的）线、平面、立体。根据这段文字展开联想，写一篇不少于800字的文章。（高考四川卷作文题）

这是一个材料作文。材料用的是几何学的。高考作文是谈社会人生的，是语文的不是数学的，因此需要对材料作延伸性的类比思考。

看了此题，我的第一反应，当然是对题中的材料进行延伸性的思考。可是我立即发现这很困难。根据数学知识，"几何学上的点"过于抽象，它并不是物理的实在而只是一种观念上的存在，很难据此去联系现实人生。语文的作文，显然不是谈论几何学的。可是要把这个材料类推到人生上，有相当的难度。下面我给出几个讨论：

1. 基本分析

"没有长度，没有宽度，没有高度"，也就意味着，"点"不占据物理空间。但我们知道，人是会占据物理空间的。人的意识，或许可以说不占据物理意义上的空间，但习惯上，我们恰好认为人的心灵或精神具有无比广阔的空间，也就是说，心灵并不是"没有长度，没有宽度，没有高度"的。因此，人的特质，不符合"几何学上的点"。把二者联系起来是困难的。如果要强行联系，会导致类比不伦的结果。

2. 立意空间分析

（1）能不能把立意确定在"个体与群体"这层关系之上？亦即能不能认为"点"代表个体，"线、面、体"代表不同规模的群体？

这有很明显的逻辑障碍。根据前面的分析，把"没有长度，没有宽度，没有高度"的"几何学上的点"，类比为作为个体存在的人，本身就不妥帖；而无数"没有长度，没有宽度，没有高度"的事物何以能最终构筑为既有长度也有宽度更有高度的事物，也将遭遇解释的困难。我们知道，从数学上说，无数个 0 相加，还是等于 0。

（2）能不能把立意确定为坚守平凡的位置，或要重视积累？

仍然很麻烦。原因很简单：几何学上的点，"只有位置，没有长度，没有宽度，没有高度"，实际上相当于代数意义上的 0。从算术的观点看，无数个 0 加起来还是等于 0。（请不要对我说大爆炸理论所谓的奇点造成整个宇宙。）坚守平凡的位置，何以就能造出壮阔的景象呢？无数个 0 的积累，从数学上来讲不仍然还是 0 吗？

3. 我的立意取向

在上述分析的基础上，我提出一个立意取向，供参考。关于本题最合理的思考，我的看法是：无中生有、静必待动。

点动则成线，线动而成面。可以把"线"定义为"点的连续移动在空间中形成的轨迹"。这样就可以进行如下类比：

（1）人生之初，人就是一个"点"，"线面体"表示人生展开之后的不同景象。

（2）把"几何学上的点"，类比为人生轨迹上的某一个瞬间。

这就能构成较为恰当的类比。于是可以分别据此得出两个立意：

（1）人生之初，是谈不上什么人生价值的。从"点"而到"线面体"，则可理解为人生价值建构的过程。在此思路下，主题是谈人生价值的实现或自我的成长与发展。

（2）人必须发挥主观能动作用，犹如一个"点"必须在运动中才能形成"线面体"。人作为一个渺小的存在，几乎类似于"没有长度，没有宽度，没有高度"的"点"，用苏轼的话来说，就是"渺沧海之一粟"（严格地说，"一粟"还是一个占据空间的"有"）。人生的意义，不可能在静止的状态下造就，生命在于运动——一个静止的、"没有长度，没有宽度，没有高度"的"点"，是没有什么实际意义的。在此思路下，主题是谈人的能动性的发挥。

当然，评卷场绝不可能如此严格地要求考生。我估计，一般地说，谈"个体与集体""坚守平凡的位置""渺小和伟大""重视积累"，甚至"从量变到质变"等，都会从宽，被认为在一定程度上是符合题意的。这个作文题，对思维的精确性要求太高了。

发散思维：克服褊狭的利器

审题立意如果要做到灵活，发散思维就是必不可少的。

发散思维是围绕某一点发散开来，从不同角度、不同层面思考问题。与逆向思维相比，它的角度不只是一个单一的反向。发散思维有更丰富、更多样的角度与层面，它包括三个维度：多样性（发散的"量"）、变通性（发散的灵活性）、独特性（发散的"质"，主要是新奇成分）。

发散思维的前提，在于头脑必须是开放的。头脑开放，思维就能充分发散开去。开放的头脑，能够接纳多元的观点，形成丰富的创意。

要尽可能扩大头脑的开放度，让思维尽可能伸展。越开放的头脑，越能从不同角度、不同层面考虑问题，从而促进头脑变得更加睿智。

下面讨论两个案例。

请运用发散思维，为下列两个材料，分别给出尽可能多的立意。

1. 杀鸡给猴看

2. 关于"选择"的话题作文

小时候，听老师说，要做蜜蜂，勤于工作，努力奉献；千万别做蝴蝶，只知玩乐不会工作……当时就在心里反问，为什么不可以做蝴蝶？蝴蝶既美丽，又会玩乐，在美丽的花儿中间飞扑，还完成了传播花粉的任务，然后逝去或让人做成美丽的标本，很不错嘛。蜜蜂辛勤地工作，到头来蜜让人采去了，自己未必得益，何苦呢？也曾就这问题请教老师，得到的却是老师的反驳。到现在，我仍然情愿做蝴蝶，也不做蜜蜂，你呢？

请以"选择"为话题写一篇作文。

一、讨论案例1：杀鸡给猴看

从本材料看，可能有如下立意空间：

1. 从"鸡"的角度看

鸡有罪吗？鸡是冤枉的。从鸡的角度看，小人物是悲哀的，在一个缺乏公义的社会上，地位低的人往往成为无辜的牺牲品。

2. 从"杀鸡"的角度看

该杀谁？鸡该不该杀？显然，杀鸡的目的只是"给猴看"，而不是为了实现正义和公平。要杀谁，处罚谁，必须以事实为依据，以公平为原则，以法律为准绳。

3. 从"给猴看"的角度来看

执法者软弱无能，不敢正视猴子有罪而鸡本无罪的事实。只是因为猴子等级较高，就不敢严肃处理，只去对付那些等级较低的鸡。这显然有悖于正义公平的原则。

4. 从"猴"的角度看

法律是可欺的。仅仅由于身份是猴子，地位较高，犯罪而能免于惩罚。杀的是鸡，不是自己，逍遥法外，自由自在。

5. 从"看"的角度看

存在两种可能性：猴子可以看，也可以不看。假如猴子要看：猴子犯法，被杀的却是鸡，猴子们更会藐视法律；猴子也可能不看：小孩把戏，不屑一顾，更加肆无忌惮，为所欲为。

6. 从整个故事的教益的角度看

（1）从执法原则上说：必须维持公平正义，不能杀鸡给猴看。该杀的才能杀，不该杀的就不能杀。

（2）从执法方法上说：杀鸡不能有效遏阻猴子犯罪，只有杀猴才能对猴子真正起到杀一儆百的作用。

（3）从人类心理的角度说：人类本能地害怕血腥和暴力，因此诛杀一个身份低微的无罪的人，也有可能对身份较高的人起到一定的震慑作用。

（4）从社会实情的角度说：一个人的社会地位很重要，它常常决定人的命运。

二、讨论案例2："选择"的话题作文

"选择"总是和价值观紧密相关的。蜜蜂与蝴蝶，都在采取花粉，前者劳动并最终奉献了劳动果实，后者劳动中还扇动翅膀展现自身的美丽。蜜蜂与蝴蝶分别代表不同的价值观。应该首先对这两种价值观作出分析评判：

1. 两种价值观的内涵

（1）蜜蜂代表的价值观是：劳动和奉献的人生是有价值的。

（2）蝴蝶代表的价值观是：人生要劳动，也要追求享受，追求美丽。

2. 两种价值观的比较

（1）与蝴蝶相比，蜜蜂的价值观侧重于强调劳动与奉献，而不是个人的幸福。

认同这种价值观，必须考虑到如下几点：

A. 劳动本身并非最终价值，劳动是为人类生活谋福利。如果一个人一生只是劳动，而不懂得劳动的意义何在，那么这样的劳动并不能自动带来幸福的感受。

B. 同样地，有意义的奉献也必须基于人的自觉。只有一个人自觉到他的奉献有助于人类（包括自己和他人在内）的利益，他的奉献才是有价值的。

C. 生命有其自身的目的，每个生命都在完成自己，实现自己。蜜蜂采蜜、酿蜜首先是顺应它自身的生物习性，它并不希望采得蜜来被人类收割。因此，

蜜蜂的"奉献"很可能仅仅是人类的"误解"。就人类来说，人必须首先重视自身的幸福，一个漠视自身幸福的人很可能也无视他人的幸福。每个人都追求自身的幸福，这是一种义务，或者说是一种不可转让的权利。

（2）与蜜蜂相比，蝴蝶的价值观侧重于强调个人的幸福和人生的美丽。

认同这种价值观，必须考虑到如下几点：

A. 个人的幸福和人生的美丽，往往需要劳动来创造。没有务实的劳动，幸福和美丽最终只是一场浪漫的幻象。

B. 人生当然需要享受。但人性更倾向于耽于玩乐，而厌恶辛苦的劳动。因此，要调节好辛勤劳动与适度玩乐的关系。这是比较困难的，因为有悖于好逸恶劳的天性。

C. 让自己得益，是每个人合法、合理、合情的要求。但是，这容易导致一种自私的人生观。自利之外，更须利他，人生的境界才能更高，人生的价值才能最大化。

3. 两种价值观的选择

由此来看"选择"，从逻辑上讲存在如下几种情况：

（1）选择"蜜蜂"。理由和局限，均参见上文分析。

（2）选择"蝴蝶"。理由和局限，均参见上文分析。

（3）兼顾"蜜蜂"和"蝴蝶"。

A. 二者均有其合理处，但也有其局限性。应在两种价值观中择善而从，慎重选择其中的合理因素，既有利于自己，又有利于他人和社会。

B. 两种价值观同样可取，同样精彩，都值得尝试。有得有失才是选择，选择总会造成遗憾。如果可能，为什么不能同时选择两项？

（4）"蜜蜂"和"蝴蝶"均非合理选项。

人为什么一定要在"蜜蜂"和"蝴蝶"之间进行选择？在真实的生活情境中，人的选择通常是依据人生的实际情况，而不见得是依据抽象的价值观。

事实上，人的价值观、人生观不是一成不变的，是随着人生经验的日益丰富、人生境遇的不断变化、人生思考的逐渐深入而动态地调整的。我们并不急迫地需要人生方式的选择。

4. 抛开价值观辨析

单独考虑"选择"的课题，则可能有如下立意空间：

（1）选择意味着有取有舍，要学会"舍得"。有舍则有得，有得必有舍。

（2）选择要慎重，要明智，三思而行。

（3）择善而从。学会选择，选择最好的。

（4）选择是属于自己的权利，所以应该对自己的选择负责。

（5）选择你所爱的，爱你所选择的：选择的，当然是自己所爱的；但作出选择后，人们有时又会把选择的目标弃之不顾。在选择之后，珍惜你所选择的。

（6）为什么一定要作非此即彼的选择呢？选择也许并不像我们想象的那么重要，顺其自然最好。

顺题式和骂题式

对作文题的分析，一般存在两种可能的空间：顺题式和骂题式。确定你站在哪一种立场上，这是立意的突破点。

分析题目，要把道理想清楚，要能够言之成理，自圆其说。

立意跟审题，两个环节虽有联系但也有区别。审题的重点在于确定作文的话题范围，立意的重点在于确定作文的中心意旨（中心论点或主题思想）。审题是立意的基础。审题求的是"准"，立意求的是"精"。

对话题的分析，是立意阶段很重要的一环。在审题"准"的前提下，顺题式和骂题式都有可能求得立意的"精"。一般地说，骂题式更容易显出"精"和"深"来。

顺题式，是指顺着话题走，肯定话题所示者为正面价值。顺题式是最基本的、最稳妥的方式。一般地说，面对一个作文题目，受题目的诱导，我们的第一反应是顺题式的。比如看到"熟悉"这个题目的第一反应，就是这个作文应该写"熟悉"，叙述那些"熟悉"的人和事，或者论述"熟悉"对于我们的生活的价值与意义。又如：

阅读下面材料，根据要求作文。

俄国作家契诃夫说："有大狗，有小狗，小狗不应该因为大狗的存在而心慌意乱。所有的狗都应该叫，就让它们各自用上帝给它的声音叫好了。"

请以"所有的狗都应该叫"为话题写一篇文章。

看到"所有的狗都应该叫"这个话题，当然会想到必须据此作文。把题目稍微提炼一下，"所有的狗都应该叫"是指"每个人都应该发出自己的声音"，"每个人都有表达的权利"。于是，我们就把立意确定下来了。这种思维方式，就是"顺题式"的。顺题式是最稳妥的、在考场上被首先运用的一种立意方式。其负面作用是较为保守，难出新意。

骂题式，是指对话题进行质疑和否定。例如以"熟悉"为题作文，否定"熟悉"的正面价值，提出人们应该超越熟悉，摆脱定势，开辟新天地。这就是骂题式。骂题式思维是一种具有超越性的思维，立意往往更新颖。

又如前文"所有的狗都应该叫"为话题的作文题，"所有的狗都应该叫"，确实是规定话题，但我们也可能进行一个逆向思考：所有的狗都应该叫吗？比如一只疯狗的狂吠，那是应该被鼓励的吗？每个人都有权发出自己的声音，这是不是意味着每种声音都是理性和合法的呢？于是我们可能得出一个观点：每个人都有说话的权利；但真正的问题不在于此，而在于我们的话语是否符合理性，是否服从真理。

2010年高考重庆卷的作文是标题作文《难题》。假如你叙述一个关于"难题"及其解决的故事，未免太庸常。若以骂题式来思考，我们不妨这样想：世界上果真有什么难题吗？其实难题本身并不存在；人们之所以感到困难，不过是因为自身的智慧和能力有限罢了。你看《庖丁解牛》，"解牛"可能并不是什么难题，庖丁本人就证明了这一点。"解牛"对那些平庸的、无能的解牛者而言才是难题；之所以构成难题，乃是因为他们的智能和技能不够。很多时候，所谓"难题"，是能力不足者自己"制造"出来的。掌握规律，顺应规律，利用规律，世界上就不再有那么多所谓的"难题"了。

骂题式其实也是很常用的立意方式。只要行文扣紧话题关键词，始终不脱离话题范围，毫无疑问，是不至于偏离题意的。当然，立意再怎么求异求新，也都必须求得自圆其说，言之成理。

骂题式，是我非常欣赏、积极鼓吹的一种立意方式。为了把这种方式说得更详尽些，我再补充几个例子。

第一个例子，是2007年高考浙江卷话题作文题：行走在消逝中。

若以骂题的方式思考，我是这样想的：人生就是一场行走，人类历史也是一场行走。行走是不可逆的，走过了就不可能回头。往事随风，过了就过了。可是，那些真正有价值的灵魂，有意义的人生，一旦走过，便成为永恒。它们不可能真的消逝，它们是无常的世间岿然独存的永恒。孔子的人生典范，屈原的执著精神，庄子的自由心灵，司马迁的价值追求，陶渊明的诗意栖居，在中国文化中都是不可能被时间摧毁的永恒。

第二个例子，是2007年高考全国卷的漫画作文《摔了一跤》。

真的出事了吗？没有。这只是家庭、学校和社会的大惊小怪。一个人在成长过程中，需要学习，需要探索，摔上一跤，那是再正常不过的事。体验摔跤，学会面对挫折，这也是人生的必修课。人是在跌倒中学会走路的，是在挫折中学会坚韧的，是在各种不同的体验中变得聪明的。

大人们未免过于幸灾乐祸了。难道要听你们的才是对的？小孩跌倒一次，你们不是鼓励他站起来，而是站在旁边看笑话，这是应该做的吗？孩子不需要"出事了吧"的挖苦或讥讽，你们应该知道的是：在包括你们自己在内的每一个人的成长过程中，偶尔跌倒都不是什么大不了的事。让学习者自己去学习，让探索者自己去探索，你可以根据你的经验教训去指导他们如何从挫折中奋起，但千万不要在旁边风言风语、指手画脚。

通常地，作文题顺题式立意和骂题式立意，都有思考空间。例如下面这个作文题：

阅读下面的材料，按要求作文。

有个鲁国人，擅长织麻鞋，他的妻子擅长织白绢。他们想到越国去居住，于是有人对他们说："你们将会贫穷不堪了。"这个鲁国人问他是何道理，那人说："麻鞋是穿在脚上的，而越人是赤脚走路的，白绢是做帽子的，而越人是披发的，你们夫妻的特长，在越国是无用武之地的，怎么能不穷呢？"

要求全面理解材料，但可以选择一个侧面、一个角度构思作文。自主确定立意，确定文体，确定标题；不要脱离材料的含意作文，不要套作，不得抄袭。

顺题式立意：做事要根据自己的特长，不能脱离实际。

顺着作文题中的材料的指向去思考，我们就会发现，由于越人赤脚走路不戴帽子，那么鲁人到越国去必然会穷，因为自己的长处得不到发挥。这就告诉我们无论做什么事，都不能脱离实际。这样立意的好处，是能紧扣材料的基本倾向、主要观点，不会出现偏题、走题的现象。

骂题式立意：要敢于尝试，敢于冒险，敢于开拓。

怀着质疑的精神去看作文题，我们对题目中的材料提出疑问：鲁人到越国去一定会穷吗？越人赤脚、披发，鞋帽市场还是一片空白，就大有开拓市场的空间，鲁人怎么就一定会穷呢？这样我们就得出结论：要敢于尝试，敢于冒险，敢于开拓。至于鲁人开拓市场能否成功，则是另外一回事。但无论如何，我们没有足够的理由说：他们到越国去一定会贫穷。

《孟子》："曰：独乐乐，与人乐乐，孰乐？曰：不若与人。曰：与少乐乐，与众乐乐，孰乐？曰：不若与众。"假如以"共享和快乐"为话题来写一篇文章，顺题式立意就是：共享是快乐的。生命的意义之一就是分享；让更多的人分享自己的快乐，把自己的快乐带给更多的人，自己也就会更快乐。孟子也就是这个意思。但若以骂题式来立意，则可以提出：至高的快乐是无法共享的，能被分享的快乐都是肤浅的。快乐是隐秘的，是内心的体验，本质上是无法共享的。尤其是思想者们沉思的快乐，先驱者们探索的快乐，那种至高的快乐，是普通人难以分享甚至无法想象的。这样的快乐，不是我们不愿分享，而是无法分享。

无论顺题式还是骂题式，都可以找到理由和论述路径；无论是顺题式还是骂题式，都必须能够自圆其说。在我看来，骂题式是一种较高级的思维形态，它是"奇"中有"正"，"正"而能"奇"。

考场作文中的评价与价值判断

语文考试，考的就是阅读和表达。于是很多人有一个直观的认识：阅读，核心就是"解题"；写作，核心就是"表达"。这个认识十分肤浅。我想用最简化的方式来描述我的认识：阅读，核心是"理解"；写作，核心是"评价"。而这两个部分真正的核心只有一个，那就是"分析与综合"。

要在阅读中实现准确的"理解"，离不开分析与综合。要在写作中实现合理的"评价"，离不开分析与综合。作文的审题，首先是对作文题目的分析，捕捉核心话题；对整个题目中的意思进行综合，得出周密的判断。其次是立意。立意就是"评价"，就是"你怎么看这个事情"。

广义地说，所有作文题，都是材料作文。漫画作文，就是以漫画为材料。标题作文，就是以标题为材料。你要对材料进行分析。任务驱动型作文，这是当前流行的一个概念，但它也是材料作文，没有什么特殊性。认真分析作文题目的要求，它要你干什么，你就干什么，这就对了。考场作文的写作，就是对准题目的要求来写，就这么简单。例如作文题中说，对某种现象，"提出自己的思考、权衡和判断"，你能够不对这种现象进行思考吗？你能够不对这种现象可能的利弊进行权衡吗？这种现象是什么性质，你能够不作出判断吗？总之，作文题的要求是明确的，你按要求照此办理，就对了。我们现在教学生写作文，说什么这是材料作文，那是任务驱动型作文，这种类型的作文题要这样做，那种类型的作文题要那样做，反而把学生搞糊涂了。学生本来还不怎么糊涂，你这一讲，他就更糊涂了。

我觉得《祝福》中鲁四老爷书房里的那副对联，把作文的道理讲得很透。那副对联说"品节详明德性坚定，事理通达心气和平"，是说修身的。上联强调的是"德性"，下联强调的是"事理"。中国的作文，说穿了其实就是这两个方面。以前的作文题，"德性"的指向很鲜明，"友善"啊，"诚信"啊，"人伦"啊，"爱心"啊，"见义勇为"啊，"多做善事"啊，如此等等。近年的所谓任务驱动型作文，"事理"的指向性很鲜明，要求把事情搞清楚，把道理讲到位。题目中的事情或现象，须得分析进去，说得出是非曲直，能权衡利弊得失。这对避免泛泛而谈德性，是有好处的。

"德性"与"事理"，很难截然分割开来。作文中所讲的"事理"，多半是人间的道理，是社会生活中的道理。要讲好这番道理，离不开价值观，所以还是绕不过"德性"的。学生最缺乏的，就是有系统性的价值观。价值观不成系统，没有系统的价值判断能力，就会存在很多盲点，学生在遇到不同的作文题时，就只好临时起意，见子打子。

写作文，首先要有基本的价值判断。有个作文题目说，公交车上一个小伙子不但不主动让座，反而口出恶言；另一位有正义感的年轻人看不下去，把那个不让座的小伙子打了一顿。这个被揍的小伙子最后让座并且道歉了。作文题要求考生论述如何看待此事。如何看待，当然涉及价值判断。

有人说，那位年轻人有正义感，见义勇为，值得赞扬。有人说，那个小伙子知错能改，善莫大焉。我觉得这样写是没有头脑，价值混乱。

先说那位有正义感的年轻人。他有正义感，这值得肯定。但是他打人了，这就不行。以暴力攻击一个人，这难道是对的吗？你可能说，有正义感，打不义的人，当然是对的。首先，也许你没有考虑到，不同的人对正义的判断标准是不一样的，希特勒或许就认为他是基于正义去屠杀犹太人。其次，是否应该"以暴制暴"本身就存在争议，更何况那个不让座的小伙子并无对周围人群采取暴力行动（口出恶言顶多算语言暴力）。这种情况下你去打他，太过分了。第三，在文明社会中，一个人是否有权对另一个人施行暴力，绝对值得怀疑。即使某人是犯罪嫌疑人，也应该把他交给法律去制裁，你没有权利对他施加私刑。换句话说，你打他，不合法。

至于那个不让座的小伙子，看起来是"知错能改"，其实不一定是。他也许是出于对暴力的畏惧而让座并道歉；他不见得真正认识到自己的错误。

然后，还有一个非常重要的判断：让座是一种美德，但不让座不等于不道德。那个小伙子只要是买了票的，只要这个座位不是专供老弱病残孕的，只要他不是非法赶走他人而入座的，那么他就有权继续坐在那里。继续坐在那里是他的权利，行使这份权利对他人和他人利益并未构成任何侵害或伤害，不存在非法或不道德的问题。他的问题在"口出恶言"。他为何"口出恶言"，作文材料中没说，我们就不能妄加猜测。一个精神正常的人不会坐在那里无缘无故骂街，从一般事理上说，我估计"口出恶言"之前发生了什么情况让他恼怒。但很多学生，包括不少教师，对文本、对作文材料不肯进行实事求是的分析，而主观臆断，想入非非，无中生有地得出一些片面的结论。

为什么写作时会出现似是而非的评价？因为缺乏基于理性的价值判断。事实上，我们的教育失败的表现之一，就是多数高中生并没有形成一套价值观，没有完整的价值判断标准。没有价值判断标准，一个事实，一种现象，是非曲直混淆不清，就只好听凭感觉、任由情绪来作判断。没有"评价"的尺度，这个时候叫他写作文，他就只好胡扯。水平高一点的，他就会用他所耳闻的高大上的价值标签来贴，然而难免贴得不伦不类。水平低一点的，就只好东拉西扯，言不及义地凑字数。

"善意的谎言值不值得提倡"这个作文题，有学生说值得，有学生说不值得。说值得的，强调出发点是好的，效果或结果也是好的；说不值得的，强调真相终究会水落石出。两种立场都有些思维障碍。"善意的谎言"，动机是好的，行动是错的。你是善意的，这值得肯定；但这毕竟是谎言，谎言是不真实的，不诚实的。不诚实能被提倡吗？我的答案是：永远不能。

我们有时觉得对亲近的人可以有一个"善意的谎言"，可能是因为这部分亲近的人缺少直面事实或危局的勇气。我们体谅他们的怯懦，所以编个"善意的谎言"。但要知道，我们这样做，背离了诚实，而不诚实是不符合道德原则的。这带来的风险是：当我们觉得谎言非但无害甚至有益，这会不自觉地强化撒谎这一行为趋向。有朝一日，我们可能会越来越惯于撒谎。

那么，对于敌人，可不可以撒谎呢？为了保护亲人或朋友，我们向敌人撒谎。请注意，这越过了我们的论题范围。这是因为，首先，对敌人的谎言，肯定不会是善意的。"善意的谎言值不值得提倡"，论题中是"善意的谎言"而非"恶意的谎言"。其次，"善意的谎言值不值得提倡"，实际上预设了一个前提，那就是一般的、正常的社会交际场景。敌对的、你死我活的情形，已经越过了讨论范围，不符合这个作文题的要求。

所谓"任务驱动型作文"，要求必须直面事实或现象。也就是需要"就事论事"。要分析原因，权衡利弊。但只是就事论事，不会是高层次的作文。要"就事论事＋拓展联系"。要揭示出该事件、该现象中蕴含着的更深刻的东西；要拓展到类似的事例或现象，联系起来展开论述。就事论事档次太低，思维的延展性不足，这也可能导致深刻度不够。

寻找自由的感悟和感动

外部世界本来无所谓意义。意义是由人赋予的。人之所以能赋予外部世界意义,是因为人类心灵具有普照万物的巨大力量。心灵对外部世界有所感悟,发诸文字,就是这种力量的体现。揭示世界的隐秘,展现心灵的深广,就是这种文字的妙处。

在自由写作中,思考是自由的,完全超越了一般的审题立意。我们要怀着一颗善感的心看世界万象,真正领悟到纷繁复杂的世界上各种景象背后的哲理妙趣。

我们为什么要写文章?

人类所创造的哲学、科学和艺术,承载着人类生命的价值和意义。我们写文章,从根本上说,也是要承载生命的价值和意义。写作作为一种创造,它本身就是生命力量的外溢,是人的思想情感在语言文字的舞台上恣意的展现。

如果摆脱了功利的考场作文写作,进入自由写作,思考是自由的。你不必再受到指定题目的束缚;你完全超越了一般的审题立意,想写什么就写什么。想写什么就写什么,这句话要正确理解。这是说,你表达什么主题是自由的;而不是说,你胡言乱语、口水四溅都可以。

有意义的写作,总是基于我们对宇宙人生深刻的感悟和深情的感动。只要用心,感悟与感动,就会无处不在。

真正有灵心慧眼的人,大千世界,一草一木,都是写作的资源。你不相信?请看下面我搜集到的一些实例。

例1 一个平凡事物引发出的感慨：稻草人

在田野大家族里，许多事物是有声有色的：渠水哗哗流淌，牛哞短短长长，蛙鸣欢快嘹亮……唯有稻草人是静默的，从初春到深秋，默默地伫立着，看时光流变，看四季更迭。什么东西被记忆？什么东西被遗忘？它似乎不甚了然。春深夜阑时，谁在稻草人耳旁低语？它曾受过怎样的嘱托？它预言过什么？它的静默里是否包藏着亘古以来的秘密？这些问题一直是谜。沉闷的稻田午后，有人看见一只蜻蜓在稻草人的旧草帽上静立了许久，尔后鼓动翅膀，横空剪裁出一幕幕透明的太阳雨。

少年的我也许是离稻草人太近，因而从未仔细观察过它。时隔多年，偶尔起了念想时，只恍惚记起它头上的那顶旧草帽了，草帽下的脸庞已然模糊，倘若它哪天进城，迎面走来，我根本无法认出它。稻草人隐约在时光深处，像箴言般意味深长。

这儿已不是我记忆中的村庄了，田垄上不再演绎色彩，弧形的棚布统一着稻田，反季节蔬菜篡改了农业。这里变成了蔬菜基地。每天凌晨，装运车辆使寂静的乡村黎明像城里的农贸市场一样喧嚣。但人们脸上荡漾的却是庆幸与满足，以及偶尔失算后的点滴遗憾。

我的目光在田垄上四处搜寻，发现稻草人已踪影全无。我心有不甘，问村中少年，尽皆一脸茫然，不知所问为何物。看来，稻草人已经离村多年。或许，它也进城了，跟随打工的人流一起，辗转于车站、码头，蹐缩于候车室的长椅下……夜里，它那浸水多年的风湿老腿，会不会牵扯着断不了根的阵阵疼痛？它当年拒绝麻雀，在今天可能已无法拒绝疼痛。

例2 一个时间点引发出的感悟：霜降

时值霜降。那农谚说，寒露胡豆霜降麦。说的正是这个时候。这是一个处于边际中的季节。秋收后的田野还没有翻种，田土正作短暂的小憩；播种，却又不是在春季；有些作物在生长，弄不清它们的脚步从何处起，到哪里去；冬还没有到来，秋已急于想去。一切都似乎已经过去，又似乎仍在眼前，似乎已经发生，又似乎没有发生，似乎结束，又似乎刚刚开始。动与静，死亡与生长，混沌与清晰，都是一种此在，既看得见，又捉摸不透。它们巧妙地在这里拥挤，说不清是形而下还是形而上的。

例3　一件小事引发出的感触：被一粒微尘击中

　　长街寂寥，行人稀落。一粒小小的微尘，小到几乎被肉眼忽略。但它却在这个清晨伏击了我。我转过那个街口，听凭沉重的步子把我引领出雾气弥漫的街区。只是一眨眼，恰巧一阵风经过我的身侧，它或许只想和我开一个无伤大雅的玩笑，把一粒小小的沙尘吹上我的眼睫。而这一粒微尘，就此将我带入泥泞的沼泽——那粒小小的尘埃是物质的，更是形而上的。我的眼泪迅速地流下来，在这个孤寂的清晨，一粒微尘，引爆我身体里贮存已久的悲哀，无数细小的事件，成为我此刻泪水汹涌的源头。我知道我被伤害了，但绝不是这粒弄疼了我的灰尘。它所引发的疼痛，还不如一只细脚蚊温柔而斯文的一口。积郁内心已久的委屈和不平，全在这一刻山洪般滚滚而下，裹挟着隐匿在时间内部年深日久的浑浊泥沙。时至今日，我竟无从说出它们的来由。像许多箭镞般旁生的枝桠，它刺痛了我的肌肤，在匆匆而过的瞬间。但我知道，它们生命的根须和脉络，扎根在黑暗的未知的地下，那里，才是我永远无法抵达的疼痛。而我，只是依稀记得，在2005年某个冬天的清晨，我被一粒微尘袭击并落泪不止。我能告诉你的，就只有这么多。

例4　一件艺术品引发出的领悟：《安晚图·瓶花》

　　八大山人是有皇室血统的明朝遗民，入清后不与新朝合作，隐于禅林，在画中时哭时笑，对天翻白眼。他的《安晚图·瓶花》，是幅瓶花静物。那简单而古朴的花瓶，代表画家的尘世肉体；瓶中伸出一枝孤零的兰花，代表画家的高蹈精神。在中国文化的象征传统中，兰花的寓意是纯洁、出世，八大山人以淡墨写之，将其人格化了。画家无意写形，有意写心，花鸟山水，均是内心精神的自画像。对于在尘世所面临的精神危机，他用简约古朴的艺术，来寻找解决冲突的方案，以求内心的宁静。在这个意义上，陶渊明其实与八大山人一样。陶渊明的桃花源，就是他自己心中的一幅写意画。

例5　一种自然现象引发出的思索：地震

地震是大地内部一次按捺不住的发言，是大地能量的一部分。像任何黑暗的事物，它的力量是黑色的，面孔是黑色的，肤体是黑色的。它穿过的地方都留下了痕迹，即使轻微的如同草木的一晃，但它逃不过地震仪敏感的神经。

震波穿过我的身体，就像穿过大地上的一切事物一样清醒，熟悉自己的传播方向，在把能量传入人的躯体的同时，也把游丝般的细线注入其中，混杂在人体的神经网中。孩子问：为什么要地震？这个问题本身很简单，但它的本质却是拟人的。在这个以人为最高物种的世界里，拟人化是一种最为彻底的修辞。它亲切、质朴，让一切陌生的事物向自己靠拢。在文学作品中，这无疑是出色的，一切无生命的东西都会鲜活起来。可在日常生活中，这样的鲜活与灵动反而会忽略事物的本质。

黑暗是世界的另一面，它沉默，潜伏，能量巨大。来于黑暗而归于黑暗，它将会更可怕。请尊重黑暗中的事物，我对自己说，也对时间说。

Windflowers：一首英文歌的自由翻译

语文（汉语文）学习和外语学习，或有相通。我有时候听一些英文歌，会觉得其歌词与旋律均比我国多数歌曲更有品质。

我曾经尝试翻译过几首英文歌，以此训练自己的汉语表达。我的英文水准很低，所以翻译时更多考虑的不是词句的对应而是意味的一致。这一首 *Windflowers*，其实不是翻译，而是依据听歌感觉而进行的改写。

改写，是作文训练的一种形式。

很多时候，我们的思维过于拘谨，我们的表达很不自在。我希望这个案例带来的启发是，我们在为了写作而进行的阅读活动中，思想，要有一点自我解放的精神；语言，要有一些自在游戏的感觉；想象，要有一些天马行空的意趣。

下面是我对这首英文歌的改写的正文。这是个很有趣的尝试。

有时候，
我真的觉得，
我们是为了受伤，
才来到这个人世……

一朵花在风中开放。一朵花像风一样在开放。
那是风花，windflowers。爱情。诱惑与欲望。

Windflowers, my father told me not to go near them. He said he feared them always, and he told me that they carried him away.

所有对爱的渴望，都会流血。爸爸，你，和那些路过这片风花的人。风花摇曳着血色。风花的美都是因为鲜血的滋润。带血的风花开在你们的灵魂里。

在生命早春的傍晚，照样有血色黄昏。暮色中的太阳，就是一滴永不滴下的血泪，象征着无尽的悲伤，和永恒的宿命。

Windflowers, beautiful windflowers, I couldn't wait to touch them, to smell them I held them closely. And now I cannot break away.

那是你的感觉，爸爸。在你走过那片原野之后，在你最后一滴青春染红最后一个花瓣之后，你的心弥漫成了一片平静如暮色的忧伤。可是，现在，我的心正在悸动。它期待芳华。风花，美丽的风花啊，我按捺不住要去感觉它，闻到它的味道，紧紧地抓住它。如今，我已难以脱身，无力自拔。

Their sweet bouquet disppears, like the vapor in the desert, so take a warning, son.

接受教训吧孩子。那甜美的芬芳就要消失，如同荒漠中的水汽。

所有的这些，终将归于幻灭啊。

可是我是一只渴望温度的飞蛾啊，爸爸。可是我是一只渴望流血的荆棘鸟啊，爸爸。可是我有一颗渴望着爱的心啊，爸爸。

即使这一切都不过是幻影，我也只能去追求它。因为它是我的宿命啊，爸爸！

Windflowers, ancient windflowers. Their beauty captures every young dreamer who lingers near them. But ancient windflowers, I love you.

于是，在穿过无限古老的时间之后，我还是来了。风花捕获了我，如同捕获每一个狂热地向她靠近的追梦人。风在冷冷地吹，我抱着一团我的血滋润出来的温暖，蜷在风里，无法动弹。爱本来就是一种束缚中的自由，一种虚无中的停留，一种牺牲中的享受，一种血泪中的梦想，一种流变中的誓言，一种清冷中的狂欢。

写作教学札记

Windflowers, beautiful windflowers, I couldn't wait to touch them, to smell them I held them closely. And now I cannot break away.

这就是爱。这就是爱啊，爸爸。因为是爱，我们只能为之前仆后继，代代赴死，并且乐此不疲。

我所遗憾的是，我所遗憾的只是，在此世间，我只能活上一次。所以我无法选择。我注定要用自己的身体做土壤，用全部的血液去浇灌，只为那windflowers，在风中开得像火一样灿烂。

在诗一般的年龄，写诗是一种义务

在诗一般的年龄，写诗是一种义务。

就像自然一样，人生是有季节的。春天，夏天，秋天，冬天；生长，蓬勃，衰老，死亡。这是规律，我们需要顺应规律——在春天的时节，就应该有春天的故事；在青春的季节，就应该表现出青春的绚丽。青春是开花的季节，是诗歌的季节。在诗一般的年龄，读诗是一项必不可少的修养，写诗是一种不可推脱的义务。

我一直认为，为了学好语文，中学生最需要阅读的文学作品类型，是诗歌和散文，而不是小说和戏剧。小说和戏剧当然也要去读，但有所了解即可。小说和戏剧的阅读应该主要是中年人的事，因为真正读懂小说和戏剧，需要深刻的人生理解和丰富的人生阅历。诗歌和散文的篇幅比较短小，容易读，不需要占用太多的时间；这两种文体以表达情志为主，而中学生的情感和心志恰好都处在最热烈和可塑造的阶段。

诗歌和散文，尤其是诗，最能让我们找到文学表达的感觉。阅读诗歌，从语文学习的角度看，最有助于调动内心的情绪，丰富笔端的文采。语言优美，通常会被人们形容为"诗一般的语言"；文采出众，通常会被人们形容为"富有诗意"。

在文学的青春期，发育最早的文体就是诗。在人生的青春期，最应优先发育的文体也应该是诗。孔子说"不学诗，无以言"，意思就是说，学习诗歌是我们掌握高雅表达的几乎唯一的路径。在诗歌的阅读和写作实践中，我们能对语言的措辞、韵律、节奏获得真切和美好的感受，诗歌使得我们从日常的普通表达中超越出来。伟大的诗歌反对一切平庸的表达。诗歌让我们的语言变得优美，并通过外在的语言形式的优美促进我们内在的情感形式变得优美。

我们的作文中为什么会有那么多口水话？这是因为我们不曾写诗。而且由于不曾写诗，我们内在的情感未曾得到梳理，一直处于粗糙和混乱的状态。写诗会使得我们的语言和情感都变得更加优美而有秩序。这是克服作文口水话的最佳方式。

凡是私下写过诗的学生，他的情感必定比写诗之前更加优美和细腻，他的语言必定比写诗之前更加优雅和丰富。有了这样的经历，他的书面表达水平，再差也差不到哪里去。

为了把诗写好，我们必须读诗。我们应该向那些伟大的诗人寻求表达经验。我一直认为读书要讲缘分，你有必要尽快找到那些跟你投缘的诗人。缘分不是靠推荐来确定的，因此你应该到图书馆或书店中去寻找，而不需要听老师推荐。如果你读了某位诗人的几首诗依然无感，那么这就是缺乏缘分，无论那位诗人在文学史上的地位多么崇高和显赫。你一读就被他吸引住，这就意味着你和他十分投缘。你能喜欢，就说明你和他有共鸣。他的语言和精神的长相，将会轻易地影响到你的语言和精神的长相。

在诗一样的年龄，不读诗和不写诗，都是人生中的重大损失。一旦错过，不可弥补。你对你的青春承担着义务，你对诗歌承担着义务。你应该读诗和写诗，这不仅关系到语文学习的利益，更关系到整个人生的利益。

从话题关键词出发搜寻和分析材料

人类是用词语切割世界的。世界本是一个囫囵混沌的整体，人的意识活动使之呈现出符合我们认知模式的条块和条理。

世界是丰富而广阔的，在长期的生活实践中，人们逐渐发现了每个领域每个局部的不同，人就用各种各样的词语或概念去标注它，这就是"用语言切割世界"。

每一个作文话题，都是世界被切割出的特定部分。这个特定部分，一定会有特定的事实或现象印证它。

考场作文的基本任务，其实就是把话题加以落实。落实话题，可以表现为分论点的设置，可以表现为材料的运用。

先说一说分论点的设置。

一个话题，常常可以从多个角度、多个层面加以阐发。这表现为作文中分论点的设置。分论点的设置，有多种可能的方式。

最简单的一种，是所谓"范围扩展式"。例如，把"坚强"这个作文话题切分成三个部分：个人的人生需要坚强、社会需要坚强、国家民族需要坚强。这种方式是最简单的，同时也是最幼稚的，思维含量很低。

第二种方式，是根据话题的实质性内涵，把话题切分成多个方面。例如，作文话题是"宽容"。要落实这个话题，可以设置一些分论点来进一步切分话题。思考"宽容"的内涵与特点，我们可以提出：

——宽容是大度，是一种胸怀。

——宽容是一种感化性的力量。

——宽容是一种和谐的智慧。

这样,"宽容"这个话题的内涵就被切分成若干部分被细化和展开。分论点的设置,使话题得到了落实。

落实话题的第二种方式,是材料的运用。

例如"宽容"这个话题,我们可以联想它有哪些具体表现,有哪些具体事实材料可以印证它。例如,你可能想到:生活中,父母看到孩子犯错误却仍然尽心关爱是宽容,朋友被你触怒却依然对你不计前嫌是宽容;自然中,海纳百川是宽容,泰山不让土壤是宽容,大地有山川也有河流还能容纳树木花草飞禽走兽是宽容;历史上,蔺相如回避廉颇是宽容,祁黄羊举贤不避仇是宽容,唐太宗任用魏征并虚心纳谏是宽容……世界上处处有宽容。

在确定作文的话题关键词之后,接下来的任务就是落实它。从话题关键词出发,通常是通过相关性联想去寻找材料的。

联想,首先是寻找"正相关"的材料,也就是寻找直接印证话题的材料。比如"宽容"这个话题,我们马上可以去联想能表现宽容精神的现象或一些名人名事,如廉颇、蔺相如的故事,祁黄羊举贤不避仇的故事。

有时候,如果想不到"正相关"的材料,那就想想有没有"负相关"的材料,也就是寻找性质和特征上与话题相反的材料。例如"宽容"这个话题,你实在想不到什么"宽容"的实例,那就想想有没有"不宽容"的例子。于是,你可能想到:生活中有人斤斤计较、睚眦必报,就是性格行为上的不宽容;秦王朝"焚百家之言"、汉王朝"罢黜百家",布鲁诺被视为异端终被烧死,就是思想上的不宽容;屈原高洁而不容于当世,这是政治上的不宽容;苏轼因言获罪、清代大兴文字狱,这是意识形态上的不宽容……

想到了材料,完成文章就将是容易的了。

更为重要的是,搜寻到这些材料之后所作的分析思考。因为通过这一环节,我们往往能对话题获得一些更深入的认识,从而寻获有效的分论点。

对材料进行分析,可以分析原因、本质、价值等。

例如,仔细分析廉颇、蔺相如的故事,我们可以看出:

（1）宽容是一种博大的胸怀，是一种人生的大气象。例如，蔺相如就显示出一种博大的胸怀。由此甚至还可能激发出一种联想：唐朝之所以成为中国历史上一个伟大的王朝，与这一时代巨大的包容性是密切相关的。

（2）宽容是一种高远的境界。蔺相如宽容廉颇，是站在国家利益的高度上，不计个人恩怨，境界非凡。

（3）宽容是一种和谐的智慧。蔺相如宽容廉颇，避免了两虎相斗，使得赵国朝廷和谐，减少了内耗。无论对廉颇、蔺相如来说，还是对整个赵国来说，都是好事。

（4）宽容是力量的显现。蔺相如大智大勇，敢斗强秦，他说"岂独畏廉将军哉"是有底气的。唯有强者能有宽容；这样的宽容才是真宽容，而非胆小怕事回避矛盾。

分析廉颇蔺相如的材料，我们就得出了这么多的思考。到了这一步，还怕设置不出分论点吗？还担心无法展开论述吗？

不难看出：搜寻到有关材料后加以分析，在考场作文写作中具有非常重大的意义。我们平时就要养成认真揣摩材料的习惯，要有针对性地加强这方面的训练。说到底，这其实是在训练思维。作文的真正难点不是写，而是想。好的作文，不是你写不出，而是你想不到。

材料：从历史到现实

很显然，在写作文的时候，我们是从记忆仓库里去搜寻材料的。而我们最熟悉的材料，莫过于语文课本。尤其是在考场作文时，寻求课本支持，应是最基本的反应。

获得作文材料的途径，无非课内的课本和课外的阅读。课外阅读量大，无疑是最好的，这可能获得非常丰富的材料。课外读一些名著，做一些摘抄，这是很好的方法。

课内的例子都很典型，大半属于具有历史感的经典材料，一般读者的印象较为深刻，因此可以尽量使用。这些例子可能不是"新颖的"，但你不必介意。这是因为：第一，日光之下无新事，任何业已发生的事情都不再是"新颖的"了；第二，论证的目的是说理，一切能有效支持论点的材料都是合法的，而不在于这种材料是否"新颖"；第三，作文是否让人感到有新意，主要取决于你怎么思考——假如思考缺乏新意，作文就不会有什么真正的新意。

课本是我们最熟悉的。假如平时的阅读面有限，积累的材料有限，那么，应该尝试向课本（语文课本，也可包括历史、政治课本）寻求必要的支持。

事实上，课本中的很多文章都是好文章；这些文章提供的材料，都是好材料。舍弃这些材料而去苦心搜觅，如此舍近求远，往往是费力不讨好的。

课本中的材料，我们最熟悉，用起来也最方便，叙述这些材料时就不会非常吃力。例如，当我们面对"一步与一生"（2007年高考四川卷作文题），如果有利用课本材料的意识，很可能立即联想到课本上的如下材料：

（1）《〈呐喊〉自序》中，鲁迅自述他人生早期的几步；

（2）《〈宽容〉序言》中，先驱者迈出无知山谷而看到新世界的关键的一步；

（3）《我与地坛》中，史铁生人生中跨出的艰难而重要的一步；

（4）《归去来兮辞》中，陶渊明回归田园的那一步；

（5）《梦游天姥吟留别》中，李白发出"安能摧眉折腰事权贵"的呼声，远离朝廷的那一步；

……

围绕作文题想到这些材料，进而结合题目琢磨这些材料如何运用，往往会激发出一些新的思想火花，使我们对作文题产生更深入的思考。以"一步与一生"为例，假如我们想到了上述材料，为了在文中恰当地运用它们，势必对这些材料进行进一步的思考。于是，我们可能如此分析：

（1）《〈呐喊〉自序》中，鲁迅自述他人生早期的几步：人生的选择，往往不是一步到位的；人的一生，是一个不断自我探索、自我发现的过程。

（2）《〈宽容〉序言》中，先驱者迈出无知山谷而看到新世界的关键的一步：有时候，特别是杰出的人物，一个站在时代前列的人物，他们的关键一步，不仅决定了他们自身的人生价值，甚至会决定一群人、一个民族的命运（无知山谷的人们最后获救，与先驱者发现新世界的那一步相关）。

（3）《我与地坛》中，史铁生人生中跨出的艰难而重要的一步：人的一生中至为关键的一步，往往不是一下子就能跨出，而是建立在艰难的徘徊、痛苦的思考之上。

（4）《归去来兮辞》中，陶渊明回归田园的那一步：有时候，一步决定了一生的方向。

（5）《梦游天姥吟留别》中，李白发出"安能摧眉折腰事权贵"的呼声，远离朝廷的那一步：一步可能是一生中的关键抉择；关键的一步需要顺从自我意志的召唤。

……

这样，你已经看到：话题决定了选择材料的范围；同时，通常地，材料反过来会促进和深化我们对话题的思考，甚至可能会修正我们根据题目预设的观点。

课本中的材料，一般都是历史材料。我们要善于利用这些材料。但"文章合为时而著"，历史材料使用的原则，是"古为今用"。利用这些材料阐明主旨，通常需要联系现实来谈。作文怎样联系现实？联系哪一部分现实？

作文能适当地联系现实背景，立论就不至迂阔空疏，能给人强烈的现实感。

一般说来，联系现实生活中的有待改善的现象展开分析批判，是最明智的选择。诗可以怨，愤怒出诗人，文学要有忧患意识。作文的目的不是迎合社会，而是要看到人性和社会的不足，以求弥补和改进，用鲁迅先生的话来说，就是要"引起疗救的注意"。例如，作文题是"诚信"，你在使用了诚信的典型事例阐明应该讲诚信的道理之后，就可以联系现实，批评现实中有人不诚信；作文题是"坚强"，你在使用了坚强的典型事例阐明生命必须坚强的道理之后，就可以联系现实，批评有的人太脆弱。

下面的文字，是以鲁迅先生作为议论的基本材料。请注意观察作者的议论，情感是苍凉的，以检讨现实为基本立足点：

凄怆与愤怒在鲁迅的指尖沉重地流淌，这位作为"民族魂"的作家将中国文化的遮羞布扯了个精光。中国文化是"侍奉主子的文化"，中国社会是"黑色的染缸"，中国文人对于人生"向来就多没有正视的勇气"，中国历来就"少有敢抚哭叛徒的吊客"。先生从未在信仰上亲昵过宗教，但内心的绝望感让他多了份"浮士德－普罗米修斯"气质的宗教情怀。但在无边的黑夜里，他却只寻见烟水茫茫，整个文学与思想的世界刹那间陷入忧伤的静夜。昏黄的灯光下，一只扑火的飞蛾轻易地抵达他的呓语，先生已经上路，从一个远方，到另一个远方。

这位始终"别求新声于异邦"的"非典型性"民族作家辞世时，无疑是怀着深深绝望的。远在远方的远方比远方还远，文化本质上的差异又岂是巍峨的乌拉尔山与高加索的雪原峭壁所能敷衍的。鲁迅死了。出殡的行列盛大庄严，缓缓穿过上海的繁华街道，在他的棺木上覆盖着"民族魂"的旗帜。人群中，也走着许多曾被鲁迅批判过的人，他们似乎忘记了这位老人的临终遗言——"一个都不宽恕"。当然，他们也不会真的以为鲁迅代表了中国文化精神。于是，这显得就像是一次集体的共谋，通过一种命名仪式，把鲁迅变成自己的同类。

顺便说一下，对人性与现实抱持反省立场，对行文的抒情效果有莫大的帮助，容易引发读者的共鸣。下面举两个例子：

他们的眼睛是灵魂的下水道，整个春天无聊而肤浅。平行的定律在顺势而下的程式里，变得无迹可寻。一些朴素的愿望，因此而变得无从表达，许多说不清的悲哀在一段逼仄的高调中怎么都不能省略。我曾经不止一次地猜想，如果当我的愿望最终被确定是一瓶被无限延长了有效期限的失效药片，那么，怎样的疼痛才会让我对放弃感到无动于衷，并轻易地说出与希望截然相反的那个词？

而我所提及的他们，依旧在行走，像一些滚动的硬币。在与抵达无关的行程中，他们的行走，让我在这个春天，始终无法走出一群以伤口说话的人被设置成静音的画面。

当物质富裕，生活已经被极大的满足，那么，精神呢？我站在时代的门口张望人们的心口，看到的却是一片断瓦残垣，荒芜单调。有没有一个可以安顿心灵的家园？在高楼林立的时代里，我却看到这一代人在颓废、凋谢、败落下去。当人们被物质的浮肿胀痛了的时候，张开眼，才突然意识到，自己的精神仿佛已经满是溃疡……

上面的两个例子都是散文写法。那么，一般的议论文写作，该怎样去联系现实人生展开反思和批判呢？

我认为方案有两种：

第一种，就是在引述相关历史材料作为例证后，直接把历史材料与现实联系起来，引出对现实的批判性思考。例如下面一段，在用李白与酒的历史材料之后，就立即感叹起现实来：

李白,你的时代,诗歌是那么枝繁叶茂,但你们走了之后,诗歌就收起了飞翔的翅膀。现代社会不需要诗人。你曾经留下的屐履,已被现代人踩得变形。能喝酒的人依旧很多,千杯不醉也大有人在,只是,他们不是天才,只是酒囊饭袋。

第二种,就是引述历史材料作为例证,论述已告一个段落,然后再联系现实,针对某种现实背景,来展开一段新的论述。例如,你论述的主题是"坚强",在举勾践等人为例论述只有坚强才能应对人生困境、最终取得成功之后,你笔锋一转,联系现实中很多人犹如温室中的花朵经不起风雨考验的现象,批评这些当代人意志品质薄弱,呼吁他们鼓足生命意志。

考场作文题,若对人生与社会持反思立场,可有联系现实的两个基本方向:

第一,涉及个体的,要联系个人修养、生命成长中的一些问题(现象性材料)。诸如:

生命意志脆弱,如温室中的花朵,无法面对生命的挫折,稍遇困境就灰心丧志,禁不起考验。

浮躁,急功近利,好逸恶劳,耽于感官的享受,放纵物欲的追求,不知把握青春年华及时充实自己,希望收获却不肯辛勤耕耘。

没有正确的人生观、价值观,勉强自己去达到社会上某种世俗标准,没有主见,迷失自我。不能把持自己,随波逐流,迷失方向,或变得虚伪世故,失去纯真质朴。

好高骛远,不自量力,理想类似于幻想;只能坐而言,不能起而行,空有口号,缺少行动力。

不尊重生命伦理,自我中心,只求个人权利,而对家庭、社会、国家缺乏责任心。

眼界狭窄,自以为是,没有欣赏、包容的雅量;只求独善其身,不知兼善天下,缺乏回馈、感恩的襟怀——有小我没有大我,缺乏悲天悯人的博大情怀。

为人世俗,品位低下,生命缺乏诗意。

第二,涉及群体的,要联系社会现象中的一些问题(现象性材料)。例如:

功利思想泛滥，贪婪、投机、掠夺的心态充斥，争逐虚荣，趋炎附势，鄙视劳动，不能务实。

公德心解体，价值观念低俗，一切向钱看。为了一己之利，不惜损害他人，甚至危及整个社会。富人不义而富，穷人心怀怨恨甚至铤而走险，社会趋于分裂，失去和谐。

自我膨胀，本位意识高涨，我行我素，旁若无人，妄尊自大，不尊重别人，不尊重社会规范，不尊重自然，造成社会脱序、失控。

只争权利，不肯尽义务，譬如逃税、漏税情形严重，轻忽环境保护等。

缺乏民主素养，只想享受个人自由，却不肯遵守游戏规则；没有包容异己、兼容并蓄的雅量，律己宽而责人严。

物质生活奢侈，人文素养不足，造成社会失调的病象。生活质量低劣，目光短浅，富而无礼，处处可见暴发户嘴脸。穷奢极欲，不知惜福，庸俗、腐化、颓废、堕落的现象随处可见，到处都是有钱的穷人。

重物质利益而轻人文素养，会赚钱而不会用钱，懂得生存却不懂生活，只顾自己不顾别人，要享受又不愿意付出，争权利而逃义务，追求民主却漠视法治。

缺乏爱心，人与人间的距离愈来愈遥远，自我的心灵愈来愈空虚，竞争不择手段，对他人对万物缺乏博爱，没有丝毫慈悲心。

缺乏共同理想，失去文化自信，看不到整个社会的前途，甚至盲目崇拜外国，贬低本国固有文化。

构造完整的议论性段落

要写好一篇文章,必先能写好一个段落;要写好一个段落,必先能写好每个句子。在这一环节中,段落是枢纽。段落的写作既包括句子质量的要求,也包括篇章构造的要求。段落本身就是一个微型的篇章,它是若干句子的有机联合。

段落的结构,涵括了一个相对完整的思维环节。在初级的写作学习中,段落组成应具备以下特征:

(1)单一性,即一段只表达一个中心意思。

(2)完整性,段落所表达的中心意思必须完整。

一般说来,一个完整的议论性段落,包括主题句(也可叫作主句或论点句)、阐释句(支持句)、例证句、总结句。主题句是段落中最核心的句子,主题句中的主题成分将被随后出现的一系列句子作进一步的推演,直至说话人或写作者把想说的话说完,听话人或阅读者可能没有疑问为止。这是典型的段落主题的发展模式。

下面是一个完整的段落。你可先观察一下,哪个是主题句,哪些是阐释句(支持句),哪些是例证句,哪些是总结句。

人爱看风景,但最后看到的都是自己的灵魂。人们看风景,大多是为了逃离烦忧。但人生多烦忧,人不可能从烦忧中彻底逃离。人生不如意事十之八九,烦忧是人生的常态。外部风景很美,但只能容得下短暂的驻足和停留。结庐在人境而无人世的烦忧,或许是令人神往的吧!然而可惜不能。威猛如魏武，当月明星稀之夜，尚有无枝可依的喟叹；豁达如东坡居士，月下访友，看庭中积水空明，树影绰约如藻荇交横，竟也无端兴起时不再来的寂寥。日落黄昏，雨打梨花，都会被风流倜傥的才子看出血泪来。所谓"相看两不厌，只有敬亭山"，或"我见青山多妩媚，料青山见我应如是"，或"一树梅花一放翁"，都是在看风景时看到了自己。临到最后，人总要面对自己。无论外部世界多么的美丽和广大，每个人最终都得面对自己的灵魂。

下表是对这个段落的构成给出的分析说明。

构成要件	说明	举例
主题句	主题句出现在段落的开头，起到统领全段的作用。	人爱看风景，但最后看到的都是自己的灵魂。
阐释句	阐释句是一个或一串句子，其作用是对主题句加以支持，进行道理的阐释。	人们看风景，大多是为了逃离烦忧。但人生多烦忧，人不可能从烦忧中彻底逃离。人生不如意事十之八九，烦忧是人生的常态。外部风景很美，但只能容得下短暂的驻足和停留。结庐在人境而无人世的烦忧，或许是令人神往的吧！然而可惜不能。
例证句	在议论文写作中，例证常常是不可缺少的，是完成文章必备的手段。例证可以是一个，也可以是多个。例子必须有效对准主题句，必须紧密联系，浑然一体。	威猛如魏武，当月明星稀之夜，尚有无枝可依的喟叹；豁达如东坡居士，月下访友，看庭中积水空明，树影绰约如藻荇交横，竟也无端兴起时不再来的寂寥。日落黄昏，雨打梨花，都会被风流倜傥的才子看出血泪来。所谓"相看两不厌，只有敬亭山"，或"我见青山多妩媚，料青山见我应如是"，或"一树梅花一放翁"，都是在看风景时看到了自己。
总结句	总结句，是一个议论性语句。出现在段落的结尾，起到总括全段的作用。总结句也可以是对主题句的强调甚至重复。	临到最后，人总要面对自己。无论外部世界多么的美丽和广大，每个人最终都得面对自己的灵魂。

需要强调的是：在实际写作中，阐释句、总结句容易被忽略。尤其是对阐释句的忽略，是议论文讲不出道理的重要原因。议论文必须议论，也就是必须

讲道理。阐释句就是专门用于讲道理的。阐释句可短可长，如果你实在没有多少道理可讲，短一些也是可以的，但不能没有阐释句。

  一个段落的核心，是主题句。主题句之所以特别重要，有两个原因。第一，从段落意义的角度说，主题句是整个段落的主题所在，这决定了它当然是最重要的。第二，从写法的角度说，主题句作为段落的起始句，一旦被确定，整个段落就容易完成——所谓万事开头难，开头之后，接下来就容易水到渠成了。

议论文训练设计：人际关系

在家靠父母，出门靠朋友。这句话所说的就是"人际关系"。人是社会的动物，从一定意义上说，人际关系是人的生存和发展的基本要素，良好的关系能为生存和发展创造有利的条件和机遇。

一、人际关系的内涵

生活在一定社会环境中的人们，必然和周围的人发生各种各样的联系。利益是关系存在的前提（君子之交，可被视为"精神的利益"）。

人际关系的类型很多。现实中，有个体与个体关系、个体与团体关系、团体与团体关系等类型；拉长时间尺度，还可以存在更丰富的人类关系，例如异代知己，我们与历史上的人物可以存在精神上的联结关系。

二、交往的意义

人们正是通过一定的关系进行分工协作、生产生活，创造了人类社会的物质文明和精神文明。

孤立的个体，在社会活动中无法生存。人与人之间互相依靠而又互相制约，克斯韦尔说，"没有人是独自上路的"。

协调人际关系具有重要意义。尤其是在中国文化背景下，人际和谐是生活的基本需要，获取机会增强实力的重要手段，正确地认识自我的必要方式，增强群体凝聚力和向心力的重要因素，提高工作效率完成群体目标实现人的价值的路径。

三、哲学基础

1. 普遍联系原理

《华严经》中描述的因陀罗网，世界及其各种要素相互关联，相互涉入，重重无尽，这就是"普遍联系"的观念。

事物是普遍联系的。每一事物都与周围的事物相互作用、相互影响。周围事物的存在、发展、变化，必然作用于该事物的存在和发展。世界上没有绝对孤立的事物存在。人际关系是一种客观存在。在社会系统中，作为个体的人必然作用于他人，也接受他人行为的作用。

2. 系统的思想

事物之间以及事物内部诸要素之间的相互联系，使之成为有机的整体和系统。而整个世界，就是一个有机联系的巨系统。

系统与要素的关系也就是整体与部分的关系。社会由个体集合而成，作为个体也只有融入社会，才具有人的社会意义。

3. 矛盾特殊性原理

世界上事物千差万别的根本原因，在于事物矛盾的特殊性，即事物的个性。事物的个性使某一事物区别于别的事物，由此决定了是它自己而不是别的。这表现为事物的联系的多样性。人际交往关系是丰富多样的。

四、案例讨论与思考

（1）有人说"难得糊涂"。什么是"糊涂"？它在伦理上是"善"的吗？它在人际交往中究竟可能带来哪些好处？

（2）君王为什么需要小人？

（3）项羽何以输给刘邦？

（4）孔子曰：君子和而不同，小人同而不和。你如何理解？举例说明。

（5）国家之间的外交关系为什么是重要的？

五、练习

（1）请回答下列问题，并说明你将在作文中怎样运用这些材料。

①屈原为什么会失败？有人认为，他不会搞人际关系，不懂如何处理与上级的关系，才落得那样的结果；有人认为，屈原的失败跟人际关系没有什么联系，主要是因为当时的楚国昏君当道、奸佞横行。你是怎么看的？

②司马迁在《史记·屈原贾生列传》中说："屈原既死之后，楚有宋玉……终莫敢直谏。"这就是说，屈原直谏怀王，触颜犯上，导致上下关系异常紧张，遂被逐流放；他愤然投江之后，宋玉就一直没敢像屈原那样直截了当地进谏君王了。而宋玉作《高唐赋》《神女赋》，唐朝文论家李善在《文选注》中明确地说，"皆假设其事，风谏淫惑也"，是匠心独运地进行讽谏的。实际上，他所采取的也就是邹忌讽齐王纳谏的方式。这对处理人际关系有何启示？

③苏秦一人能佩六国相印，从"关系"的角度，你对此如何评价？

④刘邦善于用人，显然擅长处理人际关系。但他的谋臣张良却基于某种顾虑而功成身退了。你觉得这说明什么？请加以分析。

⑤赵匡胤杯酒释兵权，避免了君臣杀戮，能否说明他成功地处理好了君臣之间的关系？这种处理策略，有无可能的弊端？

⑥李白性格傲岸不羁，不合群，无法处理好朝廷复杂的人际关系。但是，李白却是中国文学史上最有成就的作家之一。这是否说明处理好人际关系并不重要（同时考虑屈原的例子）？

⑦我曾经说，中国较少考虑人际关系的地方可能只有三个：出家人的寺庙、隐士的山林和闭塞的桃花源。那是风气还比较淳朴或利益冲突较不严重的地方。中国很注重人际关系，主要是因为中国社会缺乏契约精神。在缺乏契约精神的

社会，才会花大力气去经营人际关系，因为人们办事没有明确的办事规则而只好寄希望于人际关系。你认为上述说法是否正确？

（2）对下列材料加以分析。

①人际关系学说诞生于霍桑实验。实验结果否定了传统管理理论对于人的假设，表明工人不是被动的、孤立的个体，其行为不仅仅受工资的刺激，影响生产效率的最重要因素不是待遇和工作条件，而是工作中的人际关系。据此提出：工人是"社会人"而不是"经济人"——人们的行为并不单纯出自追求金钱的动机，还有社会方面的、心理方面的需要，即追求人与人之间的友情、安全感、归属感和受人尊敬等，而后者更为重要。因此，不能单纯从技术和物质条件着眼，而必须首先从社会心理方面考虑合理的组织与管理。

②我们希望跟某个人建立良好的关系，但是想一下，人家为什么需要你呢？假设你希望今日认得巴菲特并可以天天跟他在同一张桌子上吃晚饭，凭什么？如果你身上没有他感兴趣的东西，人家顶多向你点头微笑，送你张签名照而已，对你又有什么好处呢？所以，人际关系扎扎实实的，便是你确有值得与别人交换的东西，或是金钱，或是资源，或是时间，总之是某一样东西。如果没有，劝你暂且打消跟这人保持紧密联系的心思。

人际关系的核心是价值交换。换言之，每个人人际关系的基础是他有什么样的价值可以提供给他交际的那个人。打造所谓高端人脉的不二法则，就是把自己打造成高端人士。你是李开复，不用担心不会遇见李彦宏；你是某国总统，不用担心没人给你打热线电话。与其把时间都花在"经常跟某某人士保持联系"这种无谓的事上，还不如好好花时间来考虑如何把自己弄成高端人士，哪怕假的都成——有个虚妄的成功故事，总还容易跟人搭识。

六、拓展性练习

本次作文训练的设计，实际上提供了议论文写作的基本思考路径。对于任何一个作文（主题词）范畴，你都无法避免以下思考：

（1）该范畴的含义是什么？

（2）对我们来说，它的意义或价值是什么？

（3）它有无哲学思想作为我们思考的基础？

（4）该范畴有无一些可供思考的案例？

按照类似的思路，请完成下列关于"选择"和"目标"的两组思考题。

第一组：选择

（1）范仲淹《岳阳楼记》："不以物喜，不以己悲。居庙堂之高则忧其民，处江湖之远则忧其君。是进亦忧，退亦忧。然则何时而乐耶？其必曰'先天下之忧而忧，后天下之乐而乐'乎。"

"是进亦忧，退亦忧"，范仲淹无法选择快乐。这是否意味着范仲淹失去了选择的权利？如果这是他所选择的结果，你是否认同他的选择？为什么？

（2）孔子不选择做隐士，而陶渊明选择回归田园。请对他们的选择作出评价。

（3）文天祥选择就义，这种选择是明智的吗？请通过搜集和分析相关史料，说明你的看法。

（4）苏轼的旷达，能否用"选择"这一概念来加以阐释？

（5）李白向往朝廷，然后到了朝廷，但终于离开朝廷。联系"选择"这一话题，你认为说明了什么？

（6）老人倒地无人扶，旁边是一群保持安全距离围观的路人，有人想伸手搀扶，但是……假如你在现场，你会扶起倒地的老人吗？为什么？

（7）下面是弗罗斯特《未选择的路》，请根据这首诗，谈谈你对"选择"的认识。

黄色的树林里分出两条路，/可惜我不能同时去涉足。/我在那路口久久伫立，/我向着一条路极目望去，/直到它消失在丛林深处。//但我却选了另外一条路，/它荒草萋萋，十分幽寂，/显得更诱人、更美丽；/虽然在这条小路上，/很少留下旅人的足迹。//虽然那天清晨落叶满地，/两条路都未经脚印污染。/啊，留下一条路等改日再见！/但我知道路径延绵无尽头，/恐怕我难以再回返。// 也许多少年后在某个地方，/ 我将轻声叹息把往事回顾：/ 一片树林里分出两条路，/ 而我选择了人迹更少的一条，/ 从此决定了我一生的道路。

第二组：目标

（1）假如你以"目标"为话题作文，请围绕话题，阐释下列语句。

①培根：跛足而不迷路的人，能超过虽健步如飞但误入歧途的人。

②爱默生：生活中有件明智事，就是精神集中；有一件坏事，就是精力涣散。

③萧伯纳：人生的真正欢乐是致力于一个自己认为是伟大的目标。

④葛特曼：世间最凄惨的景象，莫过于看到一头迷路的小狗夹着尾巴走。

⑤莱辛：有些人往往因为担心误入迷途而误入了迷路。

⑥华特·H·柯亭姆：价值产生信心，信心产生热忱，而热忱则征服世界。

⑦罗素：人生的最高目标是像神，除非你假定有一位神，否则探讨人生目的这问题是毫无意义的。

（2）请回答下列关于材料的分析与运用的问题。

①孔子提出培育"君子"人格的理想目标。这种"君子"人格主要的标准：必须具备内心自觉自发的"仁"的道德境界；遵循外在的"礼"的道德规范；有基本的道德情感"忠（对事）孝（对父母）"意识，具备完美的"信义智勇"的道德情操。对你而言，理想的人格目标是怎样的？在你看来，理想人格目标是必要的吗？

②灭吴雪耻是勾践追求的目标，"成一家之言"是司马迁的人生目标。他们最后实现了自己的目标。他们是怎样实现的？请围绕"目标"这一话题，分别提炼两个分论点。

③"为中华崛起而读书"，你觉得这个目标的设定，对于一个学生而言是合理的吗？这个看似过于宏大的目标对于平凡的个体，是否具备切实的价值？请说明你的看法。

④改变国人的精神，是鲁迅的目标。鲁迅在多大程度上实现了他的目标？

如果说未能实现或未能充分实现，那么他的目标对他的人生来说，价值何在？同样地，诸葛亮"兴复汉室，还于旧都"的目标，岳飞"待从头收拾旧河山，朝天阙"的目标，陆游、辛弃疾渴望报国的目标都未实现，那么，他们这些目标的意义何在？请予以阐释。

⑤谭嗣同变法图强，目标明确且正确，他最后也为了这一目标而牺牲。这一材料对你思考"目标"这一话题，有何启示？

⑥有人说，庄子的"无为"是说人生不必有目标；有人说，庄子的最终目标是"达道"，一般性目标则是《养生主》中所说的"保身、全生、养亲、尽年"。有人认为，世俗中的目标对于大道而言就像是画蛇添足，没有必要，生活只需要顺其自然即可。你是怎么看的？

⑦请结合作文主题评述下面几段话，它们也许能帮助你产生新的思考。

有人说："你没有目标，对于未来，完全不想，你只在乎当下的感受，并不是说这样未来就不存在，而是你把未来瞬间折射到当下，你毫不犹豫，率性而为，你崇尚立即行动，很少为外界所限。"

西西弗斯是古希腊神话中的人物，一度绑架了死神，让世间没了死亡。诸神为了惩罚他，便要求他把一块巨石推上山顶，而巨石太重，推上去掉下来，推上去掉下来，生命就在无效又无望的劳作中慢慢消耗。——听起来多么绝望，然而这并不是神话，这是我们每个人的真实命运。

我们生来就"无缘无故"，到这个世界也并非自己的选择。世界只有谜面没有谜底，要是非要一个谜底，就只能自杀。人生过程中的种种"目标"都是我们强加给生命的，如果说真的有"目标"，那就是死亡。之所以有那么多人自杀或者出家，就是因为看到生命的"零"，既然再怎么折腾也还是个零，那就不折腾了，什么都不要了，还能怎样。——这不是解决生命为"零"的最好方式；最好的方式是直面这个"零"，不再追求"目标"转而充实"过程"。加缪发现西西弗斯很快乐，一边干活一边哼着小曲，没有目标，只有石头，推上去掉下来，那就再推。西西弗斯没得选择也没有目标，但活得很快乐。

其实，人生只要有一种积极的态度即可，何必强求一个特定的目标。李白诗云：何处是归程？长亭更短亭。若干年前有个立志要拿诺贝尔文学奖的少年，他声称写作不为别的，就是为了诺奖，这就是典型的为"目标"活着的人。岁月如梭，不知道他的远大目标实现得如何了。

我没有觉得人就应该傻傻等死，但还是感慨：人生几十年，面前无数路，条条通死亡，能做一点自己喜欢的事，说几句自己想说的话，就多幸福了啊。在向死而生的过程中，何必为强求各种各样世俗意义的"目标"而痛不欲生？

在现实生活中，人生有目的和目标。但从根本上讲，人生是没有目的、没有意义的。因为存在这样的事实：人，当他思考人生的时候，就已经感受到生命的无常，以及生命如东流之水一般不可逆转；而且每个人都要平等地被死亡接走。由此得出结论：如果没有过去、没有来生，这一生是没有绝对的意义的。有的话，只是生命相对的目的和意义——当这些目的和意义在面对生死的时候就会灰飞烟灭。既然没有目的和意义，那么目标就是不必要的。这是从形而上的角度回答。

人类是宇宙随机的化学产物，所有生命都是如此，所以人也只是为了活着而活着。这是生物学的回答。

创意写作讲义

一、写作的样本

（1）主题的沉重性：作文不能承受之轻，是肤浅。

主题绝不可以轻浮。沉得下去，就是所谓"深度"。伟大的作品多有沉重的主题。例如：

《孔乙己》：人的故事。人与人之间的冷漠。一个社会如何吞噬一个人，作为群体的一部分人类如何毁灭作为个体的另一部分人类。

《变形记》：我们通常认为最可靠的亲情其实都未必可靠。你以为亲情特别能够经受考验，是因为你并未身处极端情境。

（2）营造背景：一个事件在怎样的背景下发生，决定了它的意义。

《背影》：心理背景的营造是感人的必要前提，这就是为何此文有那么多不属于写背影的文字。你家财万贯，你父亲给你1000块钱，不是什么大不了的事。你家一贫如洗，你的父亲为了你读书，拆掉墙壁卖掉家具为你凑学费，这是感人的。

（3）结构设计：结构是需要设计的，孤立的事件较难挖掘意义。

《从百草园到三味书屋》：百草园和三味书屋，前后两部分的组合是匠心所在。

《台阶》：如果没有修好房屋之后带有逆转性的情节，那么这个故事很可能一文不值。

（4）细节的震撼：于无声处听惊雷。

《故乡》：在灰堆里埋碗碟的是谁？是闰土。这个细节对该人物的早期形象，是一个彻底颠覆。这一颠覆是震撼性的，极具主题价值。

（5）人情：冷暖的辩证法。

《我的叔叔于勒》：父亲爱自己的子女，也会爱自己的兄弟。人之常情如此。而父亲为何对于勒看似无情？这是情非得已。本来是暖的，不得不变冷。由此表现出金钱社会对正常人性的威胁。

冷漠的社会里，写温暖的；美好的社会里，写不美好的；舒适的环境中，写不舒适的。总之，反常合道。你要违背你的一般感觉来写。

"我手写我心"，如果被理解为任由自己随意写，那就太愚蠢了。任何成功的写作，看似自由发挥，实则有精心的构思（长时间的积淀）或巧妙的感悟（短时间的触发）作隐蔽的支撑。有力量的表达自由，来自扎实的写作训练。经由扎实的绘画训练之后梵高随手画出的向日葵，那是卓越的艺术；你小学时候未经绘画训练而画出的向日葵，那是幼稚的涂鸦。

叙述性文章，题材的特殊性、思考的深邃化，是打造亮点之必需。

第一，你得叙述特殊的故事，或能通过寻常小事讲出不寻常的道理。

第二，你的故事必须蕴含着深邃的东西，你的材料能显示出较大的跨度。

深邃的东西，是指至少能揭示出下列数种之一：①人性的复杂性；②社会的复杂性；③世间或出世间的哲理；④人性的极限；⑤深刻的困惑。

二、思路与方法指导

依据中国传统，从语言表达的层面看，押韵的诗歌之外的，都是散文。

散文是文章写作的基础类型，是一切文类之母。说话先于歌唱，因此可以说，诗歌也是从散文中孕育出来的。从文体写作角度说，叙事性散文相通于小说，抒情性散文相通于诗歌。因此，练习写作，首先要练习写散文。

人类言说的宗旨是表情达意。原始形态的诉说在表情达意之外，通常并不考虑高级的修辞——可以叙述或议论，可以简洁或散漫，一切围绕着意思的传达,"辞达而已矣"。这种原始形态的表达,实则近于散文。书面表达兴起后,文本被刻意塑造,被有意识地选择、提纯和加工,这才有了文体的概念。

从一定意义上说,我们的经验、意念,我们的各种纷繁复杂的感觉和情绪,是以"散文"的状态存在的。我们的念头通常是散乱的,随机发生的。当经验还未被整理,在被进一步诗化、戏剧化或小说化之前,都以"散文"的姿态在我们心智的内部存在。散文是自发的表达样貌,是一切文体的根本,是我们掌握表达的初始状态。

但人类的书写发展到今天,作为文体写作,散文的品质标准已经大大提高了。要写好散文,并不容易。事实上,看似容易的散文写作是写作的重灾区。写散文的人很多,写得差的人也几乎一样多。很多散文还停留在经验的初始状态,它太"散文"了——在我看来,散文绝对不能停留在这种文体的起始状态;散文发展的基本方向是诗歌、戏剧或者小说。好的散文,应该是诗化的散文,或戏剧化的散文,或小说化的散文。这是我对散文艺术化最基本的思考。

(一)回忆与寻找:《从百草园到三味书屋》

写作本质上是描绘"历史"。"过去"是唯一能被书写的对象。

所有的书写都裹挟着过去。书写者所书写的现在的景象,必然携带着过去的观看经验,此时的"床前明月光",在低头思念的故乡也曾被看见。即使我们设想未来,也是以过去为素材的——我们企图用想象与推测的方式,延伸或改造过去的经验,使其通向处于虚拟状态的未来与远方。

人不可能脱离既有经验去描写现在。同样地,人不可能离开既有经验去想象未来,我们总是基于过去在构想未来。一切想象,都是依据既有经验被构想出来的。猪八戒的形象显然基于我们熟悉的关于猪与人的经验。猪八戒是一个想象物,是猪和人的混合体。从这个意义上说,想象并非"无中生有",而是"有中生有"。

每个人的记忆与想象的能力都十分有限,因此,需要阅读来发现和拓展。阅读是写作的基础,我甚至认为它是写作最主要的根源。鲁迅的《狂人日记》,就应该是受到了果戈理的同名作品的启发。

记忆是生命的痕迹，是在潜意识和意识中都潜伏着的庞大的存在。第八识阿赖耶识是生命的种子，是潜意识，它储存着无限久远以来的生命记忆。而我们现实中的记忆，则基本上是第六识即意识的产物。

记忆总是沉默而又喧嚣的。作为过去，它已经在现实世界中归于沉寂；作为记忆，它仍然在内心中片段地闪现，闪现出只有回忆者自己能看见的影子，迸发出只有回忆者自己能听见的声音，附带着只有回忆者自己能体会的情感或情绪。写作的重要任务，就是召唤出我们的记忆，然后整理这些记忆内容，并赋予它们意义。

在写作中，回忆的内容与回忆者之间的作用是相互的，回忆的内容制约着回忆者写作的可能性，而回忆者控制对回忆内容的加工与取舍。我们写作时常常不清楚自己的表达有什么价值，也就是这些记忆究竟触及了什么，或者能启发些什么。这是因为我们的意念过于虚弱，对那些记忆的写作价值缺乏有力量的掌控。读《从百草园到三味书屋》，你会发现鲁迅对自己的写作意图十分清楚，尽管《从百草园到三味书屋》是带着温情和感伤的"重现"，但你能感受到鲁迅性格中的强势，他对题材的干预力量很强大，他的"重现"具有高度的选择性和鲜明的意义指向。通过精心剪裁过的回忆片段，以及百草园和三味书屋不同空间的嫁接，我们会被诱导到作者营造的"生命被修理和塑造"的感伤性感觉之中。童年作为一个庞大的"过去"成为怎样的写作题材，与写作者鲁迅"现在"的心境与表达的意图紧密相关。

受制于时间对记忆的冲刷，那些往事渐次模糊，变得遥远和残缺了。这些模糊残缺的往事又往往被触目可见的现实强力遮蔽，使得我们很难有机会清楚地看见它们。但这并不十分重要。重要的是，一旦我们有了清晰的立意，用有选择的记录去触及它们，那些往事无论是被重现或被改写，都会带上某种"终于被看清楚了"的确定性。在写作中，思想情感是文章的立法者，它为记忆提供意义、秩序和能见度。作为写作者的鲁迅，他自己当然会觉得笔下的百草园真实而清晰，然而事实并非如此——且不说记忆可能会变形，文中的百草园显然也并不是那大半已经模糊了的童年百草园的全部。任何被记录的过去，都只能是有选择的、部分的真实，因而写作是有选择性的记忆，同时也必然是有选择性的遗忘甚至刻意的舍弃。选择记忆中的哪些部分来书写，这是为满足自我反思的需要，亦即为满足主题的需要。

当"我"成为有意识的观看者，被观看的写作题材就有了"被审视"的意味。在《从百草园到三味书屋》中，作为回忆者的"我"审视着儿时被回忆的"我"，童年的经历被成人的意念强势整理，从而成为对成人的"我"的情感的表达。鲁迅回忆的是过去，但他所看到的其实是一个笼罩着现在的过去，或一个纠缠着过去的现在。这种情形在《社戏》《故乡》《孔乙己》等文本中，一再出现。不仅仅是"回忆性散文"，即使那些看似以现在时态进行的叙述和描写，仔细玩味，你都能感觉到或分析出文字背后持续着的观看和审视，这种观看和审视使得"现在"都带着"过去"的意味。

（二）基础工作

1. 技巧

所有的艺术创作都涉及"技术性"的部分，这就是技巧。文学艺术是语言艺术，这种艺术首先要求语言与意念达成高度匹配。如果语言的技术性处理水平无法达到一定程度，内在的精神性就无法表现出来。把内心的东西形诸笔墨并不是一件轻而易举的事，写作者必须不断地提升自己的表达能力。一个哑巴无法形容一个至美的景象，即使他真的抵达并看到了；他也无法表达出内心的思考，即使那些思考真的非常丰富和深邃。缺乏表达能力的人不应该写作，他应该去干点别的。

写作是一种操作语言的技术。虽然这种操作不是机械的而是带着生命感觉和生命意识的，但你不能否认，这确实需要"技术含量"。

在语言方面，首要的是词汇量。名词的数量就是你所知道的事物的数量，形容词的数量代表着你对事物特征的了解的多少。词汇量越大，你的世界就越大，你的头脑的领地就越大。然后，你要去学习名家的语言处理方式，看看人家是怎样操作语言的。再然后，你得去追求语言陌生化等文学语言的操作技巧，以此突破你习焉不察的表达定势。

2. 思辨

母语是表达工具，更是思考工具，尽管更准确地说是一种"降维"了的思考工具。思维在不断浮动，语言去捕捉它并把它固定下来。没有思考的写作不可想象。没有思考的人，就是我们通常所说的傻瓜。

思考是每个创作者的义务，文章必须有思想。你不能永远只靠兜售故事或发泄情绪来过活，因为没有思想一切都会变得肤浅。

思辨性不仅在于展现深邃的思考结论——文学展现的往往不是思考的结论而是观察的过程，而这样的过程通常又是充满困惑的。苏格拉底为什么那么痛苦？那是因为思考并不总会有结论反而会有很多困惑。困惑的存在本身就表明思考的存在；困惑会唤起更多的思考。文学可以提供思考的答案，也可以不提供，常常不提供。提供思考答案，是思想家的任务而不是文学的义务。

我们都不是上帝，都有困惑。

《从百草园到三味书屋》表现的是一个关于人生走向的困惑——从百草园到三味书屋，究竟意味着什么？这种走向的结果是什么？从一个天真的孩童，到一个受教育的孩童，最后继续社会化到做店主做绅士（同窗），人生是否注定会走向沉沦与世俗？

关于困惑，最好的写作策略是：

第一，展现巨大的困惑。生与死，灵与肉，热望与孤独，存在与虚无，如此等等。这样的困惑是巨大的，也是深刻的。巨大的困惑常常使文学文本获得文学和哲学的意义。

第二，在常人无困惑处，你发现了困惑。"富与贵是人之所欲也"，现实是如此真实、坚实而锋利，在此背景下，南柯梦与蝴蝶梦不仅是巨大的隐喻，也是巨大的困惑。百草园既是一个现实的空间，也是一个关于自由的隐喻；三味书屋也是一个现实的空间，同时也是一个文明与限制相互纠结的隐喻。在现实的层面上，你也许觉得很正常；在隐喻的层面上，困惑开始浮现。

以上是你需要借鉴的一种主题策略。文学的任务不在于解决困惑，文学的价值或许在于揭示困惑。有哲理意味的困惑，对基本价值的颠覆性怀疑，常常能显著提升文章的深度。

3. 结构性改变

你没有能力去创造物质和能量。你能做的创造，是实现物质的结构性变化、能量的有序性流动。正如两种或几种物质通过化学反应"创造"出新的物质，这本质上并不是无中生有地创造了物质，而是实现了物质的结构性变化——在新的结构中，物质的属性和特征都出现了有意义的变化。这就是"创造"。作文也是一样。结构性变化是常常可以利用的"创造点"。

猪八戒的形象被创造出来之前，猪和人都是存在的。把猪和人结合起来，统一在猪八戒这一形象之中，使得猪八戒对外部世界的反应模式以人为基础（必须这样，否则人类无法理解猪八戒），同时又以猪的属性强化了人的贪欲、懒惰的特性。猪八戒是一个带着幽默感的天才的创造。

卡夫卡的《变形记》具有更大的跨度。甲虫与人被强行联系起来，凸显了人无法言说的孤独，并使得情节被推向极端，最终揭示出：作为人类最基本的、最可靠的情感，亲情实质上并不如人们想象中那样可靠。

在《从百草园到三味书屋》中，童年经验与成人视角结合起来，实现了经验的结构性改变。成年人"观念"赋予童年的"经验"以秩序，使得凌乱的童年经验被重新组织，经验内容是童年的，而其结构是成人的。通过这一结构，童年被赋予了童年时的"我"所无法理解的意义。

结构中的一个重要概念是比例。如果比例发生变化，事物的性质和文章的主题则会发生相应的转移。例如，当我们改变一个故事中人物的"善－恶"构成比例，则会使得人物形象发生重大转变。很多学生习惯于对日常生活中人物的"善"的表达，而并未意识到纯然地"善"的人是几乎没有的，是不合现实的；假如在"善－恶"构成上拥有更多的考虑，则有可能根据比例关系构想出有瑕疵的善人、善恶相兼的凡人、不乏善行的恶人等丰富的形象。这样的思维极其重要，它能迫使写作者对人性、人的境遇与人的命运展开更深刻的探索。

（三）重点工作

1. 阅读不同风格的作品

不要限制自己的视野！

你需要首先接触和阅读：

中国的经典性作品特别是当代的作品；

国外的作品（你感兴趣的古典主义叙事作品，以及一些现代主义作品）；

创意作文优胜者的作品。

做这些事情的时候，你需要从事一些仿写工作，让你的笔去适应你所喜欢的风格。越是喜欢的风格，越有学习的价值和借鉴的可能性；你的喜欢，恰好说明你近似于那种风格气质。

2. 寻找并拓展写作个性

写作，就是凝视那些累积在心里并从心里涌现出来的某个记忆片段、某种想法和思考，并以你个人的方式和角度，向世界展示。

第一，在阅读中你最喜欢的风格，就是你自己的风格。

你喜欢怎样的作品，并不是没有原因的。你喜欢的样子，就是你最有可能成为的样子。

你要把你自己的风格推向极端。你不要害怕过分。你需要过分。风格就是极端，就是某一特征的过度展现。

第二，采用什么表达方式最能显现自己的优势和个性。

三种表达方式的文字：

叙述性文字：把事件或经验的过程，用能被理解的方式呈现出来。

描写性文字：对对象或场景的具象描写。它可以是繁复的，尽可能穷形尽相；可以是白描的，简化其形而勾勒其神。它当然是具象的，然而具象必须向抽象映射——这就是说，描写性文字必须为情意或感觉的表达服务。

议论性文字：运用逻辑性思考来说理。这个时刻是抽象的，言语在为智力服务。

语言的质地或倾向性决定了风格。几乎所有的文学表达都是这三种文字的糅合，你在使用文字时如何运用这些手段来表现材料，三种文字的比例、每种文字的个性化处理方式，最终将决定你的风格。

第三，追求独特性。

首先，是想法的独特性。思考是理解世界，而这种理解应该具备鲜活多彩的姿态。自由的思考者不可避免地和别人有不同想法的部分，创作有时甚至仅仅是为了实现这"不同想法的部分"。创作的目的永远不可能是为了要跟别人雷同。

读者在阅读一个作品时，在某种意义上就是一种消费。这种消费的动机，可能在于渴求另一双眼睛，看到另一片自己未曾发现的风光，发现有别于自己已有的另一个观点。如此说来，一篇没有观点、没有立场、没有发现、没有洞见的文章，基本上就失去了被阅读的价值。写作是要满足自己也要满足读者的。满足你的读者，是你作为写作者的责任。

你应该写得深刻一点，思考多一点。苏珊·桑塔格说，"我完全没兴趣写自己不欣赏的东西"，而"艺术的根本任务在于强化对立的意识"。

必须展示出个人独特的东西。独特就是价值。每个人的才力都很有限，从文学史不难看出，即便是非常卓越的作家，要不断超越自己都是艰难的，他们基本上是致力于发展自己风格的独特性。当写作到达一定高度，很少不断走向"更好"，通常是走向"不同"。独特性不一定在于题材的独特，而多在于对题材的看法和思考的独特，在于文字表达较为鲜明的个性特征。

（四）从散文类型入手

散文常以题材分类。叙事、状物、抒情、说理，涵括散文的所有书写模式。

假如你以山水散文、青春散文、历史散文等名词来划分散文类型，则通常意味着你在企图融入某个相关题材的"书写传统"。在此情况下，你必须了解、研究该类型的题材历史，并在此基础上，使你自己的文章能汇入这一传统并有新的发挥。

例如，你要写山水散文，就得了解中国和外国的关于山水的写作传统。你要先看看他们写了些什么，为何要写那些，是怎么样写的。山水如何从自然风物变为艺术对象，人的品性如何投射向山水，山水如何安顿人生和安抚人心，关于这些，历代山水诗文都有大量的作品。这类散文的意趣是你需要借鉴的，同时你得考虑如何有自己的创造性发挥。

大多数的人都会思考一些问题，但要向人述说，却不是简单的事。把感情的强度或思想的高度，通过文字清晰而有意味地传达出来，是极困难的技术。议论性散文尤其难，你的观点要尽可能新颖，而要写到别人也感觉到你是对的，你就必须反复把自己放到倾听者的角度。他们可能接受你，那么你需要尽力引发他们的共鸣；他们可能反对你，那么你需要设法降低他们反驳的可能性。

在语言方面，写议论文，不是搞抽离感性的干瘪的"纯粹说理"。文章不宜也不能通篇直接说理。让直觉性的语言间歇性地运作，反而会让读者进入聆听的情绪状态。因为人类基本上是非常感性的肤浅的动物，直觉性的语言能有效挑逗他们的神经。由于绝大多数人的抽象思维能力较低，抽象思维容易令其智力疲惫因而难以长时间地维持，因此，议论文中穿插形象化的、情绪化的语言，很有必要。

创意作文并不鼓励你交出一篇普通的议论文。议论文最重要的是见识，要有独到的见解，当然，这样的见解必须基于事实与对事实的分析。下面举两段例文。

美国加州大学 Clark 教授曾指出："人类历史中其实只发生了一件事，即 1800 年前后开始的工业革命。只有工业革命之前的世界和工业革命之后的世界之分，人类其他的历史细节很有趣，但并不关键。"世界人均 GDP 在 1800 年前的两三千年里基本没有太大的变化，公元元年时世界人均 GDP 大约为 445 美元（按 1990 年美元算），到 1820 年上升到 667 美元；公元元年时中国的人均 GDP 为 450 美元（与西欧诸国大致相似），在晚清洋务运动发端时也不过仅仅是 530 美元（麦迪森的估算）。这表明，即便"中国古代 GDP 曾在世界领先"，也没有什么实质意义。工业革命之后，人均 GDP 迅速上升，人类生活方式、社会结构、政治形态以及文化内涵随之发生本质性的大变革。工业革命发生之前的几千年中，整个人类社会的基本生活水平其实变化甚微；因此，无论经历多少次血与火的改朝换代，其中的生活方式、社会结构、政治形态以及文化内涵并未发生多少本质性变革，长期停留在一个超稳定状态。由此我们不难理解，如今充斥于电视屏幕里那些多如牛毛的中国古代宫廷戏中，同类型的人物和剧情居然可以在清朝之前的各个朝代尽情穿越而不会令人质疑。因为，在收入与生活方式处于静态的状况下，那些朝代到底叫"汉朝""隋朝""唐朝""宋朝"，还是"元朝""明朝"或"清朝"，已经意义不大，至少没有我们自以为是的那么大。这种超稳定状态，使得一些行为模式即使改朝换代也会惯性运行。例如，据历史学家统计，中国历史上曾经发生过3700次战争，大部分都是不断重复的、往往与外部敌对势力的"阴谋"无关的内战。又如，在中国漫长的历史上，不少内忧外患都和帝王身边的宦官太监的恶行相关。那么，为什么历朝历代的皇帝还总是离不开这些宦官太监们呢？理由很简单，在一个不透明的、权力高度集中的循环系统中，在身边这些人之外，皇帝根本找不到其他可信任的人。

古迹，在现代的意义逐渐与"离开"相会。它们注定被赞叹、保护，被异常珍重地修补砖与砖间的缝隙，准确地测量每天的垂直位移，但似乎注定不会再有故事。那些灵魂已经离开，而参访的灵魂除了缅怀不再有其他情感。不再有人为这里的所有权而流血，略带兴奋地贴上一副刚干的春联，也不再有人站在门口或坐在厅堂责备家族成员太晚回家。

但古迹的另一个复义其实是喧嚣，每一个空间都有太多魂魄与我们共生。世界上没有地方是新的，没有一个字不曾被写成诗，没有一个贝壳不曾被寄居蟹寄居。我们走进那些历史悠久的庙宇格外感到肃穆，好像我们正走进一株千年红桧的年轮弧线里。"历史"这个词是活物。没有活着且活得够久的教堂或庙宇，我们不知如何相信基督与神明的存在。

事实和见识，这是两个关键。若不具备这两点而去议论，你将羞辱你自己。第一，如果不掌握基本事实、关键事实，你就不要议论。第二，如果没有独到见解，你也不要议论。

第一个例子，主要表现了事实的力量。在此例中，关键性、本质性事实，重新解释了读者常见的历史现象。第二个例子则表现了见识的力量。在此例中，透过表面矛盾的想法，挖掘出"古迹"既死且活的双重意义，揭示了古迹的文化内涵。

（五）重点题材：我该写些什么

人生中总有一些事是无法从记忆里剔除的。只要我们回想到某个年龄或记起某个地方就很自然地会回忆起某些事，这样的事就是我们写作的基本素材。写作常常起始于直觉性的记忆，如同我们听到某首歌就自然地回想起记忆里的某个年代一样。

仅仅记起那些事是不够的，写作需要寻找价值和意义。这时候你需要立即反思：为什么你会立即想到这些人物或这些事情？为什么你会想到要诉说它们，它们与你自己的生命体验究竟存在怎样的关系？简单地说就是，为什么它会被你牢记。这样的事显然跟你的生命记忆紧密相关，它对于你一定具有重要的意义。这是发掘主题的要点。通常地，世界观、人生观、价值观、审美观越明确的人，越有可能看出素材背后的深刻意义。

"选择"，是写作面临的重要课题。一个选择的标准：这个事情是否促成了你成长过程中的改变或领悟？在平凡的人生中，是不是有一个事件让你突然间涌出与众不同的"成长""改变"的感觉，或获得某种突然的"领悟"？

有的记忆可能会使你万分痛苦，那是生活中的不幸，但那恰好是文艺上的幸运——假如你准备走向文艺的话。"诗必穷而后工"，"凡物不得其平则鸣"，就是这个道理。要特别关注你记忆中那些被损害、被羞辱的经历，它们比"幸福的生活"更容易带给你深刻的领悟。如同摔倒会让你更好地理解走路一样，挫折会让你更好地理解人生。

（六）写法：我该怎么写

1. 主要策略

有时候，在表达寻常经验时，如果能找出特殊的"引线"，即使是非常不起眼的小事，也会很有"可写性"。如陆蠡的《囚绿记》对"爱"这一情感的探索，又如鲁迅的《孔乙己》对社会冷漠的批判。这些文章所写的经验其实很普通，但是它们所揭示出来的东西却令人震撼。主题意识是关键，主题就是"领悟"，"领悟"就是"引线"。凡是普通的题材，都必须写出深刻的领悟。

相对地，遇到特殊经验的题材时，有些作者反而使用"白描"的书写方式。事件本身对读者的冲击力已经很强，技巧性的缓冲，有意识的克制，反而能让情感慢慢地在读者的心间回旋和震荡。

还有一种方式，用一种特殊的视角甚至是反向的视角来描写一个对象。例如，你可以把人血的迸发结合一朵花的绽放来描述，你可以把死亡描绘为一个回家的过程。

永远的蝴蝶

那时候刚好下着雨，柏油路面湿冷冷的，还闪烁着青、黄、红颜色的灯火。我们就在骑楼下躲雨，看绿色的邮筒孤独地站在街的对面。我白色风衣的大口袋里有一封要寄给南部的母亲的信。樱子说她可以撑伞过去帮我寄信。我默默点头。

"谁叫我们只带来一把小伞哪。"她微笑着说，一面撑起伞，准备过马路帮我寄信。从她伞骨渗下来的小雨点，溅在我的眼镜玻璃上。

随着一阵拔尖的煞车声，樱子的一生轻轻地飞了起来。缓缓地，飘落在湿冷的街面上，好像一只夜晚的蝴蝶。

虽然是春天，好像已是秋深了。

她只是过马路去帮我寄信。这简单的行动，却要叫我终身难忘了。我缓缓睁开眼，茫然站在骑楼下，眼里裹着滚烫的泪水。世上所有的车子都停了下来，人潮涌向马路中央。没有人知道那躺在街面的，就是我的，蝴蝶。这时她只离我五公尺，竟是那么遥远。更大的雨点溅在我的眼镜上，溅到我的生命里来。

为什么呢？只带一把雨伞？

然而我又看到樱子穿着白色的风衣，撑着伞，静静地过马路了。她是要帮我寄信的。那，那是一封写给南部母亲的信。我茫然站在骑楼下，我又看到永远的樱子走到街心。其实雨下得并不大，却是一生一世中最大的一场雨。而那封信是这样写的，年轻的樱子知不知道呢？

妈：我打算在下个月和樱子结婚。

把悲惨的场景，创造性地转化为一个优美的、诗意的场景；抑制住悲伤的直接显露，而悲伤因为被抑制而更显悲伤。

完成转化的关键是：蝴蝶。蝴蝶是一个意象。人被汽车撞飞的姿态，是作者联想到会飞的蝴蝶的原因之一；蝴蝶斑斓，也容易使得它与美丽的女性联系到一起。

"蝴蝶"是脆弱的，"樱"花是短暂的。意象与名字有相互强化的意味。

如果考虑到庄周梦蝶、梁祝化蝶的文化事实，我认为作者也许还可进一步借由蝴蝶展现出更深刻的生死意识。例如，也许可以设想一个细节："我"的心也像蝴蝶一样，在这个夜晚的这个瞬间，和樱子一起，梦幻般地飞了起来。每个写作者都应该了解，心的飞翔可以是美学的也可以是哲学的，这种飞翔可以轻易越过世界的边界。

《永远的蝴蝶》实质上采取的是间接性表达策略。要竭力采取不一样的角度，以不同的逻辑、新颖的认知来看待世界。这种策略对文章的成功，往往具有决定性意义。

见我总是心不在焉，他问："你好像不大高兴？"

我点点头。"想起过去的一些事情，忍不住有点忧伤。"

他哈哈一笑，露出一嘴老弱病残的牙齿，边摇头边说："现在的孩子们哪，一个个糖罐里泡大的，整天没事干，忧伤个什么劲啊！"

我们是糖吗？

恐怕是的。

我们会忧伤吗？

糖太甜太甜了。甜到忧伤。

借话语中的"糖"来生发意义，运用的是转换的表达策略。用轻盈的句法来表现沉重，在情感与语言之间设置落差，更有意味。《永远的蝴蝶》也运用了"轻"的方法，使死亡得以诗意地"幻化"，从而令死亡呈现出一种奇怪的美感。

2. 把文章拉长

这通常是初级写作者最关注的问题。

有几个策略可以采用：

（1）放荡，解放你的笔；大胆，解放你的心。这是根本的办法。艺术不一定全都放荡，但多数是。放荡就是自由的感觉，放荡带来广阔的可能性。放荡就是不拘束，"行于所当行"，当然，在练习阶段，体验一下"行于所不当行"也无所谓。

（2）散文通常是"单线"的，如果写一篇两个时空、两件事、两种思维并存的作品，长度通常会拉长，但控制的难度也会相应地增加。例如鲁迅的《从百草园到三味书屋》《药》。

（3）拉出一条知性的长线，以此附着数量较多的材料。务必注意，必须是你自己能够驾驭的材料与知识，否则很容易让有识者一眼看穿。简单地说，这些材料不能是装饰性的。例如钱钟书《写在人生边上》中的多数随笔。

（4）掌握一条或隐或显的主脉，采用数层变奏的方式来书写。一个叙事中存在多种角色，在事件进程中不同角色参与事件的角度是不一样的。剪裁和安排材料才是真正费功夫的事，你必须控制好主题，这是你布局材料的根据。

（5）更多的准确的引用，能让你的文章在长度与深度上同获帮助，也能给读者带去你腹笥饱满的幻觉。在一个崇尚权威的文化语境中，引用是常被采用的策略。

（6）细节扎实、表达方式丰富，使文笔细腻化。

（7）知识广度和文化感。卡尔维诺说："为了进入存在的层面，我必须将文学的思考扩展到人类学、种族学、神话学。"

必须注意：拉长文章并不是为了凑字数，不是强行把一条蚯蚓拉长为一条蛇。文字必须为主题服务。事实上，伟大的写作者总是克制的，克制是成熟写作者必备的修养。言有尽而意无穷，以言说来折射无可言说者，这才是艺术之道。语言表达的克制，也有利于控制行文节奏和信息披露速度，这是一种高明的技巧。抒情性散文中的抒情克制，也常常能达到更好的抒情效果——更能引发我们的怜悯和感动的，往往不是一览无余、肆无忌惮的哭喊，而是欲哭无泪、忍气吞声的哽咽。

附带的忠告是：仔细斟酌每个词语的表达效益，摒除一切不必要的东西，这是提升写作语言水平的关键。

3. 要有不平常的构想，讲出不寻常的故事

如果你拥有独特的素材，你就具备了天然的优势。然而，一般地说，我们的生活是平淡的，不太可能拥有独特的素材。怎么办？这个时候需要用扭曲、虚构的方式，来使所讲的故事变得不寻常。

这个家里的旧物，近日搬家时被再度"发现"。顺便翻出了一些20年前的磁带，我在上面听到了儿时的我的声音。那时候爸爸买来磁带给我录音，他想记录我的成长。(《爸爸的收录机》)

这可能是真实的事实。然而很平庸。(1)假如借鉴朱自清的《背影》的故事背景设置技巧，那就不妨给这个故事设置一个背景，例如家境艰难，父亲窘困，收录机来之不易。(2)假如设置一个没有文化的爸爸，一个自幼失怙的爸爸，将能更有力地凸显爸爸此举的意义和父爱的强度。(3)假如构想一个极端贫穷的蹬三轮车的爸爸，一个邻居家都拥有收录机的环境，也许主题就能被转换为父亲为了尊严的挣扎与为了生存的奋斗。

假如我们在既有素材的基础上做一些加工，就可能使得一个寻常的故事不再寻常。故事的加工与主题挖掘，常须并用。当我们扭曲一个故事使其变形，故事就可能生发出新的意义。

有时候，你有素材，但未能看出素材的价值和意义。这时候，要有深度挖

掘主题的意识。

年老的奶奶不识字，手脚也笨拙。冬天，我写作业的手经常会有冻疮，奶奶心疼我这个孙女，自己亲自动手，花了将近一个月时间，为我做了一个暖手器。奶奶真贴心啊，我很感动。(《奶奶的"暖手器"》)

作者仅仅从这个材料中看出了奶奶的爱。只看到"爱"或"亲情"这一层是令人遗憾的。更深刻地看，这个素材能揭示一个很多人未必理解的道理：爱是智之媒——奶奶的爱使她做出了她通常无法做到的事。

叙述视角的变化，可能使一个故事变得不寻常。视角转换可能意味着立场的转变，意味着观看世界的角度与方式的变化。假如由潘金莲来叙述关于她自己，就将出现一个底层女性在男权社会中被压抑被摧残的悲剧性故事。

举例来说，在上述故事中，假如采用第一人称叙述，但"我"不是我而是奶奶，或者爷爷，故事将会呈现出相当不同的面貌。例如，如果从奶奶的角度来叙述，她做暖手器的心理动机可能不止于爱孙女：也许她曾经渴求得到她自己的祖母的爱而未能得到；也许她觉得自己来日无多因而需要为孙辈尽量做点什么；也许她先前出于"男尊女卑"的观念曾经厌恶"我"是个女孩；也许在"我"童年的时候她曾打过"我"而心怀歉疚，意欲补偿……视角转换可能导致故事的大变化。

下面是我很多年前写的一篇文章，是一个关于角度的例子（也和下一节的"人称"相关）。

屠 杀

他眼睛瞪着，但没有力气。想当年，在田间地头烈日雨中劳作，他是多么的强壮啊。

周围很多人影在晃动，围成大大的一圈。有大人，有小孩。这是荒僻山村里一个难得的节日。难得这么热闹。

十几个年轻人使劲压着他的头。还有一群人用绳索绑住了他的腿。他老了，也瘦了，但他的腿，还是比这些年轻的男人和女人的腿粗大得多。

他扫视了一眼人群，然后，眼睛无奈和失神地瞪着天空。

在我们村子中，他的眼睛最大，没人能和他相比。虽然那眼睛肯定不比村里姑娘的更美丽。

为什么要杀他？那时，我不知道，他也不知道。

即使在大病中，他都还被赶往地里劳动啊。他的汗水全都洒在这土地上了。他是村里力气最大的一个，每一块田，每一块土，他都不止耕作过十次了。

我们村里每个要吃饭的人，都接受过他的恩惠。我知道他无罪。我不明白为什么我们非要杀死他。他是我们村最老实本分的啊。他看起来很憨，除了耕地，似乎什么都不懂，什么都不知道。也许命该如此。

人们的眼神很复杂，混合着冷漠、愉快、害怕和吃肉的欲望。

人影的晃动在加速。男人们穿着各色补疤短裤，在他四周快速移动，生怕他在最后的时刻发疯惹出什么事来。女人们站得远些，她们也想看热闹。孩子们被女人们拉得更远。有小孩唱起歌来。

"把布拿来！把他眼睛蒙上！"一个声音说。

黄昏的天空骤然暗下来。他预感到光明即将永远消逝，努力把头往上一顶，嘴巴张得老大。一种此生从未有过的冲动突然涌动，他的脖子在颤抖，他似乎想喊叫。但最后只是呼出一口长气。他喊不出来。

那一刻我分明看到了他喊叫的渴望。也许他太累，太疲惫了，终于没能喊出来。

"拿刀来！"嘈杂的人声中拔出一声尖利的喊叫。

一股鲜血喷涌而出。只挣扎了一下，他就抽搐着倒下了。蒙在头上的那块破布滑了下来。他歪斜着摊在地上，大大的眼睛还睁着，眼角挂着浑浊的泪。

那天晚上，他的尸体被切成很多小块，在很多饥饿的眼睛的监视中，用秤称过后，被全村分食了。我今生第一次吃到了牛肉。18岁以前我吃牛肉的经历，那是唯一的一次。

那年我8岁。那个场面，那两滴泪珠，我一直记得。后来我常常想，在我家旁边那个破烂的牛圈里，他度过一生的那个地方，他是否曾经常常落泪，在那无法吃饱草料的饥饿的年月，在那一个个不为人知的漫长的黑夜。

一个寻常的故事，但有一个不平常的构想。修辞策略，主要是人称的使用。屠杀的对象是一头牛，而有意用了人称代词"他"，读者读完之前可能会觉得杀的是人——而这正是我期待的效果；我希望读者能在意识中把杀人和杀牛联系起来，从而意识到这件事情是多么惨无人道。另外，除了文章最后一句较长，尽量使用短句来描述整个过程，因为这样的表达可能更紧凑。最后一句之所以要长，是想拉长它来展现牛活着时的无穷磨难，联系到它最后的死亡，更可见出这个生命不被我们知道的巨大痛苦。

4. 人称的运用

倾诉或对话：倾诉便于流露内心，也给文笔的自由流动创造了可能，在人称上通常采用第二人称。对话便于铺展想法，为文中渗入新的元素提供便利。

第三人称：好处是形成"客观性"感觉。为了达成极端效果，可以通过摈弃任何感情因素的方式，营造出中立、"冷漠"的叙述效果。

根据学生作文的情况，可知第一人称被过多使用，需要回避。

人称不是关键，关键是效果。如果选择第一人称，要让那个"我"不是我；如果使用第二人称，要注意不让抒情泛滥；如果使用第三人称，要设法达成"冷漠"的效果。

5. 文笔的细腻化

文字越细腻，越能进入并支配读者的体验。

有助于主题的环节或细节的细腻化，能赋予文字细密的质感。某些类似的场景读者可能曾经经历过，细腻的文字可能唤醒读者的记忆，甚至重塑他们的记忆——越是细腻的文字，越能形成现场感，越能使读者完成文字与自我记忆的对接，读者继而会不知不觉认为：作者的文字中注入的感觉元素，正是自己曾经体验到的感觉。能诱导或误导读者，甚至塑造他们的感觉，这本身就证明了文字惊人的力量。

细腻意味着时间的延宕。任昉《述异记》："信安郡石室山，晋时王质伐木至，见童子数人棋而歌，质因听之。童子以一物与质，如枣核，质含之而不觉饥。俄顷，童子谓曰：'何不去？'质起视，斧柯尽烂。既归，无复时人。"时间的相对性是一个几乎举世皆知的民间故事的主题：一个人到另一世界去旅行，以为只过了几个小时，然而当他返回，自己的家乡却难以辨认，因为时间已经过去许多年了。

叙事时间无法以真实的时间来衡量。鲁提辖拳打镇关西，真正打人的时候，必然是三拳下去一气呵成，但作者对每一拳都加以细密描写，这三拳仿佛是分阶段、分步骤地打出去的，使读者产生出时间延宕的感觉。

细腻，就是"磨蹭"。节奏缓慢下来，时间缓慢下来。就像一口茶，在你的口里回旋，慢慢流动，让它的味道在你的唇齿喉舌之间慢悠悠地释放出来。文笔的细腻，会导致篇幅的扩展，是延长文章的方法。

细化之时，要处理好"离心"和"向心"的关系。细化往往意味着离心作用，文笔发散方有拓展。但必须放中有收，不忘主旨，在不断地"放"的同时，也要不断地"收"。

在我少年时代，我的感情并不像标有刻度的咳嗽糖浆瓶子那样易于掌握流量，常常对微不足道的小事反应过分，要么无动于衷，要么摧肝裂胆，其缝隙间不容发。这也类同于猛兽，只有关在笼子里是安全的可供观赏，一旦放出，顷刻便对一切生命产生威胁。

海浪已经转向，一面留下粗暴的吼声，一面全速朝海面引退而去。看起来简直像有谁在大地尽头使劲地拉着巨大的地毯一样。我凝神注视，但到处都看不见K的身影，也没看见狗的身影。海水退走，让人以为好像海底竟要完全露出似的，海浪一口气退到好远好远的地方去。我独自一个人呆呆站在防波堤上。

寂静再度回来。好像勉强把声音抹掉似的绝望的寂静。

"蔡诗璇跳楼了！"

当我赶到时，蔡诗璇已经被拉走，地上好大一摊血浆，触目惊心，空气里弥漫着血腥味，令人作呕。我承认当时我吓得全身发抖，两股战战。我感觉自己的身体正在变薄变轻，风从我的身体里穿过，我随风飘起，飘啊飘啊飘，最后落在人迹荒芜、死寂无声的某个地方，用我的微不足道衬托世界的天高地邈、古往今来……身边有人说，那女孩是从最高的楼层跳下来的，摔得都没有人样了。我抬起头仰望蔡诗璇跳下的高楼，那的确是压倒性的高度，压得我喘不过气来。

借助小说中的描述场景、笔法，像切片一样地展开，便于形成"冷"的文学腔调。我的建议是，书写中应该抑制明显的抒情——太激烈抒情会使得文笔过于浮躁，使得散文欠缺知性，仅有情感却缺乏细节与哲思的支撑，会给人浅薄轻浮的印象。最后一个例子用细腻的联想来表达感觉，但文字中并无对情绪和情感的形容词修饰。这是一种高级的装饰方式。要保持冷静，克制煽情的冲动。一个好的散文作者，应该读小说，尤其是带着现代主义色彩的小说。

细节的意义背景很重要。《背影》中关于背影的描写是一个细节，但背影的感人力量却更多的不是来自这里。一个父亲在送别儿子的时刻买几个橘子，这很寻常，本身并不具备感人的力量。之所以感人，固然首先在于细节的力量，文中非常细致地展现了父亲买橘子攀爬月台的全部细节。而这一细节被置于父亲的母亲辞世、家境败落、自身蹉跌的心酸悲怆的心理背景之下，才使得这一细节显示出特殊的表达力量：一个衰颓无力的父亲怀着"也许这就是最后一次"的绝望心态为他即将远离的儿子在作最后的努力，吃力攀爬的动作因此而上升为一个挣扎的象征。于是，这一平凡的细节，涌现出非凡的表达力量。

结论是：细腻不是为细腻而细腻。细腻必须有支撑其合法性的理由。在写作中，构思细节的意义背景，其重要性不亚于构造细节本身。

关于笔法细腻，下面我的这篇文章，可以参考。

阳光下的心情

  一个人走在七月的阳光下，心绪一片苍茫。心里喋喋不休，反复着关于离别和思念的语词。意念无比抽象，心里无比空落。我看得见我的心事，但看不见言说的可能。街道上阳光过于明亮，以至于我无法发现任何具体的意象，把我抽象的心思变成你能辨识的事物。

  这个白昼，我在成都的一条大街上梦游。强烈的光线闪烁在法国梧桐的叶片上，闪耀在车流的玻璃上，闪动在川流不息的脸上。无数的光斑组合成一个闪亮的幻象，我感到自己在幻觉里穿行。可是没有一块光斑能煽动我的情绪。我的心像一片巨大的虚无，身体像是涣散在都市的空气里。我几乎没有感觉。

  城市隐藏了无数纷繁芜杂的往昔。城市的面目恍然如昨，而昨天的情节已经永远成为只能惘然追索的回忆了。期待成为怀念，浪漫变成忧伤，漫天的阳光中，心事在寂寞地发霉。昨天，不能再在阳光中摊开晾晒，一如藏在阴暗的库房里的杂物。它的形状无法固定，你看不清它的轮廓。往事就像一串被抽光动词的句子，剩下的只是一堆空洞的形容词和干瘪的名词。

  无论阳光多么明朗，你心里也总会有阳光照不到的一角。那里就是你的昨天囤积的地方。当所有的今天都成了昨天，我们就将在那里永远栖息。前脚迈过，后脚踏进的已是另一条河流了。昨天的街上大雨如幕，今天的街上阳光如注。昨天的这里"两个黄鹂鸣翠柳""黄四娘家花满蹊"，今天的这里在钢筋水泥的缝隙里是闪烁的红绿灯和汽车的鸣笛。

  燕子在城市的夏季预言了自然的秋天的来临。她从城市的边缘掠过，又迅速远离。她在高原上面的白云下，在群山环绕的湖泊边。与诗意捆绑在一起的永远是寂寞。寂寞是燕子在秋后留下的空巢。那个遥远的春天的正午，对着屋梁，望着空空的燕巢，我潸然泪下。那个遥远的秋日的傍晚，在昏黄的天光中，对着南方的天空，我无缘无故地悲从中来。我从悲伤中看到了最美好的影像，就像我时常从美好的景象中，看到了最动人的哀愁。

2009年夏天的这个白昼，走在这条大街上，我突然流下泪来。没有风。人群像风一样晃过身旁。我靠着一棵法国梧桐停下，从项上取下玉坠，大肚弥勒叫我听他叙说快乐。我说此时我没有快乐，我说你快乐我就快乐。我看到弥勒笑了。他说，你还能流泪本身就是一个恩典，这个恩典已经超越了世间多数的欢乐。

把一个行走的瞬间加以延宕，掺杂进回忆、联想、幻觉等种种因素，使得一个时间片段变得更加丰满。在语言策略上，强化了诗意表达成分。写散文不是写诗，但在写作过程中的某一些瞬间，你应该是一位诗人。

6. 复合性与复杂度

复合性是指在单一的线性材料中添加同质或异质材料，以平行或交叉的方式组织起来，形成一种立体的叙述。

增加文章的复杂度有很多方式。复合性是其一种。主题的多元性、叙述的主观化、根据主题需要用虚拟手段把故事推向复杂和极端，都是常见的手段。例如卡夫卡的《变形记》，本是一个家常故事，但用甲虫虚拟，使得情境极端化、故事复杂化。复杂化的目的是便于主题拓展。

顺便说：叙述人物，最好不要平面化、脸谱化，要表现出人物的复杂性。平时多数习作都存在这一问题，这是个严重问题。

许多学生都写过母亲，写母亲几乎都千篇一律地写母爱。但我要说，你的母亲绝对不是一个只对你有母爱的人。她是你父亲的妻子，是她所在单位的一个职员，是社会中的一位公民。她是个鲜活的、复杂的人，她不仅有喜悦，也有哀愁、伤痛以及她自己的内心秘密。任何学生都必须懂得：一个只有对你的爱的母亲是不真实的。

海 龟

他有一个可爱的3岁女儿，他对女儿一向有求必应。他的工作单位离家近两小时路程，为了减少往返，他总在周末才回家。每次回家，女儿晚上临睡前必要让他讲个故事。一年过去，什么大灰狼小白兔，他肚子瘪瘪塌塌早已被搜刮干净。

女儿却不肯善罢甘休，抱着他的膝不肯上床，连妻也哄她不好。

他满心焦虑。虽是周末，晚上他还得赶写一篇文章，研究所的头儿亲自点名让他在一个学术会议上发言，他将有机会在同行面前充分展示自己的实力与才华。

"爸爸讲故事呀"，女儿纠缠不休。

讲什么呢？他真没有时间。发言关系到对他实际水平和个人价值的确认，听说很快就要评职称了。

他突然记起在当天报纸上看到的一则趣闻。当时无意瞟了几眼，现在倒可以用来对女儿滥竽充数一番。

"从前，在一个海岛上……"他开始尽量耐心委婉地对女儿娓娓道来。"那儿的人家家户户养着一种大海龟。海龟像一只小桌子那么大，有很硬的壳和很粗的爪子。那个海岛上没有汽车，没有自行车，也没有小毛驴，这个人要到岛上另一个人家去串门，就骑着海龟去。海龟最爱吃大香蕉，它的主人就坐在海龟背上，用一根细杆子拴上一根绳，香蕉就悬在海龟脑袋上，离它只有几步远，海龟想吃香蕉，就开始往前爬，可它一爬，那背上的人手里的香蕉也往前走了，它怎么也够不着，于是它就拼命往前爬，它爬香蕉也爬，就这样它背上的人就顺利到达了目的地……"

女儿不知什么时候已睡着了，腮上挂着浅浅的酒窝。

他连续昼夜伏笔奋战。发言很成功，获得大家的好评，文章将被收入当年的年会专集。

有人私下议论，说他虽然是助研，实际上相当于副研究员的水平。

转眼又到了星期六，他去幼儿园接女儿回家时，才想起这一星期忙得昏头昏脑，竟然又忘了给女儿准备故事。

出乎他意料，女儿临睡前忽然对他说："爸爸，今天你还讲那个大海龟好不好？"

他松了一口气，却纳闷女儿何以对这大海龟如此感兴趣。

"……就这样，骑着海龟的人顺利到达了目的地。"

他敷衍了事地讲完了故事。他发现自己根本没有同女儿亲近的情绪。他心里实际上还在惦着自己的职称。如果这次能评上副研，他一家三口就有希望分到一套两居室的住房，工资也可增长几十块钱，这可是个不小的数目。昨天上头又给了他新的任务，他必须在一个月内，写出一部有关 w 理论的 200 页的专著，三个月内编出一部新的辞典，六个月内与人合写出一部有关 w 理论的评述……他不知道他如何才能做完这些事。

"那骑海龟的人到地方了以后，到底怎么样了呢？"女儿竟然破例没有睡着，眨着黑葡萄似的眼睛看着他问。

他说："骑海龟的人到地方了以后，就把海龟整个儿翻过来，一翻过来它就不能逃跑了，只能乖乖等它的主人去办完事，再把它翻回来骑它回家。"

女儿似乎还要问什么。他不耐烦地拍拍她的脑勺，把她交给了妻。

为了不受干扰地在规定时间内全部完成以上任务，真正奠定他在学术界的地位，他索性把铺盖搬到了研究所，黑夜白天泡在图书馆资料室里，不这样做就对不住自己也对不住领导对他的信任。一个几百人的研究所，老的老，小的小，真正能顶用的还是他这样的中青年骨干。但无论怎么辛苦，他觉得前面总还有个盼头……

半年后他第一次疲惫不堪地回家，心里如释重负。女儿见到他，目光转向妈妈，那句话没问出来：这个人是谁呀？临睡前，破天荒第一回并不缠他讲故事，大眼睛骨碌碌转了几回，终于问："我想起来，上次你讲的大海龟，后来到底有没有给它吃香蕉呢？"

他一愣，含糊回答可能是给了。女儿却不满意，又问他到底给了几个，他说一串，女儿又问是不是每次都给，他茫然……

星期一上班得知职称名额已定，他因年限不够，没有希望晋升；工资不动，住房当然暂时也不能动了……他感到浑身骨骼疏松。

不知怎么他想起了那只海龟，他如果告诉女儿，人并没有把香蕉给海龟吃，对女儿来说未免太残酷了，他不忍心。

海龟的故事是本文关键性的构成要素。作为讲给女儿的故事，它是小说内容的一部分；更重要的是，作为象征物，它与"他"构成了对应关系，是揭示主题的关键。可以设想，如果把海龟的故事剔除，"他"被利用以及被利用后又被无情抛弃的悲催，一个人被社会作为"工具"的深刻思考，就很难如此有效率地、强烈而又含蓄地被表达出来。

后 记

本书所选录的文字，时间跨度很大，从21世纪初到最近的都有，以2010年前后为多。承蒙朱永通先生欣赏，得以结集成书，在此谢过。也要趁此感谢读者们对我的厚爱，这么多年不离不弃，令我感动。一本书最好的命运，就是能与越来越多的读者结上善缘。我祝这本书好运。

书已编就，照例当有后记。这本书是我的作品，但我觉得我最好的作品还是学生。故附上弟子杨润通为我写的文章《师说》，作为本书的结束。

文中有个反复出现的词"罗皇"，指的是我。当年我在成都七中学生中声望高隆，很多学生为了表达对我的尊敬，称我为"罗皇"。这个称呼的得来，可能与语文教材上曾有一篇聂绀弩的《我若为王》有关；其实我不喜欢这样的称呼，我喜欢的是学生对我的另外两个称呼：晖哥或老罗。

2013年我离开成都七中，润通已去新加坡国立大学，他听闻此事，写下这篇文章。当年我读到这篇文章，感动得几乎流下泪来。我很少感到自己很杰出，更从未被教育部门认为杰出，但那个时刻，我觉得我骄傲而伟大。一个教师最大的欣慰，莫过于此吧。

当我离开热爱了一生的讲台，学生真情的告白，就是最好的送别。

师 说

序

我怀疑……我得了甲流。

一、此地有崇山峻岭茂林修竹，是能读三坟五典八索九丘

我有三本书。

《高中古典诗歌教程》《高效阅读与写作》《高考作文经典材料"百变通"》。

我有三札摘抄。

"阅。""写得好。""这是我近来看到的最好的诗。继续写下去，加油！"

我记得三句话。

"人无权反对他不了解的事物。""被选择性地描述的事实近于谎言。""……人生就是奋斗！"

二、"闻姊家有阁子，且何谓阁子也？"

1.0

夏令营时每天都去学术报告厅听课。

脑子里一直是奥林匹克、竞赛金牌、优秀的学长和高中的目标。同学们都好强啊……还要洗衣服……今天晚上又没有水果吃……好满、好压抑，人生好失败。

然后突然出现这么一个人。他没有谈在七中成长的十点建议，没有讲成为优秀的人的十种习惯，没有说自主学习的重要性，也不教导你做最好的自己。

他跟你讲《论语》。

"八佾第三"，孔子对曰："君使臣以礼，臣事君以忠。"

我知道啊，我知道啊。所以您永远是我们的罗皇。

2.0

第一次站起来回答问题的时候我坐在 8-1。那时我们在讲卞之琳。

"你站在桥上看风景，看风景人在楼上看你。"

——杨同学，请你来分析一下这句诗中的哲理。

血压一下子升得好高。

语文老师请我回答问题！他知道我名字！

……

接下来就是一片空白。因为我压根儿就在开小差。

——呃，一个事物在某种条件下可以转化为另一种事物……大概是，这样吧。

罗皇笑笑让我坐下，"所以你这是指 A=B 于是 B=A 吗？"

侨妹站起来了。

——这是主客体之间的相互转化。

感觉自己瞬间就低端了。

拜托啊先生，您可千万别放弃我。我真的是很崇拜您呢。

3.0

那一堂课的内容是《杜十娘怒沉百宝箱》。

因为无聊和不想睡觉，我们班那个没有脖颈的男生写了一首七绝。

因为无聊和挑战自我，我添入了颔联。

我又让孟一写了颈联。

因为无聊，它成了一首似是而非的七律：

    李甲坐监恋十娘，财尽人穷同返乡。

> 万水千山情款款，美人歌赋路长长。
>
> 姻缘退潮情褪色，贪欲生花梦生香。
>
> 见利忘义伤心尽，十娘怒沉百宝箱。

那时的我们多么文艺啊。当我们在朗读全唐诗研究儒释道或者梦想当一个少年维特的时候，我们并没有被视为异类。我想我再也找不到这么文艺的集体了。

那时我的区位优势多么明显啊。我的同桌是链妈，我的后面有邱季和爱唱军歌的铁人。我的前面是小小的青颖和永远都卷舌的正娃。

4.0

成可心这个二货竟然找我要我的作文。

他愣头愣脑地告诉我说："因为你得了 52 分！"又说："好多人都看了呢！"

我才发现那几张用来写作的草稿纸传到我手上的时候已经是皱巴巴的。

那次的作文题目叫作《回家》。体裁自选，诗歌除外。这是罗皇头一遭叫我们写模拟卷上的作文题目。

"啊哈，那你们顺便就把卷子后面的作文写了吧。哦哈，辅导课后交。"

52 分是什么档次？对于罗皇来说，他觉得好的文章，给 48 分。上了 50 分的，寥寥而已。

而我是 52 分。

我记得我描写的回家的其中一种感觉就是"在飞机上望向天穹即将幻灭的晨星和地上盛开的城市灯火时产生的奇妙对称感"。

这是罗皇第二次肯定我。

罗皇是我的启蒙老师，这话一点不假，虽然我最终还是没能熟练掌握"作文材料百变通"和"诗歌鉴赏要义"。

但我也可以说我是文艺的。

在我因现实的浓黑而呛住喉咙的时候，唯有他给了我一只桨，教我划水，还鼓励我逆流而上。

5.0

我出发去新加坡读书之前曾专门拜访了罗皇一次。

他舒服地翘在椅子上，粗短的手指架在一起，说我要多看西方现代主义文学。

之后我每次离家带的行李里面，都会有不同的 9 本书。而我只是愈加知道了自己的浅薄。

我总是计划着，这一生还有很多很多要去了解的领域。

别处的生活都是自己创造的。在为"这一个"目标奋斗之外，我们都应该有"那一个"进步的空间。我把这称作真正的生活。

6.0

听说在高考前的动员会上，罗皇差点把衣服脱了。

据说是有同学怂恿说要看"皇帝的新衣"。然后罗皇就把衣服撩起来露出一排瘦干干的肋骨。

听这个八卦的时候我就想起了《世说新语》。

一排醉醺醺的肋骨在屋里跳舞是什么样的情形呢？

"刘伶恒纵酒放达，或脱衣裸形在屋中，人见讥之。伶曰：'我以天地为栋宇，屋室为裈衣，诸君何为入我裈中？'"

我以天地为栋宇。

在英语里我为它找了一个不太对等的意象：dancer in the dark。

7.0

你绝对忘掉了几个知识点：

"扶摇"谓之"飙"。

东坡评《锦瑟》：适怨清和。

《卫风·氓》：不纯是民歌，应有后世文人参与创作。

桐城派文章的三大讲究："义理""考据""词章"。

三、"我若为王，我的姓名就会改作：'万岁'"

1.0

罗皇说他是出生在乡村的孩子，那个村庄不出产甘蔗。罗皇说从前在一个雨季小罗皇把破旧的白袜子弄脏了，但我忘记了他为什么要讲这个故事。

罗皇毕业于四川师范大学。据说他当年的成绩绝对可以就读京沪名校，但家境所限，痛失抟羊角扶摇而上的机遇。

罗皇后来练起了气功。他有过冥想的练习。

罗皇又研究过甲骨文。但罗皇植根于中国文化的心仍更推崇外国的文学理论。罗皇最推崇的两个作家都是外国人，但我又忘记了他们的名字。

罗皇经常教导我们要做好选择第一题就要时常翻开字典。他说他自己就熟读过多种字典。

罗皇信佛，和很多古时的大家一样。罗皇博客置顶的是《般若波罗蜜多心经》。

罗皇的博客名字叫作"猪七戒"，因为他说自己是八戒的哥哥；但现在改作了"晖太郎"，而且似乎很长时间没有打理了。

2.0

我了解罗皇不过到了这种程度。虽然我第一次听说他的名字是因为妈妈买的《高考作文经典材料"百变通"》。

也许在现在的中国，文人不是一种可以示人的职业，文人只是一种身份罢了。罗皇毕竟还是因为他的教育成果而成为语文高级教师的。

当我还在校时，罗皇经常一身烟味就出现在讲堂上；而每次嗅到他特立独行的身影，看到他因脱口而出的敏感词而夸张地躲到讲台下面的时候，我都会隐隐觉得有些危险的藤蔓在他周围滋长。他太洒脱了。作为他的学生，我为我的语文老师是一个真正的文人而骄傲；但若我是校长，是和他一起带班的其他科任老师，是语文组的教研组长，或者是开家长会时在座的家长，我又会想些什么呢？

我时常觉得罗皇是个享有"特权"的人。因为教书育人的过人成就，他一直被其他人宽容着——而且我认为罗皇很明白这点，他兴致高昂有时就会 manipulate（利用）这种特权；虽然中年的罗皇也很谦逊，但毕竟有些特质正如豪猪的尖刺一般无法拔去；文人的清高之感亦是如此，而这几乎可以说是千年以来的生物性遗传了。

妈妈就觉得我被罗皇"带坏"了。如果她可以排除其他因素，她几乎就可以断定是罗皇的影响让我成为了一个自闭的人。

还好她不能。

尽管如此，她仍然时刻提醒我最好不要——虽然还是允许我——读各种她认为毫无意义的书籍。

罗皇在学校也不会过得很舒心吧。老师们虽然对他宽容，但并不代表他们对他的行为或地位很以为然——罗皇毕竟和他们一样只是教师罢了。既然不是领导，繁文缛节的不平等社交就可以尽量避免了。所以，罗皇在同龄人中应该过得有些寂寞吧。我不知道，我只是单纯这样推理。而这推理还没有结束。

也许罗皇就是这样爱上教书，爱上跟一群志气和稚气都未脱的小伙伴打交道的。没有一个圣人会因为除了普度众生之外的理由去和常人交朋友的。罗皇在这个圈子里可以获得他所期望的尊重和崇拜；而在这里，他又能看到一些他认为单纯、宝贵、尚未崩坏、值得保护和引导的东西。

罗皇今年1月在谈到成都第一次诊断性考试作文材料时说："我们这些

做教师的,之所以愿意爱护学生,帮助学生,并不是为了建立私人感情,而是为了通过知识、学问乃至真理和信仰,与学生建立人类最深刻的精神上的联系。从某种意义上说,教师与学生的关系,是在迈向智慧之途上真正志同道合的'同志'。一切真正的教师,都必然对学生抱持着慈悲与尊重,绝对不会奢望从学生那里得到任何物质上或感情上的回报……因此,真正的老师,绝不会谴责这则作文材料中的那位学生感情凉薄,因为他们在这方面本来就无所期待。"

这并不是矛盾的。站在这里说话的是那个作为人生导师的罗皇。但大家都知道这个事实,即使天才也会寻求普通的人间温暖。

四、"寡人之于国也,尽心焉耳矣"

就在今年教师节的那天晚上,罗皇在社交网站上写了消息:"我爱七中。但今我离开,竟然不仅仅是难过,也有解脱的感觉。"

十几天后他又写道:"这个夜晚,此时,我正坐在七中我原来办公室的座位上。我对这里充满留恋。我最光辉的时刻在此;我最暗淡的时刻在此。"

然后道听途说他去了教科所。

我把这事讲给妈妈听的时候,她说可算一件好事。这可以看作是升迁,也可以看成是养老。知天命的老罗终于可以不必站着上班了。

罗皇也说这是好事。他说这世界除了苟且,还有梦想和远方。虽然我疑心这在很大程度上是一种错觉。毕竟对于大多数人来说,生活都绝非易事,尤其是对于想得太多的人。

在突然的震惊之后,我理所应当地接受着这个事实。我大模大样地转发了他的状态,然后评论道:"我是偻叟的门徒。我的老师要为天下布道。"我甚至不无庆幸地暗自得意我是罗皇最后完整教过的班级的一员。

但这不过是我小小的自私罢了。现在想起来(虽然可能某些人觉得激进),罗皇的离开,也许代表着某个精神家园失落了。

我痛苦，因为我无能为力，当我眼睁睁地看着有些东西就这么消失的时候。

而20年后的我们呢？当被我们的儿子或者女儿问到我们中学的时候——如果我们还有幸在这个美丽的故乡的话——我们还可以对着他们骄傲地说出那个响亮的名字吗？

五、题外篇：问君何以如此苍白

8月暑假的某个下午我进入校园里溜达的时候，经过教学楼三层那间毗邻茅厕的教室。高二的时候那里没有班级，午休的时候我们把它当作自习室。

在那间教室被新近装修好的黑板上，三行粉笔字历历在目：

中国梦

黎明阳

strong

这是唐总的字迹。"强"是我们十六班的格言。

但我没有任何笑容。回忆可以因深刻而变得痛彻心扉。

你知道你总会失掉它们的，尽管你永远不愿意这么做。

我望向那些空空的桌椅，面色惨白，全然不顾隔壁马力全开的钻头嗒嗒地发出刺耳的噪音。

六、"岂曰无衣？与子同袍"

如果说这世上真的有梦想和远方的话，罗皇，您去了哪里呢？

我能想到的最好的地方是："烟销日出不见人，欸乃一声山水绿。"

再次一等的地方是："泉水激石，泠泠作响；好鸟相鸣，嘤嘤成韵。"

希望您的运气可以比刘子骥好一点。

但您永远不是暗淡的。因为诗人也必须同时是一颗发光的星星。

而作为老师，您在语文课上教给我们的东西，远超课标要求的范畴。

我可以代表很多人说，您是我们见到的最好的老师。

在我们浮躁的青春里，您教会我们沉静地自省；在我们恭顺和麻木的时刻，您教给我们逆向思考和批判；而在我们学习抒情的年纪，您让端庄的浪漫和理趣成为我们审美的标杆。

是您让我们明白，在革命和归顺之外的第三种角色：沉思；在圆滑和正直之外的第三种态度：真诚；在追逐和拒绝之外的第三种姿势：抽离。您在我们的性格中掺入了理解、宽容、幽默、旷达以及不精明的狡黠。您把东方的道义和西方的真理混而为一带给我们。您让我们成为多元的、矛盾的然而丰富的人。

您让我们变得如感性般理性。

您赋予了中庸现代化的解读。

您才是真正的人生导师。您的桃李遍天下。

（终）
起笔于 2013 年教师佳节
时暗风吹雨夜入寒窗

图书在版编目（CIP）数据

语文之道：做一个有思考的语文教师 / 罗晓晖著. —上海：华东师范大学出版社，2024
ISBN 978-7-5760-5060-8

I. ①语… II. ①罗… III. ①语文课—教学研究—中小学 IV. ① G633.302

中国国家版本馆 CIP 数据核字（2024）第 108541 号

大夏书系 | 语文之道

语文之道——做一个有思考的语文教师

著　　者	罗晓晖
策划编辑	朱永通
责任编辑	张思扬
责任校对	杨　坤
封面设计	奇文云海·设计顾问

出版发行	华东师范大学出版社
社　　址	上海市中山北路 3663 号　邮编 200062
网　　址	www.ecnupress.com.cn
电　　话	021-60821666　行政传真 021-62572105
客服电话	021-62865537
邮购电话	021-62869887
地　　址	上海市中山北路 3663 号华东师范大学校内先锋路口
网　　店	http://hdsdcbs.tmall.com/

印 刷 者	北京密兴印刷有限公司
开　　本	700×1000　16 开
印　　张	24.5
字　　数	373 千字
版　　次	2024 年 9 月第一版
印　　次	2024 年 9 月第一次
印　　数	4 100
书　　号	ISBN 978-7-5760-5060-8
定　　价	79.80 元

出 版 人　王　焰

（如发现本版图书有印订质量问题，请寄回本社市场部调换或电话 021-62865537 联系）